Kent R. Weeks
Ramses II. – Das Totenhaus der Söhne

Kent R. Weeks

Ramses II. – Das Totenhaus der Söhne

Die sensationelle Ausgrabung
im Tal der Könige

Aus dem Amerikanischen
von Michael Schmidt

Droemer

Originaltitel: The Lost Tomb
Originalverlag: William Morrow and Company, Inc., New York

Die Folie des Schutzumschlags sowie die Einschweißfolie sind
PE-Folien und biologisch abbaubar.
Dieses Buch wurde auf chlor- und säurefreiem Papier gedruckt.

Copyright © 1998 by Kent Weeks
Copyright © 1999 der deutschsprachigen Ausgabe bei Droemersche
Verlagsanstalt Th. Knaur Nachf., München
Alle Rechte vorbehalten. Das Werk darf – auch teilweise – nur mit
Genehmigung des Verlages wiedergegeben werden.
Fotos, soweit nicht anders vermerkt, von Francis Dzikowski,
Copyright © 1997 Theban Mapping Project
Karten und Grundrisse von Walton Chan,
Copyright © 1997 Theban Mapping Project
Zeichnungen von Susan Weeks
Umschlaggestaltung: Agentur ZERO, München
Umschlagfoto: Tony Stone, München
Satz: Quark XPress im Verlag
Druck und Bindung: Franz Spiegel Buch GmbH, Ulm
Printed in Germany
ISBN 3-426-26968-6

5 4 3

Für Susan, Christopher und Emily

Inhalt

Prolog

»Wir sind fertig, Doktor. Wollen Sie reingehen?«
Mohammed, einer unserer Vorarbeiter, stand am Rand der tiefen
Grube, die wir am Eingang zum Tal der Könige freigelegt hatten.
Er wies zu einem Durchlaß hinunter, der am Ostende durch den
Fels gehauen worden war – eindeutig der Einstieg zum Grab. Seit
mehreren Wochen hatten wir am Fuße des Bergs einen Graben
ausgehoben, auf der Suche nach KV 5, einem Grab, das vor 150
Jahren gefunden worden und dann wieder in Vergessenheit gera-
ten war.
»Unbedingt! Bruce, willst du mitkommen?« fragte ich Bruce Lud-
wig, den langjährigen Förderer unseres Projekts. »Möchtest du
nach über 160 Jahren als erster sehen, was sich darin befindet?«
Der britische Forscher James Burton hatte 1825 den Eingang zu
KV 5 entdeckt, aber nichts deutete darauf hin, daß seither irgend
jemand sonst hineingekrochen war.
»Nein, danke. Ich warte lieber solange, bis es mehr Platz darin gibt.«
Bruce ist über 1,90 Meter groß, und der Graben durch den Einstieg war äußerst eng.
»Aber ich gehe mit!« rief Catharine Roehrig, seit 1980 die stellver-
tretende Leiterin unseres Theban Mapping Project. »Ich bin in
jedem Grab gewesen, das wir bei diesem Projekt kartiert haben –
in mehr thebanischen Gräbern als je ein Mensch vor mir, glaube
ich –, und ich will mir doch jetzt nicht meinen Rekord verderben.
Warte einen Moment.« Sie holte sich rasch eine Taschenlampe.
Ein paar Minuten später begannen wir in Burtons Graben hinein-
zukriechen, erst Mohammed, dann Catharine, schließlich ich.
Es war ein mühsames Unterfangen. Burtons Tunnel war nur etwa
50 Zentimeter breit, nicht ganz so hoch und durch Geröll gehau-
en, das sich aus Tausenden von rasiermesserscharfen Kalkstein-
bruchstücken zusammensetzte. Burton hatte diesen Einstieg von

zwei oder drei Arbeitern anlegen lassen, und die hatten dies rasch und schlampig erledigt. Wir rutschten vorwärts, wobei wir uns mit Fingern und Zehen weiter hinein in die erste Grabkammer zogen und schoben. Links, rechts und unter uns war die Kammer von dicken Schichten aus Schwemmsand und Steinplättchen bedeckt. Über uns bildete zerbrochenes und undekoriertes Grundgestein die Decke des Grabes. Kein Wunder, daß Burton sich kaum über das Grab geäußert hatte – vom Grab selbst war nämlich praktisch nichts zu sehen.

Die Luft war heiß, feucht und übelriechend. Nach wenigen Minuten war unsere Kleidung durchnäßt, und wir waren von einer dikken Schmutzschicht und von Dingen bedeckt, über die wir lieber nicht nachdenken wollten. Ständig verrutschte mir die Brille, die Gläser waren beschlagen, und ich mußte über das Gestell hinwegäugen. Vor uns hielt Mohammed inne, dann reichte er uns ein zerbrochenes Champagnerglas, das er im Tunnel gefunden hatte. Ich sah es mir kurz an, dann legte ich es am Rand des Tunnels ab.

»Das wurde vielleicht nach einem von Howard Carters sagenhaften Lunches hineingespült«, erklärte ich Catharine. Auf mehreren Fotos, die 1922 nach der Entdeckung von Tutanchamuns Grab aufgenommen wurden, sieht man, wie Carter neue Funde an einem Lunchtisch feiert, den er in einem benachbarten Grab aufstellen ließ.

Während wir durch einen zerstörten Durchgang und eine zweite Kammer, die etwa genauso klein zu sein schien wie die erste, weiter in KV 5 vordrangen, fiel mir ein, daß der dritte Raum laut Burtons Planskizze eine große Pfeilerhalle sein mußte. Und als wir durch einen weiteren Durchgang krochen, konnten wir im Licht der Lampen Pfeilerbruchstücke aus dem Schutt aufragen sehen – gerade noch sichtbar im freien Raum unter der Decke. Als wir nun in diesen Raum krochen, wurde unser Unternehmen riskant: Burtons Gang bog scharf nach rechts ab, um einem Pfeiler auszuweichen, dann wand er sich zwischen riesigen Kalksteinbrocken hindurch, die von der Decke herabgefallen waren. Wir mußten über zwei, drei Tonnen schwere Platten kriechen, die oben auf dem Schutt lagen. Die Brocken waren offenbar heruntergestürzt, bevor Burton hier durchgekrochen war, denn anscheinend war seit seinem Besuch im Jahre 1825 kein Teil der Decke mehr weggebrochen. Dennoch machten mich diese herabgefallenen Brocken nervös, und ich sah schon förmlich die Schlagzeile:

»ÄGYPTOLOGEN BEIM EINSTURZ EINES GRABES PLATTGEDRÜCKT – FLUCH DES PHARAO ERNEUT ERFÜLLT.«

An den Seiten der Pfeilerhalle konnten wir die oberen Ränder mehrerer Durchgänge erkennen, die durch die Wände geschlagen waren. Catharine kroch hinüber, um in eine der Seitenkammern zu schauen.

»Hier ist ein großer Raum«, rief sie uns zu. »Er hat sechs Pfeiler.«

Auch das stimmte mit Burtons Planskizze überein.

Nachdem sich Catharine noch zehn Minuten in der Seitenkammer umgesehen hatte, kroch sie zu uns in die Halle mit den sechzehn Pfeilern zurück, und wir beschlossen, uns wieder ins Freie zu begeben. So faszinierend es im Grab auch war, wollten wir alle doch schleunigst aus dieser unbequemen und klaustrophobischen Höhle hinauskommen.

Völlig durchnäßt und schmutzbedeckt, die Brille von Schweiß beschlagen, wandte ich mich an Mohammed, während meine Taschenlampe nur noch ein trübes Licht von sich gab. »Weißt du noch, wo der Eingang ist?«

»Nein.«

Catharine wußte es auch nicht mehr. Die Pfeilerhalle war derart mit Geröll angefüllt, daß man in jeder Richtung nur ein paar Zentimeter weit sehen konnte. Mohammed kroch voran und hielt nach ein paar Augenblicken inne, um sich kundig zu machen. Nachdem er einen Pfeiler umrundet hatte, stellte er fest, daß wir die falsche Richtung eingeschlagen hatten, und bedeutete uns umzukehren.

»Ich glaube, wir sind von dort drüben hereingekommen«, sagte er.

»Warten Sie. Ich werde mal nachsehen.« Er kroch los und sah sich nach einem Pfeiler um, der ihm bekannt vorkam, oder nach einer Scharrspur im Geröll, die anzeigen könnte, wo wir gewesen waren. Er leuchtete mit seiner Lampe in dem Raum herum, sah einen

Augenblick lang zur Decke hoch, hielt inne und rief uns dann zu sich herüber.

»Schauen Sie mal her!« Er deutete mit seiner Lampe zur Decke hoch. Direkt über ihm stand dort »BURTON 1825«. Die etwa 40 Zentimeter großen Buchstaben und Zahlen waren mit Kerzenruß geschrieben worden. Ich stellte mir vor, wie Burton hier auf dem Schutt lag und wie wir unbedingt wieder hinauswollte. Aber er wollte auch ein Zeichen seines Besuchs in diesem unangenehmen und ziemlich beunruhigenden Raum hinterlassen, und so schrieb er langsam seinen Namen, wobei die Buchstaben dikker wurden, wenn sich die Kerze der Decke näherte; das Datum schrieb er hastig, da er müde wurde und sich nach frischer Luft sehnte.

»Wir sind wahrscheinlich die ersten, die das sehen, seit Burton es geschrieben hat«, bemerkte Catharine, und damit hatte sie bestimmt recht. Weder Howard Carter noch irgendein anderer Forscher oder Archäologe war in neuerer Zeit so weit in dieses Grab vorgestoßen.

Nach einigen Minuten krochen wir wieder los, und nach ein paar weiteren falschen Wendungen führte uns Mohammed endlich ans ersehnte Tageslicht. Glücklich kletterten wir aus dem Grab ins Freie. Draußen betrug die Lufttemperatur 35 Grad Celsius, aber nach der stickigen Schwüle im Grab kam sie uns wunderbar frisch und angenehm vor.

»Was habt ihr gesehen?« wollte Bruce wissen.

»Burtons Plan stimmt genau«, erwiderte ich. »Das Grab ist anscheinend ziemlich groß – mindestens 40 Meter vom Eingang bis zur Rückseite der Pfeilerhalle. Das Ganze ist faszinierend. Aber ich wette, in KV 5 gibt es mehr als nur die sieben oder acht Kammern, die Burton gesehen hat. Fast jedes Grab im Tal der Könige besteht aus einer Reihe von langen Korridoren, und annähernd jedes Beamtengrab hat zumindest zwei oder drei rechteckige Kammern. Aber dieses Grab ist ganz anders. Von der Pfeilerhalle zweigen Gänge in alle Richtungen ab. Außerdem haben wir Reste der Wanddekoration vorgefunden, und am Eingang befindet sich eine Kartusche von Ramses II.« Ich hielt einen Augenblick inne und dachte fieberhaft nach. »Bruce, wir müssen hier noch einige Zeit weiterforschen. Dieses Grab hat es in sich. Wir könnten da einen ganz wichtigen Fund gemacht haben.«

Catharine kratzte sich den Schmutz von der Kleidung. Sie sah erst mich, dann Bruce an. »Denkt daran, daß Elizabeth Thomas« – eine amerikanische Ägyptologin, die mehr über das Tal der Könige wußte als irgend jemand sonst in diesem Jahrhundert – »geglaubt hat, dies könnte ein Grab für die Kinder von Ramses II. sein. Sie hatte zwar keine Beweise, aber wir sollten ihre Theorie überprüfen.«

Bruce dachte einen Augenblick nach. »Ihr habt recht. Okay, ich werde euch das Geld besorgen, damit ihr hier in der nächsten Saison weiterarbeiten könnt.«

Zwei Tage später, nachdem wir einen Eisenwarenhändler beauftragt hatten, eine Tür am Grabeingang anzubringen, mußten wir unsere Arbeit nach einer achtwöchigen Kampagne einstellen. Ich mußte Vorlesungen halten, und auch die anderen kehrten wieder an ihre Arbeitsplätze zurück oder mußten Seminare geben. Am letzten Tag, während der Antikeninspektor seine Vorbereitungen traf, um das Grab zu versiegeln, nahm Catharine eine Taschenlampe und versuchte in die 3 Zentimeter schmale Lücke zwischen der Decke und dem Schutt in der ersten Grabkammer hineinzuäugen. Sie verrenkte den Kopf und preßte die Wange an die Dekke.

»Diese Wand ist reich dekoriert«, flüsterte sie. »Ich glaube, ganz oben ist ein Fries mit Kartuschen, und darunter befinden sich vielleicht mehrere Kolumnen mit Hieroglyphen.«

Genau das hatten wir uns erhofft: Solche Texte würden uns sicherlich verraten, für wen und wann KV 5 angelegt worden war. Es war zwar frustrierend, daß wir die Wand nicht gleich freilegen konnten; wir wußten jedoch, daß sie dann sofort konserviert werden müßte, sonst würden die Texte zu Staub zerfallen. Wir mußten warten.

Catharine sah mich an. »Glaubst du, daß diese Inschriften hier uns den Namen eines Sohnes von Ramses II. verraten könnten?«

Wir kletterten wieder aus dem Grab hinaus und schauten – von der Sonne geblendet – zu, wie der Inspektor die neue Stahltür mit

13

einem Vorhängeschloß verrammelte und sein offizielles Bleisiegel anbrachte.

»Das würde mich keineswegs überraschen«, erwiderte ich. »Wie ärgerlich, daß wir erst wieder in zehn Monaten hier sind! Ich habe das sichere Gefühl, daß KV 5 uns für das, was seine Erschließung kostet, reichlich entschädigen wird. Elizabeth Thomas hatte einen Riecher für so etwas. Aber wenn das ein Grab für einen Sohn von Ramses II. ist, dann ist es eines der merkwürdigsten Gräber, die je für einen Prinzen angelegt worden sind.«

Es war wirklich aller Mühen wert. KV 5 erwies sich als das größte Grab, das jemals im Tal der Könige entdeckt wurde, ja vielleicht als das größte Grab in ganz Ägypten und von seiner Anlage und seinem Zweck her als eines der ungewöhnlichsten und bedeutendsten Gräber. Seine Geschichte umfaßt die Regierungszeit mehrerer Könige, und es wurde nicht bloß als Grabstätte für einen Sohn von Ramses II. verwendet, sondern für viele Söhne. Inzwischen wissen wir, daß es über hundert Kammern enthält, und die Funde und Texte haben bereits unsere Kenntnisse über einen der bekanntesten und mächtigsten Herrscher Ägyptens erweitert. KV 5 ist wohl die berühmteste archäologische Stätte seit der Entdekkung von Tutanchamuns Grab, und viele Ägyptologen nennen es einen der bedeutendsten Funde in Ägypten in diesem Jahrhundert.

Dieses Buch erzählt die Geschichte der Entdeckung und Ausgrabung von KV 5 und versucht, die Bedeutung dieses so rätselhaften Grabes zu erklären. Dies ist ein persönlicher Bericht, keine fachliche Abhandlung. Ich möchte die Aufregung – und die Frustrationen – vermitteln, die die Arbeit von Archäologen in der berühmtesten königlichen Nekropole der Welt, dem Tal der Könige, mit sich bringt, und die Ausgrabungstechniken und Methoden schildern, die wir Ägyptologen anwenden, um das zu verstehen, was wir finden. Ich möchte zeigen, wie wir – ähnlich wie Detektive – aus winzigen Beweisstücken viel umfassendere Bilder einer Ausgrabungsstätte (unseres Tatorts) rekonstruieren – viel umfassendere Bilder auch von dem, was dort in alter Zeit geschah (das Verbrechen an sich), und von den Menschen, die die darin enthaltenen Materialien geschaffen, verwendet und zuweilen auch entwendet haben (unsere Täter, Opfer und unschuldigen Zuschauer).

Im Laufe unserer Arbeit ist es uns gelungen, aufregende neue Dinge über die Söhne von Ramses II. und ihre Rolle am ägyptischen Königshof zu ermitteln. Aber die Geschichte von KV 5 ist noch lange nicht abgeschlossen. Wir haben erst wenige der vielen Kammern und Gänge freigelegt, und noch immer sind Dutzende bis zur Decke mit Schutt angefüllt; sie sind jeweils Hunderte von Quadratmetern groß – vermutlich mit dekorierten Wänden – und enthalten wahrscheinlich zahlreiche Fundstücke. Eine jahrzehntelange Arbeit liegt noch vor uns, und wir wissen mit Sicherheit, daß das Grab sogar noch mehr Räume aufweist als die 108, die wir bereits gezählt haben.

Aber so frustrierend unsere Arbeit zuweilen auch sein mag, so schöpfen wir aus ihr wiederum die Freude, die die Archäologie bereitet: Die ständige Suche nach Daten, die Formulierung neuer Fragen, die Revision von Theorien – all das macht unsere gegenwärtige Arbeit in KV 5 zu einem Prolog der Erforschung einer der interessantesten und bedeutendsten Entdeckungen der Ägyptologie in neuerer Zeit. Von einer derartigen Entdeckung hatte ich vor vier Jahrzehnten geträumt, als ich mir zum ersten Mal einbildete, Ägyptologe werden zu wollen.

1

Chicago House, Luxor

Von Everett
nach Theben

Als ich acht Jahre alt war, beschloß ich, Ägyptologe zu werden. Ich habe keine Ahnung, was in einem kleinen Jungen ein so starkes Interesse erweckte, daß eine alte Kultur über Cowboy-und-Indianer-Spiele und Träume von intergalaktischen Reisen siegte. Ich weiß nur noch, daß ich glücklicherweise mehrere Lehrer hatte, die mein Interesse förderten, indem sie mir Bücher liehen und vom aufregenden Abenteuer der Archäologie sprachen. Mancher von ihnen wäre sogar selber gerne Ägyptologe geworden, und alle besaßen sie eine kleine Privatbibliothek mit Büchern, die die kleine Sammlung über Ägypten in unserer Kleinstadtbibliothek ergänzten. Everett im Staat Washington, wo ich geboren war, hatte damals etwa 25 000 Einwohner, und die meisten Männer waren Holzfäller, Arbeiter in der Papierfabrik, Farmer oder Fischer. In der Bibliothek gab es bestimmt nicht so viele Bücher über Ägyptologie wie Zane-Gray-Romane. Mein Vater war Polizist, meine Mutter betreute die Patientenkartei im örtlichen Krankenhaus. Keiner von beiden versuchte mir auszureden, Ägyptologe zu werden; allerdings hofften mehrere von meinen realistischeren Verwandten, das sei nur ein vorübergehender Tick. Eine Tante etwa wies regelmäßig darauf hin, daß ein derart ausgeprägtes Interesse am alten Ägypten möglicherweise nicht zu einem anständigen Job führen würde. Meine Schulfreunde hingegen waren sich darin einig, daß das Aufschneiden von Mumien und die Suche nach goldgefüllten Gräbern absolut vernünftige und lohnende Ziele seien.

Wo auch immer dieses Interesse herstammte – das alte Ägypten jedenfalls faszinierte mich während meiner Kindheit immer mehr. Ich kann mich nicht erinnern, jemals etwas anderes in meinem Leben gewollt zu haben, als Ägyptologie zu studieren und – davon träumte ich – eines Tages nach Ägypten zu reisen und zu graben. Als wir 1953 nach Longview, eine andere Kleinstadt im Staat

Washington, umzogen, verschlang ich auch dort rasch den entsprechenden Bestand der örtlichen Bibliothek; und wieder hatte ich zum Glück einen Lehrer, der mich davon überzeugte, daß die Idee, Ägyptologe zu werden, nicht dumm, sondern vielmehr sehr vernünftig sei und durchaus im Bereich des Möglichen läge, wenn ich mich ernsthaft darum bemühte.

Der erste Ägyptologe, den ich kennenlernte, war Dr. Ahmed Fakhry, ein freundlicher und liebenswürdiger Mann, der Professor an der Universität Kairo war. Wir begegneten uns 1956 in Seattle, als Dr. Fakhry die Wanderausstellung »Die Schätze des Tutanchamun« durch Amerika begleitete. Wir unterhielten uns mehrere Stunden lang über Ägyptologie, und Dr. Fakhry veranschaulichte seine Bemerkungen großzügig mit Geschichten über seine eigenen Projekte in Gisa, in Dahschur, in den Oasen – lauter Ortsnamen, die mich vor Aufregung fast schwindlig machten. Er ermutigte mich in jeder Hinsicht, als ich ihm erklärte, wie ernst es mir sei, Ägyptologe zu werden, und machte mir Vorschläge, wie ich mein Studium planen sollte.

Wertvollen Rat bekam ich auch brieflich von Professor Wilson an der University of Chicago, den ich regelmäßig mit Anfragen um Informationen und bibliographische Quellen bombardierte. Damals hatte ich gerade die Wunderwelt der Fernleihe entdeckt und bestellte ägyptologische Bücher aus Bibliotheken überall im Westen der USA. Professor Wilson riet mir: »Spezialisiere dich nicht zu früh, eigne dir gute geisteswissenschaftliche Kenntnisse an, lerne Fremdsprachen.«

Als ich dann mit dem Studium beginnen wollte, entschied ich mich für die University of Washington in Seattle. Sie lag in der Nähe, war erschwinglich und genoß einen guten Ruf. Das Studium an einer der Universitäten an der Ostküste, den Zentren der amerikanischen Ägyptologie, konnte ich mir einfach nicht leisten. Ich wählte Anthropologie und Prähistorische Archäologie als Hauptfächer sowie Alte Geschichte und Medizingeschichte als Nebenfächer. Ich dachte, diese Fächer würden mich auf die Art von Ägyptologie vorbereiten, die ich eines Tages zu betreiben hoffte. Ich besuchte auch Kurse über Anatomie und Pathologie, englische

Literatur sowie chinesische Geschichte; außerdem lernte ich Alt-
griechisch, Französisch und Deutsch – eine kluge Entscheidung,
wie sich herausstellen sollte, denn seitdem konnte ich bei zahlreichen Gelegenheiten von so manchem Gebrauch machen, was ich
mir auf diesen Gebieten angeeignet hatte.

In meinem letzten Jahr am College kündigte die Yale University
an, sie plane eine archäologische Expedition in Nubien, als Teil
einer Kampagne zur Rettung der Denkmäler, die von den Fluten
des Assuan-Stausees vernichtet würden. Ich schrieb sofort an die
Universität, und zwei Monate später erhielt ich von dem Projektleiter William Kelly Simpson eine Einladung, mich an ihrem Projekt an der Grabungsstätte von Arminna West zu beteiligen. Im
November 1963 flog ich von Seattle nach Kairo und machte
schon bald Bekanntschaft mit Ramses II. – zunächst mit seiner
Mumie im Ägyptischen Museum, dann mit einem seiner spektakulärsten Bauwerke, den Tempeln, die er für sich und seine Hauptfrau bei Abu Simbel in Nubien hatte errichten lassen.

Die Tempel von Abu Simbel

Ich weiß noch, wie ich zum ersten Mal im Spätherbst 1963 nach
Abu Simbel kam. Angesichts des Nils, von dem ich so sehr geträumt
hatte, seit ich acht Jahre alt gewesen war, fühlte ich mich schier
entrückt. Wir reisten nilaufwärts auf einem betagten Segelschiff,
einer *dahabiyah,* die vor etwa hundert Jahren für reiche europäische Touristen gebaut worden war. Das Schiff war zwar relativ
seetüchtig – es hatte nur geringe Schlagseite nach Steuerbord –,
es benötigte jedoch dringend einen neuen Anstrich, und die Decks
gaben unter meinen Füßen nach. Die Masten und Segel waren
längst verschwunden; wir wurden durch Nubien von einer Bar-
kasse geschleppt, die unsere hundert Arbeiter beförderte. Doch so
heruntergekommen die *dahabiyah* auch war – für mich war sie ein
schwimmender Palast mit Kabinen und Salons, der den Hauch der
Geschichte ausstrahlte.

21

Es war eine herrlich romantische Reise. Ich saß auf dem offenen Deck und betrachtete das schmale, nur ein paar Meter breite Fruchtland, das den Fluß von der Nubischen Wüste trennte. Wir tranken Tee und sahen zu, wie riesige Gänseschwärme auf ihrem Winterzug über uns hinwegzogen. Wir waren wie hypnotisiert. Keiner wagte auch nur ein Buch aufzuschlagen, aus Angst, einen Teil der wunderschönen Wüstenlandschaft von Nubien zu verpassen. Ich war froh, nichts tun zu müssen: Zehn Tage zuvor, fast unmittelbar nach meiner Ankunft in Kairo, hatte ich mich einer Blinddarmnotoperation unterziehen müssen, und idiotischerweise wollte ich unbedingt im Nil bei Assuan schwimmen. Es war anstrengend, gegen die starke Flußströmung anzuschwimmen, und plötzlich platzte die Wundnaht auf. Ich begab mich in die öffentliche Klinik in Assuan; dort verpaßte mir ein Laborhelfer – der einzige diensttuende Mensch – eine Injektion, nach der ich ohnmächtig auf den Boden des Untersuchungszimmers sank. Ein paar Minuten später kam ich wieder zu mir und sah ganz benommen auf, während er neben mir kniete. Der Laborhelfer lächelte nervös und sagte: »*Ma'lesh* – keine Sorge –, Sir, ich werde Ihnen nicht viel berechnen. Und Sie sollten sich eine Woche lang ruhig halten.«

Wir trafen in Abu Simbel an einem frischen Novembertag spätnachmittags ein, vielleicht zwei Stunden vor Sonnenuntergang, und legten direkt vor dem Haupttempel an. Niemand war da, nicht einmal ein Wächter. Da waren wir nun 250 Kilometer – drei Tagesreisen – südlich von Assuan gelandet. Man hatte bereits Pläne entwickelt, die Tempelanlage von Abu Simbel zu verlegen, bevor sie von den steigenden Fluten des Assuan-Stausees, der bald angelegt werden sollte, überschwemmt würde. Aber die entsprechenden Arbeiten sollten erst ein Jahr später in Angriff genommen werden. Der Bau des Staudamms war ein umstrittenes Projekt: Er würde Zehntausende unerforschter archäologischer Stätten zwischen dem ersten und dem zweiten Nilkatarakt vernichten; Ägyptens Bedarf an Wasserkraft und Bewässerungsanlagen wurde jedoch für wichtiger erachtet. Nur zehn Tempel, darunter auch Abu Simbel, sollten auf höheres Terrain verlegt werden.

Wir legten nicht weit von dem verlassenen Dorf Abu Simbel an, das an der Stätte der antiken Stadt Maha errichtet worden war. Jahrtausendelang hatten in dieser Gegend relativ viele Menschen gelebt – jene Menschen, die Ramses II. in der 19. Dynastie mit dieser Zurschaustellung von monumentaler Architektur hatte beeindrucken wollen. Und nun war dieser Ort menschenleer, und er erwartete die steigenden Fluten des Nils, die seine Schlammziegelmauern rasch in Schwemmsand verwandeln würden. Die Holztüren und Fenster der Häuser waren abtransportiert worden, und nun befanden sich hier nur noch leere Gehäuse, die von umgestülpten Wasserbehältern und Fetzen von Schilfrohrmatten umgeben waren. Zahlreiche Hunde lungerten in den Dorfstraßen herum; sichtlich verwirrt versuchten sie sich einem neuen Leben anzupassen. Ihre einzige Nahrung bestand nun aus den Fischen, die sie sich aus dem Nil fangen mußten.

Die beiden Tempel von Abu Simbel gehören zu den beeindruckendsten Denkmälern Ägyptens; und doch wissen die Ägyptologen immer noch nicht, warum sie gerade hier errichtet worden waren. Der größere Tempel ist dem vergöttlichten Ramses und den Göttern Amun und Re-Harachte geweiht. Er ist mit Szenen dekoriert, die von der Schlacht des Königs gegen die Hethiter bei Qadesch im nördlichen Libanon berichten. Möglicherweise hatte Ramses II. den Bau von Abu Simbel in Auftrag gegeben, um potentiell rebellischen örtlichen Stämmen die Unbesiegbarkeit des ägyptischen Herrschers zu demonstrieren und seinen Anspruch auf die nubischen Minerallagerstätten und Handelsrouten geltend zu machen. Jedenfalls ist die Fassade des Tempels so spektakulär, daß sie der örtlichen Bevölkerung Ehrfurcht eingeflößt haben muß: Unmittelbar aus dem Hang geschnitten, starren vier gigantische Sitzstatuen von Ramses II., jede über 20 Meter hoch, direkt der aufgehenden Sonne entgegen. In kleinerem Maßstab stehen neben den Beinen des Königs Figuren von Nefertari und Tuja, der Frau und der Mutter des Königs. Zwischen zwei Ramses-Statuen erheben sich stolz die Figuren von Amun-her-chepeschef, dem ältesten Hauptsohn des Königs, zwischen den beiden anderen die Statuen einer Tochter.

Vielleicht war der Berg, aus dem die Tempel herausgeschnitten worden waren, eine Stätte, die irgendeiner alten Gottheit geweiht war. Der Berg ist weit und breit einer der höchsten am Westufer des Nils und der einzige, der unmittelbar gegenüber dem Strom aufragt. Seine Lage ist so vollkommen ausgerichtet, daß die aufgehende Sonne alljährlich zweimal, an den Frühjahrs- und Herbstäquinoktien, einen Lichtstrahl durch das einzige Eingangstor 60 Meter weit sendet und die Götterstatuen in den hintersten Winkeln des Tempels beleuchtet.

Am Tag unserer Ankunft liefen wir in den Tempeln von Abu Simbel herum, fotografierten die riesigen Fassaden und erforschten die dekorierten, aus dem Fels geschnittenen Räume. In jener Nacht schliefen wir im Eingang des großen Tempels, so wie es die Reisenden im 19. Jahrhundert gemacht hatten. Wir erwachten vor Tagesanbruch; der Himmel war voller Sterne, in einem Maße, wie wir es nie zuvor gesehen hatten. Es war ein wunderbares Erlebnis: Die Wüstenszenerie, der Nil, die vier riesigen Ramses-Statuen, der Nachthimmel, das spätherbstliche Licht bei Sonnenaufgang, die Stille – all dies vereinte sich zu einem Bild, an das ich mich selbst nach drei Jahrzehnten noch lebhaft und begeistert erinnere. Amelia Edwards, eine Nilreisende des 19. Jahrhunderts, hat die Nacht, die sie 1873 (90 Jahre vor uns) an der gleichen Stelle bei Abu Simbel verbrachte, in ihrem Buch *A Thousand Miles Up the Nile* folgendermaßen geschildert:

>»Es war wundervoll, jeden Morgen nahe dem steilen Ufer zu erwachen und – ohne den Kopf vom Kissen heben zu müssen – diese Riesengesichter [der Statuen von Ramses II.] so nahe vor sich zu sehen. Schon bei Mondschein wirkten sie überirdisch, aber mehr noch im grauen Dämmer. Zu dieser Stunde hatten sie einen starren und schicksalsschweren Blick, der geradezu furchteinflößend war. Mit zunehmender Helligkeit verloren sie ihren Schrecken; mehr und mehr erröteten sie ... Einen Augenblick lang schienen sie zu glühen, zu lächeln, sich zu verwandeln. Dann ein Blitz, wie ein Gedanke. Es war das erste Aufblitzen der aufgehenden

Sonne. Es dauerte keine Sekunde lang. Es war vorbei, ehe man es wirklich bemerkte. Im nächsten Augenblick zeichneten sich Berge, Strom und Himmel deutlich im steten Tageslicht ab; und die Kolosse – nunmehr nichts weiter als Kolosse – saßen gelassen und steinern im hellen Sonnenschein.«[1]

Nördlich vom großen Tempel hatte Ramses einen kleineren Tempel für seine Frau Nefertari und die Göttin Hathor errichten lassen –»Seine und ihre«-Tempel, wie der Ramses-Spezialist Kenneth Kitchen sie genannt hat. An der Fassade von Nefertaris Sanktuarium wurden sechs stehende Statuen herausgearbeitet, vier vom König und zwei von Nefertari, die interessanterweise im gleichen Maßstab wie ihr Gemahl dargestellt ist. Professor Kitchen glaubt, Ramses II. und Nefertari könnten Abu Simbel zur Zeit der Frühjahrs- oder Herbstäquinoktien im vierundzwanzigsten Jahr der Herrschaft des Königs besucht haben, um an den Einweihungszeremonien für den Tempel teilzunehmen. Es gibt Hinweise darauf, daß dies eine von Nefertaris letzten Handlungen war – sehr bald danach starb sie, und ihre Mumie wurde im Tal der Königinnen bestattet.

Nefertari wurde in Abu Simbel eine dominierende Rolle zugewiesen. Ramses II. hatte zur Zeit der Errichtung der Tempel zwar viele Frauen, doch keine der anderen wird hier auch nur erwähnt, geschweige denn mit einem eigenen Tempel geehrt. Offensichtlich verdiente Nefertari wahrhaft den Titel der »Großen königlichen Gemahlin«. Amelia Edwards schrieb den Status der Königin der unsterblichen Liebe ihres Gemahls zu, eine Erklärung, die wunderschön die romantischen Vorstellungen veranschaulicht, die sich die Europäer im 19. Jahrhundert vom alten Ägypten machten. Zutreffender allerdings ließe sich ihre Position auf religiöse Glaubensvorstellungen und politische Interessen zurückführen. Gleichwohl ist Amelia Edwards' Ansicht, die nach ihrem ersten Besuch von Nefertaris Tempel in Abu Simbel niedergeschrieben wurde, einfach zu elegant formuliert, als daß sie hier vorenthalten werden sollte:

»Auf jedem Pfeiler, in jedem Akt der auf den Wänden bildlich festgehaltenen Verehrung, selbst im Sanktuar finden wir die Namen von Ramses und Nefertari als unzertrennliches Paar. In dieser doppelten Widmung und in der ungewohnten Zartheit des Stils meint man die Spuren irgendeines Ereignisses, vielleicht eines Jahrestages zu entdecken, dessen Details für immer verloren sind. Vielleicht war es eine Zusammenkunft, vielleicht ein Abschied, vielleicht ein erhörtes Gebet oder ein erfülltes Gelöbnis. Auf jeden Fall erkennen wir hier, daß Ramses und Nefertari ein unvergängliches Dokument der Zuneigung zu hinterlassen wünschten, die sie auf Erden vereinte und – wie sie hofften – in Amenti wiedervereinen werde ... Selbst in dieser öden Abgeschiedenheit weht uns der Atem uralter Romantik an. Wir spüren, daß der Gott der Liebe einst auf diesem Wege wandelte und daß der Boden, auf dem er ging, noch immer geweiht ist.«[2]

Keine sieben Jahre nachdem Ramses II. Abu Simbel eingeweiht hatte, wurde Nubien von einem gewaltigen Erdbeben erschüttert. Eine Tempelinschrift berichtet von der Tragödie. Eine der vier riesigen Figuren des Pharaos an der Fassade des Großen Tempels wurde beschädigt. Eine andere bekam Risse in Hüfthöhe, und der Kopf samt Torso – Tausende Tonnen von Sandstein – brach ab und zerschellte auf dem Boden. Im Tempelinneren lösten sich Pfeiler von der Decke, und Figuren des Königs zerbröckelten. In den nächsten zwei, drei Jahren ließ Paser, der Vizekönig des Pharaos, den Schaden von einem Trupp Arbeiter beheben. Pfeiler wurden wiederaufgestellt oder mit Lehmziegeln abgestützt, einige Wände neu behauen und bemalt; aber damit wurden nur die einfacheren Probleme gelöst: Das zerschmetterte Gesicht von Ramses II. blieb im Sand liegen.
Der beschädigte Zustand der Tempelanlage berührte mich nicht – ich war von Abu Simbel einfach tief beeindruckt. Im Laufe der folgenden drei Jahre kehrte ich mehrmals nach Nubien zurück, um

an verschiedenen archäologischen Expeditionen teilzunehmen. Jedesmal machte ich halt in Abu Simbel und verfolgte, wie der Abbau und die Verlegung der Tempel vorangingen. Bei meiner ersten Rückkehr war es schockierend zu sehen, wie die Ingenieure den Tempel demontierten. Wir waren mit Ausgrabungsarbeiten am anderen Nilufer gegenüber von Abu Simbel beschäftigt und fuhren regelmäßig hinüber, um den Abbau zu verfolgen. Ich weiß noch, wie ich ungläubig zusah, als zwei Männer mit riesigen Motorsägen den Kopf einer Sandsteinstatue von Ramses II. durchschnitten und ihn in fünf oder sechs Tonnen schwere Blöcke zerlegten. Ich beobachtete, wie ein gewaltiger Kran das Gesicht des Pharaos hoch in die Luft hob und auf einem Lastwagen absetzte, mit dem es zu einem höher gelegenen Platz ein paar 100 Meter weiter transportiert und dort wieder zusammengesetzt werden sollte. Es war ein beachtliches technisches Unterfangen, aber ich war beinahe peinlich berührt, als die Figuren eines der mächtigsten ägyptischen Pharaonen zerschnitten, eingewickelt und weggekarrt wurden – wie riesige Käsebrocken. Der mittlerweile wiedererrichtete Große Tempel ist gewiß nicht weniger eindrucksvoll als vorher, und sicher sollten wir dankbar dafür sein, daß man ihn nicht einfach den Wassern des Nils überlassen hat. Doch ich meine, die Tempelanlage hat ein wenig von jener Aura eingebüßt, die sie besaß, als ich sie vor fast 40 Jahren zum ersten Mal sah, und ich bin froh, daß ich mich an die ursprüngliche Stätte noch so lebhaft erinnern kann.

Die Kartierung des antiken Theben

Zwei Jahre nach meiner ersten Ägyptenreise heiratete ich Susan Howe, die ich 1964 an der University of Washington kennengelernt hatte. Als Kunsthistorikerin war sie 1965 eingeladen worden, an einem anderen archäologischen Projekt in Nubien teilzunehmen, an dem auch ich mich beteiligte. Es handelte sich um Gebel Adda, eine christliche Stadt am Nil gegenüber von Abu Simbel;

dort verliebten wir uns und wurden nach unserer Rückkehr nach Seattle getraut. Seit unserer Heirat 1966 haben Susan und ich an allen archäologischen Projekten zusammengearbeitet. Als ich 1970 in Yale promovierte, zogen wir nach Manhattan; ich hatte dort eine Anstellung als Hilfskurator für ägyptische Kunst am Metropolitan Museum of Art gefunden, während Susan in der paläontologischen Abteilung des American Museum of Natural History arbeitete. Unsere Jobs gefielen uns durchaus, aber wir vermißten Ägypten schrecklich und verbrachten die meiste Zeit damit, mit Freunden über Ägypten zu reden, unsere Dias von Ägypten anzusehen, über Ägypten zu schreiben und an Ägypten zu denken. Wir beschlossen daher, unsere Jobs aufzugeben und wieder nach Ägypten zu gehen. Ich bekam schließlich eine Stelle als Assistant Professor für Anthropologie und Ägyptologie an der American University in Kairo.

Nur ein Jahr später, 1973, bot mir das Orientalistische Institut der University of Chicago die Leitung ihrer Außenstation in Luxor an. Das sogenannte Chicago House führte seit 50 Jahren aufwendige epigraphische Projekte durch und dokumentierte und veröffentlichte Szenen und Texte aus den thebanischen Tempeln. Es war eine auf vier Jahre befristete Stelle, und Susan und ich waren begeistert über die Aussicht, in einer so berühmten Umgebung zu leben. Wir zogen mit unserem zweijährigen Sohn Christopher und unserer erst sechs Monate alten Tochter Emily nach Luxor – eine wundervolle Umgebung, um zwei kleine Kinder großzuziehen, und ein einzigartiger Arbeitsplatz, um ägyptologische Forschung zu betreiben. Das Chicago House verfügt über eine der weltbesten ägyptologischen Bibliotheken, und während eines erheblichen Teils seiner Geschichte hatten seine Mitarbeiter Denkmäler der 19. und 20. Dynastie studiert und dokumentiert. Es war in den zwanziger Jahren von James Henry Breasted, dem Gründer des Orientalistischen Instituts, und von John D. Rockefeller, seinem Hauptförderer, errichtet worden. Der Gebäudekomplex war im kalifornisch-spanischen Stil gehalten, und die ganze Anlage umfaßte Künstlerateliers, Fotolabors, Elektro- und Schreinerwerkstätten, Garagen, Tennisplätze, Gärten, Höfe und ein zweistöckiges Gebäude mit Wohnungen und öffentlichen Räumen. Es arbeiteten dort zehn ausländische Ägyptologen, Künstler und Fotografen sowie etwa dreißig Ägypter: Ägyptologen, Cheflaboranten, Techniker und Gärtner. Wir zogen also 1973 ins Chicago House ein und blieben dort bis 1977. Inmitten von so vielen Bauwerken, die von Ramses II. in Auftrag gegeben worden waren, bot der Aufenthalt in Luxor die wunderbare Gelegenheit, sich in die Archäologie der 19. und 20. Dynastie zu vertiefen. Bevor wir in Luxor eintrafen, hatte ich nur ein oder zwei Wochen dort verbracht und dabei nur wenige Gräber, Tempel, Kapellen und Siedlungen gesehen. Während meines ersten Jahres im Chicago House erkundete ich die Monumente auf dem Westufer des Nils so gründlich wie möglich. Die Wochenenden wurden zu Arbeitsurlauben, und an fast jedem Freitag (dem muslimischen Feiertag und unserem freien Tag) setzte ich mit der Fähre ans Westufer über, lieh mir dort ein Fahrrad oder nahm ein Taxi und fuhr zu den Denkmälern. Einmal waren es die Beamtengräber in Scheich Abd-el-Qurna, dann war Malqata an der Reihe, die Stätte des Palastes von Amenophis III., danach einer der Totentempel. Fast in jedem Grab gab es zumindest Spuren von kunstvoll dekorierten Wänden mit Szenen und Texten, die auf einzigartige Weise das Leben im alten Ägypten veranschaulichten oder eher traditionelle religiöse Vignetten waren. In jedem Tempel waren die unterschiedlichsten architektonischen Details und Inschriften zu sehen, und sehr oft handelte es sich um Details, die noch niemand dokumentiert hatte.

Es dauerte nicht lange, bis ich auf ein Problem stieß. Die bekannten Gräber oder Tempel waren leicht zu finden, doch wenn ich nach weniger bedeutenden, kaum bekannten Monumenten Ausschau hielt, mußte ich zu meiner Enttäuschung oft feststellen, daß sie nicht aufgefunden werden konnten. In Theben gibt es Tausende von Gräbern, aber nicht einmal 420 von ihnen sind bislang mit einer Katalognummer versehen und auf einer Karte verzeichnet. »Ich möchte mir gern das Grab von Soundso ansehen«, pflegte ich zu einem der Inspektoren zu sagen.

»Ich habe davon gehört«, erwiderte dieser dann. »Wissen Sie, wo es ist?«

»Wissen Sie denn nicht, wo es ist?«

»Nein. Der alte Wächter, Scheich Taja, wußte es wahrscheinlich, aber der ist gestorben.«

Dann nahm ich mir eine der wenigen Karten der Nekropole vor, die es gab, oder blätterte in einem Führer herum, aber oft war das Grab oder seine Lage nicht erwähnt. Es war schon erstaunlich: Da hatten Touristen die thebanische Nekropole seit zweitausend Jahren aufgesucht; Archäologen und Abenteurer hatten darin seit fast zwei Jahrhunderten herumgestöbert und gegraben, doch es gab noch immer keine Karte, die alle Monumente der Nekropole verzeichnete.

Dafür gab es zwei Gründe: Theben bot den Touristen überwältigend viele Reichtümer. Angesichts von so vielen herrlichen Gräbern und gigantischen Tempeln sahen die Reisenden über vergleichsweise bescheidenere Bauwerke einfach hinweg. Schlecht erhaltene Denkmäler wurden auf der Suche nach Exponaten für Museen oft zerstört. Viele Reisende des 19. Jahrhunderts schnitten Szenen aus den Wänden und brachten sie nach Europa oder wandelten Gräber in Behausungen um, in denen sie ein paar Wochen lang lebten, während sie die Monumente besichtigten. Der Rauch ihrer Küchenfeuer schwärzte dekorierte Wände. Sie ritzten ihre Namen in Abbildungen antiker Könige; sie krochen durch Gräber voller Mumien, zertrampelten sie, warfen zerbrochene oder nicht dekorierte Objekte beiseite in der Hoffnung, vollkommene Stücke zu finden; sie verbrannten Papyri oder Holzsärge, um Beleuchtung zu haben oder schlichtweg um zu heizen.

Darüber hinaus stellen die Bestandsaufnahme der Gräber und die Erstellung einer Karte eine entmutigende Aufgabe dar. Die thebanische Nekropole umfaßt über 9 Quadratkilometer – von Norden nach Süden knapp 6 Kilometer lang und etwas mehr als 1,5 Kilometer breit. Am Rande des Fruchtlandes befinden sich fast zwei Dutzend größere Tempel. Westlich davon auf den ersten Wüstenhügeln befinden sich die ausgedehnten Überreste von Palästen aus dynastischer Zeit, Stadtanlagen, griechischen und römischen Heiligtümern, christlichen Kirchen und Klöstern, vermischt mit paläolithischen Fundstellen und Tausenden von antiken Graffiti. In diese Kalksteinberge sind buchstäblich Tausende von Gräbern hineingehauen, die für die Angehörigen der königlichen Familien und der Oberschicht des alten Ägypten bestimmt waren. Einige Gräber sind kleine, schlecht ausgehobene, undekorierte Schächte voller Schutt und Geröll; andere sind riesige, mitunter über 100 Meter lange unterirdische Komplexe mit fein behauenen und schön bemalten Wänden. In manchen Teilen der überfüllten Nekropole sind die Gräber so dicht beieinander angelegt, daß sie oft ineinander übergehen. Ja, an bestimmten Stellen kann man von einem Grab in ein anderes kriechen und dabei mehrere 100 Meter unterirdisch zurücklegen, bevor man wieder an die Oberfläche zurückkehren muß.

Eine Karte zu erstellen, die diesen gesamten Komplex bis ins Detail zeigen würde, schien ein unmögliches Unterfangen zu sein. Die bisher angefertigten Karten waren meist skizzenhaft, unvollständig und ungenau; sie beschränkten sich auf ganz kleine Gebiete und dienten begrenzten Zwecken. Für die Erhaltung und den Schutz der thebanischen Denkmäler hatte dies ernsthafte Folgen, denn wenn man schon ein Monument nicht genau lokalisieren kann, wie soll man es dann schützen?

Die ersten allgemeinen Karten der thebanischen Nekropole waren in der *Description de l'Égypte* enthalten. Diese umfassende Dokumentation des antiken Ägypten war von Gelehrten erarbeitet worden, die Napoleon Bonaparte auf seiner unseligen militärischen Expedition nach Ägypten von 1799 bis 1802 begleitet hatten. Die Karten, die in einem sehr großen Maßstab gehalten sind und daher nur ganz wenige Details zeigen, bieten nicht viel mehr als den Hinweis darauf, daß im Jahre 1800 nur wenige thebanische Bauwerke freigelegt waren.

Die wohl besten Karten aus dem 19. Jahrhundert wurden von dem Engländer John Gardner Wilkinson, der Theben mehrmals zwischen 1821 und 1855 aufsuchte, und von seinem Landsmann Robert Hay angefertigt, der zwischen 1824 und 1838 immer wieder hierherkam. Wilkinson lebte zwölf Jahre in Ägypten und verschaffte sich weltweite Anerkennung mit seinen Untersuchungen, besonders mit dem dreibändigen Werk *Sitten und Gebräuche im Alten Ägypten* sowie mit der *Topographie von Theben*. Seine herrlichen Karten und insbesondere sein Übersichtsplan von Theben sind eindrucksvolle Beispiele der kartographischen Technik des 19. Jahrhunderts. Die Karte von Theben ist 145 x 165 cm groß und wurde zunächst von Wilkinson vor Ort mit Bleistift gezeichnet und später in London überarbeitet. Die von ihm verwendete Schraffurtechnik verleiht der Topographie ein fast dreidimensionales Aussehen. Die Karte ist noch heute nützlich dank der Zeichnungen der damals sichtbaren Teile der Totentempel. Sie berücksichtigt viele abgelegene Gebiete, die bei späteren Kartierungen ignoriert wurden. Dennoch wurden nur ein paar von den Tausenden von Grabeingängen der Nekropole aufgenommen und keine unterirdischen Anlagen gezeigt.

Robert Hays unveröffentlichte Manuskripte, die sich heute in der British Library befinden, enthalten gleichfalls Karten des Gebiets von Theben, doch auch sie weisen nur minimale topographische Details auf. Auch die Karte in Carl Lepsius' Werk *Denkmäler aus Ägypten und Nubien* (1859) ist ein wichtiges Dokument, doch ebenfalls unvollständig. Howard Carter fertigte ein paar Planskizzen der Nekropole an, aber das waren in erster Linie Gedächtnisstützen, die keinen Anspruch auf Genauigkeit erhoben.

Die bislang beste Karte von Theben stammt von Émile Baraize, einem Ingenieur der Ägyptischen Altertümerverwaltung. Er begann 1904 mit der Erarbeitung einer Reihe von Kartenblättern im Maßstab 1:5000 – eine Kombination aus Planskizzen, maßstabsgerechten Zeichnungen und Überblicken über kleine Gebiete, die viel genauer als alle vorangegangenen Bemühungen waren. Doch das unablässige Vordringen der Häuser der Einheimischen in die Nekropole ließ die Kartenblätter fast in dem Augenblick veralten, in dem sie erstellt wurden. Baraizes Karte wurde zwar nie vollendet und veröffentlicht, aber das Manuskript diente als Grundlage für mehrere spätere Karten und für einen systematischen Katalog der thebanischen Privatgräber, der 1919 von der Altertümerverwaltung herausgegeben wurde.

Die Folgen von Grabräuberei und Vandalismus waren ebenso

verheerend wie die fortgesetzte Bautätigkeit in der Nekropole und der durch steigendes Grundwasser (einer der unerwünschten Nebenwirkungen des ursprünglichen Assuan-Staudamms) verursachte Verfall der Monumente; die Erstellung einer Karte wurde also immer dringlicher. In den zwanziger Jahren einigten sich der englische Ägyptologe Reginald Engelbach und der Vermessungschef von Ägypten auf eine topographische Karte von Theben, die alle oberirdisch sichtbaren Monumente sowie die Eingänge zu zugänglichen Gräbern im Tal der Könige und im Tal der Königinnen enthalten würde. Leider beschränkte der Vermessungsdienst die Anzahl der aufzunehmenden Privatgräber auf jene vierhundert, die auch hinsichtlich der Dekoration am besten erhalten schienen. Tausende von weniger reich verzierten oder nicht freigelegten Privatgräbern wurden vernachlässigt, und große Teile der Nekropole wurden von dieser Übersicht ausgeschlossen – manche Gebiete wurden überhaupt nicht kartiert. Schließlich wurde ein Großteil der Karte nie veröffentlicht.

Von 1959 bis 1969 führte das Französische Archäologische Institut eine umfassende Vermessung des Westufers aus der Luft durch, als Teil seiner Untersuchung der antiken Graffiti an den Berghängen von Theben. Um die Wandzeichnungen exakt zu lokalisieren, erstellten die Franzosen eine Karte der Nekropole, die auf Luftfotografien basierte. Diese 1969 im Maßstab von 1:10 000 veröffentlichte Karte, mit isometrischen Linien im Abstand von 5 Metern, war die erste genaue Karte des Gebietes. Leider erfaßte sie nicht die gesamte Nekropole, und ihr Maßstab war einfach zu groß, um die genauen Grabeingänge zeigen oder detaillierte Tempelpläne enthalten zu können.

Ohne eine detaillierte Karte ließ sich der Zustand der Monumente Thebens nicht regelmäßig überprüfen. Weil existierende Übersichten über die Nekropole so beschränkt und unvollständig waren, ging der Bau von Häusern, Läden und Straßen auf dem Westufer für weitere 70 Jahre großenteils unkontrolliert weiter. Diese baulichen Maßnahmen beschädigten antike Bauwerke, von deren Vorhandensein man erst erfuhr, als es zu spät war. Straßen wurden über Gräber hinweggeführt, Gebäude über Tempelfundamenten errichtet, elektrische Leitungen in Gräben verlegt, die durch antike Fußböden und Lehmziegelwände verliefen. In den letzten Jahren ist die Erhaltung zusätzlich erschwert worden durch die komplexen Bewässerungsanlagen im Niltal, die das Grundwasser und die lokale Luftfeuchtigkeit ansteigen ließen. Das Abbrennen von Zuckerrohrfeldern hat darüber hinaus zu einer ernsthaften Luftverschmutzung geführt.

Je mehr Zeit ich damit verbrachte, das Westufer zu erkunden, dekorierte Grab- und Tempelwände mit älteren Fotos zu vergleichen, mir die Horrorstorys von Kollegen über Vandalismus, Beschädigungen und Diebstähle anzuhören und Hochrechnungen des künftigen Bevölkerungswachstums und der Tourismusentwicklung zu lesen, desto mehr war ich überzeugt, daß eine umfassende Karte von Theben dringend benötigt wurde. Ich war zwar weder Ingenieur noch Landvermesser und besaß nur rudimentäre kartographische Kenntnisse, aber da anscheinend sonst niemand daran interessiert war, eine archäologische Datenbank von Theben zu erstellen, beschloß ich, mich selbst daranzumachen.

2

Donkeys en route to the Valley of the Kings. 1995 S.W

Theben aus
der Luft

1973 befaßte ich mich erstmals mit der Möglichkeit, eine neue archäologische Karte der thebanischen Nekropole zu erstellen und dabei eine archäologische Datenbank anzulegen, mit deren Hilfe sich der unablässige Verfall der antiken thebanischen Bauwerke überwachen und hoffentlich aufhalten ließe. Zusammen mit David Sims – einem Freund, der sich im Bereich der Vermessung weit besser auskannte als ich – nahm ich eine Probevermessung vor, um zu sehen, ob die Kartierung der Nekropole überhaupt möglich war. Für dieses Experiment wählten wir ein kleines *Wadi* – arabisch für Senke oder Tal – etwa 300 Meter südlich von Howard Carters Haus am Nordende der Nekropole. Hier befanden sich etwa hundert kleine aus dem späten Neuen Reich stammende Gräber, die überwiegend mit Schutt angefüllt waren. In einigen von ihnen waren in griechisch-römischer Zeit ganze Stapel von Mumien untergebracht worden. Die Qualität des Grundgesteins in diesem Wadi war zwar äußerst schlecht, aber dennoch waren in fast jedem Grab Spuren von bemaltem Putz an den Wänden zu finden, mit Szenen aus dem Alltagsleben, religiösen Darstellungen und Hieroglyphentexten. Der schlechte Zustand dieser Gräber erinnerte ständig daran, wie dringend Theben eine detaillierte archäologische Karte und Datenbank benötigte. Nur so bestünde eine Möglichkeit, diese Gräber zu erhalten.

An jedem zweiten Freitag fuhren David und ich zu diesem Wadi, stellten unseren Theodoliten auf und verbrachten vier oder fünf Stunden damit, Winkel zu vermessen und Entfernungen abzunehmen. Zunächst wollten wir eine präzise topographische Karte des Wadi erstellen, die jeden Grabeinstieg im Hang zeigte. Dann würden wir in jedes zugängliche Grab hineinkriechen und davon einen möglichst genauen Plan anfertigen. Das Kriechen erwies sich als mühsam, weil wir vermeiden mußten, die halb im Schutt ver-

37

grabenen Mumien sowie die schlecht erhaltenen dekorierten Wände zu beschädigen. Wir zwängten uns in stockfinstere Räume hinein, die kaum schulterbreit waren. Hin und wieder schreckten wir einen im Grab schlafenden Wüstenfuchs auf oder Dutzende von Fledermäusen, die von der Decke hingen. Mit Hilfe unserer Taschenlampen und Maßbänder versuchten wir, so gut es ging, die Gräber zu vermessen, und hielten die Ergebnisse an Ort und Stelle fest. Dann begaben wir uns zum nächsten Grab.

Die auf diese Weise entstehende Karte konnte zwar keinen Schönheitspreis gewinnen, aber ihre Daten zeigten doch, wie nützlich eine solche Karte für den Schutz der Gräber sein konnte. Eine Reihe von Kollegen ermutigten mich weiterzumachen, auch wenn sich andere über den für dieses Projekt erforderlichen Arbeitsaufwand negativ äußerten. Häufig bekam ich zu hören: »Da können Sie hundert Jahre daran arbeiten, Weeks, und werden doch niemals zum Abschluß kommen.« Rückblickend bin ich mir darüber im klaren, daß sie völlig recht gehabt hätten, wenn es nicht so rasche Fortschritte auf dem Gebiet der computergestützten Vermessungstechnik gegeben hätte – und wenn wir nicht das Glück gehabt hätten, einige überaus begabte Menschen für unser Unternehmen zu gewinnen.

Ende 1976, als unsere Kinder ins Schulalter kamen, verließen wir das Chicago House. Ich nahm eine Anstellung als Associate Professor im Fachbereich Ägyptologie an der University of California in Berkeley an. Aber auch in den folgenden Jahren machte ich mir – 11 000 Kilometer von der thebanischen Nekropole entfernt – weiterhin Gedanken über die dringende Notwendigkeit einer archäologischen Karte. 1979 gelang es mir schließlich, einen gewissen finanziellen Rahmen zu schaffen, und ich begründete (zumindest auf dem Papier) das später so genannte Theban Mapping Projekt.

Das Theban Mapping Projekt war in erster Linie ein Vermessungsprojekt, und zunächst benötigten wir dringend einen guten Vermessungstechniker. Als ich meine Suche schon aufgeben wollte, hörte ich von David Goodman. »Er ist ein Original«, sagte man mir. »Und er ist so verrückt, ohne Honorar in Ägypten an einem Monsterprojekt wie diesem mitzuarbeiten.«

Ich lernte David Goodman auf einem verlassenen Flugplatz in Nordkalifornien kennen, wo er Chefvermesser des kalifornischen Department of Transportation war. David ist gut 1,80 Meter groß, dünn wie eine Bohnenstange, und er hat einen Spitzbart. Damals trug er einen Strohhut und hatte Holzfällerstiefel an. Mir wurde rasch klar, daß man sich mit David über alles mögliche unterhalten konnte – stets würde er irgendwann auf seine Heimatstadt Paducah in Kentucky zu sprechen kommen, von seiner Zeit auf einem Mississippi-Dampfer schwadronieren und mit den phantastischen Gemüsesorten angeben, die er in seinem Garten bei Sacramento anbaut. Und irgendwie schwärmte er am Ende dann immer von den Kochkünsten seiner geliebten Frau Mary. Ich mochte David sofort, und zu meiner großen Überraschung war er bereit, Urlaub von seinem Job zu nehmen und ohne Honorar an unserem Projekt mitzuarbeiten.

David ist stets einer der loyalsten und wertvollsten Mitarbeiter beim Theban Mapping Project gewesen. Seit 1978 ist er fast jedes Jahr mit uns nach Luxor gegangen, und mehr als jeder andere Mitarbeiter war er für die Erarbeitung der Vermessungsverfahren zuständig, die heute im Rahmen unseres Projekts zum Standard gehören – ja, mittlerweile orientieren sich viele andere archäologische Projekte in Ägypten daran.

Alle anderen Bewohner in Luxor lieben David – sie nennen ihn »Da'ud«. David spricht zwar kein Wort Arabisch, aber anscheinend hat er nie ein Problem, sich verständlich zu machen. Wenn man irgendwo am Westufer seinen Namen erwähnt, erntet man schon ein Lächeln. Wenn Da'ud durch die Dörfer geht, singen Scharen von Kindern seinen Namen, fassen nach seiner Hand und laufen hinter dem größten und nettesten Mann her, dem sie je begegnet sind. Von den Erwachsenen bekommt man immer zu hören: *»Da'ud, huwa ahsan ragil!«* (»Da'ud ist der beste Mann!«)

Außerdem schlossen sich uns noch zwei Architekturstudenten aus meinem Berkeley-Seminar über ägyptische Archäologie von 1978 an – Bruce Lightbody und Richard Smith –, ferner eine Ägyptologiestudentin namens Tracey Twarowski. Sie waren nicht nur intelligente und fleißige Mitarbeiter, sondern auch eine angenehme Gesellschaft in den heißen Sommern von Luxor, in denen man immer von Fliegen heimgesucht wird.

Am 28. März 1978 kamen wir in Luxor an und arbeiteten während der nächsten drei Monate ohne Unterbrechung. Unsere erste Aufgabe bestand darin, die gesamte Nekropole mit einem Gitternetz zu überziehen, so daß wir alle archäologischen Besonderheiten präzise lokalisieren konnten. Nun war Schluß mit der üblichen Auskunft: »Tja, ich glaube, das Grab, das Sie sehen wollen, liegt da unten an der Straße, hinter einem zerbrochenen Brotbackofen, dann ein bißchen den Hügel rauf« – mit einem Gitternetz konnte man die Lage nach Länge, Breite und Höhe angeben: »Das Grab liegt 9995,211 W, 8768,745 N, 165,55 msl.« Das klingt gewiß prosaisch, ist aber präzise.

Statt einen ganz neuen Raster einzuführen, griffen wir auf einen zurück, den das Centre Franco-Égyptien ein paar Jahre zuvor beim Tempelkomplex von Karnak am Ostufer des Nils angelegt hatte, und verlängerten es nach Westen über den Strom bis zur Nekropole. Mit Hilfe seiner Grundlinie schufen wir ein einziges, endlos erweiterbares Gitternetz für das gesamte Gebiet von Luxor. Die Ost-West-Achse des Rasters verlief direkt entlang der Achse des großen Amun-Tempels in Karnak. Unser Raster entsprach im Grunde dem Raster, das die alten Ägypter verwendeten, als sie den bedeutendsten Tempelkomplex von Luxor anlegten.

In jener ersten Saison rackerten wir uns tagtäglich in den bestellten Feldern am Westufer ab und legten größere und kleinere Vermessungstraversen an, damit der Raster so exakt wie möglich wurde. Das war keine leichte Aufgabe: Wir mußten riesige Felder mit 3 Meter hohem Zuckerrohr, Häuser und Palmengruppen umgehen. Wir mußten durch überschwemmte Felder und knöcheltiefen Schlamm waten, kilometerweit von unserer Ideallinie abweichen, bevor wir tiefe Entwässerungskanäle überqueren konnten, und auf die bissigen und streng über ihr Revier wachenden Dorfhunde aufpassen, die sicher jedem Fremden am liebsten an die Kehle gegangen wären. Und bei dieser ganzen Arbeit, die von fünf Uhr morgens bis ein Uhr mittags dauerte, bei Temperaturen, die selten unter 40 Grad Celsius lagen, mußte auch noch die zentnerschwere Ausrüstung mitgeschleppt werden. Die Batterien für die elektronischen Entfernungsmeßgeräte zum Beispiel wogen jeweils 20 Kilo; dazu kam noch das Gewicht der Stative, Fluchtstangen, Theodoliten, Wasserkanister, Papiere, Ferngläser, Messingmarkierungen und Zementsäcke.

Ein typischer Vormittag: Bruce und Tracey kletterten auf die Spitze eines nahe gelegenen Berges, um einen Meßpunkt einzurichten. David trottete in Zuckerrohrfelder, um den Theodoliten aufzustellen, und ich folgte ihm, um die Ergebnisse festzuhalten. Mittags legten wir eine Pause ein, gingen zu der schmutzigen kleinen, aus Lehmziegeln erbauten Herberge zurück, in der wir damals wohnten, und nach dem Lunch sahen wir uns unsere Notizen an. In jeder Saison ließ uns David zweimal jeweils um Mitternacht auf den Berg über dem Tal der Könige hinaufklettern, damit wir uns am Polarstern orientieren und unsere Rasterkoordinaten exakt nach Norden ausrichten konnten. Jeden Morgen zogen wir wieder los, wobei wir zur Abwechslung manchmal die Aufgabenverteilung änderten. Unsere jungen Helfer Nubie und Mohammed bestanden jedoch immer darauf, die schwersten Lasten zu tragen. »Dafür bezahlen Sie uns doch, Doktor«, sagten sie. Während sich der Sommer hinzog, hörten wir sogar auf, so zu tun, als ob wir etwas dagegen hätten.

Die Karte, die wir erstellen wollten, sollte im Maßstab 1:500 gehalten sein, so daß wir archäologische und topographische Details aufnehmen konnten. Ein Zentimeter auf der Karte entsprach also 500 Zentimetern auf dem Boden. Bei diesem Maßstab würde jede Ungenauigkeit in den Frühstadien der Arbeit im weiteren Verlauf immer größer werden und könnte rasch katastrophale Ausmaße annehmen. Daher bestand David darauf, ein viel komplexeres Set von Kontrollpunkten einzurichten, als es theoretisch nötig gewesen wäre; damit machten wir uns zwar doppelte Arbeit, ersparten uns aber für die Folgezeit auch mit Sicherheit ständigen Ärger. Doch trotz dieser zusätzlichen Arbeit hatten wir die Polygonzüge bis Ende Juni vollständig angelegt und konnten stolz vermelden, daß das Gitternetz eingerichtet war.

Wir wußten, daß es Jahrzehnte dauern würde, wenn wir eine topographische Karte von der thebanischen Nekropole im Maßstab 1:500 ausschließlich aufgrund der Bodenmessungen erstellen wollten. Für eine detaillierte und genaue Karte würden wir stereoskopische Luftaufnahmen benötigen – Fotos also, die von einem speziell ausgestatteten Flugzeug für die fotogrammetrische Verwertung aufgenommen werden. Aber derartige stereoskopische Fotos von Theben waren nicht zu bekommen. Die Luftaufnahmen, die die Franzosen vor mehreren Jahren zu Vermessungszwecken erstellt hatten, waren aus zu großer Höhe gemacht worden und darum für unsere Karte im Maßstab 1:500 ungeeignet, und die anderen Luftaufnahmen, die ich kannte, waren unvollständige Meßblätter, die die britische Royal Air Force 1949 angelegt hatte. Ein Satz davon befand sich in den Archiven des Pentagon; mir wurde jedoch auf Anfrage mitgeteilt, daß der Zugang dazu von der Erlaubnis der Royal Air Force abhinge, und die wiederum würde nur erteilt werden, wenn die ägyptische Luftwaffe zuerst ihre Zustimmung gegeben hätte. Auf meine Briefe an den ägyptischen militärischen Geheimdienst – es waren Dutzende – erhielt ich nie eine Antwort. Uns blieb somit nichts anderes übrig, als neue Fotos aufzunehmen. Damals war die einzige Behörde, die in Ägypten autorisiert war, Fotoaufklärungsflüge zu machen, das Fernerkundungszentrum der ägyptischen Nationalakademie der Wissenschaften. Im Dezember 1979 flog ich nach Kairo, um mit der Behörde zu verhandeln, die im Ruf stand, schlechte Arbeit zu hohen Preisen zu liefern – aber sie hatte nun einmal das Monopol darauf.
Um auf der Grundlage von Luftaufnahmen topographische Karten herstellen zu können, muß es auf dem Boden eindeutig identifizierbare Markierungen geben, bevor die Aufnahmen gemacht werden. Diese »Vorabmarkierungen« – große X-förmige Zeichen, die wir aus weißgestrichenen Steinen zusammensetzten – befanden sich an genau festgelegten Positionen, damit ein Fotogrammetriker einzelne Aufnahmen exakt zusammenfügen konn-

te. Jede Behörde, die mit Luftaufnahmen zu tun hat, weiß das, und das Fernerkundungszentrum versprach, den Auftrag erst auszuführen, nachdem wir erklärt hatten, daß die Vorabmarkierungen an Ort und Stelle seien.

Eines Morgens Anfang April vernahmen wir das Geräusch eines niedrig fliegenden Flugzeugs, was in Luxor in den siebziger Jahren nicht eben häufig vorkam. Vom Dach unseres Hauses aus sahen wir ein Flugzeug, wohl des Fernerkundungszentrums, das immer wieder über die Nekropole hinwegflog. Als ich den stellvertretenden Direktor des Zentrums erreichte, erklärte er mir, sie hätten unseren Auftrag erledigt. »Gleich heute, bevor wir reden. Wir überraschen Sie, indem wir es früh machen«, sagte er. Er schien zufrieden zu sein.

Trotz ihrer heftigen Einwände ließen wir sie den ganzen Einsatz noch einmal fliegen. Alle Vorabmarkierungen befanden sich an Ort und Stelle, aber diesmal überlappten sich die Flugbahnen nicht genügend, um die für die Fotogrammetrie erforderliche stereoskopische Abdeckung zu liefern. Wir brauchten eine rund dreiunddreißigprozentige Überlappung, bekamen aber weniger als fünfzehn Prozent – zu wenig, um eine präzise Karte erstellen zu können. Frustriert gaben wir vorübergehend die Fotogrammetrie auf. Ein dritter Einsatz würde uns erheblich mehr Geld kosten, und wir waren nicht überzeugt, daß wir akzeptable Ergebnisse bekämen.

Allerdings war nicht alles vergebens, weil die Schwarzweiß-Luftaufnahmen eine hervorragende Quelle für das architektonische Studium der thebanischen Totentempel und Grabeingänge darstellten, und inzwischen haben sie bereits wichtige Daten für zahlreiche Studien über thebanische Monumente geliefert.

Da ich noch immer vom Wert von Luftaufnahmen überzeugt war, mietete ich in der dritten Saison dieses Projekts einen ortsansässigen Charterflieger, so daß ich von schräg oben Luftaufnahmen von Theben machen konnte. Das wären dann zwar keine stereoskopischen Fotos, und sie konnten auch nicht zur Herstellung topographischer Karten verwendet werden, aber sie wären doch nützliche Ergänzungen unserer Bodenvermessungen und wichtige

Informationsquellen mit eigenem Aussagewert. Dafür benötigte ich auch nur einfache Sicherheitsunbedenklichkeitserklärungen, die relativ leicht zu bekommen waren. Das Charterunternehmen hatte offenbar gute Verbindungen zur ägyptischen Luftwaffe. Die einzige Einschränkung bestand darin, daß wir unser gesamtes Filmmaterial unmittelbar nach dem Flug dem militärischen Sicherheitsdienst aushändigen mußten. Sie würden es entwickeln und uns dann die Abzüge – nicht jedoch die Negative – der Aufnahmen übergeben, die sie aufgrund militärischer Erwägungen freigeben konnten. Das war zwar kein ideales Arrangement, aber wir mußten uns wohl darauf einlassen.

Am vereinbarten Tag sollte das Charterflugunternehmen um acht Uhr morgens ein Flugzeug am Flugplatz von Luxor bereitstellen. Gaston Chan – ein Student aus Berkeley, der in jenem Jahr am Theben Mapping Project mitarbeitete, zudem ein erfahrener Fotograf – sollte mit mir drei Stunden lang das Westufer fotografieren. Um halb acht trafen wir am Flugplatz von Luxor ein. Das Flugzeug kam dann schließlich gegen Mittag; es war eine betagte DC-3 – das zweimotorige Arbeitspferd des Zweiten Weltkriegs –, ein legendäres Flugzeug, bekannt für seine Kraft und Ausdauer, aber dieses hier sah müde aus. Der Rumpf war offensichtlich beschädigt und mehrmals geflickt worden, die Motoren stotterten, und der Pilot war ein untersetzter, dicker Mann – ein Kettenraucher, der ein schmutziges weißes Hemd und eine schlechtsitzende schwarze Hose mit einem kaputten Reißverschluß trug. Das Flugzeuginnere war zur Beförderung von Fracht umgebaut worden, und es gab nur zwei Sitze vorn. Hinter dem Cockpit befanden sich ein Eisenrostboden, der an einem Träger festgehakt war, ein Aluminiumschott und je sechs kleine Fenster auf beiden Seiten. Ich fragte mich, wie Gaston und ich durch derart verkratzte und blinde Glasscheiben überhaupt fotografieren sollten. Und auf jeden Fall war es ein Problem, die Tragflächen und Motoren nicht mit aufs Bild zu bekommen.

Ich erkundigte mich beim Piloten. Er sah seinen Copiloten an, einen etwa dreißigjährigen, gutgekleideten Mann, der die dunkelste Sonnenbrille trug, die ich je gesehen hatte. Sie grinsten. Der

44

Pilot deutete zur großen, zweiflügeligen Ladetür am Heck, die eine etwa 2,5 Meter breite und 2 Meter hohe Öffnung bildete. Sie würden die Tür aushängen und am Flugplatz lassen. Gaston und ich würden mit untergeschlagenen Beinen auf dem Boden in der Türöffnung sitzen. Aus Sicherheitsgründen – »Sicherheit sehr wichtig«, sagte der Pilot – würden sie uns in dieser Position mit Seilen festbinden, die am gegenüberliegenden Schott verankert waren.

»Sie werden eine wunderbare Aussicht haben, Doktor«, versicherte der Pilot. »Und wenn Sie wollen, können Sie das Seil abmachen und zu Cockpit kommen und Kaffee trinken. Ich spreche gern Englisch. You welcome.«

Gaston war Fallschirmspringer bei den Green Berets in Vietnam gewesen, und daher geriet er nicht gleich in Panik, obwohl er lauthals einen Fallschirm verlangte. Mir hingegen kam das Flugzeug wie der reinste Wahnsinn vor. Um mich zu beruhigen, redete ich mir ein, daß wir für das Flugzeug bezahlen mußten, ganz gleich, ob wir damit flogen oder nicht; es wäre feige von mir, nicht mitzufliegen, und ich wollte mich nicht vor Gaston und den Piloten blamieren. Die Fotos, die wir machen würden, wären sehr nützlich; die Ägyptologie brauchte diese Fotos ... Verdammt noch mal! Ich holte tief Luft, quälte mir ein Lächeln ab und sagte zu Gaston: »Also los, auf geht's!«

Die Piloten banden uns fest, als wir uns auf den Boden vor die offene Luke gesetzt hatten, und wir vertäuten eine Tasche mit zusätzlichem Filmmaterial, Objektiven und Kameras zwischen uns. »Viel Glück!« schrie der Pilot und verschwand im Cockpit. Wenige Augenblicke später donnerten die Motoren los, und unsere betagte DC-3 bewegte sich über das Rollfeld.

Wir bogen auf die Startbahn ein. Das Flugzeug beschleunigte und hob rasch ab, dann schwenkte es scharf nach links und flog direkt über den Tempel von Karnak hinweg, überquerte den Nil und hielt nach Westen auf Deir el-Bahari zu. Der Wind blies durch die Ladeluke in unsere Gesichter, und meine Augen begannen zu tränen. Bei dem Motorenlärm war eine Unterhaltung unmöglich, aber Gaston und ich stupsten uns immer wieder an und wiesen auf die Stätten unter uns. Die Aussicht war absolut atemberaubend, und ich war zwischen dem Entzücken über die Szene 300 Meter tiefer und dem Entsetzen, als mir einfiel, wo ich saß, hin- und hergerissen.

Der Flug dauerte genau drei Stunden, und trotz einer leichten Wolkendecke, die für nicht ganz ideale Lichtverhältnisse sorgte, waren Gaston und ich sicher, daß wir einige großartige Aufnahmen gemacht hatten. Wir waren über der Nekropole hin und her geflogen, in Höhen, die von 300 bis 3000 Metern reichten. Mehrmals ging das Flugzeug so steil in die Kurve, daß wir das Gefühl hatten, auf die offene Luke zuzurutschen. Gaston und ich hielten unsere Kameras mit einer Hand und versuchten ruhig zu erscheinen, während wir uns mit der anderen an den Eisenrostboden klammerten. Ich war überzeugt, daß die geringste Bewegung, ja schon das Zuschnappen des Kameraverschlusses uns durch die Luke würde rutschen lassen, so daß wir am Ende eines Seils über den Bergen von Theben baumeln würden. Als wir uns dann im Laufe des Flugs ein wenig entspannt hatten, mußten wir zugeben, daß die Blickwinkel für unsere Aufnahmen ideal waren.

Nach der Landung überreichten wir dem Mann vom militärischen Sicherheitsdienst fünfzehn Filmspulen. Er sagte, die Schwarzweißfilme würden sofort im Labor der Armee entwickelt werden, während der Farbfilm an die ägyptische Botschaft in Deutschland geschickt würde, weil es damals in Ägypten keine Möglichkeit gab, Farbfilme zu entwickeln. Es klang fast überzeugend, als er sagte, wir würden in zwei Wochen alles bekommen – »spätestens in drei oder vier ... Drei Monate sicher«, sagte er, »oder vielleicht vier Monate, so Gott will.«

Ein halbes Jahr später hatten wir noch immer nichts erfahren. Schließlich erhielten wir zehn 9 x 12-Schwarzweißabzüge – schmutzige, körnige, graue Fotos, und drei davon waren zerknittert und eingerissen. Später bekamen wir zwanzig ungerahmte Dias. Sie waren ungewöhnlich – lauter Aufnahmen aus großer Höhe, die nur wenige archäologische Details zeigten. Zum Glück hatte Gaston sechs Farbfilme in seiner Jacke versteckt gehabt und sie in Kalifornien entwickeln lassen. Auf diese Weise erhielten wir 150 ausgezeichnete Aufnahmen von der Nekropole. Wir haben jedoch nie erfahren, was mit den anderen passiert war.

Mit dem Heißluftballon über Theben

Am 16. Dezember 1980, meinem neununddreißigsten Geburtstag, schenkte mir Susan einen Freifahrtschein für eine Fahrt mit einem Heißluftballon über den Weinbergen in der Nähe unseres Hauses im Napa Valley. Ballonfahren ist eine sehr beliebte Freizeitbeschäftigung im kalifornischen Weinland, und fast jeden Morgen sahen wir Ballons über unserem Haus. Ich hatte oft gesagt, wie gern ich einmal mit einem mitfahren würde. Aber wir waren beruflich wie privat zu beschäftigt, so daß ich erst im August 1981 die Fahrt buchen konnte. Und dann stand ich endlich an einem warmen Samstagmorgen um fünf Uhr in einer Vier-Mann-Gondel, die an vier Drahtseilen unter einem großen, bunten, mit rund 2000 Kubikmeter Heißluft gefüllten Ballon hing. Keine 30 Zentimeter über meinem Kopf schossen aus einem Propangasbrenner gewaltige Flammen in die Hülle und erhitzten die Luft darin auf über 80 Grad Celsius.

Beim ersten Tageslicht, als hellrosa Sonnenstrahlen über den Horizont krochen, erhoben wir uns von unserem Startplatz, einem Parkplatz in Yountville, Kalifornien, und stiegen träge auf, bis uns eine sanfte Brise über endlose Reihen grüner Reben hinwegschob, die den Talboden bedeckten und sich an den Flanken der Hügel entlangzogen, die das Napa Valley bilden. Wir trieben etwa 60 Meter über die Domaine Chandon hin, fuhren dann nach Norden, wo wir bis auf knapp 1000 Meter stiegen, um dann allmählich wieder auf nur 15 Meter Höhe zu sinken. Die einzigen Geräusche waren das gelegentliche Zischen des Brenners und das Bellen eines Hundes, wenn wir über sein Territorium hinwegflogen. Die Aussicht war phantastisch: Tausende Hektar Weinberge, mit Kiefern bedeckte Hänge und die sorgfältig gestutzten Rasenflächen der Weingüter, deren viktorianische Gebäude in Streifen von strahlendem Morgenlicht und nachtdunklen Schatten getaucht waren. Die Luft war kristallklar. Über eine Stunde lang trieben wir über die Landschaft. Es war ein wirklich erhebendes Erlebnis, und während des ganzen Fluges mußte ich denken: Wie toll wäre das doch in Theben!

Heißluftballons waren bislang nur einmal in Ägypten eingesetzt worden, und zwar um die Jahrhundertwende von dem Archäologen William Flinders Petrie; aber das waren unbemannte Fesselballons gewesen, die nur etwa 30 Meter hoch stiegen. Niemand war jemals in einem bemannten Ballon über dem Nil geflogen, und der Gedanke, der erste zu sein, war natürlich unwiderstehlich.

Ich telefonierte mit Andrew (»Drew«) Brisbane, dem Piloten, mit dem ich über das Napa Valley geflogen war, und fragte ihn, ob er mit seinem Ballon für einen Monat nach Luxor kommen würde. Wir würden ihm alle Kosten erstatten, könnten aber kein Honorar zahlen. Er war einverstanden, und dann schlug er vor, daß wir zwei Ballons nehmen sollten, um von dem einen aus den anderen mit den thebanischen Hügeln im Hintergrund fotografieren zu können. Drew nahm einen weiteren Piloten, Mark Proteau, unter Vertrag.

Die Ballons und die Piloten hatten wir also. Nun brauchten wir noch das Geld. Bruce Ludwig hatte für das laufende Jahr schon einen großzügigen Beitrag für das Projekt gespendet, und daher wollte ich ihn nicht noch einmal um Geld bitten. Es war ein glücklicher Zufall, daß ich einen Monat später nach New York flog, um einen Vortrag zu halten, und daß mich die Fluggesellschaft in der ersten Klasse untergebracht hatte. Ich unterhielt mich mit meinem Sitznachbarn, einem angenehmen Menschen namens George Russell, Präsident einer größeren Investmentfirma. Ich erklärte ihm, wir hätten vor, erstmals mit Heißluftballons über dem Nil zu fliegen, und schlug ihm vor mitzukommen. Er war nicht nur daran interessiert, sondern erbot sich auch, eine Gruppe von Leuten für eine Nilkreuzfahrt zusammenzustellen, mit dem Ballon über Theben mitzufahren und sich finanziell an unserem Projekt zu beteiligen. Innerhalb von zwei Wochen rief George an und sagte, die Gruppe sei komplett.

Das erste Mal fuhren wir mit dem Ballon zu einem ebenen Stück Wüste inmitten der Nekropole, rollten die Hülle sorgfältig aus und bliesen sie mit einem Heißluftbrenner und einem starken Gebläse auf. Ein Dutzend Menschen aus dem benachbarten Dorf waren früh aufgestanden und schauten fasziniert zu, wie der

Brenner ansprang und eine lange Flamme in die Hülle schoß. Nach und nach nahm der leuchtend bunte Ballon Gestalt an und erhob sich vom Boden. Sobald er aufgeblasen war, hielten wir zu sechst die Gondel fest, damit er nicht davontrieb. Die Dorfbewohner klatschten.

Auf unserer ersten Fahrt waren wir zu fünft: Drew, unser Pilot, Gaston Chan, unser Fotograf, Sylvia Frock, eine Sponsorin, der Vermessungsingenieur David Goodman und ich. In letzter Minute entschied der ägyptische militärische Geheimdienst, wir sollten noch einen seiner Leute mitnehmen, um sicherzustellen, daß wir keine geheimen militärischen Anlagen fotografierten. Sie haben uns nie erklärt, was in der thebanischen Nekropole denn von militärischer Bedeutung sein könnte, aber wir mußten David wegen des Sicherheitsagenten dalassen. Er hatte Höhenangst und lag uns ständig damit in den Ohren, die Fahrten so kurz und so niedrig wie möglich zu halten. Noch weniger mochte er es, um vier Uhr morgens geweckt zu werden. Nach den ersten paar Fahrten war er seinen Job leid, schlief sich im Hotel aus und fuhr nie wieder mit.

»Fertigmachen!« schrie Drew, als wir an Bord waren. »Leinen los!« Er drehte den Brenner auf, und langsam begann der Ballon zu steigen. Unser erster Startplatz befand sich direkt vor dem Hatschepsut-Tempel bei Deir el-Bahari. Als wir auf der Höhe der umgebenden Hügel angelangt waren, trieb uns eine sanfte Brise von Norden auf das Ramesseum und die Dörfer im Osten zu. Ich hatte noch nie so etwas Schönes gesehen wie die thebanische Nekropole bei Sonnenaufgang aus 300 Meter Höhe. Ein atemberaubender Anblick.

Es war ein herrlicher Tag, ein wolkenloser Himmel. Die Landschaft war in ein strahlendes, frühmorgendliches Licht getaucht; es waren ideale Bedingungen zum Fotografieren. Wir nahmen Theben aus Perspektiven auf, die noch niemand gesehen hatte: das Dach des Ramesseum zum Beispiel, die Schöße der Kolosse von Memnon, die Hänge von Qurna, die Terrassen von Deir el-Bahari. Die allererste Ballonfahrt über Theben dauerte zwar nur eine Stunde, aber wir verschossen über zwanzig Filme und waren hingerissen.

Während des Fluges konnten wir jedes Geräusch dort unten hören. Etwa 100 Meter unter uns bellten Hunde, als sie unser Brenner aus dem Schlaf riß. Dorfbewohner traten aus ihren Häusern, während wir über sie hinwegtrieben, starrten verschlafen und verblüfft zu uns hoch, und immer wieder hörten wir sie sagen: »Allah! Allah ist groß! O Allah!« Keiner von ihnen hatte jemals zuvor einen Ballon gesehen. Kinder schrien und winkten, folgten rennend unserer Flugbahn und lachten vor Freude.

Als unser Ballon niederging und neben dem Tempel von Medinet Habu landete, brauste ein blauer Pritschenwagen heran. Der Polizeichef des Dorfs, der offensichtlich gerade aufgestanden war und sich hastig angezogen hatte, stieg aus und kam auf uns zu. »Warum hatten Sie mir nichts von Ihrem Vorhaben gesagt?« fuhr er uns verärgert an. »Mein Nachbar Hussein, der Schullehrer, dachte, Sie kämen vom Ayatollah Khomeini, um Ägypten zu erobern. Er wollte Sie schon abschießen. Ich mußte sein Gewehr beschlagnahmen. Das ist sehr schlimm.«

Mir wurde klar, daß wir allen möglichen Leuten von der Ballonfahrt erzählt hatten, nur dem örtlichen Polizeibeamten nicht. »Es tut mir sehr leid, Sir«, erwiderte ich. »Ich kann Ihnen versichern, daß wir Sie nicht übergehen wollten. Schließlich sind Sie der höchste Beamte in diesem Ort, und Ihre Position ist sehr wichtig. Bitte entschuldigen Sie, daß wir so vergeßlich waren und Sie nicht unterrichtet haben. Möchten Sie vielleicht morgen im Ballon mitfahren? Sie wären der erste Mensch in Luxor, der das täte.«

Der Polizist lächelte geschmeichelt. »Das wäre sehr nett. Ja, ich werde bei Sonnenaufgang bei Ihnen sein. Und machen Sie sich keine Sorgen wegen des Schullehrers. Ich habe ihm gesagt, Sie seien keine Feinde Ägyptens.«

»Vielen Dank.«

Am nächsten Morgen warteten wir am Startplatz auf den Polizeichef. Er kam nicht. Ja, über eine Woche lang sah ihn niemand mehr. Später erfuhren wir, daß seine Frau ihm wütend verboten hatte, etwas so Dummes und Gefährliches zu tun, wie in einem Ballon mitzufahren. Da er nicht bereit war, sich ihr zu widersetzen, ihm aber auch keine Ausrede einfiel, mit der er das Gesicht wahren könnte, ging er uns aus dem Weg.

In den nächsten Tagen besichtigte ich mit George Russell Luxor, und wir machten mit seiner Gruppe mehrere Ballonfahrten. Es war herrlich – wenn da nur nicht der Mann vom militärischen Geheimdienst gewesen wäre. Er konfiszierte vor jedem Start die Kameras der anderen Teilnehmer; er habe den Befehl, das Fotografieren zu kontrollieren, erklärte er. Das hieß also, daß nur Gaston und ich unsere Kameras an Bord haben durften, zur Enttäuschung unserer Gäste. Ich versprach, nach der Reise allen einen Satz Dias zu schicken.

Nach so vielen schlechten Erfahrungen in den vergangenen Jahren wollten wir diesmal kein Risiko eingehen. Gaston und ich erklärten dem Mann vom Geheimdienst, daß der Film, den wir verknipst hatten, in einer Box im Kühlschrank unseres Hotels aufbewahrt werden müßte. »Verstehen Sie«, sagten wir ihm, »es ist sehr wichtig, daß die Filme kühl gelagert werden, sonst verändern sich die Farben, und dann bekommen wir nicht die Bilder, die wir brauchen. Wir werden die Filme im Kühlschrank aufbewahren und Ihnen dann alle geben, wenn wir mit unserer Arbeit Ende dieses Monats fertig sind.« Der Mann war einverstanden.

Jeden Tag legten wir die Filme in den Kühlschrank. Der Sicherheitsmann notierte, wie viele Patronen wir hineintaten. Wenn er abends in sein Hotel in Luxor auf der anderen Seite des Flusses zurückkehrte, tauschten wir das Material gegen unbelichtete Filme aus. Die belichteten Filme verschwanden in unserem Gepäck. Am Monatsende gaben wir dem Geheimdienstmann alle Filme im Kühlschrank, und er brachte sie zum Entwickeln nach Kairo. »Sie werden sie in einem Monat zurückbekommen«, sagte er, »oder in zwei Monaten.«

Wir hatten uns darauf eingerichtet, so zu tun, als wären wir verzweifelt, wenn die Filme leer zurückkämen. Gaston würde darauf hinweisen, daß es irgendein Problem mit seinen Kameras gegeben hätte. Und ich würde jammern, man hätte uns Filme verkauft, bei denen das Haltbarkeitsdatum überschritten gewesen wäre. Aber wir bekamen nie etwas wieder – nicht einen einzigen Film. Am

Ende der Saison saßen Gaston und ich in Kairo; die Filme, die wir beiseite geschafft hatten, waren inzwischen entwickelt worden, und die Abzüge lagen vor uns auf dem Tisch. Es waren phantastische Aufnahmen. Wir zeigten sie Mitarbeitern der Altertümerverwaltung, und sie waren genauso beeindruckt wie wir.

In der nächsten Saison wendeten wir den gleichen Trick an; wieder kamen wir mit Ballons nach Luxor, um unsere Fotoarbeit fortzusetzen. Ich hatte eine weitere Tour organisiert, um Kapital lockerzumachen – diesmal für Freunde von Bruce Ludwig –, und der Ballon war eine der Hauptattraktionen. Doch dies war dann unsere letzte Ballonfahrt; eine Wiederholung sollte es nicht mehr geben. Die Ballons hatten zwar Geld für unser Projekt eingebracht, aber sie waren teuer im Unterhalt, und es war an der Zeit, unsere bescheidenen Mittel für andere Dinge auszugeben. Es war wirklich schade, die Ballonfahrten aufgeben zu müssen, und wir waren froh, als wir hörten, daß ein kommerzielles Unternehmen plante, Ballonfahrten über Luxor zu veranstalten. Wir hofften, künftig auf dessen Dienste zurückgreifen zu können. Inzwischen können Touristen kommerzielle Ballonfahrten über Theben machen und nach Herzenslust fotografieren. Vor mehreren Jahren hat Richard Bransons Virgin Airship Company ihre Tätigkeit am Westufer aufgenommen, und wir sind seither regelmäßig mit ihr gefahren. Mittlerweile waren unsere eigenen Ballons allerdings nach Kalifornien zurückgebracht worden, und damit war das Theban Mapping Project wieder auf dem Boden gelandet.

Genauer gesagt: Es begab sich in den Untergrund.

3

Gurna-Marei, West Bank

S.W. '95

Im Untergrund –
die Vermessung
der Königsgräber

Ich hatte tatsächlich angenommen, das Erstellen von Planzeichnungen der Gräber im Tal der Könige wäre unkompliziert und nicht sehr aufwendig. Schließlich waren sie ja von Handwerkern erbaut worden, die nur Steinäxte und Kupfermeißel besaßen und lediglich über einen Zimmermannswinkel, ein Bleigewicht und ein Stück Schnur als Vermessungsinstrumente verfügten. Wie komplex konnte die Anlage dieser Gräber schon sein? Wir hingegen besaßen die allerneuesten Theodoliten und elektronischen Entfernungsmeßgeräte; wir setzten überaus kompetente Vermessungstechniker und Architekten ein, und wir glaubten – etwas naiv und aus einer großspurigen Grundeinstellung heraus –, alles schaffen zu können. Welches Problem eines Handwerkers der Antike könnten wir nicht spielend lösen? Die meisten Gräber, in denen wir arbeiteten, waren relativ frei von Schutt – dachten wir –, und am Anfang waren wir überzeugt, daß detaillierte Planzeichnungen nahezu täglich in schneller Folge produziert werden könnten.

Ich hatte die ägyptischen Handwerker der Antike gründlich unterschätzt. Gräber, deren Pläne unserer Meinung nach aus etwa fünfhundert Messungen erstellt werden könnten, erforderten oft Tausende von Messungen, und wir benötigten für das Kartieren oft Wochen statt ein paar Tage. Die Genauigkeit der Handwerker der Antike und ihre Sorgfalt im Detail waren beachtlich.

Im Ägyptischen Museum in Turin beispielsweise gibt es einen großen Papyrus, auf dem ein damaliger Architekt einen Plan von KV 2, dem Grab des Pharaos Ramses IV., gezeichnet hatte. Vielleicht hatten die Menschen, die das Grab aushoben und dekorierten, genau nach diesem Plan gearbeitet. Der Papyrus wurde um die Mitte des 19. Jahrhunderts von dem preußischen Ägyptologen Carl Lepsius gefunden und von Howard Carter und Sir Alan Gardiner 1917 veröffentlicht. Der Turiner Papyrus enthält den

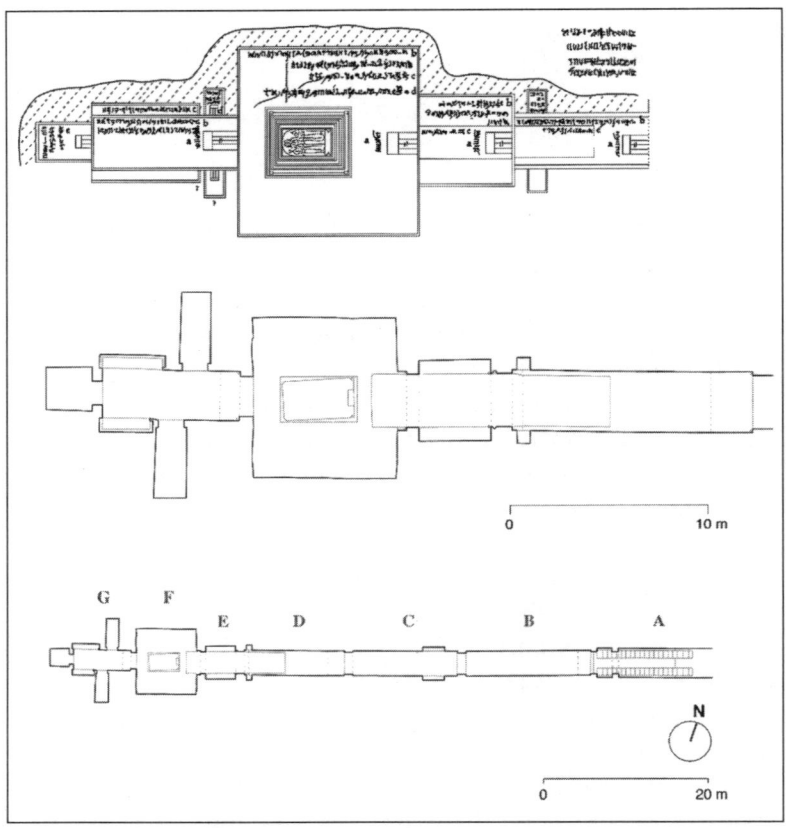

Grundriß des Grabes von Ramses IV. (KV 2): Oben eine Kopie der Planskizze im Turiner Papyrus. Der nachgezeichnete Grundriß in der Mitte ermöglicht einen Vergleich mit den Räumen D bis G im Grundriß des Theban Mapping Project (unten).

Plan des Grabes, und der Begleittext gibt die Namen jedes Raumes an und beschreibt seinen Verwendungszweck. Auch die Dimensionen werden genannt – normalerweise die Länge, Breite und Höhe jedes Raums.

Wir wollten die Angaben des Architekten mit unseren Messungen im Grab vergleichen. Dazu mußten wir die Angaben im Papyrus in heutige Maßeinheiten umrechnen. Im Papyrus war von Ellen, Handbreiten und Fingerbreiten die Rede. Die Größe der ägyptischen Elle veränderte sich im Laufe der Zeit ein wenig: Die Strekke vom Ellbogen bis zur Spitze des Mittelfingers mußte offensichtlich willkürlich festgelegt werden. Der von uns – ebenso wie in der Untersuchung von Howard Carter und Alan Gardiner – verwendete Wert entsprach dem Wert, der in der 20. Dynastie (etwa 1150 v. Chr., also zur Zeit, als das Grab von Ramses IV. angelegt wurde) verwendet wurde:

eine Elle = 0,523 Meter
eine Handbreit = $^1/_7$ Elle = 0,0747 Meter
ein Finger = $^1/_4$ Handbreit = $^1/_{28}$ Elle = 0,0187 Meter

Aus praktischen Gründen notieren wir die antiken Maße von zwei Ellen plus eine Handbreit plus drei Finger in der Form 2.1.3 Ellen. Die hier angegebenen Dimensionen sind in antiken Ellen gehalten, die wir in Meter umgerechnet haben, oder in heutigen metrischen Einheiten, die wir in Ellen, Handbreit und Finger umgerechnet haben. Im folgenden vergleichen wir die Maßangaben der drei Räume C, D und H des Grabes von Ramses IV. und der gesamten Grablänge miteinander:

Werte im Turiner Papyrus (die geplanten Maße)		Von uns gemessene Werte (die realen Maße)

Raum C

Länge	25.0.0 Ellen = 13,078 Meter	25.1.1 Ellen = 13,189 Meter
Breite	6.0.0 Ellen = 3, 139 Meter	6.0.0 Ellen = 3,140 Meter
Höhe	9.4.0 Ellen = 5,006 Meter	9.4.3 Ellen = 5,070 Meter

Raum D

Länge	9.0.0 Ellen = 4,708 Meter	9.0.0 Ellen = 4,710 Meter
Breite	8.0.0 Ellen = 4,185 Meter	8.0.1 Ellen = 4,200 Meter
Höhe	8.0.0 Ellen = 4,185 Meter	8.3.0 Ellen = 4,405 Meter

Raum H

Länge	10.0.0 Ellen = 5,231 Meter	5.1.3 Ellen = 2.750 Meter
Breite	3.0.0 Ellen = 1,569 Meter	4.2.1 Ellen = 2,250 Meter
Höhe	3.3.0 Ellen = 1,794 Meter	3.3.0 Ellen = 1,792 Meter

Von den Eingangsstufen bis zu *E*
Länge   136.2.0 Ellen = 71,291 Meter   134.2.2 Ellen = 70,808 Meter

Von *E* bis ans Ende des Grabes
Länge   24.3.0 Ellen = 12,779 Meter   19.6.$^1/_2$ Ellen = 10,400 Meter

Gesamtlänge des Grabes
Länge   160.5.0 Ellen = 84,05 Meter   155.1.2 $^1/_2$ Ellen = 81,18 Meter

Aus diesen Zahlen geht klar hervor, daß sich die damaligen Arbeiter genau an die vorgegebenen Maße für KV 2 gehalten haben. In vielen Fällen betragen die Unterschiede zwischen den im antiken Papyrus angegebenen Maßen und den mit unseren modernen Methoden ermittelten Werten nur ein paar Millimeter. Deutlichere Abweichungen sind bei den Abmessungen der Räume im hinteren Teil des Grabes festzustellen. Für mich deutet dies darauf hin, daß die Handwerker sich am Anfang um größtmögliche Genauigkeit bemüht haben, gegen Ende hin aber nachlässiger wurden. Vielleicht starb Ramses IV. unerwartet, und sie mußten sich beeilen.

Die Arbeiten in KV 2 waren eindeutig eingestellt worden, bevor das Grab fertig geworden war. Infolgedessen unterscheidet sich die von uns gemessene Gesamtlänge des Grabes von der im Turiner Papyrus angegebenen Länge: Dort beträgt sie 84,05 Meter (160.5.0 Ellen); wir hingegen haben 81,18 Meter (155.1.2 $^1/_2$ Ellen) gemessen – ein Unterschied von 5.3.2 Ellen. Der letzte Raum im Grab, Raum I, wurde nie fertiggestellt: Gemäß dem Papyrus sollte er 10.0.0 Ellen lang sein, tatsächlich mißt er nur 5.1.3 Ellen – ein Unterschied also von 4.5.1 Ellen. Wenn wir diese 4.5.1 Ellen zu der von uns gemessenen Länge hinzuzählen (4.5.1 + 155.3.0 = 160.1.1) und das Ergebnis mit der Turiner Zahl (160.5.0) vergleichen, ergibt sich ein Unterschied von nur 0.3.3 Ellen oder 28 Zentimetern. Als das Grab vollendet worden war, betrug die tatsächliche Länge nur 0,3 Prozent weniger als die vorgegebene Länge. Nicht schlecht für eine Arbeit im Auftrag des Staates.

Eine solche beachtliche Genauigkeit rechtfertigte ganz sicher die große Sorgfalt, mit der wir die Gräber kartierten und detaillierte Pläne, Schnitte und dreidimensionale Zeichnungen erstellten. Im Laufe der folgenden Jahre nötigte uns die handwerkliche Präzision der alten Ägypter zunehmend Respekt ab. Während wir jeden zugänglichen Teil aller gefahrlos betretbaren Gräber sorgfältig untersuchten, entdeckten wir ständig kleine, subtile architektonische Details, insbesondere schöne Beispiele von behauenen Steinen und bemalten Wänden. Fast täglich äußerte jemand von unserem Team laut sein Erstaunen: »Wie haben die alten Ägypter das bloß geschafft?« Zum Glück gibt es Texte und Dokumente, die eine Antwort liefern.

Die Anlage eines Königsgrabes

Wenn sich in Theben die Nachricht verbreitete, daß der Pharao gestorben und sein Nachfolger ernannt worden war, bereiteten der Wesir, die Priester und die Vorarbeiter nicht nur das Grab des toten Königs für seine Bestattung vor, sondern sie schauten sich auch im Tal der Könige nach einem Platz zur Herstellung des Grabes für den künftigen König um. Das war eine wichtige Entscheidung, und Aufzeichnungen deuten darauf hin, daß sie zuweilen mehrere Monate beanspruchte. Die Qualität des anstehenden Gesteins, die Stabilität des Hangs, die Topographie – all das mußte geprüft werden. Bröckeliges Gestein, Kalkstein, der eine Fülle von harten Silexknollen enthielt, und Hänge, die stark zerklüftet waren oder offenkundig Schichten von instabilem Esna-Schiefer aufwiesen, kamen nicht in Betracht. In der ersten Hälfte der 18. Dynastie (von 1543 bis etwa 1420 v. Chr.) wurden die Gräber mit Vorliebe am Fuß der steilabfallenden Klippen angelegt, die das Tal der Könige begrenzen. Vorzugsweise lagen diese Gräber unmittelbar unter einem »Wasserfall«, einer Felswand, über die sich das Wasser bei gelegentlichen Sturzregen ergoß und dabei Tonnen von Geröll vor den Grabeingang beförderte und ihn unter meterdickem Schutt begrub. Die Pharaonen der zweiten Hälfte der

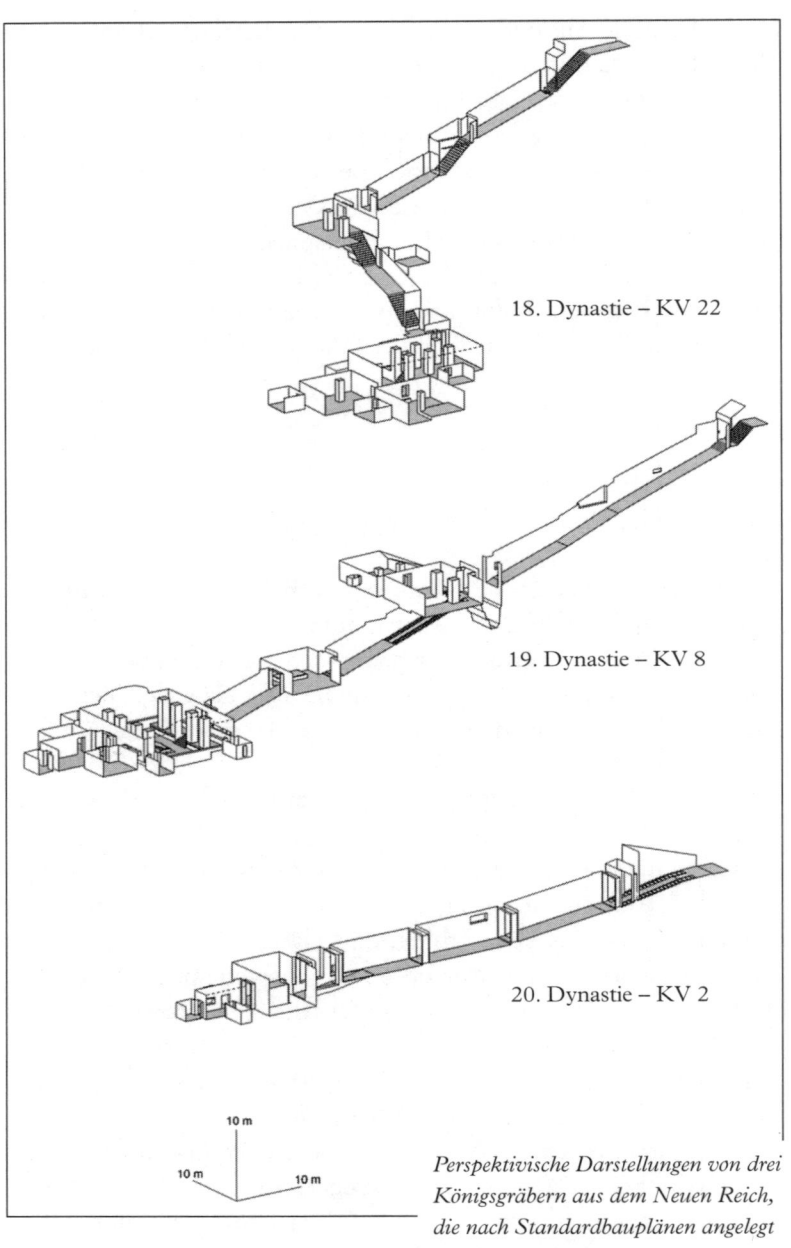

18. Dynastie – KV 22

19. Dynastie – KV 8

20. Dynastie – KV 2

10 m

10 m

10 m

Perspektivische Darstellungen von drei Königsgräbern aus dem Neuen Reich, die nach Standardbauplänen angelegt wurden.

18. Dynastie und der 19. Dynastie (1292 bis 1186 v. Chr.) wurden am Fuß der sanfter geneigten Hänge im Tal bestattet. Auch dieses Gebiet wurde immer wieder überschwemmt. In der 20. Dynastie (1188 bis 1078 v. Chr.) bevorzugte man wieder eine andere Lage: Die Grabeingänge wurden horizontal am Fuß der kleinen, leicht abfallenden Hänge des Tals angelegt, dort waren die Gräber weniger von Überschwemmungen bedroht.

Eine spezielle geographische oder astronomische Ausrichtung der Gräber entsprach anscheinend nicht dem Hauptinteresse. Bei der Gestaltung der Dekoration ging man einfach davon aus, daß die Hauptachse des Grabes von Ost nach West verlief, ganz gleich, wie sie tatsächlich ausgerichtet war. Wenn man die Gänge entlangging, sollte man sich vom Horizont der aufgehenden zu dem der untergehenden Sonne begeben, von diesem zum nächsten Leben, vom Reich des Gottes Re zum Reich des Gottes Osiris.

Je mehr Gräber im Tal der Könige angelegt wurden, desto begrenzter wurde die Auswahl neuer Plätze. Offenbar gab es keinen Gesamtplan vom Tal der Könige, und mehrmals brachen Arbeiter, die ein neues Grab anlegten, unabsichtlich zu einem älteren durch. In solchen Fällen arbeiteten sie entweder nach einer Kehrtwendung in einer anderen Richtung weiter, oder sie integrierten das frühere Grab in das neue.

Sobald ein Ort ausgewählt war, wurde ein Plan erstellt. Bei der Größe von Gräbern gab es enorme Schwankungen. Offenbar legten es die Pharaonen darauf an, ihre Gräber größer anzulegen als die ihrer Vorgänger. Allerdings geschah dies nicht immer, und es gibt auch keinen Zusammenhang zwischen der Regierungszeit eines Königs und der Größe seines Grabes. Bei dem Plan für ein Königsgrab hielt man sich an drei oder vier Grundformen, obwohl es auch hier Varianten gab. Die verschiedenen Baupläne folgten dem gleichen chronologischen Schema wie die Veränderungen bei der Auswahl des Grabplatzes.

Die Gräber der 18. Dynastie sind gewöhnlich L-förmig angelegt; Gänge und Treppen führen steil hinunter zu zwei Pfeilerhallen, wobei die zweite als Grabkammer diente. Die Grabkammern sind entweder rechteckig oder oval (kartuschenförmig), und sie haben vier kleine Seitenkammern zur Unterbringung der Grabbeigaben. Bis zu einem gewissen Grad spiegelt sich im Grundriß des Grabes für die ägyptischen Priester die Unterwelt wider – er ist gewissermaßen eine schematische Karte des Jenseits. Am Ende der 18. und noch während der 19. Dynastie wurde die L-förmige Anlage zugunsten einer geraden Flucht von Gängen, Treppen und Kammern aufgegeben, die tief in den Fels hineinführte. Das Königsgrab sollte den Körper des Pharaos schützen und alles Notwendige für die Befriedigung seiner Bedürfnisse im Jenseits bergen. Die Vergrößerung einer Grabanlage, wie dies unter der Herrschaft von Haremhab, Sethos I. und Ramses II. geschah, stellte einfach eine Möglichkeit dar, dafür zu sorgen, daß diese Bedürfnisse umfassender befriedigt wurden – das hatte also nicht unbedingt etwas mit entscheidenden Veränderungen in den religiösen Glaubensvorstellungen zu tun, noch spiegelte sich darin das übertriebene Selbstbewußtsein des Grabbesitzers wider. Die Kammern und Gänge in größeren Gräbern waren durch zweiflügelige Holztüren voneinander getrennt, und die Dekoration ist sehr viel aufwendiger als in den Gräbern der 18. Dynastie. Während diese Gräber nach der Bestattung der Mumie des Pharaos versiegelt wurden und unzugänglich waren, könnten die Gräber der 19. Dynastie bei zeremoniellen Anlässen nach dem Tod des Pharaos teilweise für Priester zugänglich gewesen sein. Holztüren, die mit Riegeln und Siegeln verschlossen waren, konnten wieder geöffnet werden – die Grabkammer und die sie umgebenden Magazine waren vielleicht der einzige Teil des Grabes, der ein für allemal verschlossen bleiben sollte.

Die Gräber der 20. Dynastie, die von der Gesamtanlage her kleiner sind als die der 19. Dynastie, haben breitere Gänge und höhere Decken. Man kann Königsgräber auf der Basis ihrer Ausmaße und Proportionen grob datieren. Statt steil abwärts zu führen, sind die Gräber der 20. Dynastie fast horizontal in den Hang hineingetrieben worden.

Unabhängig davon, wie sich die Grundrisse der Königsgräber des Neuen Reichs (der 18., 19. und 20. Dynastie) veränderten, gibt es doch einige konstante Grundelemente in der Anlage und in der

Dekoration. Dem Hauptgang, der als »Korridor des Weges von Schu« bezeichnet wird, da er ein der Luft zugänglicher Gang ist (Schu ist der Gott der Luft), folgt »Der Korridor des Re«, so benannt, weil die Sonnenstrahlen gerade noch bis zu ihm durchscheinen können. Daran schließen sich weitere Korridore an, zunächst »Die Halle, in der man ruht«, wobei sich das »man« auf die Statuen verschiedener Götter bezieht, die hier aufbewahrt wurden. Dahinter befindet sich ein tiefer Schacht, der zuweilen »Die Halle des Zurückhaltens« genannt wurde. Früher glaubte man, dieser Schacht sei mit dem Ziel angelegt worden, um das Vordringen von Hochwasser ins Grab zu verhindern oder Grabräuber davon abzuhalten, weiter ins Grab vorzustoßen. Aber viele dieser Schächte haben an ihrer Basis dekorierte Kammern, und mittlerweile sind einige Ägyptologen der Ansicht, daß sie auch als symbolische Grabstätte des Osiris gedient haben. Hinter dem Schacht lag die erste Pfeilerhalle, an die sich ein Gang namens »Die Rampe« anschließt. Dann folgt die Grabkammer, »Das Goldhaus«, von der vier Magazine abzweigen – zwei dienten der Aufbewahrung von Speisen und Getränken, zwei waren für hölzerne Statuetten und andere rituelle Gegenstände vorgesehen.

Bevor ein neues Grab angelegt wurde, weihten Priester den Ort, indem sie ein »Gründungsritual« abhielten. Dabei wurde eine kleine Grube neben dem vorgesehenen Eingang zum Königsgrab ausgehoben, in die Opfergaben, Modellwerkzeuge und Amulette gelegt wurden. Erst dann begann man mit den Ausschachtungsarbeiten. Die Einteilung der Arbeitskräfte, die ein Königsgrab anlegten, war ziemlich einfach. Die Männer bildeten zwei Arbeitstrupps, die »linke Seite« und die »rechte Seite«; sie setzten sich jeweils aus zwanzig bis fünfzig Arbeitern zusammen. Bei den engen Grabausschachtungen konnten eigentlich nur zwei oder drei Männer gleichzeitig arbeiten. Mit Hilfe von Holzhämmern, Kupfermeißeln und Feuersteinäxten sowie durch Nutzung natürlicher Brüche und Risse im Hang arbeiteten sie sich im Fels voran, aus dem sie große Brokken Kalkstein herausbrachen. Andere Männer zerkleinerten diese Brocken in handlichere Stücke, wieder andere schafften sie in Leder- oder Schilfkörben nach draußen und luden sie auf nahe gelegenen Schutthalden ab. Diese alten Schutthalden existieren immer noch (und ich zweifle nicht daran, daß einige von ihnen die Eingänge zu anderen verschollenen oder noch unentdeckten Gräbern verdecken).

Im Tal zu graben war zwar nicht besonders schwierig – Kalkstein ist ein weiches, leicht zu bearbeitendes Material –, aber es war äußerst riskant wegen der drohenden Steinschlaggefahr und auch, weil zerbrochener Kalkstein äußerst scharfe Kanten hat. Auch wenn über Verletzte oder Tote während der Arbeit nichts überliefert ist, dürfen wir doch annehmen, daß es Unglücksfälle gegeben hat. Die Arbeit war aber nicht wegen der Angst vor Verletzungen so unangenehm – viel schlimmer war, daß sie unsägliche Mühen bereitete. Während sich die Männer immer tiefer in den Hang hineinarbeiteten, ließ ihr Arbeitsplatz zunehmend Platzangst aufkommen; er war staubig, heiß, feucht und dunkel. Ich kann es den Arbeitern, die damals die Gräber ausschachteten, nachfühlen: Die Bedingungen, unter denen wir in KV 5 arbeiten, sind ebenfalls unangenehm, obwohl wir zum Glück viel bessere Werkzeuge haben und auch über Schutzhelme, Gesichtsmasken, Sicherheitsvorrichtungen und elektrische Lampen verfügen.

Die von den damaligen Arbeitern erbrachte tägliche Arbeitsleistung wurde nach der Anzahl der Körbe mit zerbrochenem Gestein, die sie aus dem Grab hinausschafften, bemessen. Die Dauer der Arbeit wurde anhand der Anzahl von Öllampen und Dochten ermittelt. Jeden Morgen bekamen die Arbeiter Tonschalen, in die sie Sesamöl und zusammengedrehte, mit Wachs getränkte Fetzen von Leintüchern gaben. Eine Prise Salz im Öl verhinderte stärkere Rauchbildung. Jede Kolonne bekam zwei dieser Dochte – einen für die Vormittagsarbeit, den anderen für den Nachmittag. Beide Dochte waren gleich lang, und jeder brannte etwa vier Stunden. Der Arbeitstag bestand somit aus zwei Vier-Stunden-Schichten mit einer Mittagspause dazwischen, und wenn ein Docht abgebrannt war, wußten die Arbeiter, daß es Zeit war aufzuhören. Wir wissen auch, daß die »Arbeitswoche« in der 19. Dynastie acht Tage lang war, daß es danach zwei freie Tage gab und daß viele Feiertage über das ganze Jahr verteilt waren.

Zwei Männer gruben an der Spitze, wobei sie an der Decke des Ganges begannen und bis zum Boden hinunter arbeiteten; sie hauten einen Gang, eine Kammer oder eine Treppe grob heraus und gaben die Steinbrocken an Körbchenträger weiter, die sie aus dem Grab hinausschafften. Hinter ihnen übernahmen weitere Männer die Feinarbeit: Sie begradigten und glätteten die Wände mit Hilfe eines einfachen Zimmermannswinkels und eines Bleilots, um sicherzustellen, daß die Wände senkrecht waren, die Ecken annähernd einen Neunzig-Grad-Winkel aufwiesen und die Fußböden parallel zu den Decken verliefen. Die Vorarbeiter überprüften fortwährend die Arbeit, um dafür zu sorgen, daß die architektonischen Vorgaben korrekt befolgt wurden. Noch weiter hinten kam eine dritte Gruppe Arbeiter, die die Wände mit einer Putzschicht als Untergrund für die Dekoration versah.

Auch das Ausdekorieren der Wände war eine Fließbandarbeit. Zuerst zeichnete ein Schreiber mit rotem Farbstoff die Umrißlinien der Figuren und Hieroglyphentexte. Dann überprüfte ein zweiter Schreiber diese Vorlage und korrigierte mit schwarzer Farbe Schreibfehler oder änderte die Proportionen von Figuren. Handwerker klopften den Hintergrund weg, damit ein erhabenes Relief entstand; andere glätteten die erhabenen Flächen und arbeiteten Details der Figuren und Hieroglyphen heraus. Schließlich wurden die Wände bemalt, und zwar mit der üblichen Farbpalette des Neuen Reiches: Rot, Gelb, Weiß und Schwarz wurden aus natürlich vorkommenden Mineralien oder pflanzlichen Materialien hergestellt; dazu kam Blau, das aus gemahlenem Malachit gewonnen wurde.

Die Thematik der Grabdekoration änderte sich während der Zeit des Neuen Reiches ebenso wie die Ausrichtung und der Grundriß des Grabes. Während der 18. Dynastie wird vor allem die nächtliche Fahrt der Sonne durch die Unterwelt dargestellt. In der 19. Dynastie tritt dieses Thema in den Hintergrund. Auf den Wänden werden jetzt auch ausführliche Beschreibungen des Osiris und seiner Rolle im Jenseits wiedergegeben. In der 20. Dynastie stehen beide Themen gleichwertig nebeneinander.

Die Texte werden im allgemeinen als »Unterweltsbücher« bezeichnet. Tatsächlich gibt es unterschiedliche Texte, die sich jeweils mit anderen Themen befassen. So geht es im »Buch der Pforten« beispielsweise um die Einteilung der Nacht in zwölf Stunden; es wird vor allem auf den Wänden der Grabkammern aus der 19. und 20. Dynastie abgebildet. Das »Amduat«, das Buch »Dessen, was in der Unterwelt ist«, gibt die Fahrt der Sonne wieder; es gehört zum Dekorationsprogramm der königlichen Grabkammern während des gesamten Neuen Reiches. Die »Sonnenlitanei«, ein Lobpreis des Sonnengottes, findet sich unmittelbar im Eingang vieler Königsgräber aus der 19. und 20. Dynastie. Das »Buch vom Herauskommen am Tage« ist eine Sammlung älterer Gebete und Sprüche für die Verstorbenen; Darstellungen hiervon finden sich in mehreren Königsgräbern aus der 19. und 20. Dynastie.

Die Qualität der Dekoration in den Königsgräbern ist durchweg gut, teilweise sogar herausragend. Viele Gräber verdienen durchaus das Lob von Arthur Stanley, einem englischen Reisenden, der Theben 1853 besuchte. Über seinen ersten Aufenthalt in einem Grab im Tal der Könige schrieb er:

>»Nichts, was jemals über sie gesagt worden war,
> hatte mich auf ihre außerordentliche Erhabenheit
> vorbereitet. Man schreitet durch ein Portal aus
> feinstem Relief in diese wild zerklüftete Felswand und
> betritt eine lange, sehr hohe Galerie, die in Hallen und
> Kammern mündet. Sie sind alle mit weißem Stuck
> bedeckt, der mit leuchtend farbigen Bildern bemalt ist,
> sie wirken so frisch wie vor Tausenden von Jahren und
> sind so prächtig, daß ich sie nur mit den Fresken der
> Bibliothek des Vatikans vergleichen kann.«[1]

Das Arbeiterdorf

Die Männer, die die Königsgräber anlegten, lebten in einem Dorf etwa 2 Kilometer südlich des Tals der Könige. Es heißt Deir el-Medineh, was soviel wie das »Stadtkloster« bedeutet – ein Name, der auf ein nahe gelegenes koptisches Kloster aus dem 5. Jahrhundert verweist. Dieses Arbeiterdorf gehört zu den faszinierendsten und bedeutendsten Fundstätten Ägyptens. Sie wird nur selten von Touristen besucht, und die meisten gehen auf dem Weg zu den in der Nähe befindlichen Gräbern rasch daran vorbei. Das ist schade, denn selbst heute noch veranschaulicht das Dorf eindringlich die Lebensbedingungen im alten Ägypten.

Als dieses Dorf gegen Ende des Neuen Reichs, fünfhundert Jahre nach seiner Gründung, verlassen wurde – zu der Zeit, als der Königshof für immer nach Norden übersiedelte und keine Pharaonen mehr im Tal der Könige begraben wurden –, verblaßte allmählich die Erinnerung an Deir el-Medineh, und es wurde unter Flugsand begraben. Tausende von Ostraka – kleine Kalksteinsplitter, die für Notizen verwendet wurden –, Statuetten und andere Objekte blieben zurück, und der Ort lag dreitausend Jahre lang unbeachtet unter dem Sand. Als aber im 18. Jahrhundert Forscher und Dorfbewohner der Gegend dort herumscharrten, machten sie Funde, die rasch zu umfassenderen Grabungen führten.

Die Ausgrabungen des italienischen Gelehrten Ernesto Schiaparelli von 1905 bis 1909 sowie die ausgiebigen Arbeiten des Französischen Instituts in Kairo zwischen 1917 und 1947 bewiesen die Bedeutung von Deir el-Medineh. Dabei wurde so viel Material entdeckt, daß heute erst ein kleiner Teil davon veröffentlicht worden ist. Aus den Funden ergibt sich ein bemerkenswertes Bild des Lebens in Deir el-Medineh. So kennen wir beispielsweise Namen von Arbeitern, die dort lebten, sowie die Namen ihrer Eltern, Kinder und Frauen; wir wissen, in welchen Häusern des Dorfes die einzelnen Familien wohnten, wie lange sie dort lebten und wo sie begraben wurden. Wir wissen sogar, wann sie krank wurden oder frei hatten, was sie aßen und was sie kauften und verkauften.

Deir el-Medineh liegt etwa 500 Meter vom Fruchtland entfernt.

Nahrung und Wasser mußten den Dorfbewohnern mehrmals in der Woche geliefert werden. Das enge Wadi bot zwar Abgeschiedenheit, sonst aber herzlich wenig. Das Dorf war von hitzeflirrenden, sandigen Bergen umgeben, und hinter diesen Bergen gab es nichts. Es war kein großer Ort: etwa 130 Meter lang, 50 Meter breit – eine Fläche also von rund 6500 Quadratmetern. Doch vor 3000 Jahren lebten hier mehrere hundert Menschen. Sie wohnten in siebzig Häusern; darüber hinaus gab es etwa fünfzig öffentliche Gebäude und Werkstätten. Sie lagen alle entlang einer von Norden nach Süden verlaufenden Gasse, die kaum Platz für zwei Esel nebeneinander bot. Nahezu fünfhundert Jahre lang lebten und starben hier fünfundzwanzig Generationen von Arbeitern und Handwerkern, die die Königsgräber anlegten und dekorierten und ihr Handwerk an ihre Söhne weitergaben.

Heute ist Deir el-Medineh ein Labyrinth aus Stein- und Lehmziegelwänden, die sich nicht mehr als einen Meter über die Sandverwehungen erheben. Aus der Ferne betrachtet, scheint es hier kaum etwas Interessantes zu geben, bis plötzlich hinter einer alten Umfassungsmauer dieses Labyrinth aus Wänden sichtbar wird. In Deir el-Medineh offenbart sich, wie die Menschen hier vor über dreitausend Jahren gelebt haben. Mit erklärenden Schautafeln könnte aus diesem Dorf eine ähnlich interessante Ausgrabungsstätte entstehen wie Pompeji oder Herculaneum.

Deir el-Medineh muß belebt gewesen sein wie die heutigen Dörfer in der Nachbarschaft. Natürlich lebten die Menschen damals in sprachlicher, religiöser und politischer Hinsicht in einer ganz anderen Welt als wir. Aber unter dieser Oberfläche ähnelte das Leben einst doch sehr dem unseren. An keinem anderen Ort Ägyptens als in Deir el-Medineh kann man sich in die Gegenwart von Menschen zurückversetzt fühlen, die im Grunde die gleichen Gefühle und Interessen hatten wie wir.

Zu den Handwerkern und Fachkräften, die in Deir el-Medineh lebten, zählten Steinmetzen, Zimmerleute, Steinbrucharbeiter, Maler und Stukkateure. Hier waren auch die Schreiber Ramose und Hui zu Hause. Beide haben vielleicht am Grab von Ramses II. und möglicherweise auch an KV 5 gearbeitet.

Die Häuser in Deir el-Medineh unterschieden sich zwar geringfügig in Größe und Aufbau, aber in ihrem Grundkonzept waren sie alle gleich. Jedes Haus besaß ein Erdgeschoß mit einem Vorraum, einem Empfangsraum mit einem Mittelpfeiler, Privatgemächer, eine Küche und eine überdachte Dachterrasse. In den Wänden befanden sich kleine Nischen, die als Ablagen für Kleidung dienten, in denen aber auch Statuetten der Hausgötter wie Bes, Isis und Hathor aufgestellt wurden. Es ist ein Ostrakon erhalten, auf dem eine solche Statuette bestellt wurde: »Bitte stelle für mich eine Thoeris(-Statuette) her, denn die, die du für mich gemacht hast, ist gestohlen worden ...«[2] Diese Häuser waren einfach eingerichtet; Holz war teuer, und daher wurden überwiegend Lehmziegel, geflochtenes Schilf, Korbwerk und Ton verwendet. Die Handwerker von Deir el-Medineh wurden mit Naturalien und anderen Gütern entlohnt; unter dem Erdgeschoß jedes Hauses befanden sich kleine Kellerräume, in denen die Lebensmittel, die sie erhielten, untergebracht waren. Welche Naturalien bekamen die Arbeiter eigentlich? Darüber gibt ein anderes Ostrakon Auskunft:

»[Der Bürgermeister] des Westens von Niut (Theben)
Ramose teilt den Vorarbeitern der Mannschaft ...
nämlich dem Vorarbeiter Nebnefer und dem Vorarbeiter Kaha, sowie der gesamten Mannschaft
folgendes mit:
Siehe, der Vorsteher der Stadt und Wesir Pazer schreibt
mir dieses: Bitte veranlasse, daß man die Löhne an die
Nekropolenarbeiter ausliefert, und zwar Gemüse,
Fisch, Brennholz, Töpferware, Nahrungsmittel und
Milch und halte nichts davon zurück ...«[3]

Mit anderen Worten: Sie wurden mit Lebensmitteln und anderen Gütern bezahlt, aber nicht mit Geld.

Von Deir el-Medineh aus benötigten die Arbeiter eine Stunde, um auf einem Höhenweg durch die Berge ins Tal der Könige zu gelangen. Auf dem gleichen Weg kehrten sie zurück. Es gab auf diesem

Höhenweg eine kleine Ansammlung von Steinhütten – eine Art Rasthaus – für den Fall, daß die Arbeiter die Nacht lieber hier oben in der kühlen Abendbrise verbringen wollten. Die Ägyptologen bezeichnen dieses Hüttendorf als »village de repos«.

Es ist keine lange oder gar gefährliche Wanderung von Deir el-Medineh zu dem schmalen Hochplateau, wo das »village de repos« errichtet wurde. Doch während des Aufstiegs ist es heiß, weil die umgebenden Berge meist den Wind abhalten, und selbst in den Wintermonaten kann man gehörig ins Schwitzen geraten. Doch es lohnt sich, diese kleine Beschwerlichkeit in Kauf zu nehmen. Oben auf dem Plateau weht fast immer eine leichte Brise, und von hier oben aus kann man eine der großartigsten Aussichten in ganz Ägypten genießen. Von hier aus bietet sich die Landschaft am besten dar, und man erkennt die Gründe, warum es auf der Hand lag, das Tal der Könige zur Grabesstätte der Pharaonen des Neuen Reichs zu wählen.

Das Plateau ist nur ein paar 100 Quadratmeter groß. Es wird begrenzt von zwei Bergen und von zwei Felswänden, die zu ihm aufsteigen. Im Süden befindet sich ein Berg, der einer großen Mauer ähnelt; sie erstreckt sich fast 2 Kilometer bis zur südlichen Grenze der thebanischen Nekropole. Im Norden ziehen sich niedrige Berge und Plateaus über mehrere Kilometer hin, bevor sie zu einer großen Wüstenebene hin abfallen, einem Teil von Theben namens Tarif, der Nordgrenze der antiken Nekropole. Die im Westen gelegene Felswand fällt 150 Meter ins Tal der Könige ab; die Ostwand endet nach 200 Metern in einem schmalen Wüstenstreifen, der die thebanischen Berge von der Schwemmlandebene des Nils trennt. Am östlichen Rand dieses schmalen Wüstenstreifens liegen die Eingänge zu Hunderten, vermutlich eher Tausenden von Gräbern aus der 18. und 19. Dynastie, die überwiegend noch immer nicht erforscht sind, außer vielleicht von Räubern. Diesen Gräberfeldern sind die Totentempel der Pharaonen des Neuen Reiches vorgelagert, und aus dem Wüstensand ragen dort große Säulen, Pylonen und mächtige Ziegelwände auf. Zwei Kilometer nördlich befindet sich der Totentempel von Sethos I., einen Kilometer südlich der Totentempel von Ramses III. (Medinet Habu). Zwischen ihnen liegt das Ramesseum, der Totentempel von Ramses II. Diese drei Tempel sind bereits weitgehend publiziert. Aber Dutzende andere sind auch heute noch kaum erforscht. Von diesem Hochplateau aus läßt sich leicht erkennen, warum: Zwischen Felswänden und Anbauflächen befinden sich auf einem Gebiet, das nur ein paar 100 Meter breit und 6 Kilometer lang ist, mehr Gräber, Tempel, Heiligtümer und Siedlungen als in fast jeder anderen Gegend in Ägypten – ja, vielleicht mehr als sonstwo auf der Welt. Man kann sich kaum vorstellen, wo man mit der Erschließung oder Erfassung anfangen soll. Dieses an Monumenten so reiche Gebiet ist nicht nur wunderschön – es hat auch etwas Entmutigendes an sich.

Das Tal der Könige, in dem die Künstler von Deir el-Medineh arbeiteten, ist ein kleines Wadi, das sich auf den ersten Blick kaum von den Hunderten anderer Wadis hier am Rand der Libyschen Wüste zu unterscheiden scheint. Wie eine menschliche Hand mit gespreizten Fingern ist es geformt. Das Tal der Könige wird von senkrechten Wänden aus Kalkstein begrenzt, die sich 50 Meter über dem Talboden erheben. Im Vergleich zu anderen Tälern in dieser Region ist es klein – nur etwa vier Hektar groß.
Es gibt nur einen Eingang in das Tal der Könige; ursprünglich war es eine schmale, steile, etwa 3 Meter hohe Passage, die durch den Felsen führte. Zu Beginn des 20. Jahrhunderts wurde diese Passage jedoch erweitert, so daß man auf Eseln ins Tal hineinreiten konnte. Sie wurde dann erneut in den fünfziger Jahren erweitert, damit eine befestigte Straße angelegt werden konnte, die direkt ins Zentrum des Tals führt. Von dort aus erstreckt sich ein verwirrendes Netz von Pfaden über den Talboden bis zu den Hängen auf beiden Seiten. Diese Pfade stammen nicht aus der Antike. Die meisten wurden im letzten Jahrhundert angelegt; sie sind mit einer dikken Schicht aus weißem Schotter bedeckt, der von dem Schutt stammt, den die Ausgräber hinterlassen hatten. Aber noch immer schlängeln sich alte Pfade über die oberen, mit dunkelbraunen Kieselschieferfeldern bedeckten Hänge und führen vom Tal zu den Tempeln und zu den Häusern der damaligen Arbeiter.
Eigentlich gibt es zwei »Täler der Könige« bei Theben, und dem-

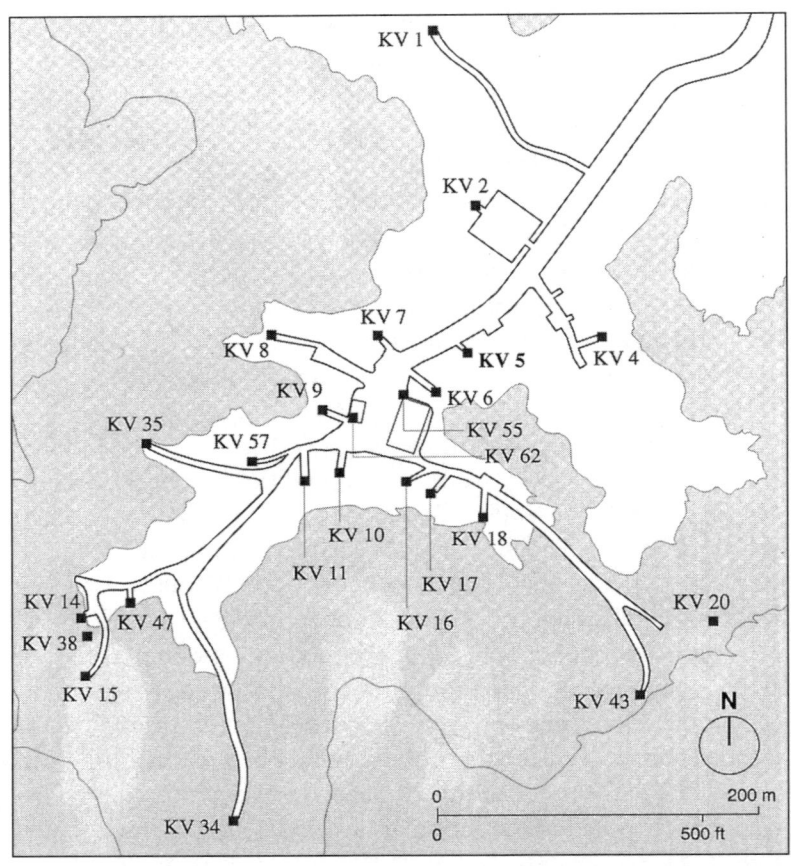

KV 1 Ramses VII.	KV 10 Amenmesse	KV 34 Thutmosis III.
KV 2 Ramses IV.	KV 11 Ramses III.	KV 35 Amunhotep II.
KV 4 Ramses XI.	KV 14 Tausret/Sethnacht	KV 38 Thutmosis I.
KV 5 Söhne von Ramses II.	KV 15 Sethos II.	KV 43 Thutmosis IV.
KV 6 Ramses IX.	KV 16 Ramses I.	KV 47 Siptah
KV 7 Ramses II.	KV 17 Sethos I.	KV 55 Teje
KV 8 Merenptah	KV 18 Ramses X.	KV 57 Haremhab
KV 9 Ramses VI.	KV 20 Hatschepsut	KV 62 Tutanchamun

In dieser Karte vom Tal der Könige sind die wichtigsten Königsgräber verzeichnet.

entsprechend werden sie im Arabischen zusammenfassend als
Wadain, »die zwei Täler«, bezeichnet. Wir nennen nur eines von
ihnen, das östliche Tal, das Tal der Könige (KV = Valley of the

72

Kings). Unmittelbar anschließend erstreckt sich ein viel größeres Tal, das sogenannte Westtal (WV = West Valley). Im Westtal befinden sich nur zwei größere Gräber (die wir kennen), und zwar die der Pharaonen Amenophis III. und Eje, sowie einige kleinere, undekorierte Gräber; die Grabherren waren Angehörige des niederen Adels. Im Westtal sind zwar weniger Gräber als im Tal der Könige, landschaftlich ist es aber weitaus beeindruckender. Es ist ein langes, schmales, sich dahinschlängelndes Wadi, das von zerklüfteten Felswänden und Bergen umgeben ist. Touristen suchen es nur selten auf – nur das Grab von Eje ist für die Öffentlichkeit zugänglich –, und es ist schon ein besonderer Genuß, hier in dieser absoluten Stille zu wandern.

Das Tal der Könige wird von der »Qurn« (dem »Horn«) überragt. Vom Tal aus sieht dieser 1000 Meter hohe Gipfel wie eine Pyramide aus. Manche Ägyptologen glauben, daß die Entscheidung, das Tal als Stätte für die Königsgräber auszuwählen, auf dieses natürliche Symbol des Sonnengottes Re zurückzuführen ist. Die Qurn war auch der Göttin Meresger, »Die das Schweigen liebt«, und der Hathor geweiht. Man glaubte, sie hielten sich in diesen westlichen Bergen auf und warteten auf die Verstorbenen, um ihnen auf ihrem Weg ins Jenseits beizustehen.

Es gab aber weitere Gründe für die Wahl dieses Tales als Nekropole. Der Kalkstein im Tal ist ausgezeichnet; hier ließen sich stabile Gräber anlegen. Weiterhin ließ sich dieser von Felswänden umgebene Kessel leicht bewachen. Sicher spielte auch ein symbolträchtiger geographischer Zusammenhang eine Rolle: Das Tal liegt in unmittelbarer Nähe des Niltals und der großen Totentempel. Schließlich war es auch bequem zu erreichen: Während die heutige Straße vom Fruchtland einen 9 Kilometer langen Bogen beschreibt und den Eindruck vermittelt, als wäre das Tal isoliert und weit weg, kann man tatsächlich über den Berg von Deir el-Bahari in etwa einer halben Stunde und vom Arbeiterdorf bei Deir el-Medineh in einer knappen Stunde das Tal zu Fuß erreichen.

Was wir das Tal der Könige nennen, wird von den Ägyptern heute als »Wadi Biban el-Muluk«, das »Tal der Tore der Könige«, bezeichnet. Die alten Ägypter hingegen sprachen von der »Großen und edlen Nekropole der Millionen Jahre des Königs (Er lebe, sei heil und gesund!) im Westen von Theben« oder weniger förmlich vom »Verborgenen Ort« oder dem »Großen Ort«. Während des Neuen Reiches – von etwa 1496 bis 1078 v. Chr., also in einem Zeitraum von über vier Jahrhunderten – wurden die Pharaonen meist hier bestattet, in den wohl berühmtesten Gräbern der Welt.

4

Skeikh Ali Abdel Ressaul, Qurnah, Luxor. ("mersam Hotel")

Das Theban
Mapping Project

Bevor wir mit dem Kartieren des Tals der Könige begannen und von den Gräbern darin Grundrisse erstellen konnten, mußten wir uns eingehend mit den Vorarbeiten befassen, die hier in den letzten beiden Jahrhunderten, zum Teil aber schon vor zweitausend Jahren geleistet worden waren. Der griechische Historiker Diodorus Siculus, der Theben wohl zwischen 65 und 40 v. Chr. besucht hatte, schrieb in seiner teilweise erhaltenen Weltgeschichte, Priester hätten ihm eine Liste von siebenundvierzig Gräbern im Tal gegeben. Diese Zahl stimmt in etwa mit der von dem römischen Geographen Strabo (64 v. Chr. bis 21 n. Chr.) genannten überein; er erwähnt die Existenz von etwa vierzig Gräbern. Heute zählen wir zweiundsechzig Gräber, zuzüglich etwa zwei Dutzend unvollendete Gruben. Für die Griechen und Römer, die zwischen 332 v. Chr. und 251 n. Chr. hierherkamen, waren allerdings nur zehn ramessidische Gräber zugänglich: die von Ramses II., III., IV., VI., VII., IX., XI., von Merenptah, Amenmesse und Sethos II. Zumindest sind dies die einzigen Gräber, auf deren Wänden griechische oder lateinische Graffiti vorgefunden wurden – der einzige Beweis dafür, daß Griechen und Römer sie besucht haben. In frühchristlicher Zeit benutzten Kopten (ägyptische Christen) mehrere Gräber, unter anderen das von Ramses VI., um dort als Eremiten zu leben. Sie hinterließen dort Graffiti, und sie sind der erste Beweis für ein »modernes« Interesse am Tal der Könige; sie sind sogar der einzige Hinweis auf Besucher im Tal der Könige vor dem 17. Jahrhundert. 1668 erwähnten zwei französische Priester namens Potais und François in ihren Tagebüchern zwar »den Ort der Mumien namens biban el melouc«, aber sie beschrieben nicht, was sie gesehen hatten. Diese frühen Belege waren stets knapp gehalten und ohne Informationsgehalt; die meisten Besucher wußten auch nicht, für wen die Gräber angelegt worden waren oder was die gemalten Szenen und Texte bedeuten könnten.

So besuchte beispielsweise der Jesuit Claude Sicard im Jahre 1708 das Tal. Hinsichtlich der »wundervollen« Dekorationen, die er sah, bemerkte er, die Szenen und Texte erzählten »die Geschichte des Lebens, der Tugenden, der Taten, Schlachten und Siege der Fürsten, die dort begraben wurden«[1]. Seine Beschreibung war unzutreffend, denn dies sind die Themen der vor Übertreibungen strotzenden Bilder der Tempel; in den Königsgräbern sind die dargestellten Szenen stets religiöser Natur. Doch Sicards Ansicht war auch noch im 19. Jahrhundert verbreitet.

Einer der ersten europäischen Reisenden, der einen ziemlich detaillierten Bericht über seinen Besuch abfaßte, war der Engländer Richard Pococke, der das Tal der Könige am 16. September 1739 aufsuchte:

> »... Es gibt Hinweise auf etwa achtzehn [Gräber]..., heute können aber nur neun betreten werden. Die Berge zu beiden Seiten sind hohe, steile Felsen, und der ganze Ort ist von groben Steinen bedeckt, die anscheinend von ihnen heruntergerollt sind. Die Grotten sind in den Fels in einer überaus schönen Manier gehauen, lange Räume oder Galerien in den Bergen, die aus eng gefugtem weißem Gestein bestehen, das sich wie Kreide schneiden läßt und so glatt wie die feinste Stuckarbeit ist ... einige sind bemalt und wirken so frisch, als seien sie gerade erst fertiggestellt.«[2]

Pocockes Hauptverdienst ist jedoch die Karte, die er vom Tal gezeichnet hat. Es ist die älteste uns bekannte Karte vom Tal der Könige, und ungeachtet ihres eigenwilligen Stils gibt sie die Topographie des Tals mit einer gewissen Genauigkeit wieder, auch wenn die Lage der Grabeingänge in der Folge für viel Verwirrung gesorgt hat – manche lassen sich identifizieren, andere hingegen sind rätselhaft. Pococke berichtet von achtzehn Grabeingängen, wovon neun anscheinend zumindest teilweise zugänglich waren, KV 5 befand sich aber nicht darunter.

1768 besuchte der englische Reisende James Bruce das Tal der Könige und kopierte einen Nachmittag lang einige der wunderbar erhaltenen Szenen im Grab von Ramses III. (KV 11). So ungenau und überaus stilisiert Bruces Zeichnung eines Harfners im Grab auch war, so vermochte sie doch die Europäer anzurühren, und sie weckte ein deutliches Interesse für das alte Ägypten und seine Kunst. So blieb es nicht aus, daß KV 11 gemeinhin »Bruces Grab« genannt wurde. Die Kenntnisse der Europäer über das Tal der Könige und das, was es alles enthielt, blieben jedoch vage und oberflächlich bis ins frühe 19. Jahrhundert – erst die während des Ägypten-Feldzugs Napoleon I. entstandene *Description de l'Égypte* lieferte eine eindrucksvolle Karte des Tals der Könige; sie wurde von Edmé Jomard und dem Baron Louis Costaz erstellt und gezeichnet. Diese Karte enthält auch simple Grundrisse von elf Gräbern sowie Hinweise auf fünf weitere, die als unzugänglich bezeichnet wurden; ihre Eingänge sind durch schwarze Punkte angedeutet. Einer dieser Punkte markiert den Eingang zu KV 5.

Giovanni Belzonis Karte aus dem Jahre 1818 stellt die Topographie des Tals der Könige sowie des Westtals skizzenhaft dar und enthält einfache, maßstablose Grundrisse der Gräber, die er dort ausgegraben hatte. Auch Robert Hay, der das Tal der Könige in den zwanziger Jahren des 19. Jahrhunderts besuchte, und James Burton, der 1825 hierherkam, skizzierten Karten. Die kartographische Qualität übertraf die der früheren Karten zwar erheblich, doch sie basierten alle nur auf flüchtigen Beobachtungen und mit Schritten abgemessenen Entfernungsangaben.

John Gardner Wilkinson, dessen vorzügliche Karte der thebanischen Nekropole bereits erwähnt wurde, hat das noch heute verwendete System der Grabzählung im Tal der Könige eingeführt. 1827 durchstreifte er mit einem Eimer roter Farbe und einem Pinsel das Tal und schrieb große Zahlen auf den Fels über dem Eingang zu jedem Grab, das er finden konnte. Wilkinsons Numerierungssystem war geographisch angelegt: Er begann am Eingang des Tals, arbeitete sich dann bis zum südlichen Ende vor und dann an der Ostseite entlang, wo sich die Gräber von Ramses I. (KV 16), Sethos I. (KV 17) und Thutmosis I./Hatschepsut (KV 20) befinden. Wilkinson numerierte einundzwanzig Gräber, aber auf seiner Kartenskizze vom Tal der Könige befinden sich noch sieben weitere Eingänge – damals waren also achtundzwanzig Grabeingänge sichtbar. Wilkinsons System wurde seit 1827 um die Gräber KV 22 bis KV 62 erweitert; diese Nummern wurden in der Reihenfolge der jeweiligen Entdeckung vergeben. Die jüngste Nummer, KV 62, erhielt das Grab von Tutanchamun.

Wilkinson hatte den Eingang zu KV 5 während seines ursprünglichen Numerierungsprojekts zwar wahrgenommen, aber nur flüchtig: Offensichtlich war der Eingang derart verschüttet, daß er keinen Platz fand, um die Grabnummer hinzuschreiben. Der Eingang zu KV 5 war auch 1849 teilweise sichtbar: in einem merkwürdigen Buch von »einem Amerikaner« mit dem Titel *Journal of a Voyage Up the Nile* wird vermerkt: »Nr. 5 ist das Grab von Chamed.« Ich weiß freilich nicht, wer Hamid (wie er wohl korrekt geschrieben werden müßte) gewesen sein soll.

Carl Lepsius, dessen mit Tafeln ausgestattetes zwölfbändiges Werk *Denkmäler aus Ägypten und Nubien* ausschließlich den antiken Monumenten gewidmet ist, hat seinerseits im den Jahren 1844/45 das Tal der Könige vermessen und Szenen aus mehreren zugänglichen Gräbern publiziert. Seine Karte zeigt fünfundzwanzig Grabeingänge, darunter KV 5.

Kartieren im Tal der Könige

Etwa um 100 v. Chr. ritzte ein griechischer Reisender die folgenden Worte in das Grab von Ramses VI.: »Ich, Dioskorammon, habe mir diesen Unfug angesehen und finde das alles absonderlich!«[3] Die Gräber mögen verwirrend sein, aber für die meisten Menschen gehören sie zu den faszinierendsten Monumenten Ägyptens. Als wir ankündigten, daß unsere zweite Kampagne in Theben der kartographischen Erfassung des Tals der Könige und der Anfertigung von Grundrissen der Königsgräber gewidmet sei, bewarben sich fast doppelt so viele Berkeley-Studenten wie bei unserem vorherigen Projekt.

Wir wollten Grundrisse, Schnitte und dreidimensionale Darstellungen von jedem der Gräber erstellen, die Oberfläche des Tals sorgfältig nach Spuren alter Bau- oder Ausgrabungstätigkeiten absuchen und eine präzise topographische Karte des Tals der Könige und der unmittelbar benachbarten Berghänge anfertigen. Im Winter stellten wir alle historischen Daten über das Tal zusammen, die wir ermitteln konnten. Vor Ort nahm unser Vermessungsteam vom letzten Jahr die Arbeit wieder auf, und wir zogen eine weitere Ägyptologin hinzu, Catharine Roehrig, die damals bei mir in Berkeley promovierte und mittlerweile eine leitende Kuratorin am Metropolitan Museum of Art ist. Catharine erwies sich von Beginn an als begabte Vermesserin. Unter Davids Anleitung lernte sie in ein paar Wochen den Umgang mit dem Theodoliten, und nach einem Monat übertrug ich ihr die Vermessungsarbeiten in den Gräbern.

Es gab mehrere Gründe, warum wir mit unserer Vermessung von Theben im Tal der Könige begannen und nicht an einem anderen Ort in der Nekropole. Die rasche Zunahme des Massentourismus in Ägypten seit den siebziger Jahren, insbesondere im Tal der Könige, erforderte eine sorgfältige Planung, um die damit verbundenen Gefahren in Grenzen halten zu können. Es sei hier ausdrücklich angemerkt, daß der Tourismus und die archäologische Erhaltung von Monumenten einander nicht unbedingt ausschließen, solange man den Tourismus richtig im Griff hat. Die Kartierung des Tals der Könige und die Erstellung von Grundrissen der dort befindlichen Gräber – also praktisch die Anlage einer archäologischen Datenbank – waren erforderlich, um diese antiken Schätze zu schützen.

Wir begannen in KV 1 und KV 2 und erkannten bald, daß die anfangs angewandten Vermessungstechniken geändert werden mußten, wenn wir ein gewisses Maß an Genauigkeit erreichen und doch effizient arbeiten wollten. Zunächst hatten wir den Theodoliten einfach auf einem Stativ am Eingang zu einer Kammer aufgestellt, das Fernrohr ausgerichtet und dann von dieser optischen Linie aus nach links, rechts, oben und unten gemessen. Dieses schwer zu kontrollierende Verfahren beinhaltete jedoch eine Fehlerquelle. Nach einigen Tagen ließ David uns mit dem Theodoliten Winkel messen, wobei wir von mehreren Standorten in jedem Grab architektonische Punkte wie Wände, Decke, Boden, Ecken und Kanten anpeilten. Die Entfernung vom Theodoliten zum jeweiligen Punkt wurde dann mit dem Maßband gemessen. Das war viel genauer und ging viel schneller. Sobald unser Team sich an dieses Verfahren gewöhnt hatte, wurden die Mitarbeiter ein wenig überheblich und sehnten sich nach der Arbeit in »einem Grab, das uns unsere wahren Fähigkeiten abverlangt«, wie es einer formulierte. Im Laufe unserer Tätigkeit entdeckten wir, daß nur ein Grab alles von uns abverlangte, nämlich KV 20, eines der merkwürdigsten Gräber im Tal der Könige. Dort beschlossen wir in unserer zweiten Saison zu arbeiten.

Die Vermessung der Hatschepsut-Gräber

Die Arbeit der Steinhauer und Handwerker von Deir el-Medineh war in über fünf Jahrhunderten sowohl quantitativen wie qualitativen Schwankungen unterworfen: Einige Gräber sind groß, sorgfältig herausgehauen und kunstvoll dekoriert, andere hingegen sind klein, hastig fertiggestellt und so gut wie gar nicht dekoriert. Manche Gräber sind nach Standardbauplänen angelegt, einige wiederum sind in ihrer Anlage einzigartig – sie weichen völlig von den Normen ab.

Eines der seltsamsten Gräber ist das aufwendig dekorierte Grab, das Königin Hatschepsut (1479–1457 v. Chr.) hatte anlegen lassen, die Tochter von Thutmosis I., Frau von Thutmosis II. und Stiefmutter von Thutmosis III. Hatschepsut wurde nach ihrem Tod geächtet; sie wurde als eine Art Fremdkörper in der 18. Dynastie behandelt und in späteren Königslisten nicht erwähnt. Die Erinnerung an sie lebte jedoch in einem der spektakulärsten Monumente aller ägyptischen Dynastien fort, in ihrem Totentempel in Deir el-Bahari – ein bemerkenswertes Bauwerk, dessen Lage in einem faszinierenden Amphitheater aus zerklüfteten Kalksteinfelsen es zu einem der schönsten Bauwerke der Antike macht. Der Tempel liegt gleich östlich vom Tal der Könige, und seine Achse entspricht der der ersten Korridore von KV 20, einem der beiden Gräber, die man Hatschepsut zugeschrieben hat.

Mittlerweile geht die Forschung davon aus, daß KV 20 wohl ursprünglich für Thutmosis I. angelegt worden war. Ineni, sein Architekt, prahlte damit, er sei bei seiner Arbeit »von niemandem gesehen, von niemandem gehört« worden – was wahrscheinlich nichts anderes hieß, als daß er der Leiter dieses Projekts war. Damals erstreckte sich das Grab etwa 50 Meter weit in den Hang hinein. Später usurpierte Hatschepsut das Grab, ließ es erweitern und veranlaßte, daß sowohl sie als auch Thutmosis I. darin begraben werden konnten.

KV 20 ist auch eines der »unangenehmsten« Gräber. Sein Eingang wurde hoch oben in einer Felswand an der östlichsten Ecke des Tals angelegt; er ist in einer tiefen Spalte verborgen, etwa 280 Meter westlich vom Hatschepsut-Tempel. Der Eingang wurde in Kalkstein von guter Qualität gehauen; hätte man das Grab mehr oder weniger horizontal angelegt, wäre es eine solide Arbeit geworden. Statt dessen aber war der Korridor steil nach unten herausgehauen worden; ein paar Meter hinter dem Eingang waren die Arbeiter unter die Kalksteinschicht gelangt und auf eine Schicht Tonschiefer gestoßen, die im Arabischen *tafla* genannt wird – ein äußerst weiches Gestein, das vom Aussehen wie von der Konsistenz her an dunkelgrauen Haferschrot erinnert.

Früher glaubte man, Hatschepsut habe ihr Grab hier anlegen lassen, um später unmittelbar hinter oder gar unter ihrem Totentempel zu ruhen. Sicher, der erste Teil von KV 20 – der für Thutmosis I. angelegte Abschnitt – erstreckt sich etwa auf der gleichen Ost-West-Achse wie der Totentempel von Hatschepsut. Aber nach etwa 50 Metern, hinter der ersten Kammer, dort, wo die von Hatschepsut in Auftrag gegebene weitere Ausschachtung des Grabes begonnen hatte, beschreibt der Korridor eine große Kurve im Uhrzeigersinn, schlängelt sich nach unten und schließt sich dann wieder zum Kreis. Das Grab erstreckt sich über 213 Meter in den Berg hinein und erreicht dabei eine Tiefe von 96 Meter – von 197,5 Meter über dem Meeresspiegel am Eingang bis zu 101,2 Meter in der Grabkammer; der Totentempel in Deir el-Bahari liegt etwa auf einer Höhe von 114 Meter über dem Meeresspiegel.

John Gardner Wilkinson legte in den zwanziger Jahren des 19. Jahrhunderts den ersten Teil von KV 20 frei. Das war eine äußerst schwierige Arbeit, weil »der Schutt teilweise so hart war, daß Spitzhacken erforderlich waren und man kaum sagen konnte, ob die Männer sich durch das Gestein oder durch den Schutt arbeiteten«[4]. Auch James Burton bekam Probleme, als er dort arbeitete: »... er mußte seine Nachforschungen wegen der gefährlich stickigen Luft aufgeben, die die Lampen verlöschen ließ.«[5] Howard Carter legte schließlich die unteren Bereiche des Grabes frei und brachte dabei eine Reihe von dekorierten Kalksteinblöcken zum Vorschein, die offensichtlich die grobbehauenen Wände der nach unten führenden Korridore säumen sollten.

1980 nahmen wir den Plan von KV 20 auf. Eines Tages trafen wir frühmorgens zu viert am Eingang ein, beladen mit Stativen, dem Theodoliten, Taschen mit Meßbändern, Loten und Notizblättern. Der Eingang des Grabes war mit einem Maschendrahttor gesichert, aber das Schloß war zerbrochen, und das Tor hatte anscheinend seit Jahren offengestanden. Aus dem Grabinnern wehte uns der unverwechselbare urinähnliche Gestank von Fledermauskot entgegen. Fledermäuse lieben thebanische Gräber.

Die Korridore von KV 20 führen in einem Dreißig-Grad-Winkel nach unten und sind mit einer feinen Staubschicht bedeckt, einer Mischung aus pulverisiertem Kalkstein und Fledermauskot, die das Gehen fast unmöglich macht. Nubie, einer unserer Arbeiter, war noch keine 10 Meter in das Grab vorgedrungen, als er ausglitt und mehrere Meter die schlüpfrige Schräge hinabrutschte. Ich leuchtete mit der Taschenlampe den Korridor hinunter bis zu der Stelle, wo er lag. Das Scheppern seiner Ausrüstungstasche und das Licht der Taschenlampe schreckten die Fledermäuse im Grab auf, und plötzlich war die Luft erfüllt von flatternden Flügeln und spitzen Schreien, als die Tiere panikartig zum Eingang hinflogen. Zunächst waren es nur ein paar Dutzend. Doch ihre Schreie alarmierten andere, und innerhalb von Sekunden huschten Tausende von Fledermäusen an uns vorbei, wobei ihre Flügel den Staub aufwirbelten und uns ins Gesicht klatschten.

»*Watawit!*« schrie Nubie, das arabische Wort für Fledermäuse. »Sie bleiben einem im Haar hängen. Ich hasse sie!« Er rollte sich zur Seite und blieb mit dem Gesicht zum Boden gewandt liegen, während er den Kopf mit den Händen bedeckte. Wir kauerten uns an der Wand hin. Es dauerte mehrere Minuten, bis sich die Lage wieder beruhigte. Abertausende von Fledermäusen hatten das Grab verlassen, und die Luft war vom Gestank des aufgewirbelten feinen Staubs erfüllt. Wir trugen keine Gesichtsmasken und mußten ständig husten und niesen, und so waren wir froh, als wir wieder im Hotel waren und uns den Fledermauskot aus den Haaren und Kleidern waschen konnten.

Nach dieser ersten Erfahrung verlief die Arbeit in KV 20 im Laufe der nächsten Woche nach einem bestimmten Schema. Wir versuchten beim Betreten des Grabes so wenig Lärm wie möglich zu machen und richteten die abgeblendeten Lampen nur auf den Boden oder auf Vermessungspunkte. Wir kamen dahinter, daß es einfacher und leiser war, uns hinzusetzen und die Korridore hinunterzurutschen, als zu versuchen, die Korridore hinunterzugehen. Aus dem Grab wieder herauszuklettern war sogar noch schwieriger als hineinzurutschen, und man wurde dabei noch schmutziger. An manchen Stellen mußten wir auf allen vieren kriechen. Obwohl wir uns wirklich bemühten, leise zu sein, mußten wir uns tagtäglich mindestens ein Dutzend Mal in irgendwelche Ecken hocken, während riesige Fledermausschwärme an uns vorbeiflatterten.

Im Laufe unserer dritten Kampagne stellten wir fest, daß die Vermessung des zweiten Grabes, das Hatschepsut zugeschrieben wird, ganz andere Probleme mit sich brachte. Wir hatten mehr als sechs Wochen lang zahlreiche unbedeutende Gräber in abgelegenen

Wadis am Westufer aufgenommen. Die meisten waren ziemlich einfach angelegt: Es waren senkrecht in den Grund gehauene, kleine, undekorierte Gruben, die in einem erbärmlichen Zustand waren. Mit Hatschepsuts Grab hingegen verhielt es sich ganz anders. Es liegt im entlegenen Wadi Sika wa Taqat es-Said, mehrere Kilometer südwestlich vom Tal der Könige, und sein Eingang befindet sich etwa in der Mitte einer über 110 Meter hohen Felswand. Die einzige Möglichkeit, ins Grab hineinzugelangen, bestand darin, sich von der Bergspitze zum 42 Meter tiefer gelegenen Eingang abzuseilen.

Das Grab, das die wissenschaftliche Bezeichnung WA-D trägt, wurde erstmals 1916 von Howard Carter freigelegt. Es hat einen einfachen Grundriß: Ein langer Korridor beschreibt eine Biegung nach rechts und führt zu einer kleinen Grabkammer. Im Innern der Kammer fand Carter einen großen gelben Quarzitsarkophag mit der Inschrift »Königstochter, Königsschwester, Gottesgemahlin, Große Königliche Gemahlin und Herrin der Beiden Länder, Hatschepsut«[6]. Dies ist ein Beweis dafür, daß das Grab vor Hatschepsuts Thronbesteigung für sie angelegt worden war. Es muß eine gewaltige technische Leistung gewesen sein, einen so großen Sarkophag in ein derart schwer zugängliches Grab zu manövrieren – und nicht weniger kompliziert war es wohl, ihn dort wieder herauszuholen. Dies gelang vor siebzig Jahren dem Ingenieur Émile Baraize, der ihn dann ins Ägyptische Museum in Kairo brachte. Seine Schilderung der Probleme, die sich immer wieder ergaben, bevor der Monolith mittels Flaschenzug und auf Rollen über eine Lehmziegelrampe bewegt werden konnte, führt einem einmal mehr die beachtliche Geduld und Geschicklichkeit der alten Ägypter vor Augen.

Ein Mitglied unseres Projekts bei dieser Kampagne, der Ägyptologiestudent Joel Paulson aus Berkeley, war ein erfahrener Kletterer. Da ich vorab wußte, daß wir auch an WA-D arbeiten würden, hatte ich Joel gebeten, seine Kletterausrüstung nach Theben mitzubringen. Zwei Tage brauchten wir, um an der Steilwand eine geeignete Stelle zu finden, an der man ein Sicherungsseil befestigen konnte; außerdem mußten wir ein Geschirr konstruieren, das es Joel erlaubte, die benötigte Vermessungsausrüstung zu transportieren und dennoch die Hände frei zu haben. Am darauffolgenden Tag wanderten wir dann 5 Kilometer in das Wadi hinein und erreichten schließlich über einen weiteren 3 Kilometer langen Steig das Gelände oberhalb der Steilwand. Die Vorbereitungen dauerten gut drei Stunden, und so konnte Joel sich erst am späten Vormittag zum Grab abseilen. Während er sich vorsichtig über den Rand der Klippe hinabließ, stand ich unten im Wadi, beobachtete ihn mit dem Feldstecher und machte Fotos. Joels Abstieg verlief langsam, aber stetig und ohne Zwischenfälle. Wir alle applaudierten, als er sich vor dem Grabeingang befand und schließlich mit der schweren Ausrüstung darin verschwand.

Keine 30 Sekunden später sprang Joel buchstäblich aus dem Grabeingang ins Freie und kletterte rasch zu uns herunter. Ich lief zu der Stelle hinüber, wo er unsanft gelandet war.

»Was ist passiert?« rief ich.

Joel war unter seiner Bräune blaß geworden. »Als ich drinnen war, glaubte ich, eine Bewegung gesehen zu haben«, erklärte er atemlos. »Ich schaltete meine Taschenlampe an, und zehn Schritte den Korridor hinunter sah ich eine Kobra, vielleicht einen Meter lang. Ich geh da nicht mehr rein!«

Wie eine Kobra in ein derart unzugängliches Grab gelangen konnte, war schlichtweg ein Rätsel. Vielleicht war sie einem kleinen Tier in eine der vielen Spalten gefolgt, die vom Gelände oberhalb der Steilwand zum Grab hinunterführen. Wir gaben daraufhin die Arbeit an WA-D fürs erste auf, nahmen uns aber fest vor wiederzukommen. Allerdings haben wir dazu bislang noch keine Zeit gefunden.

Im Laufe jener Kampagne ergab sich für Joel nochmals die Gelegenheit, seine Kletterausrüstung zu benutzen. Während unserer Erkundungsfahrten mit dem Heißluftballon waren wir durch eine unerwartete Bö vom Kurs abgekommen und in eine abgelegene Gegend nördlich vom Tal der Könige gelangt. Beim Landemanöver entdeckte einer von unserem Team einen rechteckigen Eingang, der in die Felswand am Rande eines kleinen Wadi gehauen war. Wir vermuteten, daß es sich um eines jener Gräber handeln könnte, wie wir sie bereits in anderen entlegenen Gegenden kartiert hatten. Wir markierten also seine Lage oben an der Felswand und kamen mit Joels Kletterausrüstung wieder, um es zu erkunden.

Der Eingang war vom Talboden aus praktisch nicht zu sehen. Er befand sich etwa in der Mitte einer 40 Meter hohen Felswand, und Joel machte sich wie beim Hatschepsut-Grab für den Abstieg bereit, wobei er halblaut seiner Hoffnung Ausdruck verlieh, daß ihn in diesem Grab keine unliebsamen Tiere erwarteten. Rasch hangelte er sich über die Klippe zum Eingang hinab und hing ein oder zwei Minuten davor, während er mit seiner Taschenlampe hineinleuchtete. Offenbar rührte sich nichts darin, denn er begab sich hinein. Nach etwa zehn Minuten tauchte Joel wieder auf und schrie uns zu, was er gefunden hatte. Nichts deute darauf hin, daß es sich um ein Grab aus der Pharaonenzeit handle. Vielmehr befänden sich im Inneren vier kleine Räume, der Boden sei mit frühchristlicher Keramik übersät, und die Wände seien farbig bemalt mit Christusgestalten und Tieren, die die vier Evangelisten symbolisieren; außerdem fänden sich an den Wänden koptische Texte, kunstvoll gemalte Kreuze und geometrische Muster. Ganz offenkundig hatte dort ein Eremit gelebt, vermutlich im 7. Jahrhundert n. Chr., als es in Theben zahlreiche Klöster gab. Vielen Mönchen erschien sogar ein klösterliches Leben noch als zu weltlich, und sie entschieden sich für ein entbehrungsreiches Eremitendasein in der Abgeschiedenheit der thebanischen Berge. Sie waren natürlich darauf angewiesen, daß ihre Brüder ihnen Nahrung und Wasser brachten. Vielleicht ein- oder zweimal die Woche kam ein Mönch von einem nahe gelegenen Kloster und ließ an einem Seil einen Korb mit Brot, Gemüse und Wasser zu der Höhle in der Steilwand hinab. Wir haben zwar bereits einen Grundriß und mehrere Fotos von dieser Anlage veröffentlicht, aber ich hoffe, daß wir eines Tages wiederkommen werden und diese wohl besterhaltene Eremitenhöhle in ganz Oberägypten mit ihren prächtigen Wanddekorationen vollständig aufnehmen können.

Das tiefste Grab: KV 17

Das Grab von Sethos I., dem Vater von Ramses II., das die Bezeichnung KV 17 trägt, ist nicht nur deshalb so faszinierend, weil es eines der größten und hinsichtlich der Dekoration auch schönsten Gräber ist, sondern weil es auch einen ganz besonderen Korridor aufweist, der sich über 150 Meter hinter der bereits sehr tief gelegenen Grabkammer erstreckt. Die Nachricht von der Entdeckung dieses Grabes durch Giovanni Belzoni im Jahre 1817 sorgte für ebensoviel Wirbel in der europäischen Presse wie 105 Jahre später die Entdeckung des Grabes von Tutanchamun.

Der 1778 in Padua geborene Belzoni war eine äußerst stattliche Erscheinung – rund 2 Meter groß. Jahrelang war er in europäischen Varietés als Gewichtheber aufgetreten; stets sorgte er für Furore, wenn er eine Eisenstange über den Kopf hochstemmte, an der acht Männer hingen. Von seiner Ausbildung her war Belzoni Wasserbauingenieur. Im Jahr 1815 war er einem Gerücht folgend nach Ägypten gereist und hoffte, der ägyptischen Regierung seine Konstruktion einer Bewässerungsanlage zu verkaufen. Doch die Ägypter waren daran nicht interessiert. Auf der Suche nach Arbeit wandte sich Belzoni an den britischen Konsul in Ägypten, Henry Salt. Dieser war von seinen Referenzen als Ingenieur beeindruckt und beauftragte ihn, den Kopf einer Kolossalstatue von Ramses II. von Theben nach Alexandria zu befördern, von wo aus er nach London verschifft werden sollte. Belzoni erledigte diesen Auftrag binnen weniger Wochen; der im British Museum befindliche Statuenkopf ist heute einer der größten außerhalb von Ägypten.

Im Laufe der nächsten Jahre erforschte Belzoni zahlreiche archäologische Stätten, darunter auch die Pyramiden von Gisa; seine herausragende Leistung war allerdings die Freilegung von sechs Gräbern im Tal der Könige. Das berühmteste war natürlich das von Sethos I. Belzoni schrieb, diese Entdeckung habe ihn für alle Mühen und Rückschläge im Laufe seiner Forschungsarbeit entschädigt.

»Ich kann dies einen Glückstag nennen, vielleicht war es
einer der besten Momente in meinem ganzen Leben ...
Ich hatte das Vergnügen, etwas zu entdecken, wonach
lange vergebens gesucht worden war, das Vergnügen,
der Welt ein neues, grandioses Monument der
ägyptischen Antike vorstellen zu können ..., das den
Anschein erweckt, als sei es gerade erst an dem Tag
fertig geworden, an dem wir es betraten. Keine
15 Yards von dem zuletzt von mir beschriebenen Grab
entfernt [KV 16, das Grab von Sethos' Vater,
Ramses I.] ließ ich die Erde am Fuße eines steilen
Berges öffnen, und zwar unter einem Sturzbach, aus
dem sich, wenn es in der Wüste regnet, eine große
Menge Wasser genau auf die Stelle ergießt, an der ich
graben ließ. Niemand konnte sich vorstellen, daß die
alten Ägypter den Eingang zu einer derart
gigantischen, beispiellosen Grabstätte genau unter
einem Sturzbach anlegen würden; aber ich hatte allen
Grund anzunehmen, daß sich an dieser Stelle ein Grab
befand, und zwar aufgrund von Hinweisen, die ich
während meiner Studien beobachtet hatte. Die
Fellachen, die mit dem Ausgraben vertraut waren,
waren alle der Meinung, daß sich an dieser Stelle
nichts befände, da sich die Lage dieses Grabes von der
aller anderen Gräber unterschied ...«[7]

Belzoni wies seine Arbeiter an, den Eingang des Grabes so rasch
wie möglich freizulegen, und zwei Tage später, am 18. Oktober
gegen Mittag, erreichten die Arbeiter den Eingang, der sich über
5 Meter unter der Erdoberfläche befand.

»Der erste Eindruck ließ vermuten, daß es sich um ein
besonderes Grab handelte – aber noch erwartete ich
nicht, ein derart grandioses Grab zu entdecken. Die
Fellachen machten weiter, bis sie sahen, daß es wahrscheinlich ein großes Grab war, und da wandten sie

90

ein, sie könnten nicht weitergraben, da das Grab mit großen Steinen zugeschüttet sei, die sie nicht aus dem Wege räumen könnten. Ich stieg hinab, untersuchte die Stelle und zeigte ihnen, wo sie graben sollten. Nach einer Stunde hatte ich genügend Platz, um mich durch eine Passage vorzuarbeiten, die die Erde unter der Decke des ersten Korridors freigelassen hatte. Er ist 11 Meter lang und 2,60 Meter breit sowie 2,65 Meter hoch, wenn er vom Schutt befreit ist. An den Deckenmalereien und den Hieroglyphen in versenktem Relief, die überall dort zu sehen waren, wo die Wände nicht mit Schutt bedeckt waren, erkannte ich sofort, daß dies der Eingang zu einem großen und prachtvollen Grab war.«[8]

Als Belzoni durch einen kleinen Tunnel kroch, den seine Arbeiter in den Schutt gehauen hatten, mußte er feststellen, daß durch die schweren Regenfälle zwei Tage zuvor Wassermassen ins Grab eingedrungen waren und Teile des ersten Korridors beschädigt hatten. Schuld daran war die von ihm veranlaßte Freilegung des Eingangs. Dieser Hinweis in Belzonis Schriften ist einer der frühesten Belege für Wasserschäden in Gräbern im Tal der Könige. Aber es war keineswegs der letzte. In der Folgezeit haben Schäden, die durch eindringendes Regenwasser sowie durch gedankenlose Besucher des Grabes verursacht wurden, den Glanz und den Charakter der Wandmalereien entschieden beeinträchtigt. Auch Belzoni selbst hat mit seinen Abdrücken und Abgüssen die bemalten Wände schwer beschädigt.

1829, zehn Jahre nach Belzoni, hat Jean-François Champollion, dem die Entzifferung der ägyptischen Hieroglyphen zu verdanken ist, ebenfalls den schrecklichen Zustand des Grabes geschildert: » ... es verfällt mit jedem Tag mehr. Die Pfeiler bekommen Risse und Spalten. Die Decke zerbröckelt, und die Farbe blättert ab.« Champollion hatte eine bemerkenswerte Idee zur Erhaltung des Grabes: Er wollte es zerlegen und die besten Szenen nach Frankreich transportieren. Diese Idee kam schon bald Joseph Bono-

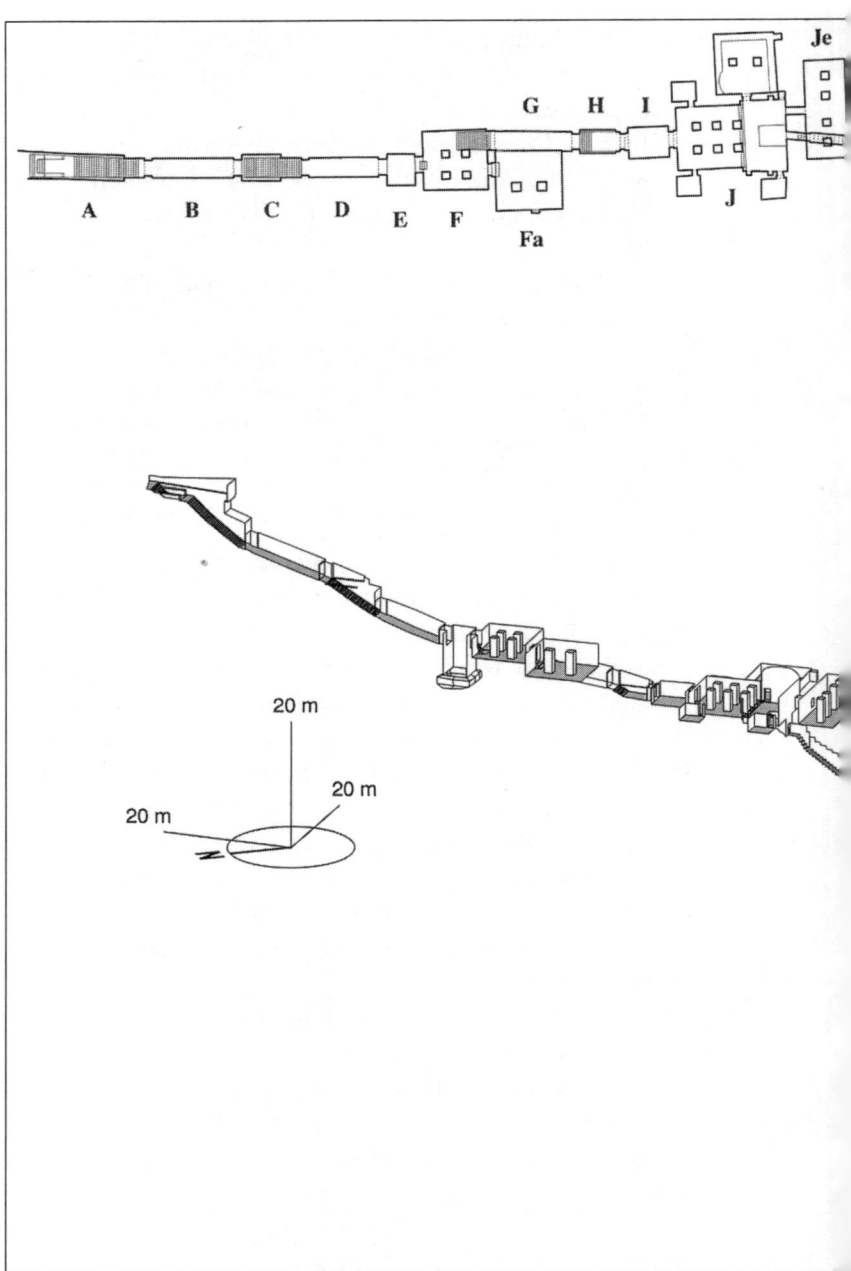

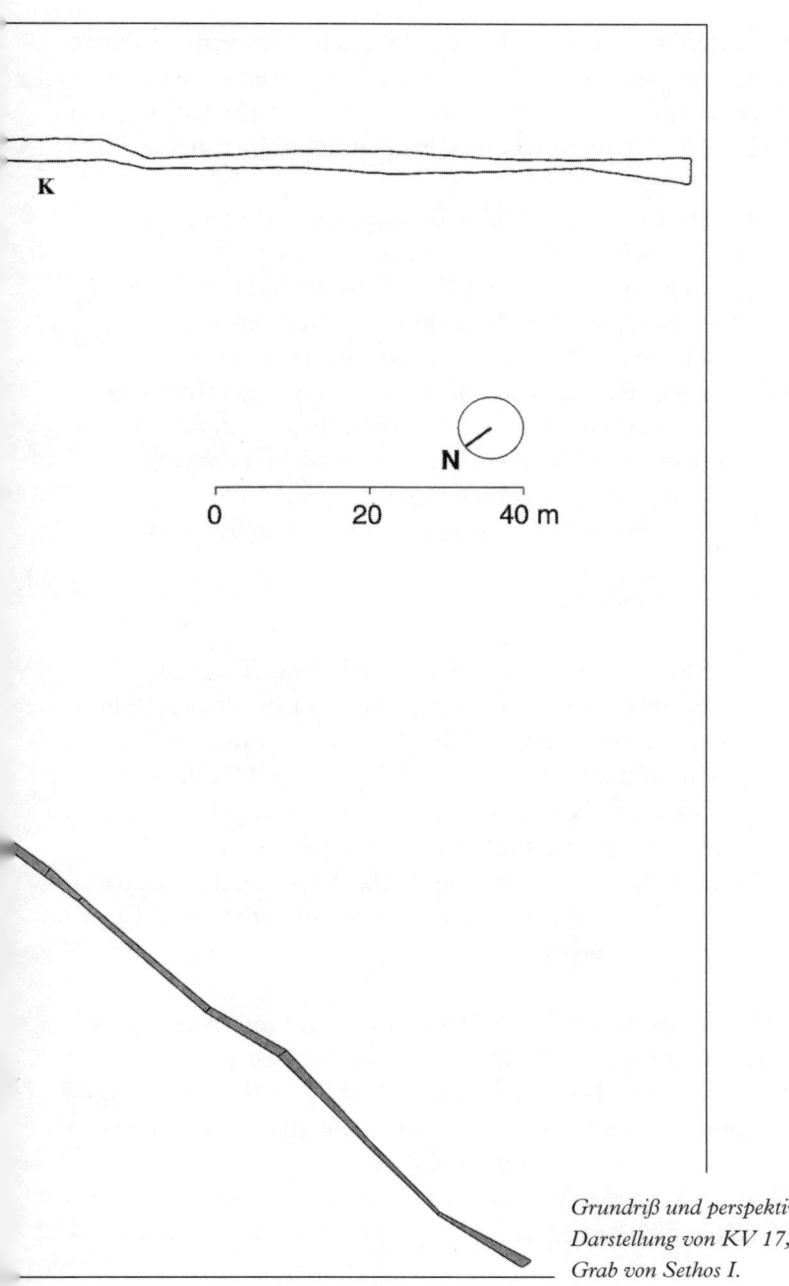

K

N

0   20   40 m

Grundriß und perspektivische Darstellung von KV 17, dem Grab von Sethos I.

mi zu Ohren, einem Künstler, der in Theben an verschiedenen Grabungskampagnen von Burton, Wilkinson und anderen berühmten Archäologen des 19. Jahrhunderts mitgewirkt hatte. Voller Entrüstung über Champollions Vorschlag schrieb er diesem:

»Sir, ich habe erfahren, daß gewisse Leute hier in Gourneh auf Ihre Anweisung hin eingetroffen sind, um gewisse Bilder aus dem Grab im Tal von Biban el Molook [dem Tal der Könige] herauszulösen, das von Belzoni mit finanziellen Zuwendungen des verstorbenen englischen Konsuls Mr. Salt geöffnet wurde. Wenn es wahr ist, daß dies Ihre Absicht ist, halte ich es für meine Pflicht als Engländer und Liebhaber der Antike, jedes Argument vorzutragen, um Sie von einem so grotesken Vorhaben abzubringen ...«[9]

Champollion erwiderte:

»Seien Sie versichert, Sir, daß Sie eines Tages das Vergnügen haben werden, einige der herrlichen Reliefs des Grabes von Osirei [Sethos I.] im Französischen Museum zu sehen. Es wird die einzige Möglichkeit sein, sie vor der drohenden Zerstörung zu bewahren, und bei der Ausführung dieses Projekts werde ich als ein echter Liebhaber der Antike handeln, da ich sie nur um der Erhaltung und nicht um des Verkaufens willen entfernen werde.«[10]

Tatsächlich wurde ein Teil der Wand aus dem Grab von Sethos I. in den Louvre transferiert. Es handelt sich um eine bezaubernde Darstellung von Sethos I., wie er von der Göttin Hathor ein Halsband entgegennimmt. Diese Szene ist ein herausragendes Beispiel für die vollendete Dekoration in KV 17.

Im Jahre 1905 verweist Howard Carter, der damals Antikeninspektor im Tal der Könige war, auf die immer noch beträchtlichen Schäden:

»Der Kalkstein, aus dem es [KV 17] herausgebrochen und -gemeißelt ist, ist zwar sehr fein, aber er splittert sehr und ist voller natürlicher Risse, von denen viele im Laufe der Zeit aufgebrochen sind – Teile der Oberfläche haben sich gelöst und sind abgefallen. Die zahlreichen Forscher und Antiquitätenjäger haben nicht zur Besserung dieses Zustands beigetragen. Die bemalten Reliefs wurden beschädigt, als man feuchte Abdrücke von ihnen machte. Auf den mit Reliefs geschmückten Wänden hat man willkürlich herumgehackt, um Kartuschen sowie schöne Stücke der Dekoration herauszulösen. Teile von Pfeilern und Türpfosten, die als Träger dienten, wurden entfernt. Die Decke ist durch den Rauch von Fackeln und Kerzen völlig geschwärzt.«[11]

Das Grab von Sethos I. befindet sich nach wie vor in einem prekären Zustand. Mindestens dreimal hat man in den letzten fünfzig Jahren vergeblich versucht, die Wanddekorationen zu konservieren. Der letzte Versuch wurde Ende 1996 von einem Team der Ägyptischen Altertümerverwaltung unternommen; es lag allerdings kein ausgearbeiteter Plan vor, und wegen Etatkürzungen stand auch keine Ausrüstung zur Verfügung. Unser Konservator unterbrach seine Arbeit in KV 5 für einen Tag, um sie mit seinem Rat zu unterstützen und dem Team einiges von unseren Chemikalien und unserer Ausrüstung zur Verfügung zu stellen. Ein weiteres Projekt unter amerikanischer Leitung wird wohl aufgrund bürokratischer Probleme wenig Erfolg haben.

Belzoni fand zwar keinen Beweis dafür, daß der Grabeingang in der Antike versiegelt worden war; nach seinen Angaben ist der Korridor jedoch etwa 50 Meter weiter im Innern, unmittelbar hinter einem 10 Meter tiefen Schacht, durch eine Wand verschlossen gewesen, die verputzt und bemalt worden war. Ihm zufolge sind wohl bereits in der Antike Grabräuber mit Hilfe eines Seils auf der einen Seite in den Schacht hinabgestiegen und mit einem zweiten Seil auf der anderen Seite wieder hochgeklettert. An dieser Stelle hatten sie eine kleine »Öffnung« durch die verputzte Wand geschlagen und sind dann tiefer ins Grab vorgedrungen.

Belzoni glaubte, daß der Schacht (von der amerikanischen Ägyptologin Elizabeth Thomas, deren Grabkammerbezeichnungen im Tal der Könige heute allgemein als Standard gelten, mit dem Buchstaben »E« versehen) angelegt worden sei, um nach einem Sturzregen im Tal das Eindringen von Wasser ins Grab zu verhindern. Außerdem sollten nach seinem Dafürhalten mit diesem Schacht Grabräuber davon abgehalten werden, die Grabkammer zu erreichen. Neuere Untersuchungen zur Architektur der Königsgräber lassen allerdings den Schluß zu, daß diese Schächte – die übrigens in mehreren Königsgräbern vorgefunden wurden – eigentlich als symbolische Grabstätten des Gottes Osiris dienten. Mehrere dieser Grabschächte haben am Boden kleine Kammern. Im oberen Teil des Schachts von KV 17 sind dort Szenen wiedergegeben, in denen Sethos I. verschiedenen Gottheiten gegenübertritt. Dies ist ein weiterer Hinweis darauf, daß die Beziehung zwischen Osiris und dem Pharao – im Tod und im Leben – in der 19. Dynastie immer stärker zum Ausdruck gebracht wurde.

Belzoni, seine Frau und der Künstler Alessandro Ricci fertigten ein 15 Meter langes Modell des Grabes sowie eine Reihe bemalter Gipsabdrücke der Wände von zwei Kammern in Originalgröße an. Diese Abdrücke führten zu gravierenden Schäden an den Wänden. Sie wurden im Sommer 1821 in der »Egyptian Hall« im Londoner Stadtteil Piccadilly ausgestellt, und diese erfolgreiche Ausstellung war damals in der englischen Metropole *das* Ereignis. Ehrfürchtig bestaunte das Publikum die Größe des Grabes, die leuchtenden Farben und die wunderschöne Komposition der Szenen. Und trotz aller Schäden, die diese Szenen erlitten haben, ist KV 17 noch immer das beeindruckendste Grab in ganz Ägypten. Es ist das einzige Königsgrab, das »ein vollständiges Dekorationsprogramm« aufweist, wie es der Ägyptologe und Spezialist für das Tal der Könige Erik Hornung formuliert hat. Das heißt, praktisch jede Wand und jeder Pfeiler ist mit bemaltem Relief versehen, und wir finden in diesem Grab auch eine nahezu vollständige Version der religiösen Texte.

Blick von unserem Heißluftballon auf das Ramesseum, den Totentempel von Ramses II. Der Tempel war einst, wie es die noch erhaltenen Lehmziegelwände veranschaulichen, von Magazinen, Verwaltungsgebäuden, Kapellen und einem Palast umgeben. (Kent Weeks)

Blick von der Qurn über das Tal der Könige.

Ein Aquarell des englischen Malers David Roberts (19. Jh.) vom Tal der Könige mit der Qurn links oben im Hintergrund.

Oben: *Diese unfertige Wand im Grab von Haremhab (KV 57) veranschaulicht die verschiedenen Arbeitsschritte, die bis zur Vollendung des bemalten Reliefs durchgeführt wurden.*

Mitte: *Deir el-Medineh – Die während des Neuen Reiches in dieser Siedlung lebenden Arbeiter schufen die Gräber im Tal der Könige.*

Unten: *Die Hauptstraße der Arbeitersiedlung Deir el-Medineh.* (Kent Weeks)

Oben: *Zwei der vier Kolossalstatuen von Ramses II., die den Eingang zum Großen Tempel von Abu Simbel flankieren. Zwischen den Beinen des Königs steht Amun-her-chepeschef, der erstgeborene Sohn von Ramses II.*

Mitte: *Die Mumie von Sethos I., dem Vater von Ramses II., im Ägyptischen Museum in Kairo.*

Unten links: *Die Nordwand der Hypostylenhalle des Amun-Tempels in Karnak mit Darstellungen der Feldzüge von Sethos I. in Nubien und Asien.*

Unten rechts: *In dieser Szenen an der Nordwand der Hypostylenhalle war Mehi abgebildet worden; später mußte er dann einer Darstellung von Ramses II. weichen. (Kent Weeks)*

Am Westufer des Nils zeichnen sich im Fruchtland noch heute die Umrisse des zerstörten Totentempels von Amenophis III. ab.

Unten: Die Memnonkolosse – gigantische Statuen, die Amenophis III. darstellen – flankierten einst den Eingang zu diesem Tempel. (Kent Weeks)

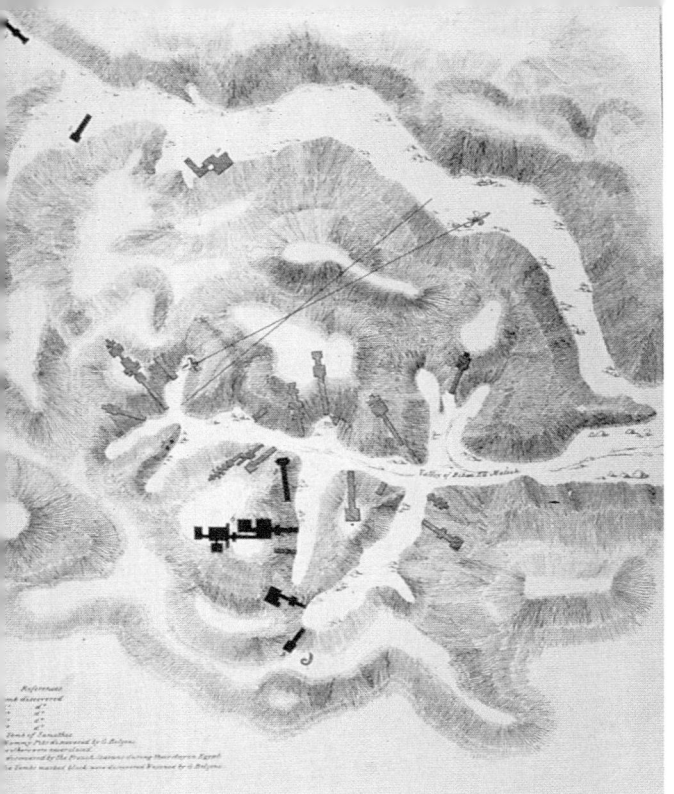

Diese Karte vom Tal der Könige
wurde von Wissenschaftlern
gezeichnet, die Napoleon Bonaparte auf seiner Ägypten-
expedition (1799–1802) begleiteten; rechts in der Mitte sieht
man den Eingang zum Tal.

James Burtons Planskizze
(1825) der ersten Räume von
KV 5 – er gab diesem Grab die
Bezeichnung »M«. Es ist der
einzige Grundriß von KV 5, der
vor dem Theban Mapping Project entstand.
(British Museum Library)

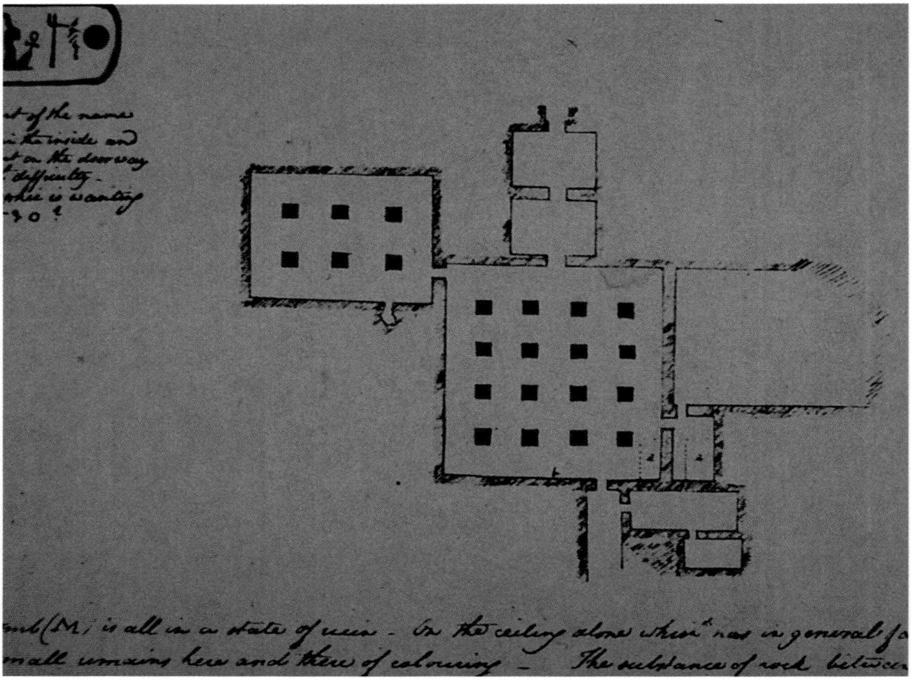

Eine Ansicht des Tals der Könige aus dem Jahr 1884; links der Eingang zu KV 6 (Ramses IX.), rechts daneben liegt KV 55.

Diese Aufnahme aus dem Jahr 1998 ist vom gleichen Standort aufgenommen worden; neben den Eingängen von KV 6 und KV 55 der Rastplatz.

Im Jahre 1825 schrieb der britische Entdecker James Burton seinen Namen mit Kerzenrauch an die Decke der Halle mit den sechzehn Pfeilern.

Rechts: *Arbeiter legen Raum 8 und den Anfang von Gang 7 frei.*

Unten: *Said Ali beseitigt betonharten Schutt aus dem Durchgang zu Gang 12.*

Unmittelbar hinter dem Eingang zum Grab finden sich in Korridor »B« zwei Szenen, die fortan in beinahe allen Königsgräbern des Neuen Reichs wieder vorkommen: In der einen opfert der Pharao dem Gott Re-Harachte, in der anderen ist der Sonnengott in zwei Formen dargestellt, einmal als Widdergott und einmal als Käfer; beide stehen im Innern einer Sonnenscheibe und sind von seinen Feinden, der Schlange und dem Krokodil, flankiert. Re ist natürlich der gebräuchlichste Name des Sonnengottes, Harachte bedeutet »horizontischer Horus«, die Erscheinungsform des Sonnengottes bei Tag. Der begleitende Text ist die »Sonnenlitanei«, eine Lobpreisung des Sonnengottes, der hier in fünfundsiebzig verschiedenen Gestalten angerufen wird. Diese kunstvoll gemalten Szenen, die die ganze Wandfläche füllen, setzen sich bei der Treppe und im folgenden Korridor fort. Hinzu kommen Texte aus dem bereits erwähnten Unterweltsbuch »Amduata«; das Buch beschreibt das Leben nach dem Tod, und zwar zum größten Teil aus der Sicht des Sonnengottes, der die Unterwelt in den zwölf Stunden der Nacht durchfährt.

Jenseits des Schachts (gemäß Elizabeth Thomas Schacht »E«) liegen zwei Pfeilerhallen, die die Bezeichnungen »F« und »Fa« tragen, wobei erstere mit Szenen aus dem »Pfortenbuch« dekoriert ist. Es handelt sich um eine Beschreibung der Tore, die die Nacht in zwölf Stunden einteilen. Eine besonders faszinierende Szene befindet sich an der Ostwand von Raum »F«. Sie ist ein Hinweis darauf, daß Ägyptens Weltsicht zur Zeit von Sethos I. offenbar internationale Ausmaße angenommen hatte. Diese Szene zeigt vier Gruppen edel gewandeter und frisierter männlicher Gestalten; sie repräsentieren jeweils eine der vier Rassen der Menschheit, die die Ägypter kannten: einen Ägypter, einen Asiaten, einen Nubier und einen Libyer. Diese Fremden werden gewöhnlich als Ägyptens Todfeinde dargestellt, doch hier, in Sethos' Grab, stehen auch sie unter dem Schutz der ägyptischen Götter.

Ungewöhnlich ist der Wandschmuck in Kammer »Fa«: Der Pharao und die Götter sind nur in einfachen, aber elegant geschwungenen schwarzen und roten Umrißlinien dargestellt – die für das übrige Grab so typischen leuchtenden Farben fehlen hier. Belzo-

ni war von dieser Kammer fasziniert: »Ich habe sie den Zeichen-
raum genannt, denn die Wände sind mit Figuren bedeckt, die zwar
nur in Umrissen angedeutet, aber so schön und vollkommen sind,
daß man glaubt, sie wären erst am vorhergehenden Tag gezeichnet worden.«[12] Einige Ägyptologen glauben, daß die beiden Räume »F« und »Fa« Grabräuber täuschen sollten: Die Bemalung
wirkt nicht nur unvollendet, sondern das Grab scheint hier auch
abrupt zu enden, als ob es nicht fertiggestellt worden wäre. Tatsächlich setzt es sich entlang einer neuen Achse nach links versetzt
fort, und sein Zugang ist in den Boden eingetieft – dort also, wo
Grabräuber vermutlich nie nachgesehen hätten. Wenn aber wirklich Grabräuber aufgehalten werden sollten, hatten die damaligen
Architekten damit kein Glück gehabt, denn als Belzoni das Grab
entdeckte, fand er es nahezu leer vor.
An diese Korridore schließt sich noch eine Pfeilerhalle und eine
Grabkammer an. Ein wahrhaft vollendetes Kunstwerk ist die
gewölbte Decke in der Grabkammer. Sie stellt eine der besterhaltenen und vollständigsten astronomischen Decken dar, die jemals
in einem ägyptischen Grab gefunden wurden. Es handelt sich nicht
um ein schlichtes geometrisches Muster aus fünfzackigen Sternen;
hier wird auch nicht einfach nur dargestellt, wie Nut, die Himmelsgöttin, am Abend die Sonne verschlingt und sie jeden Morgen
aufs neue gebiert; nein, diese Decke erweist sich als eine komplexe Karte des Nachthimmels der Nordhalbkugel. Vor einem dun-
kelblauen Hintergrund zeichnen sich mit roten Sternen besetzte
Gestalten ab, die die Sternbilder darstellen, wie die alten Ägypter
sie sahen. Ein Rinderschenkel steht für den Großen Wagen, ein
Mann mit ausgestreckten Armen für den Schwan, ein Nilpferd,
auf dessen Rücken ein Krokodil kriecht, für den Bärenhüter, ein
laufender Mann für Orion. Besonders auffallend sind die »die keinen Untergang kennen«, die Zirkumpolarsterne; sie übten auf die
Ägypter eine enorme Faszination aus, weil sie ihre Position am
Himmel nie ändern. Diese wundervolle Decke ist somit ein wis-
senschaftliches Dokument und ein religiöses Glaubensbekenntnis;
sie stellt einen Erklärungsversuch der Funktionen des Universums
dar.

Doch Sethos' Grabkammer kann noch mit weiteren Überraschungen aufwarten. Die Besonderheit des Grabes befindet sich zweifellos unter dem Boden dieses Raumes. Nur hier, in sonst keinem anderen Grab im Tal der Könige, hatten die damaligen Arbeiter einen langen, steil abfallenden Korridor angelegt, der sich über die Grabkammer hinaus noch mindestens weitere 150 Meter in den Berg hinein erstreckt. Belzoni mußte es erhebliche Mühe bereitet haben, mit seinem riesigen Körper diesen Korridor entlangzukriechen:

»Der Sarkophag [in der Grabkammer] befindet sich am oberen Ende einer Treppe in der Mitte der Halle; diese ist mit einer unterirdischen Passage verbunden, die auf eine Länge von 90 Metern nach unten führt. Am Ende dieser Passage fanden wir große Mengen Fledermauskot, der sie verschloß, so daß wir ohne zu graben nicht weiterkommen konnten. Der Korridor war zudem fast auf der ganzen Strecke mit dem Schutt der Decke angefüllt. Etwa 30 Meter vom Eingang entfernt befindet sich eine gut erhaltene Treppe. Aber das Gestein darunter ändert sich in seiner Beschaffenheit; es geht von einem wunderschön festen Kalkstein in eine Art schwarzen, morschen Schiefer über, der bereits bei der bloßen Berührung zerfällt. Die unterirdische Passage verläuft in südwestlicher Richtung. Ich habe die Entfernung vom Eingang und auch das felsige Gelände darüber gemessen und herausgefunden, daß sich die Passage fast durch den halben Berg bis zum oberen Teil des Tals hinzieht. Ich habe Grund zu der Annahme, daß diese Passage benutzt wurde, um durch einen anderen Eingang in das Grab zu gelangen. Aber das konnte nicht nach dem Tod des Menschen, der hier begraben war, geschehen sein, denn am Fuße der Treppe gleich unter dem Sarkophag wurde eine Wand errichtet, die die Verbindung zwischen dem Grab und der unterirdischen Passage unterbrach. Einige große Steinblöcke wurden auf einer Ebene mit dem Pflaster der Grabkammer unter den Sarkophag gelegt, damit niemand bemerkt, daß es dort irgendwelche Treppen oder eine unterirdische Passage gibt.«[13]

Seit Belzonis Zeit sind auch andere Forscher und Archäologen daran gehindert worden, in diese Passage weiter als 45 Meter einzudringen, und zwar durch die vielen Steine, die von der Decke der Passage herabgefallen sind, und durch den Schutt, der den unteren Bereich völlig verstopft. Gardner Wilkinson beispielsweise bezeichnete 1843 die Passage als »eine geneigte Ebene, die – mit einer Treppe zu beiden Seiten – über eine Strecke von 45 Meter in den Fels hinabführt«[14]. Er war sicher, daß sie noch weiterging, aber eine Erkundung war für ihn unmöglich. 1903 erforschte Howard Carter den zugänglichen Teil der Passage, kam aber auch nicht weiter. Carter bezeichnete sie als »Q«; Elizabeth Thomas nennt sie hingegen Raum »K«, und wir halten uns hier an ihr System.

Seit langer Zeit behaupten die Qurnauis – die Menschen, die in Qurna, am Wüstenrand des Westufers bei Theben leben –, daß ein Tunnel das Tal der Könige mit irgendeinem Monument im Osten verbinde, vielleicht mit dem Tempel von Karnak auf der anderen Seite des Flusses, und daß in diesem Tunnel ein großer, ungeplünderter Schatz liege. Viele glaubten, die Passage in KV 17 sei dieser Tunnel. Andere hingegen meinten, daß Raum »J«, den wir die Grabkammer nennen, eine weitere Scheinkammer sei, die Räuber irreführen solle. Die tatsächliche Grabkammer, behaupteten sie, liege am Ende des Korridors »K« und sei noch immer mit Gold und Juwelen gefüllt. Ob Tunnel oder Grabkammer – seit der Zeit Belzonis sind die Qurnauis von dem Wunsch besessen, das Grab von Sethos I. weiter zu erforschen. Wer auch immer den Tunnel freilegen würde, sagen sie, würde sehr, sehr reich werden.

Anfang der fünfziger Jahre gelang es dem wohl berühmtesten Einwohner von Qurna, Scheich Ali Abd er-Rassul, dessen Familie seit über einem Jahrhundert mit Grabraub und Antiquitätenschmug-

100

gel in engster Verbindung stand, sich eine amtliche Erlaubnis zu beschaffen,»K« freizulegen – die merkwürdigste Ausgrabung, für die je von der Ägyptischen Altertümerverwaltung eine Erlaubnis erteilt wurde.

Scheich Ali war ein großer, sehr vornehm aussehender Mann mit einem großen Schnurrbart – eine imposante Erscheinung. Als ich ihn Anfang der siebziger Jahre kennenlernte, war er bereits über siebzig. Es gefiel ihm, seine Kraft und Männlichkeit zu beweisen, indem er mich vom Boden hochhob, wann immer wir uns in dem von seiner Familie geführten Hotel hinter den Memnon-Kolossen begegneten. Er trug mich über den Hof, damit ich den jüngsten Nachwuchs seiner ständig größer werdenden Familie kennenlernte. Er war ein Abkömmling jener Männer, die im 19. Jahrhundert die in einem Grab (DB 320) bei Deir el-Bahari versteckten königlichen Mumien gefunden – und geplündert – hatten. Ich kenne mehrere Menschen, mich eingeschlossen, denen von verschiedenen Verwandten von ihm echte Papyri, Statuetten, Amulette und Schmuckstücke angeboten wurden, während sie in der von seiner Familie geführten»Ramsum Cafeteria« neben dem Ramesseum Tee tranken.

Es ist wirklich eine Ironie des Schicksals, daß Scheich Ali die Erlaubnis erhielt, etwa vierzig seiner Verwandten beim Freilegen von»K« zu beaufsichtigen, also von einem Teil des Grabes von Sethos I., dessen Mumie unter anderen von den Abd er-Rassuls geplündert worden war. Merkwürdigerweise wurde diese Erlaubnis erteilt, obwohl mehrere Mitarbeiter der Altertümerverwaltung dagegen mit der Begründung protestiert hatten; eine Reinigung von KV 17 würde nur Staub aufwirbeln, die Reliefs beschädigen, den Tourismus stören und das bauliche Gefüge des Grabes gefährden. Doch ungeachtet all dieser Klagen – die sich als absolut begründet erwiesen – wurde ein großangelegtes Projekt begonnen. Erhebliche Mengen Schutt wurden aus»K« entfernt, bis das Projekt wegen fehlender Mittel eingestellt werden mußte. Vor dem Abbruch der Arbeiten war es Scheich Abdul allerdings gelungen, einen über 136 Meter langen Tunnel durch die von Schutt gefüllte Passage»K« zu graben.

Im Verlauf der zweiten Kampagne erstellten wir im Rahmen der Vermessung von KV 17 auch einen Grundriß von »K«. Es war unser bislang gefährlichstes Unternehmen. Das Grundgestein war brüchig, die Luft schlecht, und die in der Passage in unregelmäßigen Abständen angebrachten Holzstützen waren morsch. Der Sand, der den abschüssigen Boden bedeckte, machte einen festen Stand unmöglich, und so ließen wir uns jeden Morgen an einem Seil die Passage hinunter, um unsere Arbeit fortzusetzen. Wieder herauszukommen war noch schwieriger: Sobald wir uns drei Schritte vorwärts bewegt hatten, rutschten wir zwei Schritte wieder zurück. Als wir einmal tief im Inneren der Passage »K« arglos unsere Messungen vornahmen, stürzte auf halbem Wege zwischen uns und dem Eingang ein zentnerschwerer Steinbrocken von der Decke. Wir hörten ihn nicht fallen, stießen aber auf ihn, als wir uns in der Passage hochhangelten. Fast eine halbe Stunde hielt er uns auf, bis wir ihn beiseite bugsieren und daran vorbeikriechen konnten. Da ging uns endlich auf, wie tollkühn wir waren, in »K« zu arbeiten. Rückblickend hat es sich dennoch gelohnt, denn der Grundriß, den wir von »K« erstellten, liefert den bislang besten Hinweis darauf, welchem Zweck dieser Durchgang gedient haben könnte.

Scheich Alis Arbeit in der Passage »K« war bestenfalls schludrig. Seine Männer hatten ohne jede Aufsicht gegraben, und er hatte diese Arbeit auch nicht protokolliert. Immerhin aber wies er nach, daß der Boden aus einer zweiteiligen Treppe mit einer Rampe in der Mitte bestand und daß es längs der Passage in Abständen Türöffnungen gab. Wir konnten eine davon in unseren Plan aufnehmen. All diese Merkmale weisen eindeutig darauf hin, daß »K« ein gut geplanter, sorgfältig ausgeführter und wesentlicher Teil des Grabes von Sethos I. war – eine Passage, die angelegt und versiegelt worden war, bevor der Alabastersarkophag in die Grabkammer »J« transportiert wurde. Auf diese gründliche Planung verweist auch die Tatsache, daß man die Achse von »K« bewußt eng an der der vorangehenden Raumfolge ausrichtete.

Interessant sind die Dimensionen von »K« im Verhältnis zu dem gesamten vorderen Teil von KV 17. Die Räume »A« bis »J« sind in einem Winkel von durchschnittlich 16 Grad nach unten geneigt. Die Passage »K« hingegen weist ein Gefälle von durchschnittlich 32 Grad, an manchen Stellen sogar von 47 Grad auf. Daher konnten wir uns nur mit Hilfe von Seilen auf und ab bewegen.

KV 17 hat vom Eingang bis zur Grabkammer eine Länge von 94 Meter; die Länge von »K« vom Eingang im Boden der Grabkammer bis zu dem Punkt, wo Scheich Alis Ausgrabung endet, beträgt 136,21 Meter. Somit ist KV 17 insgesamt mindestens 230,21 Meter lang, länger als jedes andere Grab im Tal der Könige, und »K« hat an dieser Gesamtlänge einen Anteil von mindestens 60 Prozent.

Der Eingang zu KV 17 liegt 178 Meter über dem Meeresspiegel. Die Grabkammer »J« und der Eingang zu »K« befinden sich auf 152,53 Meter und der letzte zugängliche Punkt in »K« auf 79,1 Meter über dem Meeresspiegel, also fast 100 Meter unterhalb des Grabeingangs. Dieser Punkt liegt nur 2 Meter über dem durchschnittlichen Niveau des Fruchtlandes bei Theben und nur 4 Meter über dem mittleren Wasserstand des Nils. In dynastischer Zeit wäre das unterhalb des Niveaus des Nilhochwassers gewesen, und dies ist vielleicht der entscheidende Ansatzpunkt, wenn man die Bedeutung der Passage »K« erklären will.

Wenn die Passage »K« nicht der Weg zu unermeßlichem Reichtum ist – was war sie dann? Die Ägyptologin Elizabeth Thomas hatte hervorgehoben, daß in den meisten Königsgräbern die Grabkammer kleine Seitenräume hat. Sie glaubte, daß »K« nur eine erweiterte Form einer derartigen Seitenkammer darstellte. Ich bezweifle das: Die Räume um die Grabkammer in Königsgräbern sind gewöhnlich Magazine, in denen Opfergaben und Grabausrüstung gelagert wurden. Doch »K« scheint für einen derartigen Zweck völlig ungeeignet.

Die Passage »K« kann auch nicht angelegt worden sein, um KV 17 mit irgendeinem Gebiet östlich des Tals der Könige zu verbinden, denn dazu ist sie viel zu tief angelegt worden – und sie ist zudem nach Süden orientiert. Aus dem gleichen Grund kann sie auch nicht zu irgendeinem bekannten Bauwerk irgendwo im Tal der Könige geführt haben. Dr. Gerhard Haeny, der ehemalige Direktor des Schweizer Instituts in Kairo, hat mir gegenüber die Hypothese geäußert, daß »K« vielleicht einfach nur bis zum Grundwasserspiegel geführt hat. Er meinte, mit der Verbindung zwischen der Grabkammer und dem Grundwasser habe man vielleicht ein ähnliches Ziel verfolgt wie im Kenotaph – dem Scheingrab – von Sethos I. in Abydos, dem sogenannten Osireion. Auch dort war die Grabkammer mit einem Raum verbunden, in den während der Überschwemmungszeit das Nilhochwasser eindringen konnte. Dies mag auch der Zweck von »K« gewesen sein. Die Passage führt in einer Weise zum Grundwasserspiegel hinunter, wie es die geologischen Verhältnisse und der damalige Stand der Technik zuließen. Daher besteht durchaus die Möglichkeit, daß »K« zu einer Kammer führt, in die das Grundwasser eindringen sollte, und nicht zu einem Raum, der mit Gold und Juwelen gefüllt war, wie es sich Scheich Ali erträumte. »K« sollte demzufolge nicht einen Schatz verbergen, sondern die Grabkammer von Sethos I. mit den urzeitlichen Wassern des Nun verbinden; diese Vereinigung muß als Symbol für die Entstehung der Welt und zugleich für die Wiedergeburt des Pharaos verstanden werden.

Der Sarkophag von Sethos I., den Belzoni oberhalb des Eingangs zu »K« vorfand, ist ein wunderbar dekorierter Monolith aus ägyptischem Alabaster. Belzoni ließ ihn nach London bringen in der Hoffnung, ihn dem British Museum verkaufen zu können. Die Treuhänder des Museums hielten den Preis allerdings für zu hoch, und daher ging er in den Besitz von Sir John Soane über, einem eifrigen Sammler von Kunstwerken und Antiquitäten, dessen Haus in Lincoln's Inn Fields heute ein Museum ist. Der Sarkophag steht in einem engen Kellerraum und ist schlecht angestrahlt; er kommt nicht recht zur Geltung, zumal er von einem eklektischen Sammelsurium antiker Gegenstände aus den verschiedenen Kulturen umgeben ist, für die sich Sir John interessierte. Das ist sehr schade, denn es ist ein eindrucksvolles Objekt, ein wunderschöner Steinblock, der elegant geschnitten und mit Szenen aus dem »Pfortenbuch« bemalt ist; dieselben Texte finden sich auch im Grab von Ramses I. und in der Grabkammer von Sethos I. wieder, allerdings sind sie hier vollständiger.

Belzoni war von diesem Sarkophag fasziniert; nichts auf der Welt könne sich mit diesem Kunstwerk messen:

»Es ist ein Sarkophag aus feinstem orientalischem Alabaster, zwei Meter fünfundachtzig lang und einen Meter acht breit. Die Wandungen haben eine Stärke von nur fünf Zentimeter, und wenn man eine Lampe hineinstellt, schimmert das Licht durch. Innen wie außen sind mit größter Sorgfalt 700 Gestalten eingemeißelt ...«[15]

Die Mumie von Sethos I., die einst in diesem Sarkophag geruht hatte, wurde zusammen mit anderen Königsmumien schon in der Antike von Priestern in das bereits erwähnte Versteck bei Deir el-Bahari gebracht. Man hoffte, sie so vor Grabräubern schützen zu können, die am Ende des Neuen Reiches das Tal der Könige heimsuchten. Dieses Versteck wurde 1871 von Angehörigen der Abd-er-Rassul-Familie entdeckt. Die Mumien befinden sich heute im Ägyptischen Museum in Kairo.

Die Mumie von Sethos I. läßt einen absoluten Höhepunkt der Einbalsamierungstechnik erkennen; die Binden aus feinem Leinen sind besonders sorgfältig um den Leichnam gewickelt. Ja, die Mumie von Sethos I. ist neben der von Ramses II. eine der besterhaltenen Königsmumien; sie diente, ganz nebenbei, als Muster für eine Reihe von Hollywood-Horrorfilmen. Zusammen mit James Harris hatte ich Anfang der siebziger Jahre ein Projekt geleitet, das eine Untersuchung der Königsmumien im Ägyptischen Museum in Kairo mittels Röntgenaufnahmen zum Ziel hatte; im Rahmen des Projekts konzentrierten wir uns vor allem auf die Mumie von Sethos I. Sie ist wirklich ein wunderbares Beispiel für die Kunst des Einbalsamierens. Die Röntgenaufnahmen zeigen unter den Binden kleine Amulette, unter anderem ein Horusauge. Sethos' Arme sind wie die des Osiris über der Brust verschränkt. Auf den Röntgenaufnahmen ist zu erkennen, daß der Pharao in mittleren Jahren einen Zahn verloren hatte. Seine gut mumifizierten sterblichen Überreste hatten leider nach dem Tod schwer gelitten: Ihr

Hals ist gebrochen und der Unterleib zerquetscht; diese Schäden sind sicher bei einer der Umbettungen des Leichnams erfolgt, die die Priester nach der ursprünglichen Bestattung von Sethos I. vorgenommen hatten.

5

workers at entrance to KV5, 1995

**Verschollene
Gräber**

Am Ende unserer Kampagne im Jahr 1988 hatten wir unsere Vermessungsarbeiten im Tal der Könige, im Tal der Königinnen und in allen abgelegenen Wadis von Theben abgeschlossen. Wir waren in jedem zugänglichen oder auch nur partiell zugänglichen Grab, das wir finden konnten, gewesen; sehr oft mußten wir freilich hineinkriechen, -schlüpfen, -rutschen oder -klettern. Wir hatten an einigen der faszinierendsten Orte, die wir je gesehen hatten, ebenso wie an einigen der unangenehmsten und gefährlichsten gearbeitet. Wir hatten dabei Fledermäuse, Füchse, Schlangen und Skorpione aufgescheucht, Messungen inmitten von Scharen neugieriger Touristen vorgenommen, Hautausschläge bekommen, die unsere Dermatologen zu Hause faszinierten, unter Nebenhöhlenentzündungen und Hustenanfällen gelitten, stundenlang bei Temperaturen von bis zu 50 Grad Celsius gearbeitet und im Laufe der Jahre allesamt beträchtlich an Gewicht verloren. Aber die Daten, die wir gesammelt hatten, wogen diese Unannehmlichkeiten auf. Niemals zuvor waren so detaillierte Notizen über die thebanischen Monumente gemacht worden.

Leider hatten wir nicht genug Geld, um die Karten und Pläne im angemessenen Format zu veröffentlichen. Feldnotizen mußten in Zeichnungen umgewandelt werden, und wir wollten auch mit Graphikprogrammen dreidimensionale Grabmodelle erstellen. Allein die Honorare für die Computerspezialisten, Techniker und Architekten hätten unseren Etat mehrfach gesprengt. Die Kampagne im Jahr 1988 schlossen wir mit einem Bankguthaben von 2000 Dollar ab; darüber hinaus hatten uns unser Wohltäter Bruce Ludwig und seine Freunde ein Budget von 10 000 Dollar für das nächste Jahr bewilligt. Ich beschloß, va banque zu spielen, diese 12 000 Dollar zu nehmen, eine weitere Kampagne zu starten und mir dann Gedanken über das Geld für eine künftige Publikation zu machen.

So Gott will, würden sich andere Kapitalquellen auftun. Vorerst jedenfalls, da war ich mir sicher, hatten wir im Tal der Könige erst an der Oberfläche herumgekratzt. Es galt noch eine Menge in Erfahrung zu bringen, und so konnte ich es kaum erwarten, wieder dorthin zu fahren.

1989 währte das Theban Mapping Project nun schon über zehn Jahre, und unsere Daten über das Tal der Könige waren – gemessen an den vorgefundenen Forschungsbedingungen – wirklich umfassend. Aber eine Aufgabe stand uns im Tal der Könige noch bevor, und ihr wollte ich eine weitere Grabungskampagne widmen: Ich wollte mehr über die sogenannten »verschollenen« Gräber herausfinden. Es erscheint unvorstellbar, daß in einer so intensiv erforschten archäologischen Zone Gräber einfach »verlorengehen« und in Vergessenheit geraten können. Wie kann eigentlich ein Grab verschwinden?

Einige Forscher, die das Tal der Könige im 19. Jahrhundert und im frühen 20. Jahrhundert aufgesucht haben, verweisen auf Grabeingänge, die heute nicht mehr aufzufinden sind. Es wird angenommen, daß zumindest manche dieser Gräber tatsächlich existieren, weil sich auf Kartenskizzen vom Tal aus dem 19. Jahrhundert Fragezeichen oder Kreuzchen an Stellen befinden, die in geologischer und topographischer Hinsicht für ein Grab geeignet erscheinen. Derartige Markierungen gibt es auf der Karte in der *Description de l'Égypte*, auf den Karten von Burton und Belzoni sowie auf mehreren Arbeitsskizzen von Howard Carter. Diese Karten geben uns eine gewisse Vorstellung davon, wo ein »verschollenes« Grab liegen könnte, aber aufgrund ihrer maßstablosen Schlichtheit können wir im Normalfall nur raten, in welchem Teil eines Berghangs das Grab angelegt worden sein könnte – seine genaue Lage können wir damit nicht bestimmen. Wir hatten bereits jede frühe Karte vom Tal der Könige ausgiebig studiert und uns in Dutzende von Tagebüchern früherer Forscher vertieft. Auf diese Weise hatten wir Hinweise auf nahezu ein Dutzend Gräber oder unvollendete Schächte gefunden, die vor einem Jahrhundert noch sichtbar gewesen waren, aber heute »verschollen« waren.

Im Tal der Könige kann es für das Verschwinden von Gräbern zwei Ursachen geben. Zum einen wurde Theben alle zwei oder drei Jahrhunderte von sturzbachartigen Regenfällen heimgesucht; dabei wurden riesige Mengen von Schlamm und Geröll von den Bergen in tiefer gelegene Bereiche des Tals hinabgespült. Dort waren die meisten Grabeingänge angelegt worden; viele von ihnen sind während der letzten drei Jahrtausende vom angeschwemmten Geröll aufgefüllt und tief darunter begraben worden. Zum anderen haben frühere Ausgräber ihre Arbeiter angewiesen, den Schutt ihrer Ausgrabungen auf einem benachbarten Grab abzuladen. Sobald ein Grab zugeschüttet worden war, geriet es rasch in Vergessenheit. Es dauerte nicht länger als eine Generation, bis die Erinnerungen von Wächtern und Grabräubern verblaßten und das Wissen um die Lage dieser Gräber verlorenging.

Seit dem 18. Jahrhundert sind vierzehn Gräber aus dem einen oder anderen Grund verschwunden: KV 5, 21, 27, 28, 31, 33, 41 und 48 bis 54. Einige von ihnen waren im 19. und frühen 20. Jahrhundert nur flüchtig erforscht worden, und gewöhnlich gab es darüber nur äußerst wenige veröffentlichte Informationen.

Die einfachste Methode, diese »verschollenen« Gräber wiederzufinden, bestünde darin, solange an jedem Berghang im Tal der Könige entlangzugraben, bis man auf einen Grabeingang stößt. Da die Areale, in denen wir suchten, jedoch relativ klein waren und wir eigentlich sicher waren, daß es im Tal der Könige »verschollene« Gräber gibt, zogen wir es vor, verschiedene geophysikalische Instrumente zu testen, die in anderen Teilen der Welt zur Lokalisierung antiker Bauwerke eingesetzt werden. Wenn wir diese Geräte hier testen würden, dann könnten wir sie vielleicht später bei anderen Ausgrabungen verwenden – zum Beispiel im Westtal, wo weite Gebiete noch nie archäologisch erforscht worden sind. In solchen Gebieten könnte der Einsatz von geophysikalischen Geräten eine effiziente und kostengünstige Forschungsmethode darstellen. Einige geophysikalische Vermessungen waren bereits in Ägypten vorgenommen worden, und zwar in ein oder zwei Gebieten im Nildelta und im Ostteil der Tempelanlage von Karnak. Doch da handelte es sich jeweils um teils unter dem Wasser befindliche

Schwemmsandgebiete, in denen Archäologen nach Steinmauern suchten, um ein Milieu also, das sich doch sehr vom Tal der Könige, ja eigentlich von fast allen anderen ägyptischen Nekropolen unterschied.

1984 wandte ich mich an das Southwest Research Institute von San Antonio, Texas, das seit langem einen guten Ruf wegen seiner geophysikalischen Tests genoß; dort schlug man mir vor, elektrische Widerstandsmessungen und VHF-Elektromagnettests (VHF = Very High Frequency) vorzunehmen. Wir probierten diese Methoden in unterschiedlichen Gebieten aus; wir schleppten die schwere Ausrüstung über die Berghänge und versuchten »Unregelmäßigkeiten« in den Meßwerten ausfindig zu machen, die darauf hindeuten könnten, daß sich unter der Oberfläche ein Grab befand. Leider waren die Testergebnisse aufgrund der geologischen Beschaffenheit des Tals der Könige nicht eindeutig und nur schwer zu interpretieren. Die Geräte waren für unser Forschungsvorhaben einfach nicht geeignet.

1986 versuchten wir es in Zusammenarbeit mit Vincent Murphy von der Weston Geophysical Company in Boston mit anderen geophysikalischen Techniken; wir setzten ein Bodenradar ein sowie die Seismographie und die Magnetometrie. Die beiden ersten Verfahren führten zu keinen Ergebnissen. Aber das Magnetometer (ein Gerät, das selbst geringste lokale Schwankungen im Magnetfeld der Erde mißt) lieferte tatsächlich verwertbare Ergebnisse – zumindest bei Gräbern, die lediglich aus einfachen, leeren Kammern am Boden senkrechter Schächte bestanden. In solchen Fällen unterschieden sich die mit dem Magnetometer gewonnenen Meßwerte oberhalb der Gräber von denen in der unmittelbaren Umgebung; in diesem Fall ist es dann kein Problem, den Grabeingang zu lokalisieren: Man gräbt an der Stelle, wo das Magnetometer eine Unregelmäßigkeit anzeigt, und stößt dort auf einen Schacht.

Magnetometer sind freilich keine perfekten Ortungsgeräte. Sie registrieren einfach nur Unregelmäßigkeiten, und das können dann Hohlräume im Schutt sein, alte, im Sand vergrabene Blechbüchsen oder ein Stein, der sich von seiner Umgebung unterscheidet. Kreuz und quer zogen wir mit dem Gerät (das wie eine an einem

Spazierstock befestige Schuhschachtel aussieht) über die Berghänge und sahen zu, wie sich die Nadel über eine kleine Skala bewegte, während wir in Abständen von einem Meter Meßwerte festhielten: 5 ... 5 ... 1 ... 5 ... 4. Die 1 war der ungewöhnliche Meßwert in dieser Serie. Wir markierten die Stelle und gruben dann dort. Zweimal konnten wir auf diese Weise kleine, senkrechte Schachtgräber lokalisieren: KV 48 ist das Grab von Amenemope, dem Bürgermeister von Theben unter Amenophis II.; es war bereits 1906 von Edward Ayrton ausgegraben worden. KV 49, ebenfalls von Ayrton ausgegraben, war für einen unbekannten Beamten der 18. Dynastie vorgesehen und wurde in der Endphase des Neuen Reiches in einen Lagerraum für Mumienbinden umfunktioniert. Beide Gräber waren in der Folgezeit mit dem Schutt von späteren Ausgrabungen in unmittelbarer Nachbarschaft bedeckt worden.

Unter den »verschollenen« Gräbern interessierte mich besonders KV 5, das älteren Karten zufolge neben dem Taleingang liegen sollte. Neugierig gemacht hatten mich der ungewöhnliche Grundriß des Grabes, der einer Skizze in James Burtons Notizbuch von 1825 zu entnehmen war, sowie Elizabeth Thomas' Vermutung, daß KV 5 zur Zeit der Herrschaft von Ramses II. entstanden sein könnte. Es gab auch noch einen viel pragmatischeren Grund. 1989 erfuhren wir von den Plänen der Ägyptischen Altertümerverwaltung, die Straße am Eingang zum Tal der Könige zu verbreitern. Die Straße war nur etwa 10 Meter breit, und an beiden Seiten drängten sich Dutzende von Kiosken, in denen Einheimische Postkarten und nachgemachte »Antiquitäten« verkauften. Zahllose Touristenbusse hielten dort an und mußten dann durch Scharen von Touristen und an anderen Bussen vorbei rückwärts rangieren, um wieder hinauszugelangen. Es war eine unangenehme und eigentlich auch recht gefährliche Situation. Die Verbreiterung der Straße war also wirklich notwendig. Falls aber die Karten aus dem 19. Jahrhundert stimmten und dort am Berghang neben dieser Fahrbahn ein Grab lag, dann würde es unweigerlich durch die Straßenarbeiten beschädigt werden. Das war für uns Motivation genug, um der Suche nach KV 5 eine Grabungskampagne zu widmen, und 1989 erteilte uns die Altertümerverwaltung die Erlaubnis dazu. Im Sommer begannen wir dann mit der Arbeit.

Die Wiederentdeckung von KV 5

Reisenden, die in der Antike das Tal der Könige aufsuchten, war KV 5 offenkundig nicht bekannt, und wenn es beispielsweise griechischen oder römischen Reisenden bekannt war, dann hatten sie keine nachvollziehbare Notiz davon genommen. Seit dem Beginn des 19. Jahrhunderts wurde dieses Grab jedoch ziemlich häufig in den Tagebüchern von Reisenden und auf ägyptologischen Karten verzeichnet. Richard Pococke beispielsweise hat wohl den Eingang im Jahre 1738 gesehen, wenn wir seine recht phantasievolle Karte richtig interpretieren. Das Grab ist, wie bereits erwähnt, auch auf der Karte in der *Description de l'Égypte* markiert, ebenso auf der Karte in Lepsius' Werk *Denkmäler aus Ägypten und Nubien* sowie auf mehreren anderen Karten. Der ausgeschachtete Bereich, in dem der Eingang zu KV 5 liegt, ist in einer von Robert Hay oder von einem seiner Künstler angefertigten Skizze von 1825 deutlich zu erkennen. Keine dieser frühen Quellen verrät etwas über die Räume hinter diesem Eingang oder über dessen genaue Lage, doch generell verweisen sie alle auf denselben Berghang, in dem das Grab ausgeschachtet worden war.

Zunächst versuchten wir diesen Hang mittels geophysikalischer Techniken zu untersuchen, aber wieder lieferte nur das Magnetometer annähernd verheißungsvolle Ergebnisse. Wir erhielten Meßwerte, die auf Hunderte von »Unregelmäßigkeiten« in nicht genau festgelegten Abständen auf dem ganzen Hang hinwiesen. Diese Unregelmäßigkeiten waren so zahlreich und verstreut, daß sie nichts weiter anzugeben schienen als Hohlräume unter losem Gestein, Schwankungen in der Dichte des anstehenden Felsens oder vielleicht auch nur die sinnlosen Ausschläge eines fehlerhaften Magnetometers. Wenn ich so zurückdenke, hatten wir wohl zumindest Teile der Grabanlage geortet, denn später stellte sich heraus, daß

114

die Räume von KV 5 verschieden groß und mit Gesteinsmassen unterschiedlicher Dichte angefüllt waren. Zudem konnten die Pfeiler in einzelnen Räumen vom Magnetometer nur als anstehender Fels registriert werden. All das zusammen ergab ein scheinbar sinnloses Durcheinander von Meßwerten. Und der oktopusartige Grundriß von KV 5 erschwerte die Suche erheblich.

Selbst wenn wir sicher gewesen wären, daß sich unter uns ein Grab befand, hätten wir nicht einfach durch Sprengungen im Fels einen Zugang schaffen können. Wir mußten den Eingang des Grabes lokalisieren, und es gab keine geophysikalische Information über dessen Lage. Also verzichteten wir ein wenig frustriert auf den weiteren Einsatz der modernen Technik und wandten uns der altmodischen archäologischen Methode zu: der Ausgrabung mit Spitzhacke und Schaufel.

Die Karten situieren den Eingang zu KV 5 in der Südhälfte eines langen Hangs unweit von KV 6, dem Grab von Ramses IX. In etwa 5 Meter Höhe in diesem Hang befindet sich ein breiter Einschnitt, der auf einen Grabeingang hinweisen könnte. Aber nachdem wir drei Tage lang gegraben hatten, war klar, daß die alten Ägypter unsere Einschätzung nicht geteilt hatten. Wir fanden lediglich zerbrochene falsche Antiquitäten, die von den Andenkenverkäufern weggeworfen worden waren.

»Eine andere geeignete Stelle für einen Grabeingang wäre genau am Fuß des Berges«, erklärte ich frühmorgens an einem heißen Sonntag unserem Vorarbeiter Ahmed. »Laß uns einen Schnitt neben der befestigten Straße anlegen, von dem Einschnitt im Süden bis zum Eintrittsschalter.« Es handelte sich um einen etwa 40 Meter langen Streifen, der von den hellgelben Kiosken der Andenkenverkäufer gesäumt war. Wir ließen unsere Arbeiter in gewissen Abständen entlang dieses Streifens dicht hinter den Kiosken graben. Am ersten Tag kamen die Arbeiter gut voran; als konkretes Ergebnis ergab sich aber nur, daß der Hang mit einer viel tiefer liegenden Schicht aus Sand und Geröll bedeckt war, als wir erwartet hatten. Ein Teil dieses Schutts war in den sechziger Jahren als Fundament für die befestigte Straße hier abgeladen worden; das meiste war jedoch früher hierhergebracht worden. Auf einem etwa um 1910 entstandenen Foto von diesem Berghang ist an dieser Stelle ein Unterstand zu erkennen; er diente als schattiger Rastplatz für die Esel, die für die Touristen bereitgestellt wurden. Auf dem Foto ist der Hang noch großenteils frei von Schutt; auf Fotos, die mehrere Jahre später entstanden sind, kann man hingegen auf diesem Hang Schutthalden von mindestens 3 Meter Höhe erkennen. Dieser Schutt stammt wahrscheinlich von den Ausgrabungen von Howard Carter und Theodore Davis. Es ist schon eine Ironie des Schicksals, daß Carter und Davis versehentlich eines der spektakulärsten Gräber des Tals zuschütteten.

An einem heißen Dienstagmorgen im Juli ließ ich unsere Arbeiter unterhalb des Hangs am Taleingang, auf der östlichen Seite der Straße, einen Graben ausheben. Hier in etwa mußte meiner Meinung nach Burton KV 5 entdeckt haben. Unsere Männer arbeiteten sich in einer langen Reihe durch Sand und Geröll bis zu dem mehrere Meter unter der Oberfläche anstehenden Fels vor.

Die Arbeiter gruben schon über eine Woche; sie arbeiteten sehr vorsichtig und kamen bei einer Grabenbreite von etwa 1 Meter am Tag etwa 20 Zentimeter tiefer und 2 Meter weiter. Der Schutt war locker und trocken – es handelte sich eindeutig um Abraum von früheren Ausgrabungen im Tal. Die Arbeiter luden ihn in Körbe und schütteten ihn ein paar Meter weiter durch Siebe. Die in unmittelbarer Nähe ins Tal strömenden Touristen fluchten über die von uns verursachten Staubwolken, gegen die sie sich kaum schützen konnten.

Am Ende der Woche war der Graben über 15 Meter lang, und ich fragte mich nun schon, ob Burton hier wirklich einen Grabeingang gesehen hatte. Am darauffolgenden Mittwoch stießen die Arbeiter aber dann auf senkrecht in den Fels gehauene Flächen; nach mehrstündiger Arbeit wurde dann erkennbar, daß diese Flächen einen etwa 2 Meter breiten und 4 Meter langen Schacht eingrenzten, der sich unter und neben der Fahrbahn am Fuße des Berghanges befand.

Bis zum Wochenende wurde dieser Bereich weiter freigelegt. Wir waren inzwischen weit unter dem Niveau der Fahrbahn, und der Schutt, den wir nun entfernten, stammte nicht mehr von Carters

Ausgrabung, sondern von Muren, die bereits in der Antike nach sintflutartigen Regenfällen von den umgebenden Bergen abgegangen waren. Unsere Körbe füllten sich nun nicht nur mit einer Mischung aus scharfkantigem Kalksteinschutt und Sand, sondern auch mit Scherben aus dynastischer, römischer und christlicher Zeit.

Am Freitag wurde nicht gearbeitet; ich verbrachte daher den Vormittag mit der Sichtung meiner Notizen über Burtons Arbeit im Tal und wartete gespannt auf Bruce Ludwig, der am Spätnachmittag eintreffen sollte. Ich wollte, daß Bruce verstand, wie wichtig KV 5 sein könnte, und ich wußte auch, daß er sich freuen würde, mehr über eine der eher exzentrischen Gestalten unter den Ägyptologen des 19. Jahrhunderts zu erfahren.

James Burton

Burton war vielleicht der erste Mensch seit der Antike, der KV 5 betreten hatte – einer von nur zwei oder drei Europäern, die dies vor unserer Wiederentdeckung des Grabes im Jahre 1989 getan hatten. Jedenfalls hat er als erster Aufzeichnungen über seine Eindrücke hinterlassen.

James Burton wurde 1788 in London geboren. 1810 schloß er sein Studium an der Universität Cambridge ab und arbeitete dann kurze Zeit für Sir John Soane, einen englischen Architekten, der sich, wie bereits im vorangehenden Kapitel erwähnt, als ziemlich eklektischer Sammler von Kunstwerken und Antiquitäten einen Namen gemacht hatte. Höchstwahrscheinlich gab Soane den Anstoß dazu, daß Burton sein Interesse auf Ägypten und seine antiken Monumente richtete.

1819 reiste Burton nach Italien, wo er John Gardner Wilkinson und mehrere andere Ägyptenliebhaber kennenlernte; sie legten ihm nahe, seine Reise bis nach Kairo auszudehnen und sich dort nach Arbeit umzusehen. Burton war nicht besonders erpicht darauf, nach England zurückzukehren, und daher buchte er eine Schiffsreise nach Alexandria, und schon bald beteiligte er sich an einem geologischen Vermessungsprojekt in den Bergen am Roten Meer. Allerdings war er für diese Aufgabe ungeeignet, weil er keine Ahnung von Geologie hatte (bei diesem Projekt wurde nach Kohlelagern geforscht), und daher gab er diese Tätigkeit bald wieder auf. Anschließend schloß er sich Wilkinson und Edward Lane auf einer Wanderung durch die östliche Wüste an und fuhr später mit ihnen nilaufwärts.

1825 hielt sich Burton mehrere Monate in Luxor auf. Am 12. Juni begab er sich ins Tal der Könige und kampierte am Eingang des Grabes von Ramses VI. (KV 9). Er wollte eine Karte vom Tal anfertigen und Notizen, Grundrisse und Zeichnungen der dort zugänglichen Gräber zusammenstellen. Der Eingang zu KV 5 war damals kaum sichtbar, weil er offenbar völlig von Geröll blockiert war. Doch Burtons Neugier war geweckt, und so ließ er von ein paar Einheimischen den Schutt so weit wegräumen, daß er sich durch den Eingang zwängen und in das Grab hineinkriechen konnte. Seine Leute gruben dann einen etwa 50 Zentimeter hohen, 50 Zentimeter breiten und 20 Meter langen Tunnel durch den Schutt. So konnte Burton in die heute von uns so bezeichneten Räume 1 bis 3 kriechen und von dort aus in fünf Seitenkammern hineinspähen. Scharfkantiges Kalksteingeröll, Schutt und Sand füllten die Kammern allerdings fast bis zur Decke, so daß er die Wände nicht sehen konnte und daher auch nicht wußte, daß sie dekoriert waren. Burton kann sich allenfalls ein paar Stunden in dem Grab aufgehalten haben; seine Notizen umfassen weniger als eine Drittelseite seines Tagebuchs. Er betrat das Grab nie wieder; er fertigte aber eine Planskizze der Räume an, in die er vorgedrungen war, wobei er die Entfernungen von dem Tunnel, in dem er lag, bis zu den Wänden der einzelnen Räume mit einem Stock zu bestimmen versuchte. Der Plan war nicht maßstabsgerecht, und es fehlen auf ihm einige wichtige Merkmale, aber man muß eben die Bedingungen in Rechnung stellen, unter denen er entstand.

Während der folgenden Jahre blieb Burton in Ägypten und arbeitete mit mehreren ägyptologischen Missionen. Irgendwann zwischen 1825 und 1834 kaufte er auf einem Kairoer Sklavenmarkt die Griechin Andreana Garafaliki, und als er 1835 nach London zurückkehrte, nahm er sie mit, zusammen mit einigen Sklaven, einer wahrhaftigen Tiermenagerie und einer bedeutenden Sammlung von Antiquitäten. Burtons Eltern waren natürlich schockiert. Schon immer war er das schwarze Schaf der Familie gewesen, und keine drei Jahre nach seiner Rückkehr hatte ihn sein Vater enterbt. Von Geldsorgen geplagt, verkaufte Burton im Jahre 1836 seine Sammlung ägyptischer Antiquitäten bei einer Versteigerung; von dem Erlös konnte er bis zu seinem Tod am 22. Februar 1862 leben. Seine Ersparnisse reichten auch noch für seine Frau Andreana, die ein paar Jahre nach ihm starb.

Burtons Bruder, der überaus erfolgreiche Architekt Decimus Burton, stiftete James' Notizen und Tagebücher dem British Museum. Dieser bislang unveröffentlichte Nachlaß füllt über 63 Foliobände – eine seltsame Sammlung von mit Bleistift und Tinte beschriebenen Zetteln, die auf die leeren Seiten von Folianten geklebt sind. Die Schrift ist schwer zu entziffern, und manchmal läuft der Text quer über die Seite. Bei den Tagebucheinträgen ist keine Ordnung erkennbar. Eine Seite enthält beispielsweise die folgende, mit Bleistift geschriebene Notiz:

»Im Schädel und im Bauch der Mumien der reicheren Verstorbenen finden sich 2 Substanzen; eine gelbe, die beim Reiben zu Pulver zerfällt, äußerst stechend riecht und die Farbe von Gummi hat, und eine weiße, härtere Substanz, die in Leinen gewickelt ist ... Die gelbe wird von den Fellachen für Wunden und bei Geschlechtskrankheiten verwendet.«[1]

Es können dann die Maße von Gräbern, Zeichnungen eines Grabreliefs oder Notizen über den Zustand der Monumente folgen:

»Mein Freund Mr. Hay sagt: ›Die Gräber ... sind leider zerstört worden, seit der Zeit, da man sich an sie erinnert – und ich fürchte, daß das Werk der Zerstörung täglich weitergeht – wann immer die Fellachen sich in die Berge flüchten, glaube ich, schlagen sie ihre Zeit damit tot, daß sie die Farbe und die Reliefs mit ihren Speeren zerstören – und in diesen Fällen sind die Gräber für den Verkauf aufgeteilt worden.«[2]

Burton war kein Gelehrter, und seine Tagebucheinträge sind mitunter ungenau, aber seine Kartenskizzen und Pläne werden heute sehr geschätzt, weil sie viele Monumente lokalisieren und beschreiben, die seither erheblich beschädigt wurden oder verschollen sind.

Als Bruce Ludwig zu seinem alljährlichen Besuch in Luxor eintraf, begaben wir uns ins Pharaohs Hotel, um ein Bier im Hotelgarten zu trinken und uns über künftige Pläne zu unterhalten. Ich ging mit ihm die Notizen von Burton durch und schilderte ihm Einzelheiten unserer Grabung.

»Das ist ja großartig«, sagte er und sah sich die Mappe mit den Informationen an, die ich in den vergangenen Monaten zusammengestellt hatte. »Aber was wissen wir wirklich über dieses Grab? Wessen Grab war es eigentlich? Habt ihr vor, darin zu graben?«

»Wir wissen so gut wie nichts über KV 5, Bruce. Ursprünglich wollte ich nur den Eingang ausfindig machen und dafür sorgen, daß das Grab nicht durch die geplanten Straßenbauarbeiten der Altertümerverwaltung beschädigt wird. Doch je länger ich mir Burtons Planskizze ansehe, desto mehr fasziniert mich das Grab. Entweder ist Burtons Grundriß reine Phantasie, oder wir haben es hier mit einem absoluten Sonderfall zu tun.«

Ich nahm den Projektordner und holte eine Fotokopie von Burtons Tagebucheintrag heraus.

»Hier. Schau dir das an. Burton gab dem Grab die Bezeichnung ›M‹«, sagte ich und wies auf die Kartenskizze. »Und er hat es ziemlich nah am Taleingang eingezeichnet. Und das hier ist der von ihm angefertigte Grundriß des Grabes.« Ich zeigte ihm Burtons Zeichnung und wies auf den Eingang und die ersten beiden kleinen Kammern. »Aber nun sieh mal, was hier unmittelbar hinter diesen beiden Kammern folgt – eine große Halle mit sechzehn Pfei-

120

lern, von der Räume in alle Richtungen abgehen. Ich finde nirgendwo einen Hinweis auf ein Grab in Ägypten, das einen solchen Grundriß hat. Burtons Tagebucheintrag ist zwar nur ganz kurz, er enthält aber einige interessante Kommentare.« Ich las Burtons Beschreibung von Grab »M« laut vor, wobei ich gelegentlich ins Stocken geriet, als ich seine krakelige Handschrift zu entziffern versuchte:

> »Dieses Grab ist ganz und gar verfallen. Lediglich an der Decke, die weitgehend eingestürzt ist, sind hier und da geringe Reste von Farbe zu erkennen. Die Felsmasse zwischen den kleinen Kammern und den großen darüber kann nicht stärker als ein halber Meter sein. Der Gang von der Pfeilerhalle zu den darunterliegenden Räumen ist kaum sichtbar, weil er mit Schlamm und Erde angefüllt ist. Der unterirdische Raum muß sehr tief unter dem Talboden liegen, oder dieser ist im Laufe der Zeit durch Geröllmassen gestiegen, die nach starken Regenfällen ins Tal gespült worden sind. Ich fand ein großes Stück breccia verdántico – ein Beweis dafür, daß diese Steinbrüche zur Zeit jenes Königs benutzt wurden und daß ein Sarkophag im Grab aus diesem Material gewesen ist. Es ist möglich, daß es von der Mitte der Pfeilerhalle einen Durchgang gibt, der in jene Kammer hinabführt, in der der Sarkophag stand.«[3]

»Offenbar glaubte Burton, daß dieses Grab weit mehr bereithält, als er herausbekommen konnte«, erklärte ich. »Ein anderer Forscher, Edward Lane, besuchte das Grab etwa zehn Jahre nach Burton.« Ich blätterte um und begann aus Lanes unveröffentlichten Tagebüchern vorzulesen. Darin spricht er vom »8. Grab« im Tal, aber er meinte damit KV 5:

> »Ganz am Fuße des Berges gelegen, Eingang durch herausgeholtes Geröll verborgen. Eingang eng. Die

Passage ist mit Geröll angefüllt, das bei Regenfällen hereingespült wurde, und zudem von Steinbrocken, die infolge der bei solchen Gelegenheiten auftretenden Feuchtigkeit heruntergefallen sind. Aber durch diese Masse ist ein Weg gehauen, und ein Teil davon stützt die darüberliegenden lockeren Felsmassen. Unmöglich, irgendeinen Plan oder eine Ordnung zu erkennen.«[4]

Ich erklärte Bruce, der »Weg«, von dem Lane spreche, sei mit ziemlicher Sicherheit der Tunnel, den Burton hatte anlegen lassen, um sich einen Zugang zum Grab zu verschaffen. Und dann sagte ich ihm, ich würde gern den Eingang weiter freilegen, um zu sehen, ob Burtons Tunnel immer noch existiert. Falls wir ihn tatsächlich finden würden, wollte ich hineinkriechen. Ich würde auch gern die Genauigkeit von Burtons Planskizze überprüfen und schauen, ob wir noch etwas herausfanden, was er übersehen haben könnte.

Als wir unsere Arbeit am Donnerstag beendeten, hatten wir an der äußersten westlichen Seite des Schachts eine Stufe freigelegt, und am Anfang der darauffolgenden Woche hatten wir den Großteil einer stark beschädigten Treppe ausgegraben, die in den Kalkstein gehauen worden war und steil in östlicher Richtung nach unten führte. Kein Zweifel – dies war ein Grabeingang; im Tal der Könige sind viele Grabeingänge in dieser Weise angelegt. Angesichts dieser Entdeckung waren wir alle sehr aufgeregt; die Männer wollten in den nächsten Tagen unbedingt Überstunden machen, und dann legten sie vorsichtig den Schacht und die alten Stufen frei. Ein paar Tage später entdeckten wir einen Eingang in der Ostwand des Schachts, etwa 4 Meter unter der Oberfläche des Berghangs. Es dauerte mehrere Tage, bis wir den oberen Teil des Eingangs freilegten, weil er mit Schutt gefüllt war, der viel kompakter war als das Geröll am Hang. Die Grabungsarbeiten gingen nun erheblich langsamer voran. Der Eingang und die dahinterliegende Kammer waren völlig mit Schutt angefüllt, aber der im Jahre 1825 von James Burton angelegte Tunnel war immer noch da, auch

nach 164 Jahren. Catharine und ich beschlossen, sofort hineinzu-
kriechen.

»Sehen wir doch mal nach, wohin Burtons Tunnel führt«, sagte ich
zu Catharine. Ich bat die Arbeiter, mehrere große Steine zu entfernen, die Anfang dieses Jahrhunderts von einer Überschwemmung in den Grabeingang hineingespült worden waren; dann stieg
ich in die Grube hinunter und schaute in den Eingang hinein. Ein
Schwall heißer, übelriechender Luft schlug mir entgegen. In den
fünfziger Jahren hatte man von einer benachbarten Cafeteria eine
Abwasserleitung – ohne es zu wissen – über den Eingang zu KV 5
hinweg zu einem Klärbehälter am Fuß des Berges gelegt. Diese
Leitung war vor mehreren Jahrzehnten gebrochen, und mich überkam die abstoßende Gewißheit, daß die Abwässer seither direkt
ins Grab geflossen waren. Der Gestank war fürchterlich.

»Kannst du etwas sehen?« alberte Bruce herum; er zitierte die
Worte, die Lord Carnarvon geäußert haben soll, als Howard
Carter – etwa 100 Meter von hier – zum ersten Mal in Tutanch-
amuns Grab hineinschaute. Carter soll damals erwidert haben:
»Ja, wunderbare Dinge!«

Die meine lautete: »Ja, Scheiße.« Ich kletterte wieder aus der Grube heraus und holte tief Luft.

»Da muß erst mal gründlich saubergemacht werden, Bruce. Der
Eingang ist ein einziges Chaos und so voller Schutt, daß ich nur
ein paar Zentimeter weit hineinschauen konnte.« Ich fächelte mir
mit meinem Hut Frischluft zu und wandte mich an die Arbeiter.

»Mohammed, ich möchte, daß du mit Saleh diesen Bereich säu-
berst. Seid vorsichtig, tragt Handschuhe und füllt den Schutt in
die großen Plastiksäcke. Wir entsorgen ihn später.«

»*Haddir*«, erwiderte Mohammed. »Wird gemacht.«

Während Mohammed und Saleh Burtons Tunnel säuberten, untersuchten Catharine und ich beim Schein der Taschenlampe die freigelegten oberen Teile der Türpfosten. In den fünfziger Jahren des
19. Jahrhunderts hatte der deutsche Ägyptologe Carl Lepsius ebenfalls den Eingang zu KV 5 gesehen und in seinem Tagebuch notiert,
daß auf diesen Türpfosten eine Kartusche von Ramses II. und die
Abbildung einer Gottheit zu sehen seien. (Eine Kartusche ist die

ovale Umrahmung um den in Hieroglyphen geschriebenen Namen eines ägyptischen Pharaos.)

»Da ist die Kartusche!« rief Catharine, während der Strahl ihrer Taschenlampe über die schwach erkennbaren Hieroglyphen eines Königsnamens huschte. »Sie ist zwar stark verwittert, aber es ist Ramses II. Ich kann Teile von User-Ma'at-Re, Setep-en-Re erkennen.« Das sind die beiden Namen von Ramses II.

Ich entfernte Schmutz vom linken Türpfosten. »Und hier ist eine Göttin eingemeißelt«, sagte ich. »Sieht wie eine kniende Ma'at aus.« Diese Figur in einem Grabeingang zu finden steht im Einklang mit dem Dekorationsprogramm der 19. Dynastie. Wir kletterten aus dem Schacht heraus, und ich machte mir sofort Notizen vom Eingang, während Mohammed und Saleh noch immer Burtons Tunnel säuberten.

Ein paar Tage später, als Catharine, Mohammed und ich den Tunnel entlangkrochen, entdeckten wir, daß Burtons Planskizze von den Bereichen von KV 5, die er gesehen hatte, im wesentlichen korrekt war. Wir entdeckten jedoch an jeder für uns sichtbaren Wand Reste von Malereien, und das hatte noch kein Besucher vor uns bemerkt. Ja, KV 5 war mit Sicherheit nicht bloß eine unbedeutende, undekorierte und unbenutzte Höhle, wie es die meisten Forscher des 19. Jahrhunderts angenommen hatten. Auf uns machte das Grab einen vielversprechenden Eindruck, und wir alle waren enttäuscht, daß unsere diesjährige Kampagne nun endete. Zehn Monate sind eine lange Wartezeit, wenn man ein »verschollenes« Grab im Tal der Könige entdeckt hat.

Erste Forschungsergebnisse

Im Verlauf unserer folgenden Kampagne war es unser erstes Anliegen, KV 5 erneut zu öffnen und den ersten Raum freizulegen. Auch diese vermeintlich leichte und rasch zu erledigende Aufgabe erwies sich als eine langwierige und mühsame Arbeit, die uns

124

während der nächsten vier Jahre beschäftigen sollte. Während unserer Abwesenheit hatte sich der Grabeingang mit leeren Plastikflaschen, Bonbonpapier, Zeitungen und anderem Unrat gefüllt, den gedankenlose Touristen und schlampige Grabwächter hinterlassen hatten. Am ersten Tag wurde der Müll von Ahmed und Mohammed beseitigt, und dann konnten wir es kaum erwarten, daß unser Inspektor zur Stahltür hinunterkletterte, das Bleisiegel brach und das Vorhängeschloß öffnete.

Am nächsten Morgen begannen wir mit etwa zehn Arbeitern erneut zu graben. Sofort wurden wir mit ernsthaften technischen Problemen konfrontiert. Seit den fünfziger Jahren, als die Straße ins Tal der Könige gebaut worden war, waren Tausende von großen Touristenbussen an KV 5 vorbeigefahren und hatten keine 5 Meter vom Eingang entfernt mit laufendem Motor gehalten. Die Erschütterungen hatten in der ersten Kammer von KV 5 erhebliche Schäden verursacht. Mehrere große Kalksteinblöcke waren aus der Decke herausgebrochen; einige wogen mehrere Tonnen. Diese Blöcke mußten mit Hammer und Meißel zerlegt und dann fortgeschafft werden. (Wir wissen, daß die Schäden an der Decke in Raum 1 fast in ihrer Gesamtheit erst in jüngster Zeit aufgetreten waren: Die großen Steine lagen in den oberen Schuttschichten, während weiter im Innern des Grabes nichts auf neuere Schäden an den Decken hindeutet; sie sind größtenteils bereits in der Antike eingestürzt.) Während wir gruben, installierten wir Stahlschraubspindeln, um zu verhindern, daß noch weitere Stücke aus der geborstenen und beschädigten Decke herausbrachen und sich vielleicht ein Arbeiter dabei verletzte. Kaum war mir diese Möglichkeit durch den Kopf gegangen, rief ich auch schon bei der American University in Kairo an und veranlaßte, daß so bald wie möglich eine Haftpflichtversicherung für unser Projekt abgeschlossen wurde.

Im Laufe der nächsten Wochen wollten wir uns bis zur Mitte von Raum 1 vorarbeiten und dabei sorgfältig die Stratigraphie, also die Schichtung des im Grab befindlichen Schutts studieren. Dies war aus zwei Gründen notwendig: Zum einen konnten wir aufgrund unseres Wissens über Überschwemmungen und Schwemmschutt in anderen Gräbern anhand der Stratigraphie in KV 5 die Geschichte der Überschwemmungen hier zurückverfolgen. Vielleicht kamen dabei ja keine spezifischen Daten heraus, aber zumindest konnten wir uns eine gewisse Vorstellung davon machen, wie viele Überschwemmungen das Grab heimgesucht hatten.

Zum anderen stellte sich die Frage, wer seit der Fertigstellung des Grabes in KV 5 gewesen war. Unsere erste Untersuchung des Schutts in Raum 1 und die Verteilung von Fundstücken innerhalb seiner Schichten ergab, daß vom späten Neuen Reich bis 1825, als James Burton das Grab erforschte, niemand KV 5 betreten hatte. Wir fanden zwar zahlreiche Scherben aus römischer und christlicher Zeit, aber viele waren vom Wasser geglättet und abgeschliffen und mit ziemlicher Sicherheit während der Wolkenbrüche in das Grab hineingespült worden. Zudem fehlten die üblichen Indizien – zum Beispiel Graffiti an den Wänden oder Rauchspuren an der Decke von den Lampen und Fackeln früher Besucher –, die einen anderen Schluß nahegelegt hätten. Das Grab war also wohl 3000 Jahre lang unberührt.

Wir kennen sogar den Namen des Menschen, der vielleicht als letzter in antiker Zeit KV 5 betreten hatte: Es war ein Grabräuber namens Kenena. Er wird in einem Papyrus aus der Zeit der Herrschaft von Ramses III. (1194–1163 v. Chr.) erwähnt, etwa fünfzig Jahre nach dem Tod von Ramses II. Mehrere Arbeiter aus Theben waren wegen Grabräuberei eingesperrt worden. Sie wurden vor Gericht gestellt, gefoltert und gezwungen, ihre Verbrechen zu gestehen, und diese Geständnisse wurden von einem Schreiber – gewissermaßen von einem Gerichtsreporter – auf einem Papyrus festgehalten. Dieser Papyrus befindet sich heute im Turiner Museum. Darin macht einer der Diebe die folgende Aussage:

»...und sieh', Userhet und Pentawer haben Steine vom Grab des User-Ma'at-Re, Setep-en-Re (Ramses II.) abgetragen ... Der Vorarbeiter der Mannschaft Paneb, mein Vater, hat Leute veranlaßt, die Steine davon zu holen ... und der Kenena, der Sohn des Ruta, machte das gleiche auf dem Grab der Königskinder des Osiris

König User-Ma'at-Re, Setep-en-Re (Ramses II.).
Schau, was Du gegen sie unternehmen kannst,
andernfalls melde ich es dem Pharao, meinem Herrn,
und auch dem Wesir, meinem Vorgesetzten.«[5]

Uns beschäftigte die Frage, ob jemand in der Zeit zwischen dem
Einbruch Kenenas und der ersten neuzeitlichen Erforschung durch
Burton im Jahre 1825 in KV 5 gewesen war. Dies herauszufinden
lohnte sich ganz bestimmt, auch wenn es bedeutete, daß wir langsam und gründlich arbeiten mußten, um entsprechende Beweise
zu finden. Wir mußten die Stratigraphie untersuchen und exakt
protokollieren, wo jedes Stück Keramik und alle anderen Objekte
herkamen.
Der Schwemmschutt füllte Raum 1 bis zur Decke. Im Laufe von
drei Jahrtausenden hatte er nahezu die Härte von Beton angenommen; es blieb uns nichts anderes übrig, als ihn mit Spitzhacken
herauszuholen. Nur zwei Männer hackten gleichzeitig. Mohammed zerlegte den Schutt, Hussein verlud ihn in Körbe, und dann
bildeten zehn Männer eine Kette, um die Körbe aus dem Grab zu
befördern. Neben den Kiosken der Andenkenverkäufer wurde der
Schutt gesiebt, um sicherzustellen, daß keine noch so kleinen Scherben, Knochen oder Perlen unserer Aufmerksamkeit entgingen.
Jeden Abend beförderte ein Lastwagen den Schutt in die Wüste.
Wir führten sorgfältig Buch darüber, wo jedes Objekt gefunden
worden war, notierten den stratigraphischen Kontext der Scherben und alles, was Rückschlüsse auf menschliche Tätigkeit geben
konnte. Unsere Notizen, Zeichnungen, Skizzen und Pläne häuften sich fast so rasch an wie die Körbe voller Schutt.
Nach zwei Arbeitswochen hatten sich Mohammed und unser Team
etwa einen Meter durch den Eingang gegraben; wir waren auf
dem Niveau des Fußbodens angelangt. Der Schaden, den Überschwemmungen und Grabräuber angerichtet hatten, trat in dem
Augenblick zutage, als wir diesen Fußboden erreichten. Hunderte von zerbrochenen Gegenständen – Tonscherben, Fragmente von
Schmuckstücken, Teile hölzerner Möbel, Alabasterstücke, Brokken von Steinsarkophagen – lagen im ganzen Raum verstreut.

Obwohl alle diese Objekte zerbrochen waren, ließen sie doch Rückschlüsse zu. So fanden wir zum Beispiel in einer Ecke einen Haufen kleiner Alabaster- und Fayencestatuetten, sogenannte Uschebtis – Kleine Diener, die für den Verstorbenen im Totenreich Arbeit verrichten sollten. Mehrere trugen Inschriften in schwarzer Tusche. In einer anderen Ecke lagen Bruchstücke von Kanopenkrügen aus Alabaster neben dem hölzernen Schubladengriff einer kleinen Kiste, die einst vielleicht Salbgefäße oder Schmuck enthalten hatte. Die Kanopenkrüge enthielten die inneren Organe einer Mumie; jedem Verstorbenen waren stets vier von ihnen zugeordnet: einer für die Leber, einer für die Lunge, einer für den Magen und einer für die Eingeweide. Im ganzen Raum waren »Löckchen« verstreut, kegelförmige Spulen aus Fayence, die einst am Kopf einer hölzernen Statue oder eines hölzernen Sarges befestigt waren, um eine kunstvolle Frisur anzudeuten.

In Raum 1 gab es noch andere Funde. 1993 fanden wir beispielsweise den zerbrochenen Boden einer importierten kanaanitischen Amphore, der von einem mit der Bemalung der Wände betrauten Arbeiter als Farbtopf verwendet worden war. Er enthielt noch immer die eingetrocknete blaue Farbe, mit der einst Szenen, in denen ein Götterkiosk abgebildet ist, ausgemalt worden waren. Der Topf lag unterhalb der Wand, auf die die Szene gemalt war; er war in der Antike umgestoßen worden, die Farbe war ausgelaufen und hatte auf dem Boden einen großen blauen Flecken hinterlassen. Vielleicht hatte der Künstler seine Arbeit plötzlich abgebrochen und seinen Farbtopf versehentlich umgestoßen, als er das Grab verließ und nie wieder zurückkehrte.

Als Raum 1 nach etwa einem Monat freigelegt war, untersuchte ich die Wand, an der Catharine im Vorjahr die Hieroglyphen entdeckt hatte. Mohammed arbeitete mit seiner schweren Spitzhakke nie zu nahe an den dekorierten Wänden; ich beseitigte also mit Kelle und Pinsel vorsichtig die dicke Schuttschicht, die er vor dem Putz stehengelassen hatte. Ich mußte äußerst behutsam vorgehen. Der Kalkstein in diesem Teil des Raums war rissig und von relativ schlechter Qualität. Statt die Dekoration direkt in diesen bröckeligen Stein zu ritzen, hatten die Künstler eine dicke Putzschicht auf die Wand aufgetragen und das Relief in sie hineingeschnitten. Sobald der Putz getrocknet war, wurde er bemalt. Ursprünglich muß die Wand wunderschön gewesen sein, aber nun war sie in einem äußerst schlechten Zustand. Schuld daran waren die in das Grab hineingeströmten Muren sowie die vibrierenden Reisebusse und die undichte Kanalisation. Auf manchen Flächen waren die Wasserschäden so arg, daß der Putz sich einfach in Brei verwandelt hatte, von der Wand gerutscht war und auf dem Boden dicke Fladen gebildet hatte. Unsere Arbeit war langwierig und langweilig, aber am Ende des Tages hatten wir Bruchstücke einer Inschrift herausgeholt. Ich rief Catharine zu mir.

»Erinnerst du dich noch an deine Bemerkung letztes Jahr, daß dies ein Grab für die Söhne von Ramses II. sei? Dann schau dir das mal an.« Ich schaltete eine Lampe an und ließ den Lichtstrahl über den freigelegten Teil der Wand gleiten. Unmittelbar neben dem Eingang befanden sich Spuren mehrerer Hieroglyphenkolumnen. Ich wies auf die Schriftzeichen.

»*Sa nisu tepi*, ›Der älteste Sohn des Königs‹«, las ich in einer Kolumne. Ich ließ den Lichtstrahl an einer Schuttschicht vorbeiwandern und beleuchtete eine andere Textkolumne. »Imen-her- ... Amon-her- ... der Rest ist weggebrochen. Aber das müssen der Name und die Titel von Amun-her-chepeschef sein, dem ältesten Sohn von Ramses II. Elizabeth Thomas und du – ihr hattet recht: Zumindest einer seiner Söhne ist hier begraben.«

»Das ist wunderbar!« rief sie und lächelte. »Was glaubst du, wie viele Söhne hier noch sind? Willst du mal raten?«

»Noch nicht. Aber ich wette, hier gibt es mehr als nur einen.«

Die verstorbene Ägyptologin Elizabeth Thomas hatte ja behauptet, daß KV 5 das im Turiner Papyrus erwähnte »Grab der Königskinder« sei und daß in KV 5 Söhne eines Königs bestattet worden seien. Heute wissen wir, daß sie recht hatte.

Im weiteren Verlauf unserer Arbeit in Raum 1 beunruhigte mich die dicke Salzkruste, die große Teile der Wände bedeckte. Die Salzkristalle würden weiterwachsen und die Wand sowie die Inschriften immer mehr angreifen. Kalkstein hat normalerweise einen hohen Salzgehalt, und wenn dieses Salz mit Feuchtigkeit in Kontakt kommt – wie es in KV 5 durch die Muren und die eingesickerten Abwässer geschehen war –, dann löst sich das Salz und sammelt sich an der Oberfläche der Wand, um dort an der Luft zu kristallisieren. Wenn die Salzkristalle wachsen, drücken sie die aufgetragene Putzschicht vom Gestein weg, bis sie durch ihr Eigengewicht zu Boden fällt. Auf weiten Flächen der Wände war die Dekoration bereits zerstört, und so waren bedeutende antike Texte für immer verloren. Zahlreiche solcher Bruchstücke lagen im Schutt begraben, mit dem der Raum angefüllt war. Die Freilegung von Raum 1 dauerte nicht zuletzt deshalb so lange, weil wir diese Bruchstücke wiederzufinden versuchten, um die Szenen, von denen sie stammten, rekonstruieren zu können. Wir haben mittlerweile sorgfältig entlang der Wände gegraben und dabei Hunderte von Putzfragmenten wiederentdeckt. Aus solchen Fragmenten, die oft nicht größer als eine Postkarte sind, kann Susan auf Papier zig Quadratmeter der ursprünglichen Wanddekoration rekonstruieren. Sie hat ein wirklich verblüffendes Auge für solche Rekonstruktionsarbeiten, wird dabei aber auch von unseren Konservatoren unterstützt.

Während unserer Kampagne im Jahr 1993 beauftragten wir eine äußerst begabte ägyptische Konservatorin namens Lamia el-Hadidi, die beschädigten Wände von Raum 1 zu reinigen und zu konservieren. Durch sanftes Pinseln, Blasen und Reinigen mit verschiedenen Lösungsmitteln entfernte Lamia einen Großteil der Salzkruste auf den Wänden, befestigte gelockerte Putzstücke wieder und reinigte die bemalten Flächen. Während wir den Schutt vor der Wand beiseite räumten, begann Lamia sofort damit, die von uns freigelegten Wandabschnitte zu stabilisieren. Wir kamen zwar nur langsam – quadratzentimeterweise – voran, aber am Ende des Monats hatten wir die Südwestecke des Raums freigelegt und gesäubert. Wir wußten ja schon, daß sich dort der Name des erstgeborenen Sohns von Ramses II. befand. Nun konnten wir die Figur dieses Sohns, Amun-her-chepeschef, selbst sehen, wie er von Ramses II. vor die Gottheiten Hathor und Sokar geführt wird, und über der Figur lasen wir neun kurze Textkolumnen: »...versorgt durch Osiris, den Großen Gott, den Herrn des Westens, erster Königssohn, Prinzregent und Graf, Königlicher Schreiber, wirklicher Vertrauter des Königs, den der König liebt, Amun-her-chepeschef, gerechtfertigt vor Osiris.« Vier Wochen später legten wir an der Südwand eine weitere Szene frei. Hier war vor dem Gott Nefertem Ramses, der zweite Sohn des Königs, abgebildet. Wir tauften ihn sofort auf den Namen Ramses junior, um jede Verwechslung mit seinem Vater zu vermeiden. Oberhalb des Kopfes von Ramses junior entzifferten wir vier Textzeilen: »Leiblicher Königssohn, General, Ramses ... gerechtfertigt.«

Inzwischen bekam die Entdeckung von KV 5 eine ganz andere Tragweite. Die Grabstätte von Söhnen eines so mächtigen und wichtigen Pharaos war von großer historischer Bedeutung. Da wir bereits einen Teil der Dekoration an den Wänden von Raum 1 und zahlreiche Scherben und andere Fundstücke auf dem Boden entdeckt hatten, ließ sich nun nicht mehr einfach Burtons Planskizze in die von uns im Rahmen des Theban Mapping Project erstellte Karte vom Tal der Könige integrieren. Wir mußten das Grab genau vermessen und seine Räume freilegen; wir mußten die Wände stabilisieren und konservieren, und wir mußten die Objekte und die Dekoration aufnehmen und analysieren. Das war zwar eine zusätzliche Arbeit neben den Hauptzielen des Theban Mapping Project, aber die Mühe war es zweifellos wert. Außerdem waren wir, ausgehend von Burtons skizziertem Plan des Grabes, der Ansicht, daß wir es nur mit einigen kleinen, nirgendwo hinführenden Räumen zu tun hatten, so daß uns die Ausgrabungsarbeit hier nicht länger als ein oder zwei weitere Jahre beschäftigen würde. Heute, neun Jahre später, haben wir erst einige Bereiche von zehn Räumen freigelegt und konserviert.

6

limestone offering table

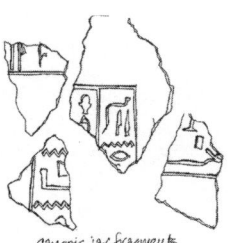

canopic jar fragments

clay figs - an offering to osiris

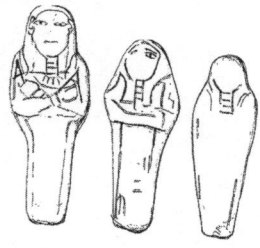

wooden head - sarcophagus

side of alabaster shawabti

KV 5 –
weitere
Indizien

Fünf Jahre nach der Entdeckung des Eingangs von KV 5 war es uns 1994 gelungen, etwa drei Viertel von Raum 1 und zwei Drittel von Raum 2 freizulegen. Wir kamen nur sehr langsam voran; weniger als 2 Kubikmeter Schutt wurden jeden Tag aus dem Grab herausgeschafft, und wir arbeiteten genausoviel mit Kelle, Pinsel und Sieb wie mit Spitzhacke und Schaufel. Zweifellos handelte es sich hier um ein sehr kostspieliges Verfahren, aber es vermittelte uns so viele Erkenntnisse, daß sich der zusätzliche zeitliche und finanzielle Aufwand lohnte. Nach und nach zeichnete sich für uns ein Abriß der Geschichte von KV 5 ab, wobei wir uns auf die Stratigraphie in den Räumen 1 und 2 stützten sowie auf Eindrücke, die wir bei unseren mühsamen Erkundungen in den damals noch nicht ausgegrabenen und kaum zugänglichen Bereichen der Räume 3 und 4 gewinnen konnten.

Kollegen und Inspektoren sowie Leute, die uns in KV 5 besuchen kommen, sind oft erstaunt darüber, wie langsam unsere Arbeit im Grab vorankommt. Wenn wir beispielsweise erklären, daß wir die verschiedenen Schichten des Schwemmschutts analysieren, schütteln sie verwundert den Kopf. »Warum verschwenden Sie Zeit und Geld, um den Abfall zu studieren, wenn Sie eine reich gedeckte Tafel mit Texten und Objekten erwartet?« fragte mich ein Besucher ungläubig.

Früher arbeiteten viele Archäologen an einer Ausgrabungsstätte nur, weil sie Objekte von Museumsqualität zu finden hofften. An zerbrochenen Objekten hatten sie kein Interesse, und um Keramik kümmerten sie sich nur, wenn sie dekoriert war. Manchmal hackten sie sogar durch Lehmziegelwände hindurch, auf der Suche nach Wänden, die mit Reliefs und Malereien versehen waren. Leider wenden einige Archäologen in Ägypten heute noch immer diese Methode an – für sie ist Stratigraphie ein unbekannter Begriff.

Obwohl Archäologen sie in aller Welt seit über einem Jahrhundert anwenden, hat die Stratigraphie – das Studium der zeitlichen Aufeinanderfolge der Erd- und Schuttschichten – erst in jüngerer Zeit in der Ägyptologie Einzug gehalten. Nach modernen Standards ist ein archäologisches Projekt, das auf stratigraphische Analysen verzichtet, eher eine Übung im Bewegen von Dreck als eine archäologische Ausgrabung. Es ist erschreckend, wieviel Schaden derartige Projekte anrichten und wie viele Informationen dabei vernichtet werden.

Die ältesten Schuttschichten an einem Fundort liegen immer ganz unten, und die nachfolgenden jüngeren Schichten lagerten sich stets darüber ab. Aufgrund dieses Überlagerungsprinzips können Archäologen, selbst wenn es an einem Fundort keine datierbaren Fundstücke gibt, meist dennoch eine chronologische Abfolge für ihre Objekte, Merkmale und Architektur rekonstruieren.

Auch der an einem Fundort vorgefundene Schutt enthält oft Informationen, über die noch Archäologen vor zwei Generationen gestaunt hätten. Aus mikroskopisch kleinen Samen, Körnern, Pollen und anderen Pflanzenresten lassen sich Hinweise darauf gewinnen, welche klimatischen Verhältnisse an einem bestimmten Ort vor Jahrtausenden herrschten. Partikel von Tierknochen – jener Abfall, für den ein anständiger Archäologe früher keinen Blick verschwendet hätte – können nicht nur über die Ernährung eines Menschen Auskunft geben, sondern, wie im Fall von KV 5, auch über die Art der zu den Grabbeigaben gehörenden Nahrungsopfer. Wenn man beispielsweise weiß, daß eine bestimmte Art von Keramik in einem Raum von KV 5 mit einer bestimmten Art von Tierknochen in Verbindung steht, könnte man auf dieser Grundlage den Zweck des Raums ermitteln, in dem die Funde gemacht wurden. Wenn wir wissen, daß Putzstücke im Schutt näher an einer bestimmten Wand des Raumes als an einer anderen Wand liegen, erlaubt uns dies, aus den Fragmenten das ganze Wandbild zu rekonstruieren. Der Vergleich der Schichten von KV 5 mit denen anderer Gräber im Tal der Könige könnte es uns eines Tages ermöglichen, eine über dreitausend Jahre abdeckende Geschichte des Klimas und der Überschwemmungen aufzustellen. Kurzum, wir

136

können mit dieser Forschungsmethode Ergebnisse erzielen, die auf ihre Art den Fund einer hübschen Statuette oder einer mit Inschriften versehenen Grabwand aufwiegen. Aber dieses Beweismaterial muß in langwieriger Kleinarbeit gesammelt werden, und deshalb ist Archäologie so kostspielig.

Im Fall von KV 5 ist die Stratigraphie infolge der Muren, die immer wieder neue Schuttmassen in das Grab hineingespült haben, äußerst kompliziert; sie ist nur von bedingter Beweiskraft, da mitunter widersprüchliche Schlußfolgerungen möglich sind. Allerdings gelten auch hier die Grundsätze der stratigraphischen Analyse: Durch sorgfältige Untersuchung der verschiedenen Schuttschichten und der darin eingeschlossenen Fundstücke können wir eine Geschichte von KV 5 von seiner Entstehung bis heute rekonstruieren. Diese Geschichte beschränkt sich nicht nur auf einen Überblick über Anzahl und Abfolge der Überschwemmungen des Grabes; sie umfaßt auch eine Chronik menschlicher Aktivitäten, die in den Räumen 1 und 2 stattgefunden haben. Sie läßt sich in sieben Hauptphasen gliedern. Die Beweise für einige dieser Phasen sind zugegebenermaßen nicht gerade stichhaltig, und ihre Verkettung hat bisweilen etwas willkürlichen Charakter, aber unsere Projektion bietet insgesamt einen nützlichen Rahmen für das Studium von KV 5. Dies hat den Ausschlag dafür gegeben, daß wir uns KV 5 auch weiterhin gründlich widmen werden.

Archäologen graben einen Fundort grundsätzlich von oben nach unten aus und legen die jüngeren Schichten vor den älteren, darunterliegenden frei. Daher beginne ich mit der jüngsten Geschichte des Grabes und bewege mich nach unten beziehungsweise rückwärts durch die Zeit. Die beiden frühesten Phasen der Geschichte von KV 5 werde ich erst später beschreiben, nachdem wir uns mit der Herrschaft von Ramses II. näher befaßt haben.

Die jüngste Epoche in der Geschichte von KV 5 heißt »Phase 7«. Sie begann gegen Ende des Ersten Weltkrieges und dauert bis heute an. Während dieser acht Jahrzehnte wurde KV 5 erheblich beschädigt. Anfang der zwanziger Jahre, als Howard Carter den Hang über dem Eingang zu KV 5 als Schutthalde für seine Aus-

137

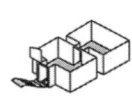

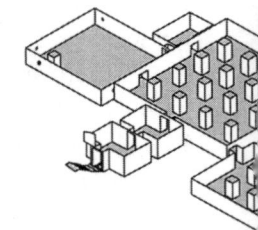

Phase 1

Phase 2

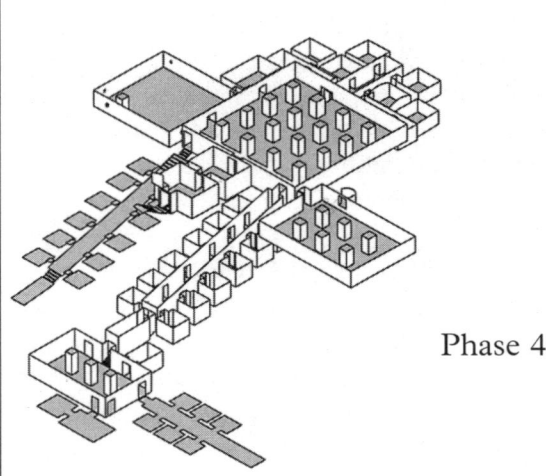

Phase 4

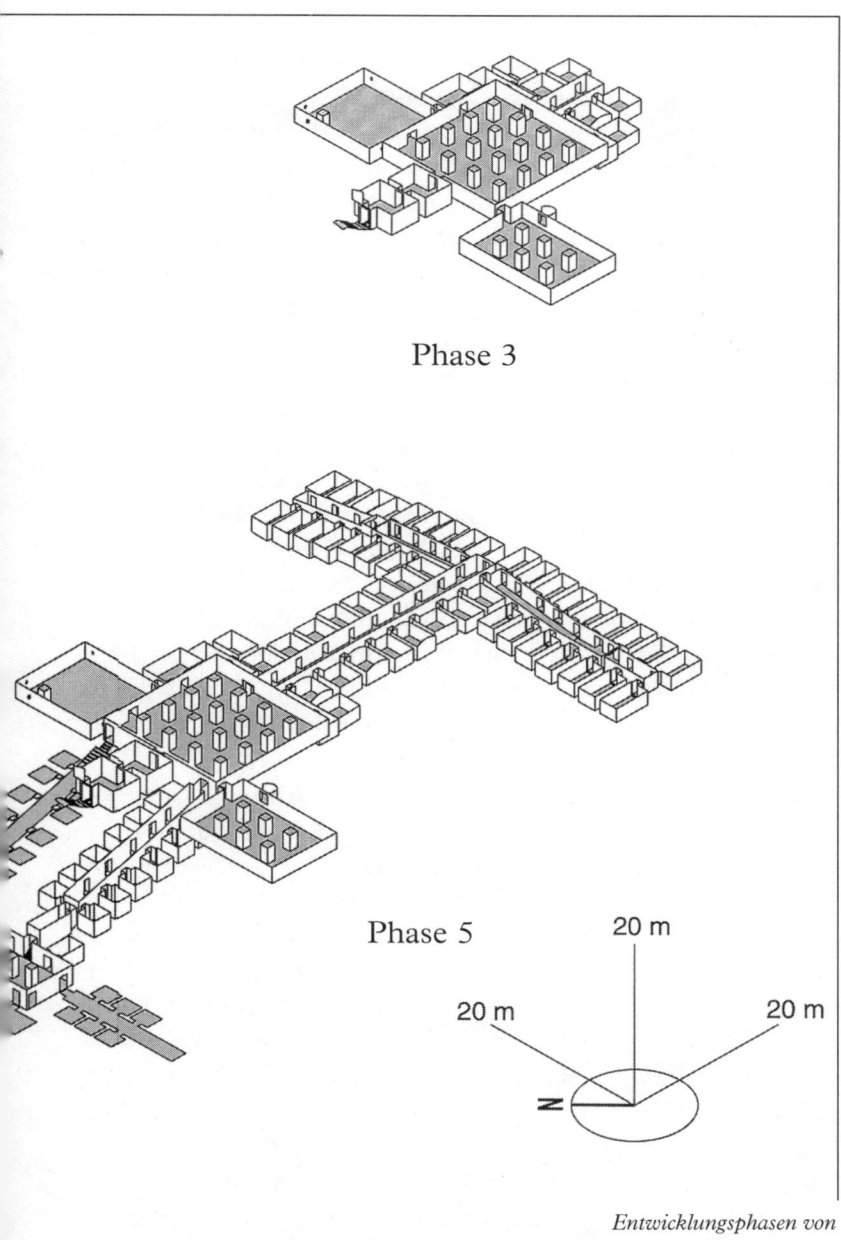

Phase 3

Phase 5

20 m

20 m

20 m

N

Entwicklungsphasen von KV 5.

grabungen benutzte, wurde das Grab unter mehreren Metern Kalksteingeröll und Staub verschüttet. Und seit den fünfziger Jahren haben ein leckes Abwasserrohr und die Wendemanöver zahlloser Touristenbusse im Eingangsbereich des Grabes schwere Schäden verursacht. Eine Wende trat erst 1988 ein, als unser Theban Mapping Project mit der Freilegung und Konservierung von KV 5 begann. Abgesehen von einem zerbrochenen Champagnerglas, das vielleicht Howard Carter gehört hat, haben wir im Eingangsbereich und tiefer im Grab keine Funde aus dieser Phase gemacht. Phase 6 dauerte vom späten 19. Jahrhundert bis zum Beginn von Phase 7. Während dieser Phase legten Howard Carters Arbeiter im Jahre 1902 den Eingang zu KV 5 frei. Aus der Stratigraphie des Schutts im Grabeingang geht hervor, daß Carters Arbeiter mit einer Grabung entlang der Mittellinie des Eingangs begonnen hatten, aber ihr Unternehmen aus irgendeinem Grund nach weniger als einem Meter wieder abgebrochen hatten. Carter hat nie eine der dekorierten Wände des Raums oder ihren mit Funden übersäten Boden zu Gesicht bekommen, und offenbar hat er geglaubt, das Grab sei lediglich ein unbedeutender Schacht. Burtons unveröffentlichte Tagebuchnotizen in der Bibliothek des British Museum und der von ihm angefertigte Plan waren ihm sicher unbekannt.

Während der Phase 5, die fast das ganze 19. Jahrhundert umfaßt, war zunächst gerade noch der Eingang zu KV 5 sichtbar. Er war jedoch mit Schutt angefüllt, und das Grab selbst war nicht zugänglich. Aber mehrere frühe Reisende registrierten es, und Wilkinson gab ihm die Nummer »5«; vom Eingang war so wenig zu sehen, daß er keinen Platz fand, die Nummer dort hinzumalen. 1825 verschaffte sich James Burton einen Zugang in das Grab und fertigte eine Planskizze von den ersten Räumen an. Robert Hay, Edward Lane und Eugène Lefébure fanden es nicht gerade aufregend. Keiner dieser Besucher hat die dekorierten Wände wahrgenommen. Die einzigen Indizien, die auf ihren Besuch im Innern des Grabes hinweisen, sind der mit Kerzenruß auf die Decke von Raum 3 geschriebene Name von Burton und der Tunnel, den Burtons Arbeiter durch die ersten drei Räume gruben. Nach Burton krochen

140

Edward Lane und einige andere Reisende ebenfalls durch diesen Tunnel, aber keiner versuchte, das Grab weiter zu erkunden. Nichts deutet darauf hin, daß KV 5 während der 1500 Jahre von Phase 4, also von der spätchristlichen Zeit bis zum 19. Jahrhundert, zugänglich war. In der Tat haben nur mehrere Überschwemmungen Spuren hinterlassen; mehrere Wolkenbrüche während dieser Phase sind daran schuld, daß der Boden des Grabes mit bis zu 2 Meter hohen Schuttschichten bedeckt ist. Wir haben für diesen Zeitraum mindestens sechs größere Überschwemmungen ausgemacht, können aber nicht bestimmen, wie viele Jahre jeweils zwischen ihnen lagen. Die Schuttschichten bestehen aus einem Gemisch aus Kalksteinplättchen, Steinen und Schwemmsand, die gewöhnlich in dieser Reihenfolge abgelagert werden, wenn der Schub der Mure nachläßt. Diese Schichten sind durch solche aus herabgestürztem Deckengestein und Putzfragmenten von den Wänden voneinander getrennt.

In Phase 3 – vom Ende der Herrschaft Ramses' II. (1080 v. Chr.) bis zum Ende des 7. Jahrhunderts n. Chr., also während eines Zeitraums von etwa 1600 Jahren – kann KV 5 gelegentlich zugänglich gewesen sein; es gibt jedoch kaum Hinweise darauf, daß jemand das Grab wirklich betreten hat. Die wenigen, die dies vielleicht taten, waren sicher Grabräuber; Hinweise darauf entnehmen wir einer Reihe von Papyri und – weniger offensichtlich – dem Zustand mehrerer Grabkammern und ihrem Inhalt. Keramik der Phase 3 fand sich in der Schuttschicht, die zwischen 10 und 90 Zentimeter über dem Fußbodenniveau der Räume 1 und 2 lag. Es handelt sich fast ausschließlich um Bruchstücke, und das meiste ist entweder nach Wolkenbrüchen ins Grab gespült oder von früheren Besuchern in den Grabeingang geworfen und dann von den Muren durcheinandergewirbelt und zermahlen worden. Ein paar Böden von Gefäßen der Spätzeit sind gegen Ende der dynastischen Zeit von Besuchern als Lampen verwendet worden. Aber von diesen Scherben gibt es nicht viele, und sie können auch ohne weiteres durch Muren ins Grab hineingespült worden sein. Falls jedoch KV 5 (wie mehrere andere Gräber auch) während dieser Epoche besucht worden wäre und vielleicht als Lagerraum gedient hätte –

oder als Raststätte, als Klause eines Eremiten oder als Kirche –, hätten wir höchstwahrscheinlich Graffiti an den Wänden, Lampenruß an der Decke und vollständige Gefäße in den Ecken der ersten beiden Räume vorgefunden. All das haben wir jedoch nicht entdeckt. KV 5 wurde wahrscheinlich übersehen, weil sein Eingang ungünstig gelegen ist: Er befindet sich in einer Vertiefung mehrere Meter unterhalb des Weges am Taleingang. Dorthin zu gehen war unbequem; in der Nähe befinden sich mehrere andere Gräber – beispielsweise die von Ramses IV., VI., IX. und XI. –, in die man entschieden leichter hineinkam und die besser belüftet und beleuchtet waren. Außerdem wurde während der Phase 3 das Grab von Ramses IX., KV 6, etwa 30 Meter südlich von KV 5 in demselben Hang angelegt. Die Arbeiter hatten offenbar keine Ahnung von der Existenz von KV 5; denn sie kamen beim Ausschachten von KV 6 bis auf 2 Meter an den südlichen Quergang von KV 5 heran (Gang 10).

In den letzten dreitausend Jahren, von Phase 3 bis Phase 7, galt KV 5 somit als ein unscheinbares, undekoriertes Grab ohne Beigaben – ein unbedeutendes Loch im Boden, das weder für Grabräuber noch für Archäologen von Interesse war. Außerdem befand sich das Grab in einer derart exponierten Lage direkt neben dem Eingang zum Tal, daß jeder, der vorbeikam, annahm, es müsse bereits erforscht und seiner Schätze beraubt worden sein. Erst 1989, als unser Theban Mapping Project Inschriften und Funde in den Räumen 1 und 2 entdeckte, und erst 1995, als uns die gewaltigen Ausmaße von KV 5 bewußt wurden, erkannten wir die wahre Bedeutung des Grabes. Und niemand war darüber mehr überrascht als wir selbst.

Die Halle mit den sechzehn Pfeilern

Von Beginn an war ich überzeugt, daß die Freilegung der Pfeilerhalle einen wesentlichen Beitrag zu unserem Verständnis des ungewöhnlichen Grundrisses von KV 5 leisten würde. Wir würden vermutlich im Laufe dieser Ausgrabungsarbeiten auch klären können, warum und für wen dieses Grab angelegt worden ist. Es gab allerdings ein Problem. Während wir uns 1994 auf die Arbeit in der Halle (Raum 3) vorbereiteten, bat ich mehrere befreundete Ingenieure in Kairo, nach Luxor zu kommen und die Statik des Grabes zu prüfen. Don Richards, ein amerikanischer Bergbauingenieur, der damals am Bau einer neuen U-Bahnlinie in Kairo mitarbeitete, war ausgewiesener Fachmann für alle Sicherheitsfragen im Bereich Bergbau und Tunnelbau. Zusammen mit mehreren Kollegen erklärte er sich bereit, als Berater an unserem Projekt mitzuarbeiten. An einem Frühlingswochenende kamen sie nach Luxor und erkundeten zwei Tage lang die zugänglichen Räume 1 bis 6; sie untersuchten den Hang oberhalb des Grabes und nahmen vergleichende Studien in anderen Gräbern im Tal der Könige vor. Nach dem Abschluß ihrer Vermessungen fuhren Don und ich am Samstagnachmittag auf einen Hamburger über den Fluß nach Luxor.

»Wenn man alle Faktoren berücksichtigt«, begann Don, »befindet sich KV 5 in einem guten Zustand. Die Schäden im Eingangsbereich stammen aus neuerer Zeit, wie Sie gesagt haben; sie wurden durch das Abwasserrohr und die Reisebusse verursacht. Die Dekken in den ersten beiden Räumen lassen sich leicht abdichten und stabilisieren. Raum 4 ist solide; die Räume 5 und 6 müssen noch ausgiebiger untersucht werden. Nur Raum 3, also die Halle, macht mir Sorgen.« Er holte einen Kugelschreiber und Papier aus der Tasche und zeichnete eine grobe Skizze der Halle mit den sechzehn Pfeilern.

»Zunächst einmal sind da zwei größere Risse in der Decke.« Er zog zwei Linien diagonal über den Grundriß. »Für sich genommen sind sie nicht schwerwiegend, aber da gibt es noch ein weiteres Problem. Vereinfacht gesagt, die Decke wird von den Pfeilern getragen. Etliche Pfeiler haben entweder schlimme Risse oder sind wegen des enormen Gewichts der darüberliegenden Gesteinsmassen komplett weggebrochen. Das einzige, was die Pfeiler noch stützt, ist der um sie herum gelagerte Schutt. Wenn ihr den Schutt entfernt, fallen die Pfeiler zusammen, und die Decke stürzt euch auf den

Kopf. Es gibt verschiedene Möglichkeiten, wie wir dieses Problem lösen können, aber ich würde gern im Laufe der nächsten Kampagne noch ein paar weitere Tests vornehmen. Ich meine, Sie sollten die Freilegung von Raum 3 um ein paar Monate verschieben.« Ich dachte einen Augenblick nach. »Könnten wir unsere Grabung längs der vorderen Wand der Halle fortführen? Die Decke ist in diesem Bereich stabil, und es bliebe noch genügend Schutt rund um die Pfeiler. Wir könnten dann zumindest die Wände freilegen.« »Klar, das würde funktionieren«, sagte Don Richards. »Aber grabt nicht weiter als einen Meter von der Wand entfernt.« Er steckte den Kugelschreiber wieder ein. »Ich werde mal mit einigen Leuten, die ich in Kairo kenne, Kontakt aufnehmen und vielleicht auch noch mit jemandem in Colorado, einem der weltbesten Experten auf diesem Gebiet. Wir wollen doch von Beginn an richtig vorgehen, zumal die Sache teuer wird.«

»Wie teuer?« fragte ich nervös.

»Kann ich noch nicht sagen. Vielleicht 50 000 Dollars, wahrscheinlich mehr.«

Ich sah ihn entgeistert an. Das überstieg den Etat für eine ganze Kampagne um mehr als das Doppelte.

»Na ja, ich schätze, wir haben keine Wahl.«

Wir gaben uns die Hand, und ich brachte ihn zum Taxistand. Sein Rückflug nach Kairo ging in einer Stunde.

»Danke, Don. Ich gebe Ihnen in einem Monat oder so Bescheid, wieviel Geld ich auftreiben kann.«

Mehrere Monate später, nachdem ich jede erdenkliche Quelle angezapft hatte, rief ich Don in seinem Haus in Kairo an.

»Bruce Ludwig hat wie immer etwas Geld auftreiben können, aber ich habe den erforderlichen Betrag nicht ganz zusammenbekommen. Wir werden also alle technischen Arbeiten in Raum 3 um mindestens ein Jahr verschieben müssen. Ich werde zunächst den Schutt längs der vorderen Wand wegräumen lassen; wir können jedoch keinesfalls damit beginnen, die Pfeiler zu restaurieren.«

Es gab grundsätzlich zwei Möglichkeiten für unsere Kampagne im folgenden Jahr. Wir konnten, wie gesagt, den Schutt entlang der vorderen Wand von Raum 3 wegräumen, an der Susan unbedingt

144

mit der Arbeit beginnen wollte; sie hatte sich nämlich gerade 3 Zentimeter der Wandfläche, die oberhalb des Schutts freilagen, anschauen können und war überzeugt, daß diese Wand reich dekoriert war.

Wir konnten aber auch die Halle überspringen und versuchen herauszufinden, was sich hinter den vier Durchgängen in ihrer Nord-, Süd- und Ostwand befand. Ich hielt es für das beste, mit letzterem zu beginnen. Sobald wir nämlich entlang der vorderen Wand gruben, hätten die Männer mit ihren Schuttkörben noch mehr Schwierigkeiten, sich durch den Raum zu bewegen. Wenn wir den Schutt aus den Räumen hinter der Halle beseitigten, könnten sich die Arbeiter auf die Schuttschicht in Raum 3 legen und eine Korbkette bilden, um den Abraum aus dem Grab zu schaffen. Es würde zwar recht eng zugehen, aber die Schuttschicht in Raum 3 bildete eine ziemlich ebene Fläche, auf der die Körbe gut geschoben werden könnten. Nach langen Diskussionen waren wir uns einig, daß wir mit der Grabung jenseits der Halle fortfahren würden, und wir einigten uns auch darauf, zunächst den Durchgang in der Rückwand der Halle zu überprüfen.

Der Schutt verstopfte den vorderen und mittleren Bereich der Halle bis zur Decke, längs der Ostwand und der Südwand waren allerdings etwa 40 Zentimeter unter der Decke frei, und wenn wir erst mal die Mitte des Raums hinter uns hatten, konnten wir uns relativ leicht fortbewegen.

Als unser Plan feststand, suchten Catharine, Mohammed und ich die obersten Bereiche der Wände und Pfeiler nach Dekorationsresten ab. Burton hatte entlang der Rückwand der Halle graben lassen, da er offenbar auf der Hauptachse der Räume 1, 2 und 3 einen Durchgang vermutete. Seine Suche an der Mitte der Wand war jedoch ergebnislos verlaufen, und so gab er sein Vorhaben schnell wieder auf. Seine Skizze von 1825 zeigt indessen mehrere Meter nördlich dieser Hauptachse einen Durchgang, dessen obere Kante sich über 2 Meter unter der Decke befindet. Burton hatte vor dem Durchgang eine Grube gegraben, um sich einen Zugang zu verschaffen, und er war etwa einen Meter weit hindurchgekrochen. Aus seinem Plan geht hervor, daß dieser Durchgang in

einen kleinen Raum führt, von dem wiederum mehrere Seitenkammern abzweigen. Wir beschlossen, diesen Durchgang noch
besser freizulegen, so daß wir erkennen konnten, was sich dahinter befand. Wir würden dann die Richtigkeit von Burtons Plan
überprüfen können. Anschließend würden wir diesen Bereich soweit
freilegen, um einen groben, aber vollständigen Grundriß von KV 5
erstellen zu können.

Wir hatten bereits Knie- und Ellbogenschoner angelegt, um uns
vor dem scharfkantigen Kalksteinschutt zu schützen. Nachdem
wir auch Schutzhelme aufgesetzt und zusätzliche Taschenlampen
an unsere Gürtel geschnallt hatten, robbten wir zur hinteren Wand
der Halle und starrten besorgt auf den wirklich engen Durchschlupf, den Burton dort gegraben hatte.
»Eine enge Angelegenheit, Mudir«, meinte Catharine, während sie
sich in eine Grube kniete und in den Durchgang hineinschaute,
der in den von uns so genannten Raum 7 führte. »Ich bin doch ein
bißchen dünner als du. Ich werde mal schauen, was dort drin ist.
Außerdem möchte ich gern die erste sein.« Sie holte eine zweite
Taschenlampe aus unserer Ausrüstungstasche, dann kroch sie kopfüber hinunter in die Grube, durch den Durchgang und wieder hinauf auf die Schuttschicht in den dahinterliegenden Raum. »Gar
nicht so schlimm, sobald man den Durchgang hinter sich hat«, rief
sie mir zu. »Los, komm schon!«
»Ich werde es versuchen«, sagte ich. »Mohammed, du wartest hier,
falls etwas passiert.«
Ich rutschte in die Grube hinunter und schob mich in den Durchgang hinein. In diesem Augenblick befanden sich meine Füße oben
auf dem Schutt in der Halle, mein Magen war 50 Zentimeter tiefer, unter der Oberkante des Durchgangs. Mein Kopf war bedroh-
lich eingezwängt in dem winzigen Zwischenraum zwischen der
Füllung und der Decke des nächsten Raumes; scharfe Steinsplit-
ter schürften meine Wange auf, und feiner Schutt verwandelte sich
auf meinem schweißbedeckten Gesicht in Schlamm. Ich war fast
U-förmig nach hinten gekrümmt. Mein Rücken schrammte am
Türsturz, meine Ellbogen schoben sich an den Seiten des Durch-

gangs entlang. Mein Haar verfing sich in den vielen feinen Dekkenrissen. Als ich weiterkriechen wollte, blieb ich stecken. Meine Füße und Hände fanden keinen Halt, und ich konnte weder vorwärts noch rückwärts kriechen. Meine Taschenlampe wurde schwächer, die Luft war heiß und feucht, und es herrschte absolute Stille. Catharine war in einer Seitenkammer verschwunden, und Mohammed war irgendwo hinter mir. Zum ersten Mal in meinem Leben befiel mich Platzangst.

»Zieh mich raus, Mohammed! Zieh mich raus! Hol mich, um Gottes willen, hier raus!«

Zunächst konnte Mohammed mich nicht hören. Aber als ich in dem engen Durchschlupf herumzustrampeln begann, wußte er, daß etwas nicht stimmte. Er packte meine Füße und zog mich mit aller Kraft in einem einzigen Schwung rückwärts heraus. Mein Mund und meine Nase füllten sich mit Dreck, und ich begann leicht zu bluten, als ich über die scharfen Steine gerissen wurde. Aber ich war draußen! Ich hustete und spuckte und nahm einen tiefen Schluck aus unserer Wasserflasche. Ich saß da und wartete, daß sich mein Puls wieder normalisierte. Mohammed sah mich besorgt an. Ich grinste kläglich zurück.

»Al hamdulillah!« sagte ich. »Gott sei Dank!«

Nach ein paar Minuten hatte ich mich soweit erholt, daß ich wieder in die Grube zurückkroch – nicht durch den Durchgang, aber weit genug hinein, so daß ich mit Catharine sprechen konnte.

»Wie sieht es da drinnen aus?«

»Komm doch rein und schau dich um«, neckte sie mich.

»Für heute reicht's.«

»Na ja, nach links geht ein Raum ab mit einer leicht gewölbten Decke, und dort drinnen kann ich die Oberkanten von zwei Durchgängen erkennen, die unter die Pfeilerhalle führen. Ansonsten ist alles mit Schutt blockiert. Ein ganz merkwürdiger Grundriß, aber genau so, wie Burton ihn gezeichnet hat.«

»In den nächsten Tagen können wir sowieso nichts mehr machen«, sagte ich mehr zu mir selbst als zu Catharine. »Aber während der nächsten Kampagne schauen wir uns diese Räume genauer an.«

Ich versuchte, den Staub wegzuwischen, der sich auf meinem

klatschnassen Hemd festgesetzt hatte – vergebens. »Laßt uns wieder rausgehen. Ich brauche dringend kaltes Wasser. Für heute haben wir genug Spaß gehabt.«

Zwei Wochen später, nachdem wir mehrere Tage an einer Kreuzfahrt auf dem Nil teilgenommen und Vorträge gehalten hatten, kehrten Susan und ich nach Luxor zurück. Dort erfuhren wir, daß eine Frau aus El-Gezira, die wir einmal kennengelernt hatten, tödlich verunglückt war. Beim Warten auf die Autofähre war sie mit dem Fuß in eine Drahtseilschlinge auf der Pier geraten. Als die Fähre anlegte, hat sie sich nicht mehr befreien können und ist von der stählernen Laderampe der Fähre buchstäblich in zwei Teile zerschnitten worden. Das ganze Dorf war in Trauer, und es paßte wirklich dazu, daß der Himmel gegen sechs Uhr abends pechschwarz wurde. Überall zuckten Blitze; schweres Donnergrollen übertönte jede Unterhaltung, und wir wurden plötzlich von einem sintflutartigen Unwetter heimgesucht. In nur zehn Minuten waren weite Teile des Westufers überflutet; das Wasser stand zeitweilig mindestens 4 Zentimeter hoch. In unserem Hotel schnappten wir uns alle verfügbaren Besen und bemühten uns verzweifelt, das Wasser vom Balkon zu wischen, bevor es die angrenzenden Zimmer überflutete.

Am nächsten Morgen fuhr ich ins Tal, um mir das Ausmaß der Schäden anzuschauen. Auf der Straße waren immer noch riesige Wasserpfützen; ich fuhr langsam hindurch, damit der Motor nicht absoff. Auch das Tal der Könige war von den schweren Regenfällen betroffen – zahlreiche Sand- und Schutthaufen waren die Berghänge hinuntergespült worden –, aber KV 5 und die anderen Gräber, die ich inspizierte, waren von den Schlammfluten verschont geblieben. Gott sei Dank! Nach zahllosen Konferenzen in der Altertümerverwaltung befinden sich die Pläne zur Entwicklung eines Hochwasserschutzplans für das Tal noch immer »in der Diskussionsphase«, und es ist immer noch nichts unternommen worden. Angeblich haben schwere Unwetter und anschließende Murenabgänge das Westufer nur alle paar Jahrhunderte heimgesucht. Vor mehreren Jahren habe ich mir aber einmal die für die letzten 60 Jahre in Luxor vorliegenden offiziellen meteorologischen Daten vorgenommen und verstreute Hinweise in Zeitungen und Tagebüchern aus den letzten 150 Jahren herausgesucht. Hierbei hatte ich herausgefunden, daß derartige Unwetter viel häufiger vorkommen, und zwar in kurzer Abfolge drei oder vier Jahre hintereinander. Alle zwei oder drei Jahrzehnte gibt es Perioden mit starken Regenfällen und Überschwemmungen. Howard Carter hatte mehrere erlebt, ebenso Wilkinson und andere Reisende.

Am 4. November 1994 beispielsweise ging im nördlichen Bereich der thebanischen Nekropole ein heftiger Wolkenbruch nieder; er zerstörte KV 14, das Grab von Bay, und richtete schwere Schäden im Totentempel von Sethos I. an. Dieser Tempel liegt ganz in der Nähe von einer kleinen Anhöhe, auf der Howard Carter sein Haus errichtet hatte. Der Tempel wird zwar nur selten von Touristen besucht – »Zu klein, zu weit weg«, wie mir ein Reiseführer erklärte –, aber zwei Besonderheiten lohnen einen Besuch: eine gute und eine schlechte. Einem engagierten Wächter ist es zu verdanken, daß der Tempel wahrscheinlich das sauberste, am häufigsten gekehrte Monument am Westufer ist. Andererseits kann man hier die verheerenden Auswirkungen von sintflutartigen Regenfällen auf ägyptische Monumente in Augenschein nehmen.

Am Spätnachmittag jenes 4. November wurde das Westufer von schweren Regenfällen heimgesucht; von den Berghängen wurden Hunderte Tonnen von Stein, Schlamm und Sand in die tiefer gelegenen Teile des Tals gespült. Das Wasser, das sich über die Wasserscheide des Tals hinaus ergoß, vereinigte sich mit noch ergiebigeren Wassermengen aus weiter nördlich gelegenen Wadis. In der Nähe des Carter-Hauses, 500 Meter nördlich des Sethos-Tempels, bildeten diese Ströme eine Wasserwand, die nach Aussage von Bewohnern im nördlichen Theben 2 oder gar 3 Meter hoch gewesen sein soll. Felsbrocken von der Größe von Reisebussen wurden wie Spielzeug herumgewirbelt. Diese Flutwelle schoß mit großer Geschwindigkeit die geteerte Fahrbahn hinunter, schwappte über einen schmalen Streifen Brachland hinweg und ergoß sich direkt in die Umfriedung des Sethos-Tempels. Das Ergebnis war verheerend. Zwei Tage später entdeckten Angehörige des Deutschen

Archäologischen Instituts, die dort gegraben hatten, daß ihre Magazine 3 Meter unter Wasser standen und daß Tausende von Fundstücken, die sie auf Regalen gelagert hatten, völlig zerstört waren. Kalksteinstelen und Sphingen, die vor dem Tempel gestanden hatten, waren einfach in Brei verwandelt worden; Lehmziegelwände waren verschwunden; Steinblöcke, die zum Teil Hunderte von Kilogramm wogen, waren weggespült worden. Innerhalb von fünf Minuten hatten sich die tosenden Wassermassen durch den Tempel ins benachbarte Dorf ergossen und dabei Hunderte von Gebäuden vernichtet, Tausende obdachlos gemacht und mehrere Dorfbewohner und eine Vielzahl von Tieren getötet. Das Ausmaß der Schäden war immens, und sie sind noch immer nicht völlig behoben worden.

Besonders interessant an diesem traurigen Ereignis war für mich die Tatsache, daß es sich nicht um einen Einzelfall handelte und daß es zu verhindern gewesen wäre. Es gibt Aufzeichnungen über zahlreiche Unwetter im Gebiet von Luxor im Laufe der letzten beiden Jahrhunderte, verstreute Hinweise auf noch frühere Unwetter und, in verschiedenen Quellen, Berichte über Wolkenbrüche vor über dreitausend Jahren. Bei den Unwettern in neuerer Zeit – und zweifellos auch bei den früheren – läßt sich immer das gleiche Muster erkennen: Im nördlichen Teil der Nekropole vereinigen sich die Wassermassen, die sich über die Wasserscheide des Tals der Könige ergießen, mit den Murenabgängen aus den weiter nördlich gelegenen Wadis; gemeinsam tosen sie in östlicher Richtung auf das Niltal zu und bilden eine Schneise der Verwüstung genau in dem Gebiet, wo sich der Sethos-Tempel befindet. Es stellt sich die Frage, warum die alten Ägypter, die sich doch nachweislich als gewissenhafte Naturbeobachter der Probleme von Überschwemmungen in der Wüste durchaus bewußt waren, den Sethos-Tempel ausgerechnet in einem derart gefährdeten Gebiet errichtet hatten. War in dem Jahrhundert vor Sethos' Herrschaft so wenig Regen gefallen, daß die Erinnerung an derartige Unwetter erloschen war? Waren die Unwetter weniger schwer als heute? Waren die Ägypter so weitsichtig gewesen und gruben Umleitungskanäle oder ergriffen andere Schutzmaßnahmen, die heute nicht mehr vorhanden sind? Ich weiß es nicht, aber je mehr die Ausgrabungen im Bereich des Tempels voranschreiten, desto größer sind die Chancen, Beweise für derartige Schutzbauten zu finden. Bis dahin sollten allerdings die noch immer in der Diskussion befindlichen Hochwasserschutzmaßnahmen für das Tal der Könige auf die anderen Bereiche der thebanischen Nekropole mitsamt den dort befindlichen Dörfern ausgedehnt und realisiert werden.

Nach meiner Inspektionstour im Tal der Könige mußte ich am Vormittag aus dienstlichen Gründen hinüber nach Luxor fahren. Am Ufer des Nils bemerkte ich sofort, daß sich das Erscheinungsbild des Flusses völlig verändert hatte. Die schweren Regenfälle hatten das Wasser in eine rotbraune Brühe verwandelt; die Fährleute sprachen vom »Roten Meer«. Ich mußte an die in der Bibel geschilderte erste ägyptische Plage denken, als Gott die Wasser des Nils in Blut verwandelte. Yassir, der junge Fährmann, sagte, so habe er den Nil noch nie gesehen.

»Ich habe Angst«, erklärte er. »Mein Nachbar sagt, wenn wir dieses Wasser trinken, werden wir sterben. Seit gestern trinke ich nur Brunnenwasser und Fanta.«

Ende des 19. Jahrhunderts verzeichnete der französische Ägyptologe Gaston Maspero in seinen Ausgrabungsberichten, daß der Nil bei Hochwasser immer dunkelrot wurde und gelegentlich eine so intensive Farbe annahm, daß man unweigerlich an frisch vergossenes Blut denken mußte. Derartige Farbveränderungen waren typisch für das alljährliche Nilhochwasser; in einem antiken Text heißt es, der Fluß habe wie roter Karneol ausgesehen. Da heutzutage die Überschwemmung nicht mehr alljährlich eintritt, kann man solche Farbveränderungen nur nach schweren lokalen Unwettern beobachten. Für junge Leute wie Yassir sind sie nicht Teil des alljährlichen Zyklus des Nils, sondern ein böses Omen, das ein zorniger Gott geschickt hat.

Ich gab Nubie, Abdallah und Taya Hassan den Auftrag, neben den Stufen vor dem Eingang zu KV 5 eine niedrige Mauer zu bauen. Ich dachte mir, wenn die Altertümerverwaltung ihren Plan zur Hochwasserkontrolle im Tal nicht umsetzt, müssen wir selbst KV 5 schützen.

Taya Hassan ist ein guter Arbeiter. Er ist um die vierzig, kräftig, freundlich und intelligent, aber er sieht schlecht, und darum betrauen wir ihn gewöhnlich mit Projekten, bei denen man nicht so genau hinschauen muß. Besonders gut versteht er sich auf den Bau von Mauern, da er vor mehreren Jahren für die Altertümerverwaltung an zwei ähnlichen Projekten gearbeitet hatte.

Sie arbeiteten schon seit etwa einer Stunde, und Taya und Abdallah unterhielten sich über das Fußballspiel vom vergangenen Abend. Als Taya gedankenlos unter einen großen Stein griff, wurde er plötzlich von einem Skorpion gebissen. Alle schrien durcheinander, und mehrere Arbeiter kamen herübergelaufen. Einer zerdrückte den Skorpion mit einer Kelle, die anderen führten Taya zu unserem Arbeitszelt.

Die Art und Weise, wie Sa'idis einen Skorpionbiß behandeln, beruht auf einer langen Tradition lokaler Volksmedizin. Als ich den Erste-Hilfe-Koffer holen oder Taya ins Krankenhaus fahren wollte, lehnten sie dies höflich ab. Statt dessen legte Ahmed eine Aderpresse um Tayas Finger und machte einen kleinen Einschnitt über der Bißwunde. Taya saugte am Finger, um den Teil des Skorpionstachels herauszuholen, der in der Wunde geblieben war. Dann wurde die Wunde mit Wasser und Zitronensaft ausgewaschen und mit einem Stück Tuch umwickelt. Zehn Minuten später war Taya wieder bei der Arbeit. In den nächsten beiden Tagen trank er ein Gemisch aus Olivenöl, Zitronensaft und zerdrücktem Knoblauch, und ein einheimischer Scheich rezitierte neben ihm jeden Abend Koranverse.

Dieses Verfahren unterscheidet sich gar nicht so sehr von den in medizinischen Papyri aus dem alten Ägypten beschriebenen Heilverfahren. Ein Skorpionbiß kann furchtbar schmerzhaft sein und ist sogar tödlich, wenn das Opfer entweder recht alt, sehr jung oder krank ist.

Der Scheich, der die Koranverse rezitierte, ist übrigens in einem Nachbardorf sehr hoch angesehen wegen seiner Gabe, Häuser von Skorpionen und Schlangen zu befreien. Er kommt fast täglich ins Tal der Könige, mit drei oder vier Skorpionen in der Tasche (denen er die gefährlichen Schwänze entfernt hat). Damit zieht er dann

152

eine Schau vor den Touristen ab, indem er sie plötzlich aus der Tasche herausnimmt und über sein Gesicht kriechen läßt.

Bei unserer letzten Grabungskampagne versäumte ich es, diesem Zauberer an unserem letzten Arbeitstag ein Bakschisch zu geben; mir war einfach nicht klar, daß er sich offensichtlich zu unserem Team zählte. Er nahm mich beiseite und warnte mich davor, daß unser Grab im nächsten Jahr, wenn Gott wolle, von mehr Schlangen und Skorpionen heimgesucht werden könnte, als wir uns dies je träumen ließen. Dann holte er zwei Skorpione aus der Tasche, setzte sie sich auf die Schultern, starrte mir in die Augen und wich langsam vor mir zurück. In diesem Jahr gab ich ihm ein großzügiges Bakschisch.

7

Statue of Osiris, god of the Dead, K.V.5; Valley of the Kings.

Die Entdeckung

1995 begannen wir unsere Kampagne früher als sonst: Die American University in Kairo (AUC) hatte mir ein Freisemester bewilligt, und ich freute mich darauf, von Januar bis April im Tal der Könige zu sein und dort fortzufahren, wo wir die Arbeit in KV 5 abgebrochen hatten. Kurz nach Neujahr fingen wir damit an, den Durchgang in der hinteren Wand der Halle mit den sechzehn Pfeilern freizulegen.

Immer wenn ich die Grabung verlasse und zur National Bank in Luxor fahre, behaupten die Arbeiter scherzhaft, daß einer von ihnen etwas Interessantes in KV 5 finden würde. Bei der vorhergehenden Kampagne waren es Bruckstücke von einem Kanopenkrug und ein Ostrakon gewesen. Am 2. Februar 1995 mußte ich morgens zur Bank fahren, um unsere Lohngelder abzuholen, und wieder alberte Ahmed: »Ich glaube, wir werden etwas Nettes finden, während Sie weg sind.«

Eine Stunde später kam ich mit leeren Händen zurück. Auf der Bank hatte man mir entschuldigend erklärt, daß eine Vollmacht, die wir vor zehn Tagen in Kairo beantragt hatten, immer noch nicht eingetroffen sei. Sie vermuteten, sie sei mit der normalen Post statt per Fax geschickt worden. Die örtliche Post ist eine Katastrophe, und es konnte durchaus noch weitere zwei Wochen dauern, bis der Brief eintraf. Was noch schlimmer war: Es war der zweite Tag des Ramadan, des Fastenmonats, und der allgemeine Lebensrhythmus – und die Effizienz – in Ägypten hatte sich bereits drastisch verlangsamt. Als ich wieder ins Tal der Könige kam, sah ich schon von weitem die langen Gesichter der Männer. Ich kam sichtlich mit leeren Händen; die Männer ahnten bereits, daß sie an diesem Tag nicht ausbezahlt würden. Mehrere rechneten mit dem Geld, um ihre Rechnungen zu bezahlen. Ich zuckte mit den Schultern und murmelte das übliche *»Malesch«* – ein unübersetzbares Wort, das soviel bedeutet wie: »Keine Sorge, es wird schon alles gut werden.«

»*Malesch*«, erwiderten sie.

Hussein, mit vierundfünfzig unser ältester Arbeiter, fügte hinzu: »Geld ist nicht wichtig, Doktor. Gott wird für uns sorgen.«

»*Al hamdulillah!*« fielen die Männer ein. »Dank sei Gott.«

Mohammed stand auf der obersten Stufe am Eingang zu KV 5. »Wir brauchen Sie drinnen«, sagte er. Ich setzte meinen Schutzhelm auf, und wir begaben uns ins Grab.

Wir hatten in den letzten beiden Tagen den Tunnel durch den Durchgang erweitert und mit der Ausgrabung der dahinter gelegenen Räume begonnen. Wir nahmen an, daß diese Räume vielleicht so klein wären wie die Räume 1 und 2 und daß ein Durchgang in ihrer Nordwand zu drei weiteren winzigen Kammern führen würde. Das war jedenfalls Burtons Planskizze zu entnehmen, und Catharine hatte es im vergangenen Jahr bestätigt. Darüber hinaus erwarteten wir nichts besonders Interessantes; wir wollten eigentlich nur Burtons Grundriß korrigieren und vervollständigen. Zu dieser Zeit war ich mir nicht einmal sicher, ob wir die Grabung wirklich bis auf das Niveau des Fußbodens fortführen sollten. Wir benötigten den exakten Verlauf der Wände, und der ließ sich ja durch das Sondieren und Vermessen der Wände in Deckenhöhe feststellen.

Diesmal konnte ich mühelos durch den Durchgang in den dahinter gelegenen Raum kriechen. Mohammed befand sich bereits dort, zusammen mit Marjorie Aronow, einer Ägyptologiestudentin, die an dieser Kampagne teilnahm und für ihre Doktorarbeit über die Söhne von Ramses II. Recherchen anstellte.

»Schauen Sie!« rief Mohammed und deutete auf den Schuttwall vor uns.

Die Schuttmassen reichten hier wie in anderen Teilen auch bis knapp unter die Decke des Raumes. Mohammed schaufelte ein wenig Kalksteingeröll beiseite und bat mich, mit der Taschenlampe in die Lücke hineinzuleuchten. Etwa 50 Zentimeter senkte sich der Schutt wieder ab. Der Durchgang war von Steinbrocken, die von der Decke herabgestürzt waren, blockiert worden, und offenbar haben sie die Schuttmassen daran gehindert, weiter ins Grab vorzudringen. Ich leuchtete hinein, aber das Licht fiel nur in gähnende Leere. Merkwürdigerweise wurde es nicht von einer Rückwand reflektiert, und ich konnte auch keinen abrupten Wechsel in der Deckenhöhe erkennen. Offenbar reichte der Raum noch tiefer in den Berg hinein – es handelte sich eindeutig nicht um eine kleine Kammer, so wie wir es erwartet hatten.

Ich verließ das Grab, um frische Batterien für die Taschenlampe zu holen. Bei der Hitze und der hohen Luftfeuchtigkeit im Grab lassen selbst die besten Batterien schon nach ein paar Minuten nach. Als ich fünf Minuten später zurückkehrte, hörte ich Marjories Rufe entfernt im Grab widerhallen.

»Kent! Kent! Das ist phantastisch! Oh, das ist so wundervoll! Kommen Sie doch mal hierher! Bitte!«

Während meiner Abwesenheit hatten sie und Mohammed so viel Schutt entfernt, daß sie durch einen Tunnel von höchstens 40 Zentimeter Durchmesser um einen riesigen Block herum weiter in den Raum hineinkriechen konnten. Als ich mit der frisch geladenen Lampe in diesen Raum hineinleuchtete, sah ich, daß wir nicht bloß auf eine weitere kleine Kammer, sondern auf einen langen Gang gestoßen waren. Ich kletterte nach oben und rutschte durch die schmale Lücke, um zu den anderen zu gelangen. Sie war zwar sehr eng, aber Mohammed ergriff meine Hand und zog mich hindurch.

Sobald ich an dem herabgestürzten Deckengestein vorbei war, sah ich, daß die Schuttmassen hier deutlich abgenommen hatten; wir konnten nun etwas bequemer kriechen. Ich leuchtete mit der Lampe herum.

Die Länge des etwa 2 Meter breiten Ganges konnten wir im Schein der Taschenlampe nicht bestimmen; die Seitenwände verloren sich im Dunkel. Doch diese Wände hatten überall Durchgänge, zunächst befand sich links ein Durchgang, dann wieder einer auf der rechten Seite, dann noch zwei, vier – während wir in der Passage langsam vorwärts krochen, zählten wir: zehn, zwölf, sechzehn, achtzehn.... Bei den meisten Gräbern im Tal der Könige gehen nur ein oder zwei Durchgänge von den Passagen ab. In keinem ägyptischen Grab hatte ich so einen Gang gesehen.

»Das ist ja unglaublich!« murmelte ich.

Die Durchgänge waren überwiegend in einem sehr schlechtem Zustand. Durch viele zogen sich tiefe Risse, und einige waren unter der Last der darüber befindlichen Gesteinsmassen fast ganz eingestürzt; andere waren offenbar in darunter gelegene Hohlräume eingebrochen. Von der Decke herabgestürzte Gesteinsbrocken und Schuttmassen häuften sich auf dem Boden. Einige Durchgänge waren so verwüstet, als hätte hier eine gewaltige Explosion stattgefunden; andere wiederum waren gut erhalten und sogar dekoriert. Wir hielten einen Augenblick inne, um uns von unserer Überraschung zu erholen. Schweiß lief uns über die Stirn. Es herrschte eine erstickende, unangenehm feuchte Hitze; meine Brille beschlug fortwährend.

Mohammed richtete den Strahl seiner Lampe den Gang hinunter. »Was ist denn das?« rief er plötzlich. Er wies zum Ende des Ganges hin. Ich putzte gerade meine Brille an meinem klatschnassen Hemd.

»Mein Gott!« rief Marjorie. Im Schein unserer Taschenlampen konnten wir in der Dunkelheit die vagen Umrisse einer menschlichen Gestalt ausmachen. »Eine Statue!«

Mohammed murmelte eine Sure aus dem Koran.

In der hinteren Wand der Passage befand sich eine etwa 2 Meter hohe, gut 50 Zentimeter breite und 30 Zentimeter tiefe Nische. Darin war im Licht der Taschenlampe schemenhaft eine Statue zu erkennen. Als wir näher krochen, wurden die Umrisse deutlicher.

Wir sahen eine wunderschöne Statue des Gottes Osiris, im alten Ägypten der wichtigste Gott des Jenseits, der Gott, mit dem die guten und reinen – und sozial höhergestellten – Ägypter im Tod vereint wurden. Die etwa 1,50 Meter große Statue war mit Stuck überzogen und mit graugrüner Farbe bemalt. Ein tiefer Riß zog sich durch den Kopf der Statue und die Wand dahinter. Das Gesicht fehlte – es war wahrscheinlich schon in der Antike weggebrochen, denn wir konnten Spuren von Mörtel an der Bruchstelle erken-

160

nen. Man hatte wohl versucht, das Gesicht wieder zu befestigen, das vielleicht nun irgendwo in den Schuttmassen lag.

Wir setzten uns eine Weile vor der Osiris-Statue hin und ließen immer wieder den Lichtstrahl der Taschenlampe über sie gleiten. Schließlich richtete ich den Lichtstrahl auf die Durchgänge links und rechts neben der Statue, und uns erwartete eine neue Überraschung. Diese Durchgänge führten nicht etwa wie die vorhergehenden in kleine Seitenkammern, sondern in weitere Passagen, und auch hier erblickten wir an beiden Seitenwänden wiederum zahlreiche Durchgänge.

»Ich kann es nicht glauben!« rief Marjorie immer wieder. »Ich kann es einfach nicht glauben!«

Und mir fiel auch nichts anderes ein, als zu sagen: »Das ist unglaublich, absolut unglaublich!« Die Entfernung vom Eingang von KV 5 bis zur Osiris-Statue betrug mindestens 60 Meter, und die Quergänge – die Arme dieses T-förmigen Grundrisses – reichten mindestens weitere 20 Meter nach links und rechts. Auf einmal kam KV 5 eine ganz andere Bedeutung zu als einem kleinen Grab mit sieben oder acht Räumen. Rasch krochen wir wieder den Gang hinunter, während wir die Durchgänge zählten. Zwischen dem Eingang und der Osiris-Statue befanden sich zwanzig Durchgänge, zehn in jeder Wand. Und anscheinend gab es weitere sechzehn Durchgänge im Quergang auf der linken Seite der Osiris-Statue und die gleiche Anzahl auf der rechten Seite.

»Wie viele Räume gibt es denn hier?« wollte Marjorie wissen. Ich zählte laut: »Sechzehn plus sechzehn plus zwanzig ... das macht zweiundfünfzig. Plus die Gänge selbst – fünfundfünfzig. Plus die Räume im vorderen Bereich des Grabes, also weitere sechs, macht einundsechzig. Und nach dem, was wir gesehen haben, führen einige Durchgänge in dieser Passage in ganze Suiten von Räumen, nicht bloß in einzelne Räume. Burtons Plan zeigt ja eine solche Suite, nämlich gleich in Gang 7.« Ich hielt inne und dachte einen Augenblick lang nach. »Mein Gott! In diesem Grab muß es über fünfundsechzig Räume geben.« Kein Grab im Tal der Könige setzt sich aus mehr als dreißig Räumen zusammen – die meisten haben nur sechs oder acht –, und mir fallen nur wenige Gräber in ganz Ägypten ein, die annähernd so viele Räume aufweisen, und das sind eher Magazinzellen als Räume.

Es gab noch etwas anderes: Wir wußten aus den Inschriften in den Räumen 1 und 2, daß KV 5 die Grabstätte mehrerer Söhne von Ramses II. war – die Namen von zwei Söhnen hatten wir ja bereits in Raum 1 entdeckt. Wir wissen, daß Ramses II. fast fünfzig Hauptsöhne hatte, aber wir kennen nur die Gräber von zweien: Chaemwese und Merenptah.

»Könnten möglicherweise alle anderen achtundvierzig Söhne auch hier begraben sein?«

»Platz genug ist sicher da«, erwiderte Marjorie.

Und auf einmal überkam mich ein seltsames Gefühl, wie wir da viele Meter unter dem Erdboden in völligem Schweigen saßen und unsere Lampen auf die Statue des Totengottes gerichtet hielten. Hier, im Grab der großen Königssöhne, sah ich vor meinem geistigen Auge die Begräbnisse, die vor dreitausend Jahren stattgefunden hatten. Ich hörte die alten Priester ihre Gebete singen und das Rasseln der Tamburine; ich spürte, wie der Fußboden erzitterte, als große Sarkophage den Gang hinuntergezogen wurden; ich roch den Weihrauch und fühlte, wie die Roben der Priester meinen Arm streiften, während sich der Begräbniszug langsam vorbeibewegte. Für einen Augenblick fühlte ich mich in jene Zeit zurückversetzt: Es war 1275 v. Chr., und dies war wirklich das antike Theben.

Ich saß im Schutt und betrachtete die Szenerie um mich herum. Wände und Gänge erstreckten sich in mehrere Richtungen, Durchgang um Durchgang führte in Kammern und Suiten von Räumen, die alle mit dem Schutt und Geröll von mindestens einem Dutzend Sturzfluten im Laufe der letzten drei Jahrtausende zugeschüttet waren. An den Wänden waren Reste der Dekoration erkennbar, und wir erblickten zahlreiche Gegenstände auf dem Boden. Marjorie, Mohammed und ich waren die ersten Menschen, die sich nach über dreitausend Jahren in diesen Gängen aufhielten, die diese behauenen Wände berührten und diese abgestandene Luft atmeten. Dreitausend Jahre – einhundertzwanzig Generationen! Was für ein Privileg, was für ein Erlebnis, hier zu sitzen, wohin Ramses II. einst aus traurigem Anlaß gekommen war, um seine Söhne zu bestatten. Keiner von uns sagte ein Wort. Zwanzig Minuten später krochen wir aus dem Grab hinaus, schwitzend, schmutzig – und lächelnd. Als uns das Ausmaß unserer Entdeckung klarwurde, meinte ich plötzlich zu wissen, wie wir die nächsten zwanzig Jahre verbringen würden. Ich drehte mich um, gab allen die Hände und wurde von unseren begeisterten Arbeitern mit Umarmungen beglückwünscht. Alle grinsten und lachten und riefen immer wieder: »Das ist das größte Grab im Tal! Das größte Grab im Tal!«

Die Bekanntgabe

Später saß ich am Schreibtisch und brütete über dem Protokoll, mit dem ich die Ägyptische Altertümerverwaltung, unsere Sponsoren und andere Leute über das, was wir entdeckt hatten, informieren wollte. Es handelte sich zweifellos um einen ganz bedeutenden, aufregenden Fund. Ich wollte nicht unbeabsichtigt den Fehler begehen, irgendwelche Gefühle zu verletzen oder Schlimmeres anzurichten. Mehrere Kollegen mußten sich peinliche Rüffel gefallen lassen, weil sie es versäumt hatten, sich an die ungeschriebenen (und sich oft aus einer Laune heraus ändernden) Regeln zu halten, wie es die Altertümerverwaltung von ausländischen Ägyptologen erwartet. Zuerst mußte ich den Inspektor vor Ort über unseren Fund unterrichten; wir beide würden dann gemeinsam den für das Tal der Könige zuständigen Chefinspektor informieren, und schließlich würden wir drei den Chefinspektor des Westufers in Kenntnis setzen. Er allein würde dann den Inspektor für Oberägypten unterrichten, der daraufhin die Altertümerverwaltung in Kairo per Fax verständigen würde. Kairo würde dann darüber entscheiden, ob und wann die Presse informiert werden sollte. Ich suchte unseren Inspektor auf, der gerade beim Tee im Büro des Rasthauses saß, und bat ihn, die neuentdeckten Räume im Grab zu besichtigen. Doch er wollte damit warten, bis wir sie freigelegt hatten, war sich aber über die Bedeutung unseres Fundes im klaren und bereit, mit uns zum Inspektorat zu fahren. Ich hinterließ Anweisungen an unsere Arbeiter, den Durchschlupf zu erweitern, so daß die Inspektoren am nächsten Tag die neue Passage besichtigen konnten.

Während wir uns langsam in der Hierarchie der Altertümerverwaltung hinaufarbeiteten, war die Mundpropaganda am Westufer längst im Gange. Als wir im Inspektorat eintrafen, drängten sich vor dem Gebäude bereits zwei oder drei Dutzend Menschen. Der Klatsch in Theben kommt schneller voran als jedes Geländefahrzeug, und alles eilte herbei, um uns zu gratulieren.

»Herzlichen Glückwunsch, Mudir! Wir freuen uns ja so!«

»Ich bin sehr froh, daß es Ihre Entdeckung ist, Doktor. Mein Sohn, der für Sie arbeitet, hat mir immer gesagt, er sei sicher, daß dies ein bedeutendes Grab sei.«

»Nun werden Sie mehr Arbeiter brauchen, Mudir. Bitte vergessen Sie mich und meine große Familie nicht.«

Ich sprach mit dem Chefinspektor des Westufers, Sabri Abu-Sallam, einem überaus freundlichen und hilfsbereiten Mann, der sich wirklich sehr für den Schutz der ägyptischen Altertümer engagiert. Seine Augen wurden größer, als wir ihm schilderten, was wir gefunden hatten, und immer wieder schüttelte er erstaunt den Kopf.

»Das ist großartig, Doktor. Ich möchte die neuentdeckten Räume unbedingt sehen. Ich will nur noch Doktor El-Saghir anrufen, dann können wir rausfahren.«

Dr. Mohammed El-Saghir ist der Direktor aller oberägyptischen Ausgrabungen. Er spielt eine wichtige Rolle bei der Erarbeitung der Pläne zum Schutz von Theben. Während Sabri mit ihm telefonierte, erklang seine Stimme aus dem Hörer immer lauter. Offenbar war auch er aufgeregt.

Zufällig befand sich am 2. Februar auch Frank Vandiver, der Verwaltungsratsvorsitzende der AUC und ehemalige Präsident der A&M University von Texas, mit seiner Frau und seiner Tochter in Luxor. Ich verabredete mich mit ihnen am frühen Abend in der Halle des Jolieville Hotels zu einem Drink. Während ich ihnen

164

meine Entdeckung schilderte, wobei ich vergeblich versuchte, die Aufregung in meiner Stimme einigermaßen unter Kontrolle zu halten, zeichnete ich auf einer Papierserviette eine grobe Grundrißskizze vom Grab und ließ mir für den Höhepunkt Zeit.

Schließlich sagte ich: »Wir haben hier fünfundsechzig oder mehr Räume, Frank. Noch nie ist ein auch nur annähernd so großes Grab im Tal der Könige gefunden worden.«

Die Aufregung verstärkte Franks texanischen Akzent. »Wow! Mein Gott, das ist vielleicht ein Grab! Verdammt, das ist aufregend!«

Seine Tochter wollte wissen, ob wir wohl irgendwelche Objekte oder Inschriften im Grab finden würden.

»Ich bin sicher, daß wir alle möglichen Dinge finden werden«, erwiderte ich. »Ja, wir haben sogar schon recht viel gefunden: Keramik, Bruchstücke von Alabastergefäßen, Schmuckstücke, Inschriften. Aber wir wissen, daß das Grab in der Antike ausgeraubt worden ist. Wie viele wertvolle Stücke wir finden werden und wie gut ihr Zustand ist, kann ich noch nicht sagen.«

Während wir uns unterhielten, wurde auch sie immer aufgeregter. Plötzlich sprang sie auf und eilte aus der Halle.

»Wo will sie denn hin?« murmelte Frank.

Keine fünf Minuten später war sie wieder da, in der Hand ein Bündel Hundert-Dollar-Noten. »Hier«, sagte sie, »nehmen Sie das für Ihr Projekt. Das ist alles, was ich dabeihabe. Ich wollte eigentlich Shopping gehen, aber das ist viel aufregender.«

Ich protestierte, aber nur schwach. Da ich kein Geld auf der Bank hatte, mußte ich mir von Big Ahmed in unserem Hotel etwas borgen, um den Land Cruiser vollzutanken. Ich hatte gerade noch soviel Geld dabei, um das Taxi bis zur Anlegestelle der Fähre zu bezahlen.

»Nehmen Sie das Geld! Nehmen Sie alles! Es sind zwar nur siebenhundert Dollar, aber vielleicht reicht das ja für eine weitere Woche Arbeit im Grab? Das ist so wunderbar!« Sie betrachtete die Skizze, die ich gemacht hatte. »Würden Sie mir das signieren und es mich zu Hause aufhängen lassen? Ich hätte so gern den ersten Plan, der je von dem Grab gemacht wurde.«

Ich unterschrieb die Zeichnung auf der Papierserviette und gab sie ihr. »Siebenhundert Dollar sind eine Menge Geld für das Gekritzel eines unbekannten Ägyptologen«, sagte ich.

»Sie werden nicht mehr lange unbekannt bleiben, mein Lieber«, erwiderte Frank. »Ich glaube, die AUC hat einen neuen Howard Carter bekommen. Für die nächste Zeichnung werden Sie zweitausend Dollar verlangen!«

Ich ließ die Vandivers weiter von dem Grab schwärmen und unterrichtete den Präsidenten der AUC, Donald McDonald, per Fax über die Entdeckung. Dann sendete ich ein weiteres Fax an Bruce Ludwig in Los Angeles. Anspielend auf das Telegramm, das Howard Carter 1922 nach der Entdeckung des Grabs von Tutanchamun an Lord Carnarvon geschickt hatte, schrieb ich: »Bruce: Habe wunderbare Entdeckung im Tal der Könige gemacht. Erwarte Dich hier. Kent.« Bruce würde die Anspielung verstehen.

Der nächste Tag war ein Freitag, und ich verbrachte den Vormittag im Chicago House mit dem Studium von Ausgrabungsberichten und Grabpublikationen und suchte nach Hinweisen auf ein antikes Monument in Ägypten, das auch nur entfernt KV 5 ähnelte. Es gab nichts. Den Kollegen in der Bibliothek gegenüber erwähnte ich unseren Fund nicht. Am besten wartete ich mit der Bekanntgabe dieser Neuigkeit, bis die Altertümerverwaltung entschieden hatte, wie die Angelegenheit zu behandeln sei, aber Susan und ich telefonierten mit unseren Kindern in Amerika. Beide kennen sie das Tal der Könige sehr gut, da sie ja ihre Kindheit zum großen Teil damit verbracht haben, in Theben herumzustöbern, und sie stellten mir scharfsinnige Fragen über das Grab, die ich meist nicht beantworten konnte.

Donald, Bruce und ich telefonierten am nächsten Abend miteinander. Später stellte es sich als kluger Schachzug heraus, daß wir Dr. Abdel Halim Nur ed-Din, den Leiter der Ägyptischen Altertümerverwaltung, um die Erlaubnis baten, eine Bekanntgabe dieses sensationellen Fundes in KV 5 bis zum Ende der gegenwärtigen Kampagne, also bis Anfang April, zu verschieben. Wir wußten, daß sich die Medien darauf stürzen würden, und es wäre nahezu unmöglich, mit unserer Forschungsarbeit fortzufahren, wenn wir von Reportern, Kameraleuten und noch mehr Touristen bedrängt würden.

»Da gibt es noch einen wichtigen Punkt zu beachten«, sagte Bruce. »Vergessen wir nicht, daß die AUC Anfang Mai ihr fünfundsiebzigjähriges Jubiläum feiert. Bis dahin sind es nur noch drei Monate. Wäre es nicht großartig, wenn wir den Fund auf der Jubiläumsfeier in New York bekanntgeben könnten? Sie wird passenderweise im Explorers Club stattfinden, und das wäre doch für alle toll, für die AUC, das Projekt und die Altertümerverwaltung.«

Er hatte recht, aber da gab es noch einen ernsthaften Vorbehalt. »Bevor wir irgend etwas entscheiden können«, sagte ich, »müssen wir alles, was wir tun, mit der Altertümerverwaltung abstimmen.« Es ist zwar keine offizielle Vorschrift, sondern lediglich eine Tradition, an die man sich aus rein politischen Gründen hält, aber jede archäologische Entdeckung muß zuerst von den Ägyptern in Kairo gegenüber den ägyptischen Medien bekanntgegeben werden. Ich bat Donald McDonald, bei Nur ed-Din vorstellig zu werden. Zwei Tage später rief mich Donald in Luxor zurück.

»Wir hatten ein gutes Gespräch«, sagte er. »Mit Nur ed-Din kann man über alles reden, und er hat durchaus die Vorteile einer Verschiebung eingesehen. Er ist damit einverstanden, bis zum AUC-Jubiläum im Mai zu warten. Er sagt, er möchte so viele Informationen wie möglich haben, bevor er überhaupt an die Öffentlichkeit geht, und ein weiterer Arbeitsmonat in KV 5 könne uns noch etliche weitere Hinweise auf die eigentliche Bedeutung dieses Grabes geben.«

Später unterhielt sich Donald mit Dr. Nur ed-Din über das weitere Vorgehen. Ich blieb in Luxor, stand aber in permanentem Kontakt mit Donald, um zu erfahren, wie die Dinge sich entwickelten. Nur ed-Din, sagte Donald, sei überzeugt, daß die Bekanntgabe für erhebliche Publicity sorgen würde.

»Er erklärte mir: ›Das ist eine ganz aufregende Entdeckung, Doktor McDonald, und sie wird sehr gut für Ägypten sein. Gerade jetzt.‹« Er spielte natürlich auf die herben Einbußen im Tourismussektor im Anschluß an mehrere terroristische Bombenanschläge im Nahen Osten an.

Im Laufe der nächsten Woche entwickelten wir einen Plan. Wir würden Dr. Nur ed-Din zum AUC-Jubiläum in New York einladen, wo er mit uns gemeinsam den Fund bekanntgeben würde. Einige Stunden zuvor würde sein Büro eine offizielle Presseerklärung auf Arabisch herausgeben, mit der die Entdeckung der ägyptischen Presse bekanntgegeben wurde. Damit hätten die einheimischen Journalisten Gelegenheit, die Nachricht als erste zu verbreiten. Wegen des Zeitunterschieds von sieben Stunden zwischen Kairo und New York war dieser Vorsprung so gering, daß wir wohl die ausländischen Reporter nicht verärgern würden, die es gar nicht gern haben, wenn ihnen die Lokalpresse zuvorkommt.

In den nächsten zwölf Wochen mußten wir uns alle zur Geheimhaltung verpflichten. Unser Team arbeitete in KV 5 weiter und bemühte sich, jeden Hinweis auf die Entdeckung zu unterdrücken, wenn Kollegen und Touristen vorbeikamen und sich nach unserer Arbeit erkundigten. Wir befanden uns alle in einer Hochstimmung, die nicht zuletzt deshalb anhielt, weil wir nur unter uns über die neuentdeckten Räume sprechen durften.

Auch die Ausgrabung ging gut voran. Jeden Tag fanden wir neues Material – mehr Keramik, natürlich, Fayenceperlen und -intarsien, zerbrochene Glasfläschchen und Alabastervasen, hieratische Ostraka, Teile eines von einer Statue stammenden Bartes und kleine, glasierte Löckchen von Perücken. Jeden Tag entwickelten wir nach der Rückkehr in unser Hotel stundenlang Theorien über die Ausmaße und den Grundriß von KV 5 und fragten uns, welche Söhne von Ramses II. wohl dort begraben worden sein könnten. Um halb neun waren wir alle in den Betten, damit wir am nächsten Morgen früh aufstehen und uns gleich wieder in das Tal der Könige begeben konnten.

Die Arbeiter verbreiteten in ihren Dörfern jeden Abend den neuesten Klatsch, sprachen über die Funde, die sie am Tag gemacht hatten, und natürlich auch über die Bedeutung des Grabes für die Ägyptologie und den Tourismus hier auf dem Westufer wie in Luxor und in Karnak. Es galt als Auszeichnung in Qurna und den anderen Dörfern auf dem Westufer, zum Grabungsteam von KV 5 zu gehören, und unsere Arbeiter waren leicht zu erkennen, weil sie

168

durch ihre Dörfer stolzierten und den Kopf ein wenig höher trugen. Einige Männer übertrieben die Rolle, die sie bei der Neuent-
deckung gespielt hatten, und am Ende der ersten Woche erfuhr
ich, daß mindestens sechs das Verdienst für sich in Anspruch nahmen, als erste in die neuentdeckte Passage gekrochen zu sein und
die Osiris-Statue erblickt zu haben. Obwohl praktisch alle Einheimischen über KV 5 Bescheid wußten, erfuhren Ausländer erstaun-
licherweise erst davon, als wir zwei französische Ägyptologen, Jean-
Claude Goyon und Christian LeBlanc, einluden, das Grab zu
besichtigen. Liebenswürdigerweise versprachen sie, unser Geheim-
nis nicht zu verraten.

Am selben Tag kam der Chefinspektor Dr. Mohammed El-Saghir, um die neuentdeckten Räume zu besichtigen. »Wissen Sie,
Doktor«, erklärte er, »das ist die wichtigste Entdeckung im Tal seit
hundert Jahren. Sie ist vielleicht noch wichtiger als die des Grabes
von Tutanchamun.«

Ich lächelte geschmeichelt, sagte aber nichts. Unsere Arbeiter
waren davon überzeugt, daß man nur den bösen Blick auf sich
ziehen und Unglück und Enttäuschung herbeireden würde,
wenn man zu selbstsicher wäre. Ich glaube zwar nicht an den
bösen Blick, aber schließlich konnte es nichts schaden, vorsichtig
zu sein.

Im Verlauf des folgenden Monats legten wir den neuentdeckten
Gang frei, dem wir auf dem Grabplan die Bezeichnung Gang 7
gaben. Der Schutt in Gang 7 lag nicht so hoch wie in den näher
am Eingang gelegenen Räumen, und darum ging die Ausgrabung
rasch voran. Zeitweilig zu rasch: Die Arbeiter waren so aufgeregt,
daß wir sie geradezu bremsen mußten, damit sie nicht etwas über-
sahen oder zerbrachen. Wenn das Arbeitsende nahte, beklagten sich
viele Männer darüber. »Ich weiß, daß es hier viele wunderbare Dinge gibt, Mudir«, meinte einer von ihnen. »Bitte lassen Sie mich
jetzt weitergraben, nicht morgen. Ich weiß, daß es noch eine Menge schöner Wände und viele Statuen gibt.«

Als wir uns in dem Gang vorarbeiteten, entdeckten wir an den
Wänden wunderschöne Reliefs. In verschiedenen Szenen ist dort

der König mit einigen seiner Söhne zu sehen, die Osiris, Hathor, Thoth, Isis, Horus und anderen Gottheiten gegenüberstehen. Bei den Farben dominieren Rot, Blau und Weiß. Zwei Kartuschen von Ramses II. verweisen eindeutig auf den Bauherrn dieses eigenartigen Grabes. In den kleinen von Gang 7 abgehenden Kammern sind einige Szenen nur teilweise erhalten; Susan war sich aber nach einer ersten Prüfung sicher, sie rekonstruieren zu können. Nur die schwer beschädigten oberen Bereiche der Wände, meinte sie, ließen sich wohl nicht mehr eindeutig bestimmen – die Bereiche also, wo die Namen der Söhne verzeichnet waren. Und diese Bereiche waren für uns natürlich von besonderem Interesse.

Wir fanden auch eine ganze Menge Objekte – Uschebtis und Hunderte von Perlen aus Fayence, Amulette und Einlegearbeiten von Statuen und Möbeln. Sehr informativ waren auch die Ostraka; wir fanden zum Beispiel eine Quittung über die Lieferung von zweihundert Öllampen für die Männer, die KV 5 anlegten und dekorierten. Tierknochen, die zerschnitten, zersägt oder zerhackt worden waren, gehörten offenbar zu den Grabbeigaben für die Söhne von Ramses II. Vorwiegend fanden wir jedoch Tonscherben. Abertausende lagen auf dem Boden von Gang 7; allein während der ersten Grabungswoche füllten wir über zweihundert Beutel damit, und jeder Beutel wog über drei Kilo.

All diese Gegenstände waren zwar informativ, aber keinem ließ sich die exakte Bedeutung dieses merkwürdigen Grabes entnehmen. Mit Sicherheit konnten wir sagen, daß es das größte Grab war, das je im Tal gefunden worden war, daß sein Grundriß einzigartig war und daß es offenkundig als eine Art Familienmausoleum für mehrere Söhne von Ramses II. gedient hatte. Aber welche Funktionen seine zahlreichen Räume und Korridore gehabt haben könnten, wußten wir nicht. Und wir hatten noch viel zu tun, bis wir das Grab so weit freigelegt hatten, daß wir mit der eigentlichen Erforschung beginnen konnten. Ich befürchtete, daß ich in den USA bei meinem Vortrag über diese Ausgrabung auf viele Fragen aus dem Publikum keine Antwort würde geben können; ich sah mich förmlich mit den Schultern zucken und ein verlegenes »Keine Ahnung« murmeln.

Anfang März hatten wir fast die Hälfte der Nordwand von Gang 7 freigelegt und dabei festgestellt, daß sie vom Eingang bis zum Durchgang zur dritten Seitenkammer mit erhabenem Relief dekoriert war. Dahinter hörten die Reliefs auf; in der Folge war die Wandoberfläche sorgfältig aufgerauht worden, damit aufgetragener Putz besser daran haftete. Hinter dem vierten Durchgang entdeckten wir Reste von bemaltem Relief.

Wie läßt sich dieser überraschende Wechsel der Dekorationstechnik erklären? Warum wurde nach einem Fünftel dieses Ganges das versenkte Relief zugunsten von einfacher Bemalung aufgegeben? Wir wissen, daß sich Wandmalerei viel schneller erstellen läßt als ein fein geschnittenes Relief. Vielleicht mußten die Arbeiten in KV 5 aus bestimmten Gründen plötzlich schneller vorangetrieben werden. Könnte dies darauf hindeuten, daß Gang 7 in zwei Stufen angelegt wurde, daß also das Grab zu einem späteren Zeitpunkt während der Herrschaft von Ramses II. erheblich vergrößert wurde? Das würden wir jedenfalls während der nächsten Kampagnen genauer untersuchen müssen.

Fernsehaufnahmen mit der BBC

Eineinhalb Jahre lang hatte ein Fernsehteam Aufnahmen für eine Dokumentation unseres Projekts gemacht; im Februar 1995 kam es wieder, um seine Arbeit im Grab fortzusetzen. Es war eine Koproduktion der BBC und des amerikanischen Senders ABC/Kane, und ich konnte es kaum erwarten, David Wallace, dem Regisseur der Sendung, die aufregende Neuigkeit mitzuteilen.

»Das Grab ist buchstäblich gewachsen, David. Mittlerweile haben wir über fünfundsechzig Räume entdeckt. Es ist das größte Grab im Tal der Könige.«

»Das ist ja sehr interessant«, erwiderte David ausdruckslos. »Das bedeutet wahrscheinlich, daß wir unser Skript überarbeiten müssen, daß wir längere Kabel und andere Lampen brauchen. Hätten Sie Ihre Entdeckung nicht ein oder zwei Wochen früher machen können? Dann hätten wir eine Menge Ausrüstung von London mitbringen können.«

David ist ein nicht aus der Ruhe zu bringender Ire; er hat einen exzellenten Ruf als erstklassiger Dokumentarfilmer. Er ist ein Perfektionist, der völlig in seiner Arbeit aufgeht und das Leben fortwährend durch ein imaginäres Kameraobjektiv zu betrachten scheint. Sein Team setzte sich aus einem Kameramann und dessen Assistenten, einem Tontechniker und einem Regieassistenten zusammen, und jeder hatte mindestens zehn große Aluminiumkoffer dabei, die alle nur denkbaren Apparate enthielten. Unsere Arbeiter sahen ihnen während ihren zehntägigen Dreharbeiten fasziniert zu.

Am selben Tag traf auch Bruce Ludwig ein, der seine Gespräche mit dem Verwaltungsrat der AUC in Kairo früher als erwartet abschließen konnte. David Wallace wollte in einer Anspielung auf die Begegnung von Carter und Lord Carnarvon im Old Winter Palace Aufnahmen von Bruce und mir machen. Ich sollte in das Billardzimmer des Hotels stürmen, die Queues und Kugeln beiseite schieben und einen großen Plan des Grabes mit all den neuentdeckten Kammern auf dem grünen Tuch ausbreiten.

»Ob du's glaubst oder nicht, Bruce!« lautete mein Text. »Es ist das größte Grab im Tal!«

Dann legt Bruce sein Queue hin, betrachtet den Plan und sagt: »Wir haben es geschafft! Ich habe immer vermutet, daß im Tal der Könige noch mehr steckt. Herzlichen Glückwunsch, Kent.«

Wir filmten die Szene etwa sechsmal. David ließ aus einer Imkerpfeife Rauch blasen, um die Szene geheimnisvoller erscheinen zu lassen, und beim sechsten Take war die Luft im Billardzimmer so dick, daß wir einander kaum sehen konnten. Der Hotelmanager befürchtete schon, daß die Sprinkleranlagen durch die dichten Rauchschwaden ausgelöst werden könnten. Später meinte David, die Szene sei zu vergagt – sicher würde der Produzent, Dennis Kane, sie rausschmeißen.

Am nächsten Tag wurde im Tempel von Luxor gedreht: eine Szene, in der ich mit einem Klemmbrett in der Hand an der hinteren Wand im ersten Hof auf die dort dargestellte Prozession der Söhne von Ramses II. starre. Dann fuhren wir wieder ins Tal der Könige und machten Aufnahmen für eine einleitende Szene mit Touristen vor KV 5. David hatte gesehen, wie einige von unseren Arbeitern nach der Arbeit an diesem Tag auf der Straße Fußball gespielt hatten, und war der Meinung, daß wir auch so eine Szene brauchten. Wir bildeten also ein »KV-5-Team«, das angeblich gegen ein konkurrierendes Archäologenteam antrat, und wir spielten vor laufender Kamera auf einem ebenen Wüstenabschnitt gleich hinter Howard Carters Haus.

Die Filmarbeiten beanspruchten jede Minute von Sonnenaufgang bis Sonnenuntergang. Besonders durch die Dreharbeiten im Grab wurde unsere Arbeit gestört, die ich unbedingt abschließen wollte. Aber ich mußte mit dem BBC-Team für zwei Tage nach Kairo fliegen, um Szenen in meinem Büro zu drehen. David wollte unbedingt die Computergraphiken filmen, an denen unser Architekt Walton Chan arbeitete. Er hatte erste Entwürfe von den spektakulären dreidimensionalen Grabskizzen gesehen, die Walton vorbereitet hatte, und war verständlicherweise davon beeindruckt. Ich konnte es kaum erwarten, daß Walton ihm die »Fahrt« durch das Grab zeigte, die er für unsere geplante Web Site am Computer erstellt hatte. Walton Chan ist Kanadier und hat Architektur und Computerwissenschaft studiert. Er hat ein fabelhaftes ästhetisches Gespür und zugleich die technischen Aspekte voll im Griff. Seine Karten, Pläne und isometrischen Zeichnungen sind stets viel schöner, als man es gemeinhin von archäologischen Graphiken erwartet.

Bevor das BBC-Team Kairo wieder verließ, setzten sich David Wallace und ich uns zusammen, um die Dreharbeiten im folgenden Jahr zu planen. »KV 5 wächst«, sagte er, »und es hat sich zu einer wirklich faszinierenden eigenen Story entwickelt. Ich glaube, wir werden mindestens noch eine weitere Session in Luxor, vielleicht auch zwei brauchen. KV 5 sollte im Mittelpunkt der Sendung stehen, nicht das Tal der Könige. Ich meine, wir sollten den endgültigen Schnitt des Films bis 1997 verschieben. Glauben Sie, daß Sie bis dahin wissen, wie groß das Grab ist und wie viele Söhne dort begraben waren?«

»Ich kann nichts versprechen, David. Das Grab ist noch immer ein Rätsel. Wir haben noch viel Arbeit vor uns.«
»Okay«, sagte er. »Halten Sie mich über Ihre Fortschritte auf dem laufenden.«

Als ich schließlich nach Luxor zurückkehrte, erfuhr ich, daß Mohammed, unser hünenhafter Vorarbeiter, im Grab nach einer herunterfallenden Lampe gegriffen, die blanken Drähte berührt und einen schweren Schlag abbekommen hatte. Hätte Nubie nicht mit einem Stück Holz Mohammed die Drähte aus der Hand geschlagen, dann hätte Mohammed durchaus umkommen können. David Goodman und Nubie brachten ihn zu einem Arzt in der Nähe, und Mohammed hütete die nächsten beiden Tage das Bett. Er hatte am Arm schwere Verbrennungen erlitten.

Ahmed und ich überprüften am nächsten Tag im Grab jeden Draht, jeden Stecker, jede Verbindung in der elektrischen Anlage. Ich rief Don Richards, unseren ehrenamtlichen technischen Berater, in Kairo an und berichtete ihm von unserem Problem. Don hatte Kontakt zu mehreren hervorragenden ägyptischen, amerikanischen und französischen Technikern; viele von ihnen, sagte er, seien so sehr an ägyptischer Archäologie interessiert, daß sie uns sicher kostenlos ihren Rat und ihre Hilfe anbieten würden. Wir sollten doch mal ihren Chefelektroingenieur John Triplett kommen lassen. Drei Tage später traf John in Luxor ein, verbrachte das Wochenende mit der Überprüfung der elektrischen Anlage des Grabes und hinterließ uns einen kompletten Elektroinstallationsplan für KV 5. Sobald die nötige Ausrüstung aus Kairo kam, bauten wir die Anlage ein.

Die Pressekonferenz in New York

Am 17. Mai flogen Dr. Abdel Halim Nur ed-Din und ich vormittags nach New York. Am nächsten Tag würden die ägyptischen Zeitungen die Presseerklärung erhalten, in der die Entdeckung bekanntgegeben wurde. Ein paar Stunden später würden die Zei-

174

tungen in New York und Washington die Story bringen. Die AUC hatte eine ausgefeilte Presseerklärung vorbereitet, die auch Karten und Planskizzen und sogar die Namen von Ramses II. und seiner Söhne in Hieroglyphen enthielt. Sie lautete:

»Wie heute gemeldet wurde, haben Archäologen möglicherweise das größte Grab freigelegt, das je im Tal der Könige in Oberägypten gefunden wurde. Auf einer Pressekonferenz im Explorers Club in New York erklärten Kent R. Weeks, Professor für Ägyptologie an der American University in Kairo, und Dr. Abdel Halim Nur ed-Din, Generalsekretär der Ägyptischen Altertümerverwaltung, das Grab sei die letzte Ruhestätte von zahlreichen Kindern des Pharaos Ramses II. gewesen. Es enthält mindestens 67 Räume, und wahrscheinlich befinden sich auf einer tieferen Ebene noch zahlreiche weitere Räume.«

Die Presseerklärung löste einen unvorstellbaren Wirbel aus. Wenige Stunden später saßen Dr. Nur ed-Din und ich im AUC-Büro gegenüber dem UN-Hauptsitz und gaben Telefoninterviews. Wir wußten zwar, daß das alte Ägypten in der westlichen Welt ein äußerst beliebtes Thema ist, aber wir hatten nicht damit gerechnet, daß die Erklärung ein so gewaltiges Interesse auslösen würde.

Nachdem Dr. Nur ed-Din mehrere Stunden mit den Reportern gesprochen hatte, fuhr er zum Lunch und anschließend in den Explorers Club. Ich würde später wieder zu ihm stoßen, mußte aber zuvor noch zu einer Konferenz in den Redaktionsräumen des *Time Magazine*. Sie wollten mit mir ein Interview über KV 5 machen und benötigten für den geplanten Artikel noch Fotos und einen Grundriß des Grabes. Die Wissenschaftsredakteurin deutete vage an, sie würden der Entdeckung möglicherweise »mehr als eine Spalte« widmen. Sie fragte mich, ob ich etwas dagegen hätte, meine Kassette mit den Dias bei ihnen zu lassen, damit sie sie sich ansehen könnten; ohne weiter zu überlegen, gab ich sie ihr. Dann hetzte ich wieder los, da ich ohnehin schon spät dran war für den Explorers Club.

Der Club befindet sich in einem wunderbaren alten Stadthaus an der East 57th Street in Manhattan. Bruce Ludwig war Mitglied des Explorers Club, und er hatte dafür gesorgt, daß die AUC an diesem Nachmittag ein Seminar über das Thema »Die Zukunft von Ägyptens Vergangenheit« sponsern würde. Dorothea Arnold, Kuratorin für die Ägyptische Abteilung des Metropolitan Museum of Art, Richard Fazzini, Kurator für Alte Kunst am Brooklyn Museum, William Kelly Simpson, Professor der Ägyptologie an der Yale University, Mark Lehner, Professor an der University of Chicago, sowie Dr. Nur ed-Din und ich sollten in einem jeweils zwanzigminütigen Vortrag darstellen, wie sich unserer Meinung nach die Ägyptologie in den nächsten Jahrzehnten entwickeln und wandeln würde. Natürlich erwartete man von mir einen detaillierten Bericht über KV 5, aber in dem Augenblick, als ich den Raum betrat, fiel mir ein, daß ich alle meine Dias der Wissenschaftsredakteurin des *Time Magazine* gegeben hatte. Ich konnte also dem Publikum absolut nichts zeigen.

Das Seminar fand in einem großen Saal im dritten Stock statt, einem Raum, der mit ausgestopften Tigern, Pinguinen, Bären und Vögeln ausstaffiert war. Es waren etwa vierhundert Menschen anwesend, und viele kamen zu mir und sagten mir, wie sehr sie gespannt seien, mehr über KV 5 zu erfahren und Fotos vom Inneren des Grabes zu sehen. Der Präsident der AUC eröffnete das Seminar, und ich sollte als letzter sprechen.

Ich ging zum Podium und schaute in den Saal. Die Reporter und Ägyptologen im Raum beugten sich erwartungsvoll vor. Es herrschte absolute Stille.

»Meine Damen und Herren, wegen eines bedauerlichen Irrtums habe ich an diesem Nachmittag keine Dias dabei und kann Ihnen daher nicht das Innere von KV 5 zeigen. Alles, was ich Ihnen über das Grab sagen wollte, steht in der Pressemappe, die sie bereits haben. Bitte entschuldigen Sie daher, daß ich überhaupt nicht über KV 5 sprechen werde. Ich möchte Ihnen nur sagen, daß es wirklich aufregend ist. Statt dessen möchte ich Ihnen einiges über die Rolle der Ägyptologie im Lehrplan der American University in Kairo und die Rolle der AUC auf dem Gebiet der Ägyptologie darlegen.«

Ein Stöhnen lief durchs Publikum. Mit hochrotem Kopf sprach ich etwa zehn Minuten lang, setzte mich wieder auf meinen Platz und wartete darauf, daß man über mich herfiel. In der Pause kam

176

eine Gruppe von Redakteuren des *National Geographic Magazine* auf mich zu.

»Sie lassen sich ja wirklich nicht in die Karten schauen«, sagte einer von ihnen. »Wieso machen Sie es denn so spannend? Haben Sie einen Schatz gefunden?«

Ich entschuldigte mich und erklärte, die Dias befänden sich beim *Time Magazine* – ich hätte wirklich nichts zu verbergen. Die Redakteure sahen mich ironisch an und gingen wieder.

Den restlichen Nachmittag und Abend verbrachte ich damit, Reportern aus dem ganzen Land, die die Story von den Nachrichtenagenturen übermittelt bekommen hatten, Telefoninterviews zu geben. Ich saß an einem Apparat, Dr. Nur ed-Din an einem anderen. Bis nach Mitternacht gingen pausenlos Anrufe ein.

Am nächsten Morgen begann das Telefon bereits um sieben Uhr zu läuten; das erste von etlichen noch folgenden Interviews für Rundfunklivesendungen stand an. Am späten Vormittag meldeten sich dann die Fernsehreporter, und am Abend hatte ich ein halbstündiges Gespräch mit Robert MacNeil in der PBS *News Hour*, ein Interview mit dem BBC World Service und schließlich noch ein halbes Dutzend Rundfunksendungen. Dr. Nur ed-Din war genauso beschäftigt und gab der ägyptischen Presse Telefoninterviews und belieferte die US-Presse mit Material für Hintergrundberichte. Das Ganze lief in einem aberwitzigen Tempo ab.

Am späten Abend suchte mich der Präsident der AUC in meinem Hotel auf. »Haben Sie ein derartiges Medieninteresse erwartet?«

»Überhaupt nicht. Ich kann einfach nicht verstehen, wodurch es ausgelöst wurde. Sicher, die Menschen interessieren sich für das alte Ägypten, aber das ist ja fast eine Überreaktion. Das kann nicht so weitergehen. Bis zum Wochenende kräht kein Hahn mehr danach.«

Das hätte durchaus der Fall sein können, wenn das *Time Magazine* nicht gewesen wäre. Am 23. Mai, fünf Tage nachdem ich mich mit den Redakteuren getroffen hatte, erschien das Nachrichtenmagazin mit einem Bild von Ramses II. auf dem Cover, und die Schlagzeile lautete:

GEHEIMNISSE DES VERLORENEN GRABES – DIE
ENTDECKUNG EINER KRYPTA FÜR 50 PRINZEN
WIRFT NEUES LICHT AUF DAS ABENTEUERLICHE
LEBEN VON RAMSES DEM GROSSEN.
Im Innern waren sieben ganze Seiten der Story unseres Projekts
gewidmet, mit Farbfotos und Zeichnungen vom Grab. Auch in
Newsweek und *U.S. News & World Report* erschienen größere Arti-
kel. Am Wochenende rief mich die Wissenschaftsredakteurin von
Time an und berichtete mir:»Ihre Cover-Story hat unsere Ausgabe vom 23. Mai zur bestverkauften Ausgabe seit über einem Jahr
gemacht!« (Mehrere Monate später produzierte *Time* eine Million Kühlschrankmagnethalter mit dem KV 5-Cover und verteilte
sie als Werbegeschenke an neue Abonnenten.)
Inzwischen erhielten wir Anrufe von Reportern aus aller Welt, und
jeden Tag gab es Dutzende von Anfragen für Fernsehauftritte und
Rundfunkinterviews. Die AUC wertet regelmäßig die Presse aus;
innerhalb von zwei Wochen hatte die Presseabteilung beinahe tausend Artikel allein in amerikanischen Tageszeitungen und Nach-
richtenmagazinen gesammelt. KV 5 erschien auch auf der ersten
Seite von Zeitschriften und Zeitungen in ganz Europa, Australien
und Asien, und ich bekam Stories aus Zeitungen in Hanoi, Hong-
kong, Tahiti, Guam und zahlreichen anderen fernen Orten zuge-
faxt.
Als wir im Herbst 1995 die Arbeit wiederaufnahmen, war KV 5
bereits die meistbesprochene, meistbeschriebene und meistfoto-
grafierte archäologische Entdeckung, seit Howard Carter 1922 das
Grab von Tutanchamun geöffnet hatte. Susan und ich waren monatelang unterwegs gewesen und hatten Vorträge in Amerika, Neu-
seeland, Australien und ganz Europa gehalten.
Hunderte von Anfragen von Journalisten, Freunden und völlig
Unbekannten stapelten sich auf meinem Schreibtisch; alle wollten
sie das Grab besichtigen. Wir sagten allen ab, außer unseren Fach-
kollegen, den Ägyptologen. Wir freuten uns, mit Menschen außerhalb des Grabes zusammenzukommen, wir beantworteten gern
alle Fragen, aber unsere Arbeit würde nur darunter leiden, wenn
wir zahlreiche Menschen in das Grab hineinließen. Ohnehin

mußten wir mindestens fünf- oder sechsmal pro Tag die Arbeit ruhen lassen, um irgendwelche VIPs im Grab herumzuführen, die die Ägyptische Altertümerverwaltung hergebracht hatte – Staatsoberhäupter aus den verschiedensten Ländern, Fürsten, Senatoren, Filmstars, Geschäftsleute und Journalisten.

Ein Reporter, den ich mit großem Vergnügen in Luxor herumführte, war Douglas Preston, der einen Artikel über KV 5 für den *New Yorker* schrieb. Doug genießt aufgrund seiner präzisen, stets lesenswerten Reportagen einen ausgezeichneten Ruf, und da er Archäologie studiert hatte, verstand er unsere Arbeit. Er und Carolyn Graham, eine Redakteurin des *New Yorker*, blieben etwa zwei Wochen bei uns. Wir verstanden uns auf Anhieb und verbrachten eine schöne Zeit miteinander. Sein im Januar 1996 erschienener Artikel war brillant.

Während unserer Abwesenheit in diesem Sommer hatte auch der ägyptische Staatspräsident Hosni Mubarak den Wunsch geäußert, das Grab zu besuchen. Natürlich leitete die Ägyptische Altertümerverwaltung sofort alles in die Wege; dann wurde man sich jedoch dessen bewußt, daß es Mubarak nicht zuzumuten war, durch die schuttgefüllte Halle zu kriechen. Die Antikenverwaltung ordnete daher an, daß ein Weg durch das Geröll gegraben werden sollte, auch wenn dies die Statik des Grabes beeinträchtigen und sich in archäologischer Hinsicht verheerend auswirken könnte. Zum Glück übertrug der zuständige Inspektor unserem Vorarbeiter Ahmed die Aufsicht bei dieser Arbeit. Ahmed ist immer sehr gewissenhaft und hat eine Menge über die richtigen Ausgrabungsmethoden gelernt. Er brachte es fertig, einen Durchgang dort anzulegen, wo dies die geringsten Probleme bereitete, und er führte über seine Arbeit Buch. Hier ein Eintrag, den ich nie vergessen werde: »Im Name des wohltätigen und barmherzigen Gottes. Guten Morgen, Doktor Kent. Es tut mir leid, wir hier graben weil ich weiß, Sie es nicht wollen, aber wir müssen und daher mache ich Notizen von der Arbeit. Wir graben langsam und ich schaue und passe auf Sachen auf, aber wir finden keine. Wir graben 1,30 Meter breit und nach unten 1 Meter. Ich danke Ihnen. Auf Wiedersehen. Ahmed.«

8

Ramesseum. Thebes.

Der Aufstieg
von Ramses II.

Unsere Entdeckung war wirklich aufsehenerregend; wir hatten das bei weitem größte Grab im Tal der Könige gefunden. Doch eine wesentliche Frage war noch nicht beantwortet: Was für ein Grab war KV 5 eigentlich? Wir wußten immer noch nicht, wie viele Söhne hier bestattet worden waren. Ungeklärt war auch, warum ein Grab mit einem so ungewöhnlichen Grundriß angelegt worden war. Solche unbeantworteten Fragen waren zwar frustrierend, trugen aber ganz gewiß zum weltweiten Interesse an KV 5 bei. Hundert Menschen, von Kollegen bis zu kleinen Kindern, schrieben uns Briefe, in denen sie uns vorschlugen, wie und wo wir graben sollten. Abgesehen von Tutanchamun war Ramses II. eindeutig der bekannteste Pharao, und die Briefschreiber stellten eine Fülle von neuen Theorien über sein Leben auf oder baten um Informationen über seine Herrschaft. Eines war allen klar: Da es keine Monumente gab, die vom Grundriß her mit KV 5 vergleichbar waren, mußten wir die Antworten auf unsere Fragen im Laufe der Untersuchung des Grabes finden und die religiösen und politischen Anschauungen des Mannes, der es hatte anlegen lassen – Ramses II. –, in Betracht ziehen.

Anfang der siebziger Jahre war ich Direktor des Chicago House; es ist das Zentrum des Epigraphic Survey der University of Chicago in Luxor, das sich der detaillierten Erfassung der Inschriften und Szenen auf den Wänden der Tempel und Gräber im Gebiet von Luxor widmet. Das Chicago House hatte sich über sechzig Jahre lang der Erforschung eines einzigen Tempels gewidmet, des Totentempels von Ramses III. in Medinet Habu. Die Ergebnisse dieser Forschungsarbeit sind in über einem Dutzend Folianten mit Plänen und Zeichnungen veröffentlicht worden. Eine derart langwierige und gründliche Forschungsarbeit ist extrem kostspielig, und das Chicago House nimmt nur die Szenen von großer historischer Bedeutung auf, die so schlecht erhalten oder so komplex sind, daß sie sich nicht auf irgendeine andere, weniger aufwendige Art adäquat erfassen lassen. Als ich ans Chicago House kam, war die Arbeit in Medinet Habu seit mehreren Jahren eingestellt worden, und die Erfassung des Chons-Tempels (eines Teils der Tempelanlage von Karnak) näherte sich dem Abschluß. Es wurde Zeit, sich nach einem anderen Projekt umzuschauen.

Ich entschied mich damals für die Nordwand der Großen Hypostylenhalle im Amun-Tempel von Karnak, die im Auftrag von Sethos I., dem Vater von Ramses II., errichtet und dekoriert worden war. Die Texte hier stellen eine reichhaltige Informationsquelle über die Kriegszüge des Pharaos und über die Geographie des antiken Vorderasien dar. Ja, sie sind so wertvoll, daß eine von meinem Kollegen William Murnane geschriebene Analyse in fünf Jahren zwei Auflagen erlebte – ein Rekord für eine derart spezielle ägyptologische Untersuchung. Abgesehen von ihrer großen historischen Bedeutung sind diese Szenen auch von außergewöhnlicher Schönheit.

Die Sethos-Wand ist eines der herausragenden Beispiele der monumentalen narrativen Kunst in der gesamten ägyptischen Geschichte. Diese Wand ist gewaltig: Ursprünglich war sie etwa fünfundzwanzig Meter hoch, und durch ein Tor, das in die Große Hypostylenhalle führt, ist sie in zwei dreißig Meter lange Segmente unterteilt. Wunderschönes bemaltes Relief bedeckte hier einst eine Fläche von über tausend Quadratmeter.

Diese Szenen sind sowohl in technischer wie in ästhetischer Hinsicht perfekt. Die Haartrachten und Kostüme, die mächtigen Muskeln der Pferde, die den Streitwagen des Pharaos ziehen, die subtile Gestaltung der Gesichter der Feinde, auf denen die Tränen und der Schmerz über ihre Niederlage zu sehen sind – all dies legt eine Aufmerksamkeit für Details nahe, wie sie in der ägyptischen Kunst nicht ihresgleichen hat. Die Linien sind gleichmäßig und sicher gezogen, die Umrisse und Proportionen sind perfekt dargestellt. Jede Figur zeugt von der Selbstsicherheit und dem Geschick der Künstler.

Meine Frau Susan untersucht das feine Relief in Gang 7, bevor sie eine Zeichnung dieser Szenen anfertigt.

Rechts: *Ausschnitt des Reliefs in Gang 7 – der Gott Horus.*

Unten: *Ausschnitt des Reliefs in Gang 7 – die Göttin Hathor.*

Oben: *Eine Kombination aus Treppe und Rampe in Gang 11, von der wir zunächst annahmen, daß sie uns zu einer Grabkammer führen würde.*

Mitte: *Der Konservator Lotfi Khaled injiziert Kunstharz zwischen dem lockeren Putz und der Kalksteinwand.*

Unten: *In einer Seitenkammer von Gang 11 liegen drei Estrichböden übereinander; es handelt sich um einen der wenigen mit Estrich versehenen Böden, die in ägyptischen Monumenten gefunden wurden.*

Unser Architekt Walton Chan ermittelt die klimatischen Verhältnisse in KV 5.

Rechts: *Francis Dzikowski fotografiert die noch nicht freigelegten Bereiche von Gang 10.*

Unten: *Arbeiter ver-schweißen Doppel-T-Träger zur Verstärkung der Decke in den Räumen 1 und 2.*

Hier untersuche ich eine Schicht aus
Kalksteinschuttstücken, die nach oben
mit einem dicken weißen Estrich ab-
schließt. Diese bildete den neuen Boden
im vorderen Bereich der Pfeilerhalle.
Das ursprüngliche Bodenniveau ist an
der linken Wand zu erkennen, wo der
geglättete Kalkstein in eine grob
behauene Oberfläche übergeht.

Einer der beiden mittleren Pfeiler in
der großen Halle, die aus losen Blöcken
zusammengesetzt und nicht wie die
anderen vierzehn Pfeiler aus dem
anstehenden Fels herausgehauen
wurden. Vermutlich wurden sie erst
errichtet, nachdem man größere
Objekte, wie zum Beispiel Sarkophage,
durch die Halle transportiert hatte.

Links: *Ein Detail der unten abgebildeten Prozession, das den erstgeborenen Sohn, Amun-her-chepeschef, darstellt, wie er in den Tempel eintritt.*

Unten: *Hier untersuche ich eine Darstellung der Prozession der Söhne von Ramses II. im Tempel von Luxor.*

In Raum 2 entdeckten wir in einem Schacht einen Rinder-schenkel, drei Schädel und das vollständige Skelett eines Menschen.
Bei den menschlichen Knochen könnte es sich um die Reste der Mumien der Söhne von Ramses II. handeln.

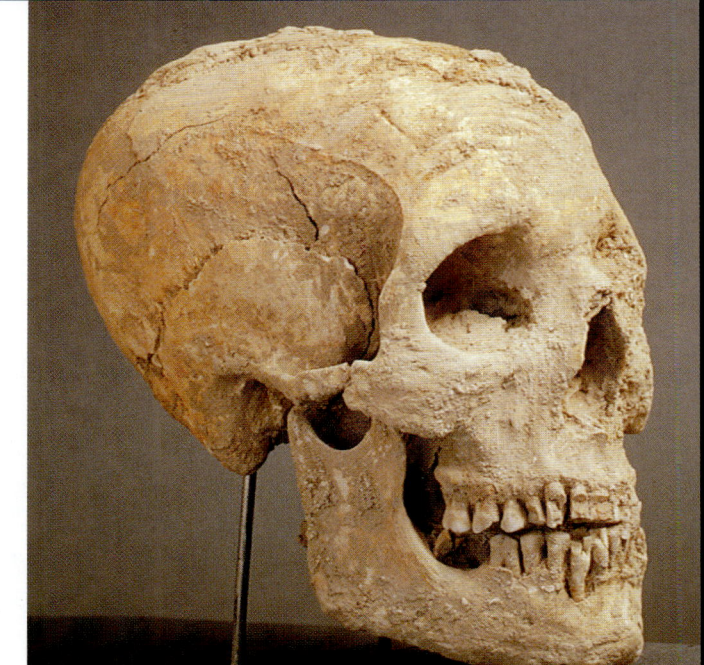

Rechts: *Schädel Nr. 3 aus dem Schacht in Raum 2, möglicherweise ein Sohn von Ramses II.*

Unten: *Detail einer Kampfszene: Amun-her-chepeschef folgt seinem Vater Ramses II. auf einem Streitwagen in die Schlacht.*

Unsere Arbeiter vor dem Eingang von KV 5. In der Mitte hält Ahmed, der Vorarbeiter, ein Schild mit der Aufschrift KV 5. Links von ihm kniet Hamada, einer unserer Inspektoren, und rechts neben mir steht Mohammed.

Es ist eine Ironie des Schicksals, daß sich eines der bedeutendsten Beweisstücke für die Geschichte der Karriere von Ramses II. auf die Interpretation dieser Wandszenen stützt. Am Ostende der Wand wird dargestellt, wie Sethos I. sich anschickt, seinen Streitwagen zu besteigen und in die Schlacht zu ziehen. Unmittelbar hinter ihm steht ein junger Mann, der in einem so viel kleineren Maßstab dargestellt ist, daß sein Kopf nur bis zu Sethos' Knie reicht. Diese Figur ist in sechs weiteren Szenen auf dieser Wand zu finden, und in jedem Fall ist sie später mit Stuck überzogen und an ihrer Stelle eine Figur von Ramses II. eingemeißelt worden. Diese Veränderungen sind nicht auf den Fehler eines Schreibers oder auf künstlerische Selbstkritik zurückzuführen; sie sind vielmehr bewußt vorgenommen worden. Hier war ganz gezielt eine Figur durch eine andere ersetzt worden. Zum Glück für uns Ägyptologen ist ein Großteil des Putzes abgefallen, so daß man heute Reste von beiden Stadien sehen kann.

Ursprünglich war hier Mehi dargestellt worden; sein Name leitet sich von den Silben em heb her – wie in den Namen Hor-em-heb oder Amun-em-heb. Mehi führte die Titel »Truppenkommandant« und »Wedelträger«. Der erste Titel bezeichnet anscheinend einen führenden Strategen; es handelt sich offenbar um eine wichtige Position, die auch angemessen für jemanden ist, der in diesen Schlachtszenen neben dem Pharao steht. Der zweite zeichnet einen Menschen aus, der dem Pharao regelmäßig seine Aufwartung macht und folglich das Vertrauen des Königs genießt.

Vor vielen Jahren hatte der amerikanische Ägyptologe James Henry Breasted diese Wand untersucht. Seiner Theorie zufolge ist Mehi hier entfernt worden, weil er der ältere Bruder von Ramses II. war und von diesem ermordet worden ist, um selbst die Thronfolge antreten zu können. In seinem Buch *The History of Egypt* schreibt Breasted:

> »Bei Sethos' Tode schob Prinz Ramses seinen ältesten Bruder beiseite, ohne auch nur einen Augenblick zu zaudern, und bestieg den Thron.«[1]

Dies ist zwar provokativ, aber tatsächlich läßt sich Breasteds Ansicht kaum belegen, auch wenn sie in ägyptologische Geschichtsdarstellungen Eingang fand und sich seit bald neunzig Jahren verfestigt hat. Etliche Ägyptologen sprachen von Palastintrigen, hinterhältigen Komplotten und Brudermord. Und all das hatte zur Folge, daß Ramses II. den Ruf eines heimtückischen, gemeinen, ziemlich üblen Schurken erlangte. Noch 1981 behauptete der renommierte deutsche Ägyptologe Wolfgang Helck, Mehi sei der designierte Thronfolger von Sethos I. gewesen, und die Löschung seiner Bilder beweise, daß Anhänger von Ramses II. sich verschworen hatten, Mehi zugunsten ihres Kandidaten für den Pharaonenthron zu verdrängen.

Eine andere Erklärung hat demgegenüber der Ägyptologe William Murnane vorgelegt. Er glaubt, daß Mehi von niedrigem Rang gewesen sei – oder möglicherweise sogar ein Verwandter von Haremhab, dem letzten König der 18. Dynastie –, der aufgrund seiner Begabung oder Arglist rasch in der Armee Karriere gemacht und eine mächtige Rolle als militärischer Berater von Sethos I. gespielt habe. Murnane behauptet, Mehi könne inoffiziell als möglicher Thronfolger in Betracht gezogen worden sein, aber nur weil Sethos kinderlos oder sein Sohn noch minderjährig gewesen sei. Sobald Sethos' Sohn in die Pubertät kam, sei Mehis Anspruch erloschen, und Ramses II. sei der rechtmäßige und legitime Thronerbe geworden. Keine Verschwörung, kein vergifteter Wein, kein Dolch in den Rücken also – nur eine relativ normale Abfolge von Ereignissen. Immerhin aber macht Murnane folgende faszinierende Bemerkung:

>»So unsicher war sich die neue Dynastie, daß sie zunächst die Förderung eines Emporkömmlings wie Mehi zuließ und dann die Gefahr erkannte, die seine Karriere für eine Königsfamilie darstellen könnte, deren Mitglieder ebenfalls aus dem Militär gekommen waren. Ramses II. ... stellte rasch das Gleichgewicht wieder her, indem er seinen eigenen Söhnen eine beispiellose Stellung im öffentlichen Leben zuwies

und dann diese Politik so erfolgreich durchzog, daß sie im ganzen späteren Neuen Reich praktiziert wurde.«[2]

Schon in ganz jungen Jahren spielte Ramses II. eine aktive und hervorragende Rolle am Hof seines Vaters. Zweifellos war er ein aufgewecktes und von seinem Vater überaus geliebtes Kind. Aber es fällt doch schwer, einem Text aus dem zweiten Regierungsjahr von Sethos, als Ramses erst zehn Jahre alt war, Glauben zu schenken; diesem Text zufolge hatte der König seinen Sohn zum Oberbefehlshaber des ägyptischen Heeres ernannt:

>»Nichts entgeht deiner Aufmerksamkeit, seitdem du dieses Land regierst. Du hast die Dinge in deinem Amt als Kronprinz schon geregelt, als du noch im Ei warst. Man trug die Angelegenheiten der beiden Länder schon an dich heran, als du noch ein Kind mit der Seitenlocke warst. Kein Bauwerk gelang, wenn es nicht unter deiner Aufsicht stand. Es gab kein Urteil, von dem du nicht Kenntnis hattest. Du warst Oberbefehlshaber des Heeres, als du ein Jüngling von zehn Jahren warst.«[3]

Entweder war dies ein reiner Ehrentitel, oder – wie der Ägyptologe Claude Vandersleyen glaubt – das Wort »Heer« bezieht sich eigentlich auf »Volk«, und der Titel ist nur als Andeutung aufzufassen, um Ramses' Anspruch auf die Thronfolge zu stützen. Wir wissen, daß Ramses seinen Vater in dessen fünftem oder sechstem Regierungsjahr wahrscheinlich auf Feldzügen in Vorderasien begleitete, doch war er aufgrund seines Alters mit ziemlicher Sicherheit nichts weiter als ein Beobachter fern der Kampfhandlungen und nicht ein Kommandeur der Truppen – so wie er später seine kleinen Söhne auf den Kriegszug mitnahm, damit sie die große Schlacht von Qadesch miterlebten.

Einige Ägyptologen glauben zwar, Ramses sei schon früh zum Mitregenten seines Vaters aufgestiegen und habe mit voller Verantwortung an der Regierungsgewalt teilgenommen, doch die meisten Wissenschaftler sind inzwischen der Ansicht, daß er zum Kronprinzen ernannt wurde, also einen nicht ganz so hohen Titel innegehabt hat. Diese These wird durch eine Inschrift aus Sethos' neuntem Herrschaftsjahr in Assuan bestätigt, in der Ramses einfach als »ältester Sohn« und nicht mit einem Herrschaftstitel aufgeführt wird. Der Titel Kronprinz wurde ihm in Sethos' siebtem Herrschaftsjahr verliehen, und vielleicht war es der Wesir Paser, der die Zeremonie leitete. Von diesem Ereignis ist ein einige Jahre später von Ramses abgefaßter Bericht überliefert:

> »Als mein Vater vor der Menge erschien ... sagte er über mich: ›Setzt ihn als König ein, damit ich seine Vollkommenheit [sehen] kann, solange ich noch lebe.‹ [Er ließ] die Kammerherren [rufen], damit sie die Kronen auf meinen Kopf setzten. ›Befestigt den Uräus an seiner Stirn!‹, so sagte er über mich, als er noch auf der Erde war, ›damit er das Land vereinigt, [Ägypten] versorgt und dem Volk Befehle erteilt.‹ [Er sprach] von mir mit Tränen [in den Augen], so groß war die Liebe in ihm für mich. Er stattete mich mit Hausdienerinnen und königlichen Dienerinnen aus, die den Schönen des Palastes gleichkamen. Er wählte für mich Frauen überall [in diesem Land] aus ...«[4]

Was für ein Geburtstagsgeschenk! Ramses war erst fünfzehn Jahre alt, und doch hatte er bereits die Karriere angetreten, die ihn als einen der größten Herrscher Ägyptens, als einen der umtriebigsten Bauherren und sicher als einen der kinderreichsten Väter ausweisen würde.

Etwa acht oder neun Jahre lang war Ramses II. Kronprinz, bevor er im Sommer 1279 v. Chr. den Thron bestieg. Er war zu der Zeit etwa zwanzig Jahre alt. Ramses hielt sich wahrscheinlich in seiner Residenz in Memphis auf, als er erfuhr, daß sein Vater in Piramesse (Ramsesstadt) gestorben war. Sethos starb im Alter von etwa fünfzig Jahren; sein Tod muß, auch wenn er bereits erwartet worden war, ein furchtbarer Schock für die ägyptische Gesellschaft gewesen sein, ein katastrophenträchtiges Ereignis für das Niltal. Es war, als ob der Gott Seth erneut Osiris umgebracht hätte und feindliche Kräfte sich anschickten, die Weltherrschaft zu ergreifen. Um dieser Gefahr zu begegnen und eine sichere und erfolgreiche Übergabe der königlichen Autorität zu gewährleisten, mußten eine Vielzahl von Regeln und Ritualen peinlich genau befolgt werden.

Ramses übernahm natürlich bereits unmittelbar nach dem Tod seines Vaters die Macht. Seine eigentliche Krönung fand jedoch erst nach dem Abschluß der siebzig Tage währenden Einbalsamierung und nach der Bestattung seines verstorbenen Vaters im Tal der Könige statt. Vorzugsweise sollten Königskrönungen mit »einem Neuanfang im Ablauf der Natur« zusammenfallen, da man eine Verbindung zwischen dem Königtum und den Zyklen der Natur herstellen wollte. Wir wissen zwar nicht, wann genau die Krönung von Ramses stattfand, aber es wird durchaus am Beginn oder beim Rückgang des alljährlichen Nilhochwassers, zum Zeitpunkt einer Sonnenwende oder einer Tagundnachtgleiche oder zu Beginn der alljährlichen Ernte gewesen sein können.

Die Namen und Titel, die Ramses bei seiner Krönung annahm, verweisen bereits auf den Herrschaftsmodus, den der junge Pharao auszuüben gedachte:

»Horus, starker Stier, geliebt von Ma'at
Der, der beiden Herrinnen, Beschützer Ägyptens,
Bezwinger der Fremdländer
Goldhorus, reich an Jahren, groß an Siegen
König von Ober- und Unterägypten User-Ma'at-Re
Sohn des Re, Ramses, geliebt von Amun.«[5]

Später, am 26. Tag des dritten Frühjahrsmonats im zweiten Jahr seiner Herrschaft, legte er sich einen weiteren Titel zu: »Setepenre«, was soviel bedeutet wie »Erwählt von Re« oder »Erbe des Re«. Die Inthronisierung (nicht die Krönung) von Ramses II. als Herrscher von Ober- und Unterägypten fand Anfang Juni 1279 v. Chr.

wahrscheinlich in Heliopolis statt. Anschließend segelte der neue Pharao nach Piramesse, um die Vorkehrungen für die Bestattung seines Vaters zu beaufsichtigen. Die Einbalsamierung von Sethos' Leichnam hatte bereits vor Ramses' Ankunft begonnen, und man kann sich vorstellen, daß von den Priestern jeden Tag langwierige, in ihrer Abfolge festgelegte Zeremonien für den toten Pharao und seinen Nachfolger abgehalten wurden. Danach wurde der präparierte Leichnam mit Binden umwickelt und in die Sarkophage gelegt. Unter der Führung von Ramses setzte sich der Leichenzug von Piramesse aus in Bewegung. Es war eine riesige Schiffsflotte, die auch die Priester und Beamten sowie die Grabausrüstung transportierte. In Heliopolis, Memphis, Abydos und in einer Reihe anderer Städte am Nil hielt die Flotte, damit religiöse Zeremonien veranstaltet, Versammlungen abgehalten und Mahle eingenommen werden konnten. Bei jedem Halt wurde die Schiffsprozession zweifellos immer größer, da sich überall Trauernde den feierlichen Zeremonien anschlossen. Bauern säumten die Ufer. Einige ließen ihren neuen Pharao hochleben, andere standen in stummem Gebet da und trauerten um den alten. Alle waren von der Pracht der Begräbnisprozession beeindruckt.

In Theben war die Nachricht von Sethos' Tod drei Monate vor dem Aufbruch der Flotte eingetroffen. Als sie dort vermutlich im August anlegte, wurde der königliche Leichnam von den Priestern in Empfang genommen. Anschließend wurden in den bedeutendsten Tempeln von Theben die Bestattungszeremonien veranstaltet. Diese Feierlichkeiten müssen wirklich eindrucksvoll gewesen sein. Ich stelle mir vor, wie die große Prozession den Amun-Tempel in Karnak verließ, auf zahllosen Barken den Nil überquerte und auf einem Kanal, der in westlicher Richtung durch das Fruchtland führte, zum Totentempel von Sethos I. segelte. Dort verweilte der Leichenzug vielleicht einen Tag oder länger, während denen weitere Zeremonien abgehalten wurden. Dann führte die Prozession über die kahlen Berge ins Tal der Könige und in Sethos' Grab. Die Mumie des Königs wurde in der Grabkammer zur letzten Ruhe gebettet; die Grabausrüstung und die Opfergaben, die er für das Leben nach dem Tode benötigte, wurden in den Magazinen deponiert. Ramses II. sah zu, wie die Priester die überlieferten Rituale vollzogen und das Grab versiegelten. Diese Zeremonie sollte erst siebenundsechzig Jahre später wieder stattfinden.

Ramses II. blieb noch mindestens einen weiteren Monat in Theben, um einer der bedeutendsten religiösen Feiern des Landes, dem Opetfest, beizuwohnen. Es wurde alljährlich im Sommer, wenn das Nilhochwasser seinen Höhepunkt erreichte, in den Tempeln von Luxor und Karnak abgehalten und dauerte über drei Wochen. Während der Herrschaft von Amenophis III. wurden Statuen des Gottes Amun, seiner Frau Mut, ihres Sohnes Chons und Abbilder des Königs und seines Ka über eine breite, gepflasterte und von widderköpfigen Sphingen gesäumte Straße von Karnak nach Süden zum Tempel von Luxor, der sogenannten »Südlichen Residenz«, getragen. Diese Straße hatte eine Länge von 5 Kilometern; in gewissen Abständen waren ein halbes Dutzend kleine Kioske aus Stein errichtet worden, damit die Priester, die die Statue in einem Schrein auf einer großen Barke trugen, eine Rast einlegen und beten konnten. Sobald der Zug in Luxor eingetroffen war, wurden die Empfangszeremonien abgehalten; Musiker, Tänzer und Sänger hießen den Gott und sein Gefolge willkommen. Dann zog sich der Pharao in das Geburtshaus zurück, aus dem er später symbolisch wiedergeboren und erneuert heraustrat. Statuen von seinem Ka wurden nun nicht mehr vorgeführt, weil dem Glauben nach der Ka nun in den königlichen Leib eingezogen war. Sinn dieses Festes war es also, die königliche Macht zu erneuern, an sie zu erinnern und das göttliche Wesen des Pharao zu feiern und zu bestätigen.

Wir wissen so viel über diese Prozession, weil sie auf den Wänden der Prozessionskolonnade im Tempel von Luxor detailliert dargestellt ist. Die Westwand zeigt die Prozession über Land von Karnak nach Luxor, die Ostwand die Rückfahrt auf dem Nil auf der Barke des Amun, die mit dem Schiff des Königs vertäut ist und von Hunderten anderer Boote begleitet wird.

In einem gewissen Sinn wird das Opetfest noch heute in Luxor begangen; freilich in einer völlig anderen Form, und nicht von Men-

191

schen, die dem antiken Amun-Kult anhängen, sondern von ansonsten traditionsgläubigen Muslimen und Kopten. Vor etwa siebenhundert Jahren wurde im Tempelbezirk von Luxor zu Ehren eines einheimischen Scheichs, Jussuf Abu el-Haggag, eine Moschee errichtet. Diese heute noch existierende Moschee ist von einigen aus dem 19. Jahrhundert stammenden Anbauten umgeben. Jedes Jahr kommen im Monat Schaban, der unmittelbar dem heiligen Fastenmonat Ramadan vorangeht, Tausende von Fellachen nach Luxor, um an dem dreitägigen Fest zu Ehren von Jussuf Abu el-Haggag teilzunehmen. Während dieses Festes verwandelt sich die Stadt in einen riesigen Jahrmarkt: Überall türmen sich Haufen getrockneter Datteln, Früchte und Nüsse; an vielen Ständen wird Zuckerwatte feilgeboten, und man stolpert förmlich über die dreirädrigen Karren, auf denen sich Kuchenbleche und Limonadenbüchsen stapeln. Straßenhändler verkaufen Papierhüte; Bänkelsänger und Zauberer unterhalten die Menge, und auf der Uferpromenade werden Pferderennen veranstaltet. In den Straßen drängen sich Menschen aus ganz Oberägypten. Höhepunkt der Feierlichkeiten ist ein Festzug: Aus dem Keller der Moschee wird von Einheimischen ein großes Barkenmodell herausgetragen; der Zug führt von der Moschee durch die Stadt, um den Tempel herum und wieder zurück zur Moschee. Begleitet wird er von singenden und tanzenden Jugendlichen, Mädchen in bunten Gewändern und Kindern, die mit Palmzweigen auf den Ladeflächen von Pritschenwagen herumwedeln. Dieser Feier fehlen jegliche christlichen oder muslimischen Attribute; sie ist eindeutig eine christianisierte und islamisierte Version eines altägyptischen Festes.

9

sesame harvest near medinet habu temple, luxor   1997 sw.

Ramses II. und
sein Nachfolger

1996 besuchten wir im Grab von Ramses II. (KV 7) den französischen Ägyptologen Christian LeBlanc. Christian hatte in der
Grabkammer Alabasterbruchstücke gefunden, die eine auffallen-
de Ähnlichkeit mit Fragmenten aufweisen, die wir in KV 5 entdeckt haben. Es besteht kein Zweifel daran, daß diese von uns
gefundenen Fragmente zum einen Bruchstücke eines Sarkophagdeckels aus Alabaster, zum anderen Teile eines großen Alabaster-
behälters sind, der Kanopenkrüge enthielt. Dieser Umstand spricht
sogar noch mehr dafür, daß KV 5 tatsächlich die Grabstätte der
Pharaonensöhne und nicht nur ein Kenotaph oder ein Tempel war.
Ich bin immer beeindruckt, wenn ich KV 7 betrete; doch an jenem
Tag schlug mich das Grab noch mehr in seinen Bann als sonst.
Christian hatte den Schutt aus den Eingangspassagen beseitigen
lassen und dabei Teile von großartig dekorierten Wänden freigelegt. Susan war hingerissen und sah sich über eine Stunde lang die
Szenen und Figuren an, die denen in KV 5 so sehr ähneln. Dank
ihres bemerkenswerten Gedächtnisses erkannte sie Figuren und
Hieroglyphen, die wir verwenden konnten, um auf Papier die größtenteils zerstörten Szenen und Texte in unserem Grab zu rekonstruieren. Auch hinsichtlich des Stils der Wandmalereien und Reliefs
sind sich das Grab von Ramses II. und KV 5 bemerkenswert ähnlich. Die Ägyptologin und Kunsthistorikerin Edna Russman meinte bei einem Besuch in KV 5 sogar, beide Gräber seien von denselben Künstlern gestaltet worden. Insbesondere die Gesichter
der Göttinnen würden die gleiche feine Modellierung von Wangen und Kinn, den gleichen geschwungenen Schnitt von Augen
und Nase und die gleichen Körperproportionen aufweisen. Zumindest ein Teil des Grabes, erklärte Edna, sei zweifellos in der Frühphase der Herrschaft von Ramses II. dekoriert worden.
Als wir durch die ersten drei Passagen des Grabes von Ramses II.

gingen, tauchten die Lampen am anderen Ende die stauberfüllte Luft in ein gespenstisches gelbes Licht. Ich versuchte mir vorzustellen, wie dieses wunderbar dekorierte Grab, dessen feine Reliefs in leuchtenden Farben ausgemalt sind, in der Antike ausgesehen haben mochte. Ich fragte mich, wie man sich damals auf das Begräbnis eines Mannes vorbereitete, der siebenundsechzig Jahre lang über das mächtigste Land der Welt geherrscht hatte.

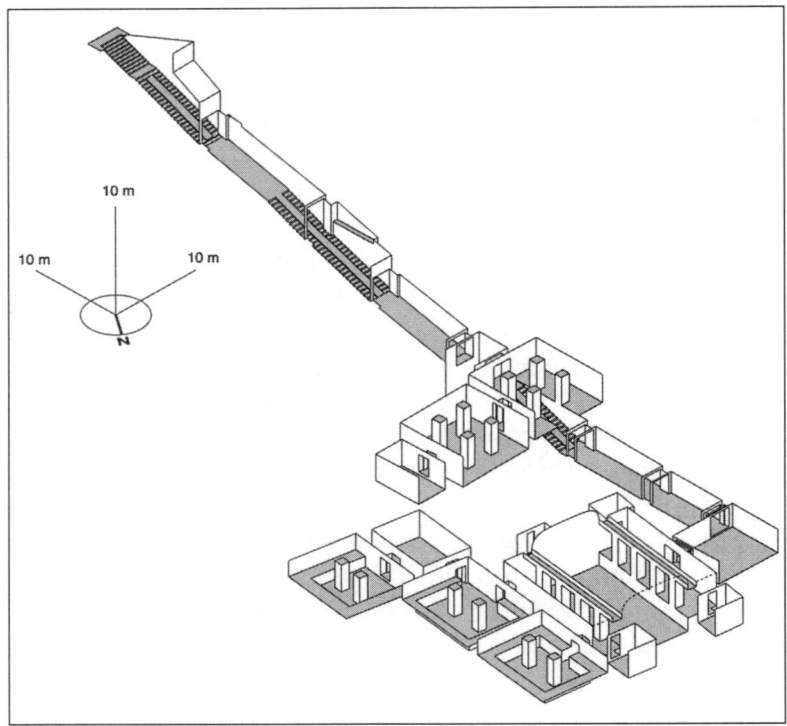

KV 7, das Grab von Ramses II.

Ramses II. war von vergleichsweise hohem Wuchs – 1,72 Meter –, bis Arthritis und Spondylitis sein Rückgrat krümmten und ihn zwangen, langsam und nach vorne gebeugt zu gehen, gestützt auf den langen Stock, den er stets mit sich führte. Er war von schlank und offenbar in jungen Jahren sehr muskulös gewesen. Er hatte

196

ein schmales Kinn, hohe Wangenknochen, ein ausgeprägtes Adlerprofil mit einer großen Nase und abstehende Ohren mit durchbohrten Ohrläppchen. Seine Zähne waren in schlechtem Zustand: In mittleren Jahren litt er unter Zahnwurzelhautentzündung, und seine Zähne waren voller Löcher. Aber alles in allem war Ramses II., gemessen an seinem hohen Alter, noch bemerkenswert fit.

Als er starb, hatte er noch immer volles, naturrotes Haar, und damit unterschied er sich auffallend von den normalerweise schwarzhaarigen Menschen in Ägypten und Vorderasien. Rotes Haar war ein typisches Attribut des Gottes Seth, und Ramses II. mag sich diesem Gott deswegen noch stärker verbunden gefühlt haben.

Er war stets ein Mensch voller Tatendrang, ein König, der auf seine vielfältigen Tätigkeiten überaus stolz war und sich oft persönlich an ihrer Planung beteiligte. Man kann sich gut vorstellen, daß er in seinen letzten Lebensjahren noch immer eine eindrucksvolle Erscheinung war, daß ihn erst kurz vor seinem Tod die Kräfte verließen.

In den Monaten bevor Ramses II. starb, muß man sich im ganzen Land große Sorgen gemacht haben. Wahrscheinlich wurden ständig Botschaften zwischen den Ratgebern des Königs und den zahlreichen Tempeln in Ägypten ausgetauscht. Der Hohepriester des Amun-Kults, der Wesir in Theben und die Beamten in Memphis und Heliopolis ließen sich wohl fast täglich über den Gesundheitszustand des Königs unterrichten. Dies war gar nicht so einfach: Die letzten Monate vor seinem Tod hielt sich Ramses II. in Piramesse auf. Es war Juli, die Überschwemmung des Nils hatte eingesetzt, und der Talboden lag bereits mindestens 30 Zentimeter unter Wasser. Die Strömung des Flusses beschleunigte sich um das Dreifache auf über 9 Kilometer pro Stunde. Der Nachrichtenaustausch mit den stromaufwärts liegenden Landesteilen wurde erschwert, und die Priester und Beamten in Theben und anderen entlegenen Städten hatten vielleicht kaum noch Zeit, ihre Vorbereitungen für ein Königsbegräbnis zu treffen. In den Palästen, Tempeln und Ämtern in Ägypten bereitete man sich auf das erste Königsbegräbnis seit über zwei Generationen vor.

Als Queen Victoria nach einer Regentschaft von vierundsechzig Jahren 1901 starb, war niemand am britischen Königshof, der sich hätte erinnern können, wie ein Staatsbegräbnis durchgeführt werden sollte. Nachdem die Hofbeamten erfolglos in Chroniken und Archiven gestöbert hatten, ging ihnen in ihrer Verzweiflung auf, daß sie eine Zeremonie erfinden mußten. »Die historische Unwissenheit aller, von den obersten Rängen bis zu den niedersten Chargen, war unbeschreiblich«, notierte ein damaliger Beobachter frustriert.

Ich vermute, daß es vor dreitausend Jahren ein ganz ähnliches Problem in Ägypten gab, als Ramses II. im Juli 1213 v. Chr. nach siebenundsechzigjähriger Herrschaft starb. Er war fast neunzig Jahre alt. Welcher seiner Hofbeamten, welcher Priester hatte je mit einem Königsbegräbnis zu tun gehabt? Ja, wahrscheinlich hatte keiner von ihnen einen anderen Herrscher gekannt. Die Ägyptologen haben zwar bislang keine detaillierten Richtlinien für Königsbegräbnisse in Tempelarchiven finden können, aber ich halte es für wahrscheinlich, daß es sie gegeben hat. Donald Redford hat die uns bekannten Archivaufzeichnungen eingehend untersucht, und er glaubt, daß Tempelbibliotheken eine Fülle verschiedenartiger Dokumente enthalten haben müssen: Königslisten, Annalen, Chroniken, Grundrisse religiöser Bauwerke, Landkarten, medizinische Texte, Weisheitslehren, Listen mit guten und schlechten Tagen, Traumdeutungen, astrologische Texte, Hymnen, Bauanleitungen, Inventarlisten, Rechnungsbücher und Handbücher mit Richtlinien für Feste und Rituale. Zur letzten Kategorie gehörten vielleicht auch Richtlinien für ein Königsbegräbnis. Wenn dies der Fall war, dann ähnelten sie formal vielleicht den Richtlinien für das rituelle Einbalsamieren des Apis-Stiers in Saqqara.

Ramses' Tod trat – aufgrund seines hohen Alters – nicht unerwartet ein; etliche Monate bevor er starb, hatte man wahrscheinlich schon nach Quellen gesucht, die Aufschluß über die Bestattungsrituale geben könnten. Man wollte sich ja nicht bloß vom König mit jeder Menge Pomp und Prunk verabschieden. Der Tod eines Pharaos war schließlich eine ernste Angelegenheit – die ernsteste vielleicht, mit der jeder Beamte oder Priester am Königshof je befaßt gewesen war. Es war ein Ereignis, das die Existenz der ganzen Welt bedrohen konnte; augenblicklich mußte wieder für Ordnung und Stabilität gesorgt werden, denn sonst würde es zu einem Chaos kommen. Es mußte gebetet und geopfert werden, damit Menschen und Götter weiterhin miteinander kommunizieren konnten. Die richtigen Zeremonien mußten peinlich genau abgehalten werden, so daß der tote König zum Himmel aufsteigen und von seinen Mitgöttern willkommen geheißen werden konnte. Jedes kleinste Detail dieser rituellen Handlungen war von Bedeutung: die Blumen, die auf die Mumie des Pharaos gelegt werden mußten, die Methoden zur Zubereitung der Nahrungs- und Trankopfer, die Intonationsweise der Gebete, die richtig gebundenen Knoten in den Gürteln der Hohepriester – all das mußte genau beachtet werden.

Der Totentempel von Ramses II. – die Ägyptologen nennen ihn das Ramesseum – muß in der Antike ein spektakuläres Bauwerk gewesen sein. In der Frühphase der Herrschaft des Königs begonnen, nahm dieser Tempel beachtliche Ausmaße an: fast 200 Meter Länge und 60 Meter Breite. Seine Säulenhalle rangiert flächenmäßig gleich hinter der Großen Hypostylenhalle des Amun-Tempels in Karnak. Der Tempel wurde am Rande des Fruchtlandes errichtet, genau zwischen dem Totentempel von Sethos I. im Norden und dem Palast von Amenophis III. im Süden. Man betritt den Tempel durch einen großen Steinpylon, der mit kunstvollen Reliefs versehen war, die, wie man an den Relikten feststellen kann, die Schlacht von Qadesch darstellten. Ganz bewußt richtete sich der Entwurf des Totentempels nach dem von Amenophis III. erbauten Tempel. Wie sein Vorbild wurde er das »Haus der Millionen von Jahren« genannt, und er war eng mit dem Amun-Kult in Karnak verbunden. Der Tempel wird in den Quellen auch unter dem Namen »Vereint mit der Ewigkeit« erwähnt, und die hier dargestellte Form von Amun hieß daher »Amun, der sich aufhält in ›Vereint mit der Ewigkeit‹«. In Theben galt Amun als die lokale Form von Osiris – somit stellt Amun im Ramesseum den verstorbenen König Ramses II. dar, der nun Osiris geworden ist.

199

Innerhalb der Umfassungsmauern des Ramesseums hatten die Priester von Ramses II. nicht nur einen großen Tempel für Osiris/Amun/Ramses II. errichtet, sondern auch einen kleinen Palast, in dem der Pharao bei seinen Besuchen residierte. Einzelne Tempelgebäude waren Tuja, der Mutter von Ramses, und Nefertari, seiner Frau, gewidmet. Der aus Stein erbaute Tempel ist von Magazinen umgeben; es handelt sich um meist lange, gangähnliche Räume aus Lehmziegeln mit gewölbten Dächern. Ein Großteil dieser Anlage wird derzeit von Christian LeBlanc ausgegraben.

Das Ramesseum hat im Laufe der Zeit schwer gelitten, und heute stehen nur noch ein paar Wände und Säulen. Gleichwohl ist es noch immer beeindruckend. Zu den eingestürzten Teilen gehört auch die größte monolithische Statue, die je in Ägypten errichtet wurde, ein gigantischer Block aus rotem Granit, der einen sitzenden Ramses II. darstellt. Auch wenn diese Kolossalstatue zerbrochen in einem Feld voller Staub und Unkraut auf dem Rücken liegt, ist ihre erhabene Ausstrahlung nicht völlig erloschen. Die Anlage des Tempels orientiert sich an dem Totentempel von Amenophis III., und auch diese gigantische Statue offenbart deutliche stilistische Ähnlichkeiten zu den Kolossen von Memnon, die einst den Eingang zum Tempel von Amenophis III. bildeten. Giovanni Belzonis Beschreibung dieser riesigen Statue beeindruckte den Dichter Percy Bysshe Shelley in einem Maße, daß sie ihn zu dem Gedicht *Ozymandias* inspirierte (der Titel ist die griechische Form von User-Ma'at-Re, einem der Namen von Ramses II.)

Die Architektur des Ramesseums fasziniert jeden Besucher bei seinem Rundgang. Den schönsten Anblick – und Einblick – bietet dieser Komplex von Stein- und Lehmziegelwänden jedoch im schrägen Licht eines Wintermorgens, wenn man ein paar hundert Meter über seinen Säulen und Pylonen in einem Heißluftballon dahinfährt. Der Tempel liegt genau am Rand smaragdgrüner Felder und erstreckt sich dann in ebenes Wüstenland hinein. Nur aus der Höhe lassen sich die Feinheiten seines Grundrisses und die Sorgfalt würdigen, mit der sie ausgeführt wurden. Klar erkennt man die Anlage der Speicherräume, den Grundriß der Nebengebäude und die beachtliche Steinmetzarbeit des Tempeldaches. Ganz Theben erscheint wunderschön aus der Luft, aber wenn man nur das Ramesseum zu sehen bekommt, macht sich allein dafür schon die Fahrt bezahlt.

Ramses II. wurde in KV 7 begraben, in einem Grab, das der Forschung nach wie vor etliche Rätsel bereithält. Seit dem frühen 19. Jahrhundert ist es zwar in gewissen Zeitabständen von verschiedenen Expeditionen erforscht worden, aber es ist immer noch nicht völlig freigelegt, und wir kennen nur einen kleinen Teil der Anlage und der Dekoration. Daher ist Christian LeBlancs gegenwärtige Arbeit dort so wichtig.

Als unser Theban Mapping Project sich vor über einem Jahrzehnt KV 7 vornahm, hatten wir bei der Vermessung einer Vielzahl von Räumen große Schwierigkeiten. Es ließ sich auch nicht feststellen, ob eventuell weitere Durchgänge durch verschüttete Wände in Räume führen, die wir nicht sehen konnten. Der Schutt in den Gängen war so hoch, daß wir oft nicht wußten, ob wir geneigte Gänge oder schuttbedeckte Stufen hinuntergingen. In den Bereichen, in denen bei früheren Grabungskampagnen der Schutt beiseite geräumt und Wände und Fußböden freigelegt wurden, ist anhand der kunstvollen und präzise gearbeiteten architektonischen Details klar zu erkennen, daß KV 7 sorgfältig angelegt worden war. Die Flachreliefs an den Wänden zählen sicher zu den schönsten in ganz Ägypten. Dies ist ein Grab, das eines Königs wahrhaft würdig war.

Mehrere Wochen lang befaßten wir uns damals mit KV 7; aber auch nach der Veröffentlichung des Grundrisses in einem unserer Berichte hatten wir das Gefühl, das Grab nicht in seiner Gesamtheit erfaßt zu haben – was ja auch erst nach seiner endgültigen Freilegung möglich gewesen wäre. Inzwischen hat LeBlanc damit begonnen, die Grabkammer freizulegen und die zerbrochenen Pfeiler und die rissige Decke zu stabilisieren, und wir hoffen, in naher Zukunft das Grab neu aufnehmen zu können. In einer der kleinen Seitenkammern hat LeBlanc eine kleine Osiris-Statue gefunden; sie ist etwa halb so groß wie die, die wir in KV 5 entdeckt haben. Sie ist zerbrochen, aber fein geformt und ursprünglich bemalt gewesen. Der Boden vor dem Standort der Statue ist – wie der Boden vor der Osiris-Nische in KV 5 – bewußt grob und unregelmäßig behauen. Weder LeBlanc noch ich haben für dieses merkwürdige Detail bislang eine Erklärung gefunden. Auch das Grab von Ramses II. hat in architektonischer Hinsicht Gemeinsamkeiten mit dem Grab von Amenophis III. Das Grab seines Nachfolgers Merenptah hingegen gleicht dem von Haremhab und Sethos I. Darin spiegelt sich vielleicht ein Wandel der religiösen Anschauungen und des Totenglaubens während der langen Herrschaft von Ramses II. wider.

Merenptah

Für jeden Nachfolger wäre es sicher sehr schwer gewesen, die Herrschaft nach der langen Regierungszeit von Ramses II. anzutreten, und es scheint, daß die neunjährige Herrschaft von Merenptah vergleichsweise ziemlich ereignislos gewesen ist. Aber der Vergleich mit dem großen Vorgänger ist ungerecht. Merenptah scheint vor allem deshalb so untätig gewesen zu sein, weil nur relativ wenige Texte aus seiner Regierungszeit erhalten sind und diese sich meist mit militärischen Unternehmungen gegen die Libyer und asiatische Völker befassen. Über seine innenpolitischen Aktivitäten gibt es kaum Informationen.

Merenptah, der dreizehnte Sohn von Ramses II., war das vierte Kind von Königin Isisnofret. Wir wissen fast nichts über ihn bis zum vierzigsten Jahr der Herrschaft seines Vaters, als er zum General des Heeres ernannt wurde. Merenptah überlebte seine zwölf älteren Brüder und wurde in Ramses' fünfundfünfzigstem Regierungsjahr der legitime Erbe seines Vaters. Damals feierte Ramses gerade seinen achtzigsten Geburtstag, Merenptah seinen achtundvierzigsten. Zwölf Jahre später wurde Merenptah zum Pharao gekrönt.

Wahrscheinlich war Merenptah während der letzten zehn Regierungsjahre seines alten und kränkelnden Vaters die wahre Macht hinter dem Thron gewesen. Die Erfahrungen, die Merenptah in dieser Zeit sammelte, kamen ihm höchstwahrscheinlich zugute, als er schließlich zum König gekrönt wurde.

Zu Beginn seiner Herrschaft ordnete Merenptah einen Feldzug gegen ein Volk aus dem südlichen Libyen an, das in Ägypten eingefallen war. Ein oder zwei Jahre zuvor hatten die Ägypter gegen rebellische Stämme in Vorderasien gekämpft. Von diesen Schlachten berichtet eine Stele, die in seinem Totentempel in Theben errichtet wurde:

> »Alle Fürsten haben sich niedergeworfen und rufen
> ›Schalom!‹.
> Nicht einer erhebt sein Haupt unter den Neunbögen-
> völkern.
> Verwüstet ist Tjehenu, Hethitien ist befriedet,
> geplündert ist Kanaan mit allem Übel,
> genommen ist Askalon, gepackt ist Gezer,
> Yenoam ist gemacht zu dem, was nicht ist,
> Israel liegt brach, es hat keinen Samen ...«[1]

Dies ist der erste uns bekannte Hinweis auf Israel aus einem nichtbiblischen Text. Mein Kollege Frank Yurco vom Field Museum in Chicago glaubt, die ersten Darstellungen von Israeliten in der ägyptischen Kunst entdeckt zu haben, nämlich auf einer Wand, die etwa um die gleiche Zeit von Merenptah unmittelbar südlich der Großen Hypostylenhalle in Karnak errichtet wurde.

Der Totentempel von Merenptah liegt hinter den Kolossen von Memnon und dem Marsam Hotel von Scheich Ali Abd er-Rassul. Das aus Steinblöcken vom Totentempel Amenophis' III. errichtete Bauwerk wird derzeit von Horst Jaritz erforscht, dem Direktor des Schweizer Instituts in Kairo. Zu den Fundstücken zählen einige der besterhaltenen Wandreliefs aus einem thebanischen Tempel. Merenptahs Grab im Tal der Könige, KV 8, liegt neben dem seines Vaters und etwa 100 Meter von KV 5 entfernt. Es ist seit der Antike offen, wurde aber vor 1903, als Howard Carter dort arbeitete, nicht einmal oberflächlich freigelegt. Ja, die Grabkammer war noch Ende der achtziger Jahre, als der amerikanische Ägyptologe Edwin Brock dort arbeitete, teilweise verschüttet, und die Seitenkammern der Grabkammer sind noch heute mit Schuttmassen angefüllt. Das Grab besteht aus einer eindrucksvollen Reihe von Korridoren und Treppen, die durch eine Pfeilerhalle und einen Vorraum zu einer großen Grabkammer hinabführen, die in ihrer Anlage der im Grab von Ramses II. ähnelt. Vier ineinander ruhende Sarkophage, drei aus rotem Granit, einer aus weißem Kalzit, sollten hier aufgestellt werden.

Die Anlage von KV 8 entspricht zwar dem Standard der Königsgräber der 19. Dynastie, doch sie unterscheidet sich erheblich vom Grundriß von KV 5. In den ramessidischen Gräbern haben wir vergeblich nach Hinweisen geforscht, die die Architektur oder das Dekorationsprogramm von KV 5 erklären könnten.

10

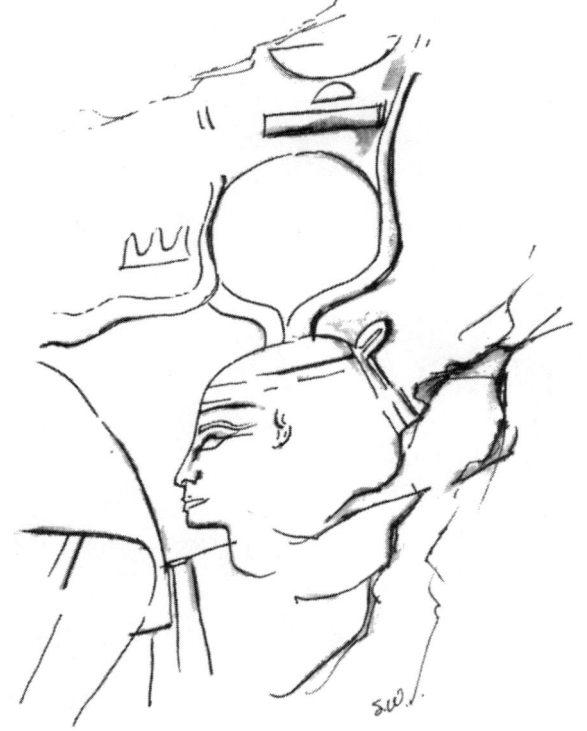

'Relief of Goddess, Chamber t, K.V.5

Rückschläge
und neue
Entdeckungen

Während unserer Grabungskampagne 1996 wollte ich unbedingt die T-förmig abzweigenden Quergänge im hinteren Teil von KV 5 erforschen, um Aufschluß über den Zweck ihrer Anlage zu bekommen. Wir hatten bei der ersten Untersuchung bereits Reste von Wanddekorationen gesehen und etliche Bruchstücke von dekoriertem Putz auf dem Boden gefunden. Aber diese Funde ließen keinerlei Rückschlüsse auf die tatsächliche Bedeutung dieser Räume zu. Während wir weiter den Gang 7 freilegten, versuchten wir jeden Abend im Hotel, eine in archäologischer Hinsicht plausible Theorie zu entwickeln – und jedesmal verstiegen wir uns dabei zu neuen Mutmaßungen.

Ramses II. hatte über fünfzig Söhne, aber nur von zweien, nämlich von Chaemwese und Merenptah, kennen wir die Grabstätten: Merenptah wurde in KV 8 begraben, Chaemwese wahrscheinlich in Saqqara oder in Gisa. Besteht die Möglichkeit, daß alle anderen Söhne hier in KV 5 begraben worden sind – alle jene, die namentlich in den Listen der Söhne aufgeführt sind, die man heute noch in von Ramses II. in Auftrag gegebenen Tempelanlagen sehen kann? Waren die von den Quergängen abgehenden Seitenkammern vielleicht die Grabkammern? Gewiß gab es hier für alle Söhne genügend Raum, aber aus architektonischen Gründen gelangten wir zu der Schlußfolgerung, daß diese Räume keine Grabkammern waren. Ob die Söhne des Pharaos nun in Granitsarkophagen oder in Holzsärgen bestattet waren – in jedem Fall sind die Durchgänge zu diesen Seitenkammern zu schmal, als daß sie hindurchgepaßt hätten. Die Durchgänge zu den einzelnen Passagen von KV 5 sind nämlich mindestens 1,5 Meter breit, die Eingänge zu den Seitenkammern überschreiten jedoch nie eine Breite von 70 bis 73 Zentimetern, und das ist einfach zu schmal für den Standardsarkophag oder -sarg. Wenn aber die Söhne nicht

207

in den Seitenkammern bestattet waren, wo dann? Wir machten uns auf die Suche nach entsprechenden Hinweisen. Zunächst einmal stellten wir fest, daß sich die Wände zwischen den einzelnen Seitenkammern längs der Gänge 10 und 11 – also der Quergänge, die auf der Höhe der Osiris-Statue abzweigen – in einem verheerenden Zustand befinden, besonders zu Beginn an der Abzweigung von Gang 7. Von der Statue aus gesehen, sind die Wände jeweils auf 5 Meter geborsten und zusammengestürzt; und große Gesteinsbrocken haben sich aus der Decke gelöst und liegen auf dem Boden. Dafür konnte es anscheinend zwei Gründe geben: Entweder hatte das gewaltige Gewicht der Felsmassen über diesem Teil des Grabes sie so stark zusammengedrückt, daß sie buchstäblich explodiert waren, oder wir mußten mit einem darunterliegenden Hohlraum rechnen, der eine Absenkung des Niveaus bewirkt hatte. Wenn letzteres der Fall war, konnte es dann noch eine weitere Ebene mit Räumen unter der geben, auf der wir uns befanden?

Wir hatten bereits bemerkt, daß die Decken in den Gängen 10 und 11 nach unten geneigt sind. Die Gänge waren so stark mit Schutt gefüllt, daß wir die Böden nicht sehen konnten, aber es erschien uns unwahrscheinlich, daß sie horizontal ausgerichtet sind. In ägyptischen Gräbern verlaufen Fußböden und Decken fast immer parallel zueinander. Warum sollte es in KV 5 einen abschüssigen Gang geben? Sofort spekulierten wir darüber, ob die Gänge 10 und 11 nicht zu einer tieferen Ebene führen, wo wir vielleicht die Grabkammern finden würden.

Eine derartige Anlage gab es in der Tat schon. Chaemwese, der vierte Sohn von Ramses II., hatte im Rahmen seiner Pflichten als Hohepriester des Ptah die Bestattung der heiligen Apis-Stiere in Saqqara beaufsichtigt. Ursprünglich waren einzelne Grabkammern für die Stiere direkt unter den Opferkapellen angelegt worden. Aber Chaemwese veranlaßte eine bauliche Veränderung: Statt einzelner Gräber für jeden Stier schwebte ihm eine Anlage mit einer Reihe von miteinander verbundenen unterirdischen Gängen und Kammern vor. Spätere Besucher nannten das auf diese Weise entstandene Labyrinth das »Serapeum«. Hier waren die Apis-Stiere in einzelnen Grabkammern bestattet, die die langen Gänge säumten. Möglicherweise war KV 5 nach dem Vorbild des Serapeums angelegt worden – mit Opferkapellen auf einer oberen und Grabkammern auf einer unteren Ebene. Wir mußten also diese möglicherweise existierende untere Ebene suchen, und wir entschieden uns in Hinblick darauf für Grabungen in dem abschüssigen Gang 11.

Zunächst einmal mußten wir mehr Arbeitskräfte einstellen, weil wir etwa 100 Meter vom Grabeingang entfernt arbeiteten, und die Beseitigung des Schutts erforderte eine Korbbrigade von fast vierzig Mann. Zum Glück stand die Schuttschicht hier nur etwa einen Meter hoch an und bestand überwiegend aus feinem Schwemmsand. So weit im Innern von KV 5 hatten sich die hereinbechenden Muren erheblich verlangsamt; hier war kein größeres Gestein mehr abgelagert worden, was die Grabung wesentlich erleichterte.

Als wir zwei Wochen entlang der Mittellinie des Ganges gegraben hatten, fiel das Deckenniveau unvermittelt um 80 Zentimeter ab, und vor uns befand sich die nackte Felswand. Ein abrupter Wechsel der Deckenhöhe in Grabgängen aus dem Neuen Reich bedeutet immer, daß der abschüssige Gang nun in eine Treppe übergeht. Gang 11 ist in dieser Hinsicht keine Ausnahme. Wir fanden eine fein behauene Treppe: Das linke und das rechte Drittel besteht aus richtigen Stufen, während in der Mitte eine nach unten geneigte Rampe verläuft. Ägyptische Architekten legten derartige Treppenrampen in Gängen an, damit ein Sarkophag dort hinuntergeschoben werden konnte; die Priester stiegen zu beiden Seiten hinab und begleiteten den Sarkophag bis in die Grabkammer. Unmittelbar im Anschluß von einer solchen Treppe verlaufen der Boden wie die Decke gewöhnlich wieder horizontal, bis man durch einen Durchgang in die Grabkammer gelangt. In Gang 11 hingegen sind sowohl der Fußboden als auch die Decke nach der Treppenrampe leicht geneigt. Das schien eindeutig dafür zu sprechen, daß wir der Route der Bestattungsprozession folgten, und daher mußte sich irgendwo vor uns eine Grabkammer befinden. Ich erwähnte dies gegenüber unseren Arbeitern, die sich aufgeregt über diese überraschende Entdeckung unterhielten.

»Glaubst du, daß es in der Grabkammer Gold gibt?« fragte Mohammed Said.

Said wandte sich an Ahmed. »Wird es wie in Tutanchamuns Grab sein? Meinst du, daß es voller Statuen ist?«

Ahmed war eher zurückhaltend. »Natürlich kann es dort nicht viel geben, aber irgendwas muß da sein. Das sind schließlich die Söhne des größten Königs von Ägypten! Er würde sie doch nicht wie Bauern begraben lassen.«

»Immer mit der Ruhe, Ahmed«, schaltete ich mich ein, als die Unterhaltung lauter wurde. »Nur zwei Gräber im Tal enthielten Gold und Schmuck. Alle anderen waren fast leer. Und wir wissen, daß KV 5 ausgeraubt wurde.«

»Aber wenn wir nur Gutes denken, werden wir vielleicht einen Schatz finden. Wir wollen, daß Sie glücklich sind, Doktor!«

»Ich werde schon glücklich sein, wenn wir eine Inschrift an der Wand finden. Das genügt mir.«

»Dann dürfen wir das Gold behalten, Doktor?« rief Said lachend.

»Laß das bloß nicht dem Inspektor zu Ohren kommen, Said. Sonst denkt er noch, daß du stiehlst.«

Die Aufregung nahm noch zu, als wir die Treppe freilegten und entdeckten, daß die Treppe sorgfältig gearbeitet war, aber angeschlagene und zerbrochene Kanten aufwies.

»Die Stufen wurden vom Gewicht eines Steinsarkophags zerbrochen!« erklärte Said.

»Vielleicht gelangten mehrere Sarkophage durch diesen Gang«, meinte Mohammed. »Vielleicht sogar Goldbarren! Gold ist doch sehr schwer – es hätte solche Treppen zerbrochen.«

Mehrere Arbeiter nickten zustimmend.

In diesem Augenblick waren wir acht Stufen auf beiden Seiten der Mittelrampe hinabgelangt. Plötzlich wurde der Schutt tiefer, und wir mußten durch 3 Meter Schwemmsand und feines Geröll graben. Zwischen dem Schutt und der Decke war so wenig Platz, daß wir nicht sehen konnten, was dahinter lag.

»Ich glaube, wir nähern uns einem weiteren Durchgang«, sagte ich zu Susan, die heruntergekommen war, um den Fortgang der Arbeit in Augenschein zu nehmen. »In den nächsten zwei, drei Tagen wird sich herausstellen, wohin wir hier gelangen.« Ich wollte mir meine Aufregung nicht allzusehr anmerken lassen, denn in solchen Augenblicken sind die Arbeiter in ihrer Begeisterung kaum zu bremsen. Gleichwohl mußten wir äußerst behutsam vorgehen, damit wir die Stratigraphie und die Fundobjekte erfassen und analysieren konnten. Ich teilte ja die Erregung und die Frustration unserer Arbeiter und hätte auch am liebsten so rasch wie möglich gegraben. Die Arbeiter bewegten fast einen Kubikmeter Schutt in zwei Stunden, und das war fast doppelt so viel wie oben in Gang 11. Die Männer spürten förmlich, daß die Belohnung für ihre Mühen fast zum Greifen nahe war.

Am nächsten Morgen begannen wir schon um sechs Uhr mit der Arbeit, und bis zur Frühstückspause um neun hatten sich die Männer durch die obersten 10 Zentimeter Schutt gegraben und waren auf eine weitere senkrechte Felswand gestoßen, was auf einen Deckenabsatz hindeutete. Allerdings konnten wir nicht feststellen, wie weit er nach unten reichte.

»Hier ist der nächste Durchgang«, meinte Mohammed. »Und da wird es auch Stufen geben, genau wie zuvor, so Gott will.«

Die Männer beschlossen, auf ihre Frühstückspause zu verzichten. Ich stand neben ihnen und paßte auf. Gegen elf Uhr forderte ich Mohammed und die anderen Arbeiter auf, das Graben einzustellen. Mit einer Kelle beseitigte ich vorsichtig die letzten Zentimeter Schwemmsand und legte langsam den senkrechten Absatz frei, wobei ich mich von der linken Seitenwand bis zur beinahe 2 Meter entfernten rechten Seitenwand bewegte. Nach einer halben Stunde ließ ich Ahmed mitgraben. Er übernahm die linke, ich die rechte Seite, und dann gruben wir noch eine halbe Stunde weiter. Wir hatten erst 20 Zentimeter, dann 30 und schließlich 40 Zentimeter Schutt unter der Decke beseitigt.

Wir waren absolut sicher, daß wir uns hier auf dem Weg zu einer tiefer gelegenen Ebene befanden. Wir hatten im abschüssigen Gang 11 eine Durchgangspassage freigelegt, waren 20 Meter über eine Treppe und dann weitere 10 Meter darüber hinaus vorgedrungen. Gefälle, Treppe, Rampe – alles deutete darauf hin, daß eine tiefere Ebene und die Grabkammern der Söhne von Ramses II. direkt vor uns lagen. Ahmed und ich räumten weitere 20 Zentimeter Schutt beseite. Als wir die letzten Trümmer vor der senkrechten Felswand beseitigt hatten, sahen wir – nichts! Vor uns befand sich nichts weiter als massiver Fels. Der Gang hörte einfach auf; wir waren in eine Sackgasse geraten.

Die Männer waren nach dieser niederschmetternden Entdeckung so bedrückt, daß ich Ahmed aufforderte, die Arbeit eine halbe Stunde früher einzustellen. Wir würden heimfahren, uns duschen und essen; danach würden wir unsere Ansichten über KV 5 noch einmal überdenken müssen.

Normalerweise ist die Fahrt am Ende des Tages vom Tal der Könige hinunter eine recht laute Angelegenheit. Unsere beiden Pick-ups sind jeweils mit zwanzig Mann beladen; einige halten sich an den Seiten fest, und sieben oder acht sitzen auf dem Dach. Alle klatschen, singen und albern herum während der Fahrt. An diesem Tag aber herrschte Stille. Als wir das Dorf Tarif erreichten, kletterten die Männer langsam von den Wagen und traten ihren beschwerlichen Heimweg an. Nun würden sie ihren Frauen, Eltern und Kindern erklären müssen, daß sich all ihre Hoffnungen vom vergangenen Tag zerschlagen hatten.

»Keine Sorge, Doktor«, meinte Ahmed. »Es gibt noch viele andere Gänge, und einer davon ist der richtige. Ich bin sicher, so Gott will. Vielleicht sollten Sie morgen zur Bank gehen. Das wird uns Glück bringen.«

Ich ging dann doch nicht zur Bank, sondern verbrachte den Morgen bei den Arbeitern, als sie sich bis auf das Bodenniveau in Gang 11 vorgruben und den Rest der Wand freilegten, auf die wir gestoßen waren. Ich wollte, daß Francis, unser Fotograf, Aufnahmen von der Treppe machte, bevor er nach Kairo zurückkehrte. Am Ende des Korridors fanden wir überraschend wenig Scherben oder andere Gegenstände; das lag zum Teil daran, daß die Regenmassen keine schwereren Schutteile bis in diese Bereiche des Grabes spülen konnten. Das wenige, was wir fanden, lag auf

212

einer etwa 10 Zentimeter hohen Schicht Schwemmsand und war fast mit Sicherheit nicht durch natürliche Kräfte hierhergelangt, sondern durch Menschenhand.

Bis zum nächsten Morgen war der Schutt so weit beseitigt, daß Mohammed mit Kelle und Handfeger arbeiten konnte, um den Fußboden für die Fotos von Francis zu säubern. Nach einer Stunde rief mich Mohammed zu sich.

»Was ist das, Doktor?« Er wies mit dem Griff des Handfegers auf etwas, was wie eine Schicht aus blauem Puder aussah. Ich nahm die Taschenlampe, und zusammen wischten wir den schokoladenfarbenen Schwemmsand von dem leuchtend bemalten Material. Ich beugte mich vor, bis meine Nase fast den Schutt berührte.

»Das ist Putz, Mohammed. Sei ganz vorsichtig. Das ist ungewöhnlich.«

Wir fegten den Schwemmsand fort, und es kam eine zentimeterdicke Schicht aus Schwemmsand und Sand, mit Weizenkleie als Bindemittel zum Vorschein. Die blaue Oberfläche glänzte noch immer und war in einem bemerkenswert guten Zustand. Bis zum Feierabend hatten wir den gesamten hinteren Bereich des Korridors freigelegt – eine Fläche von 2 Meter Breite und über 3 Meter Länge, die vollkommen mit Estrich bedeckt war. Sie endete dort, wo der Boden in Richtung der Treppe anstieg. Anscheinend war sie nur auf dieser Fläche am Ende des Korridors aufgetragen worden.

Estrich ist äußerst selten in ägyptischen Gräbern – übrigens auch in Tempeln –, und zwar nicht nur, weil die Böden kaum auf diese Weise versiegelt wurden, sondern weil die Schicht auch durch das Begehen, die Erosion und Schuttablagerungen so leicht zerstört wurde, daß sie sich archäologisch nicht mehr nachweisen läßt. Einen solchen Boden wie in KV 5 gibt es jedenfalls nur einmal im Tal der Könige.

Um elf Uhr, zwei Stunden vor Arbeitsende, tauchte Francis aus dem Grab wieder auf, in dem er seit sechs Uhr morgens gearbeitet hatte. Wohl noch nie habe ich einen so schmutzigen Menschen gesehen. Francis ist etwa dreißig Jahre alt, gut 1,80 Meter groß, und selten sieht man ihn anders bekleidet als mit einem T-Shirt und ausgebeulten Hosen im indischen Stil. An diesem Tag war seine Kleidung schweißnaß und völlig eingestaubt. Sein langes, rotes, natürlich gelocktes Haar hatte er mit einem Halstuch zusammengebunden.

Fünf Stunden lang war Francis in die unmöglichsten Winkel gekrochen, hatte sich durch blockierte Eingänge in noch nicht ausgegrabene Kammern gezwängt und das Innere fotografiert, bevor wir die Räume freilegten. Bei dieser feuchten Hitze und dem Schmutz war das eine höchst mühsame Arbeit. Francis und ein Arbeiter, der seine Stative, Lampen und Kameras schleppte, zwängten sich in Ecken, die oft nicht mehr als 30 Zentimeter Bewegungsspielraum boten. Er fotografierte jede Kammer und machte Aufnahmen vom Schutt sowie von den sichtbaren Inschriften und Reliefs an den Wänden. Für die angemessene Ausleuchtung eines einzigen Fotos benötigte er oft mehr als eine Stunde, und dabei konnte alles mögliche passieren: Der Strom konnte ausfallen oder eine Lampe platzen; es konnte eine Stativklammer abrutschen, ein Belichtungsmesser falsch abgelesen werden – ja, und Francis konnte auch einen Wadenkrampf bekommen. Bei dieser hohen Luftfeuchtigkeit beschlugen oft seine Objektive, und manchmal mußte Fran eine halbe Stunde oder länger untätig sitzen bleiben, bis sich die Temperaturen ausgeglichen hatten. Ich staune immer wieder, daß er, obwohl er diese fürchterliche Arbeit verrichtet, am Ende des Tages noch gut gelaunt ist. Und wie durch ein Wunder werden seine Fotos selbst unter diesen Bedingungen hervorragend.

Als er aus dem Grab herauskletterte, löste er das Halstuch und schüttelte sich ungeheure Staubmassen aus den Haaren. »Ich hatte noch ein paar Minuten Zeit und bin in Raum 5 gekrochen. Da liegen ein paar interessante Scherben oben auf dem Schutt«, sagte er. »Möchten Sie, daß ich mir den Raum morgen vornehme und auch davon noch ein paar Detailaufnahmen mache?«

Ich schauderte bei diesem Gedanken. Raum 5 wird von unseren Ingenieuren als äußerst einsturzgefährdet eingestuft. Er liegt beinahe direkt unter der Fahrbahn, wo seit Jahrzehnten ständig Omnibusse mit laufendem Motor herumstehen und den Fels erschüttern. Ursprünglich befanden sich zwischen der Fahrbahn und der

214

Decke dieser Kammer etwa 3 Meter massiver Fels. Mittlerweile sind es weniger als 75 Zentimeter, noch dazu in einem bedenklichen Zustand. Der Raum ist groß, und die Decke wurde ursprünglich von acht oder zehn Pfeilern gestützt. Alle Pfeiler sind jedoch zusammengebrochen, und der Raum ist bis auf ein paar Zentimeter unter der Decke mit Schutt gefüllt; auf dieser Schicht liegen rasiermesserscharfe Kalksteinplättchen, und aus der Decke können sich jederzeit großen Steinbrocken lösen.

»Raum 5? Kommt überhaupt nicht in Frage, Fran. Halten Sie sich von diesem Raum fern, bis wir von den Ingenieuren Vorschläge unterbreitet bekommen, wie wir ihn abstützen können.«

»Okay«, erwiderte er. »Aber ich würde es wirklich gern machen, wenn Sie es für erforderlich halten würden.«

»Das hat Zeit. Heute würde ich Sie bitten, den Boden, den wir in Gang 11 entdeckt haben, aufzunehmen. Morgen können Sie sich vielleicht ein provisorisches Atelier in Raum 7 einrichten und ein paar Probeaufnahmen machen. Susan hat eine Menge kleiner Objekte, die fotografiert werden können.«

»Wird gemacht!« rief er.

Vor zwei Jahren kam Francis in mein Büro in Kairo. Er hatte eine Mappe mit beeindruckenden Fotos dabei, die er von historischen Stätten in Istanbul gemacht hatte. Ruhig und absolut selbstsicher erklärte er mir, er sei schlichtweg ein guter Fotograf, er wolle bei uns arbeiten, und es sei unvorstellbar, daß unser Projekt ohne ihn effizient vorankäme. Wie sich herausstellte, hat er in jeder Hinsicht recht gehabt.

Am nächsten Morgen nahm Francis den Estrich auf, und nach dem Frühstück kehrten wir in den Gang zurück. Wir beschlossen auch, die letzte Seitenkammer links am Ende von Gang 11 freizulegen. Es sah ganz danach aus, als ob sich der Estrich bis in diesen Raum fortsetzte. Ich brauchte unbedingt eine Erklärung dafür, warum Gang 11 über diese ganze Strecke hinweg angelegt worden war, nur um dann plötzlich zu enden. Die Seitenkammer war bis zur Decke mit feinem Schwemmsand und Kalksteinschutt gefüllt; nur vereinzelt fand sich in dieser Masse eine Scherbe. Die

Arbeiter benötigten vier Tage, um den Raum ganz freizulegen. Die Wände waren nicht dekoriert, nur ein paar fingernagelgroße Putzreste waren an der rauhen Oberfläche erkennbar.

Wir fanden in dieser Seitenkammer nur fünfzehn Scherben und ein paar Bruchstücke von Tierknochen. Das war alles – außer daß der Boden auch hier überzogen worden war, und zwar nicht nur mit einer einzigen, zentimeterdicken Schicht, sondern mit insgesamt drei, jeweils einen Zentimeter dicken Schichten, und jede hatte eine andere Farbe. Die oberste Schicht war dunkelblau, die zweite rotbraun, die unterste, zuerst aufgetragene, gebrochen weiß.

»Was bedeutet das, Doktor? Wozu diente dieser Raum?« fragte Ahmed.

»Ich weiß es nicht«, erwiderte ich – wie schon so oft, seit wir begonnen hatten, KV 5 freizulegen. »Ich glaube nicht, daß dies eine Grabkammer ist. Der Eingang ist nur 70 Zentimeter breit. Aber mit Sicherheit ist dies ein ganz besonderer Raum. Drei unterschiedlich gefärbte Schichten auf dem Boden sind doch sehr ungewöhnlich. Das ist vielleicht das einzige antike Bauwerk in ganz Ägypten mit einem derartigen Boden. KV 5 bietet uns damit etwas ganz Besonderes.«

»KV 5 ist sehr verwirrend, Doktor. Manchmal gehe ich heim und denke darüber nach, und dann kann ich nicht schlafen.«

»Ich kenne dieses Gefühl, Ahmed. Glaub mir, ich kenne es.«

11

wedding music   *el tarif village, gurnah. 97*

Zerbrochene Töpfe
und böse Enten

Der für Oberägypten zuständige Schildermacher der Altertümer-verwaltung traf an einem Donnerstagmorgen im Spätherbst 1996 unangemeldet im Tal der Könige ein und brachte eine ganze Ladung neuer Schilder mit, die vor den derzeit öffentlich zugänglichen Gräbern aufgestellt werden sollten. Es gab zwar bereits etwa ein Dutzend Schilder im Tal, aber sie waren schon vor vielen Jahren angebracht worden, und auf ihnen standen umständliche und oft ungenaue Beschreibungen der Gräber. Viele von den selbsthaften-den Buchstaben waren inzwischen abgefallen oder in der Sonne verblaßt, und die örtlichen Inspektoren hatten diese alten Schilder seit vielen Jahren ersetzen lassen wollen. Und nun hatte irgend jemand – keiner von uns wußte, wer – endlich entschieden, daß neue Schilder mit kurzen, einprägsamen und ausschließlich auf Englisch abgefaßten Texten aufgestellt werden sollten. Um neun Uhr vormittags fuhr ein Lastwagen vor, und Arbeiter luden vor dem Grab von Tutanchamun einen Stapel riesiger Schilder ab. Die Inspektoren unterhielten sich aufgeregt über diese Schilder und luden den Schildermacher zum Tee ein.

Der Schildermacher ist ein ziemlich arroganter und anscheinend kurzsichtiger Bursche, etwa fünfundvierzig Jahre alt, und ich ver-mute, daß er diese Arbeit seit vielen Jahren verrichtet. Aber als wir im Büro des Inspektors Platz nahmen und Tee tranken, wurde uns gleich klar, daß er außer Arabisch keine andere Sprache beherrscht. Auf seine Schilder übertrug er jeden Text, der ihm vorgelegt wur-de, und leider war der Mensch, der diese Texte geschrieben hatte, des Englischen nur sehr begrenzt mächtig.

Das Schild für das Grab von Merenptah sollte offensichtlich mit den Worten beginnen: »Tomb of the fourth king of the 19th Dyna-sty« – »Grab des vierten Königs der 19. Dynastie«. Statt dessen stand da: »The fourking 19th Oynesty«, und dann hieß es weiter:

»tomb is considered one of the greatest tombs
and is distinguished with its beautifal rema
ining inscriptions the text oe Re Prayers
BoookGatesBook and what is exists in the
nether world.«

Einige Zeit später nahm ich einen der Inspektoren beiseite und
erklärte ihm, daß einige Schilder verbessert werden könnten,
wenn jemand, der Englisch konnte, sie noch einmal überprüfte.
Der Inspektor war zunächst enttäuscht, dann peinlich berührt, als
ich ihn auf einige Fehler hinwies. Er meinte, man könnte die entsprechenden Änderungen sicher vornehmen. Als wir jedoch das
Tal verließen, sagte er uns, falls die Schilder abgelehnt würden,
dann würden sie wahrscheinlich nicht durch andere ersetzt werden, und am Ende hätten wir nichts anderes erreicht, als die Gefühle des Schildermachers zu verletzen. Also wurden am nächsten
Morgen die Schilder aufgestellt. Am besten gefällt mir dieses:

»The wall is Oecoratd with The Book of
the DeadBook of the
Book the Book BookBook.«

Kurz darauf entstand ein wahrer Schilderwald am Westufer. Der
Stadtrat von Luxor ließ Dutzende riesiger schwarzer Tafeln mit
leuchtendgelber Schrift aufstellen: »Smile You Are in Luxor« –
»Lächeln Sie, Sie sind in Luxor«, »You Are In The Embrace Of
The History« – »Sie liegen in den Armen der Geschichte«, »Look
You Are In The Ancient« – »Schauen Sie, Sie sind in der Antike«
und »This Is Monumental Area« – »Dies ist Denkmalgebiet«. Folgt
man einem Wegweiser zum Tal der Könige, muß man die Straße
verlassen und steht schließlich vor einer steilen Felswand.
1996 arbeiteten wir mehrere Wochen lang in einer der Seitenkammern von Gang 7, mußten aber etwa 20 Zentimeter über dem
Niveau des Bodens aufhören. Im Schutt lagen so viele dekorierte
Putzfragmente, daß die Ausgrabung mit zahnärztlichem Werkzeug,
Kellen und Pinseln erfolgen mußte. In einer anderen Seitenkam-

mer (Kammer 7L) konnten wir aus den vorgefundenen Fragmenten sämtliche Wandszenen rekonstruieren, aber wir mußten darauf achten, daß die Arbeiter diese Fragmente bargen, ohne die zart bemalte Oberfläche zu beschädigen. Diese gründliche Arbeit gehört zu den aufregendsten Tätigkeiten bei einer Grabung. Die Bergung von Bruchstücken, die Identifizierung der Hieroglyphen oder der Figur, zu der sie einst gehörten, und dann das Zusammensetzen zu einem vollständigen Wandbild ähneln der Beschäftigung mit einem riesigen Puzzle. Um uns darauf vorzubereiten, hielten Susan und ich in mehreren Gräbern im Tal der Könige Ausschau nach geflügelten Figuren mit Federmotiven und wellenförmigen Schlangenmustern, die denen gleichen, die wir in KV 5 gefunden haben. Aufgrund solcher Vergleiche ließ sich vielleicht die Figur bestimmen, zu der eine gemalte Feder passen könnte.

Von besonderem Interesse waren auch die Putzfragmente aus Raum 8. Nachdem Francis die dekorierten Steinblöcke in dieser Kammer fotografiert hatte, entfernten Ahmed und ich am Samstag weitere große Steinbruchstücke. Darunter befanden sich einige, die mit Bändern aus leuchtend roter, gelber, blauer und weißer Farbe bemalt waren; mitunter entdeckten wir auf ihnen auch ein paar Zeilen kleiner, kursiver Hieroglyphen, die mit schwarzer Tusche aufgetragen worden waren. Größe und Stil der Hieroglyphen waren ungewöhnlich für Grabwände, daher wollte ich sie unbedingt reinigen und die Texte übersetzen.

Am Montag erreichten wir endlich das Bodenniveau im nordöstlichen Viertel von Raum 8. Zu unserer Freude entdeckten wir eine große Menge dekorierter Fragmente und zwei große Bruckstücke von der Wand; auf dem einen war die Figur eines Sohnes dargestellt, in das andere waren Hieroglyphen gemeißelt. Dieser Bereich mußte sorgfältig erfaßt werden, also brach ich die Arbeit in Raum 8 ab, bis Francis wieder aus Kairo zurück war, um alles zu fotografieren. Die Männer wurden nun in Raum 9 eingesetzt, der abgesehen von der ungewöhnlichen, leicht gewölbten Decke keinen Unterschied zu Raum 8 aufwies. Auch hier fanden wir Dekorationsreste an der Decke und den Wänden sowie viele Markierungen in roter und schwarzer Tusche. Sie sind beim Bau des Grabes von den Vermessungstechnikern für die Steinmetzen angebracht worden, damit sie die Wölbung der Decke herstellen konnten und die Stellen für die Durchgänge fanden. Die Position vieler derartiger Markierungen und die offenkundig aus antiker Zeit stammende Spachtelmasse, mit der größere Risse in der Decke abgedichtet waren, deuten darauf hin, daß ein Großteil der Schäden im Fels in den hinteren Bereichen von KV 5 bereits in der Antike und nicht erst in neuerer Zeit aufgetreten war. Dies erklärt auch, warum so große Teile der dekorierten Putzschicht abgefallen sind: Der Putz war besonders dick aufgetragen worden, um die bereits vorhandenen tiefen Risse und Spalten zu füllen, und im Laufe der letzten drei Jahrtausende war er einfach aufgrund seines Eigengewichts abgefallen.

Raum 9 bis zum Bodenniveau freizulegen nahm über eine Woche in Anspruch. Der Schutt enthielt relativ wenig Objekte und war so hart wie Beton. Sobald er beseitigt war, starrten Susan und ich stundenlang die mit tiefen Rissen durchzogenen Wände an. Anfangs konnten wir keine Reste der einstigen Wanddekoration entdecken, als wir jedoch die Oberfläche bei intensiverem Lampenschein betrachteten, sahen wir einzelne Kratzer, Einschnitte und Farbkleckse. Sie waren zwar kaum ausgeprägt, aber es reichte, um schließlich ganze Szenen rekonstruieren zu können.

Der am besten erhaltene Wandabschnitt ist der des rechten Türpfostens. Dort entdeckten wir ein Relief, das die liegende Gestalt des schakalköpfigen Gottes Anubis zeigt. Anubis kommt in ägyptischen Gräbern sehr häufig vor, aber auf den Rahmen von Durchgängen findet man ihn in Königsgräbern relativ selten. In zwei Gräbern im Tal der Königinnen, in denen Anubis auch auf den Türpfosten abgebildet ist (QV 42 und 52), führen die Durchgänge in einfache, undekorierte Seitenkammern. Und im Grab von Merenptah (KV 8) ist Anubis auf einem Pfosten im Hauptkorridor abgebildet. Bei keinem der hier genannten Referenzgräber kann aus der Darstellung von Anubis an dieser Stelle auf eine besondere Bedeutung der dahinter befindlichen Kammer geschlossen werden. Doch in KV 5 scheint der dahinter befindliche Raum 9 wichtig zu sein, weil er eine gewölbte Decke hat. Dieser Umstand deutet oft darauf hin, daß der betreffende Raum als Grabkammer verwendet worden war. Ungeachtet des sehr schmalen Durchgangs in Raum 9 lohnte sich also eine sorgfältige Untersuchung. Susan und ich starrten so lange auf die Wände, bis wir immer mehr Fragmente der ursprünglichen Dekoration erkennen konnten. Susan meinte, sie könne den Kopf eines stehenden Königs und die Federn einer geflügelten Sonnenscheibe erkennen. Die Rekonstruktion aus diesen Resten würde Geduld und Geschick erfordern.

Während die Grabung weiterging, ließen wir auch mehrere Männer die Arbeit in Kammer 7L wiederaufnehmen, in einer Seitenkammer neben der Osiris-Statue am Ende der langen Passage. Obwohl sich an ihren Wänden interessante Spuren der ehemaligen Dekoration abzeichneten, erlebten wir doch im großen und ganzen eine jener für die Archäologie so typischen langweiligen und mühseligen Phasen – auf jeden Tag mit aufregenden und wundervollen Entdeckungen kommen dreißig oder vierzig Tage, an denen man nur Schutt und Dreck wegschaufelt. Sobald die tägliche Routine der Arbeiter immer mechanischer wird, kann man sie nur schwer zu kontinuierlich konzentriertem Arbeiten anhalten. Ich selbst habe mich schon dabei ertappt, wie ich gedankenlos ein Bodenstück mit dem Handfeger freilegte und plötzlich kleine Putzfragmente achtlos beiseite fegte. Es ist schwierig, sich über längere Phasen einer öden Arbeit hinweg zu konzentrieren; daher verlegte ich mich darauf, die Männer mehrmals am Tag mit einer anderen Aufgabe zu betrauen und auch selber öfter die Tätigkeitsfelder zu wechseln, damit wir relativ wachsam blieben. Manchmal funktionierte das, aber nicht immer.

Das einzige, was alle bei Laune zu halten scheint, ist ein netter Fund, und schließlich machten wir in Raum 9 eine kleine Entdeckung, die genau das war, was wir brauchten. Nichts Spektakuläres, aber vielversprechend: ein Stück Alabaster, in dessen Oberfläche ein Vogelflügel sorgfältig eingeritzt war – ein Motiv, das wir Ägyptologen *rischi* (Feder) nennen. Es war ein weiteres Fragment von einem Sarkophagdeckel.

»Das bedeutet doch, daß die Söhne hier wirklich begraben waren, nicht wahr, Doktor?« rief Ahmed. »Ich wußte, daß wir Beweise dafür finden würden.« Er wandte sich an die Arbeiter, die sich um das Bruchstück herum vortasteten. »Paßt gut auf weitere Dinge auf, Mohammed. Das ist ein gutes Zeichen.«

Am letzten Arbeitstag beendeten wir die Säuberung einer Seitenkammer (12 K) von Gang 12, die eine Menge Keramik, aber kaum etwas anderes enthielt. Eine der kleinen bemalten Scherben ließ Susan keine Ruhe.
»Ich weiß doch, daß ich dieses Muster schon mal gesehen habe«, murmelte sie, während sie die Scherbe anstarrte. »Ich hab's! Wir haben ein solches Stück bereits letztes Jahr am Ende von Gang 7 gefunden.«
In unserem Lagerraum stöberten wir in Kästen und Tüten herum – und tatsächlich befand sich das gesuchte Fragment in einer der 124 Tüten mit Scherben aus jenem Gang. Das Muster war identisch, ja, die Scherbe ließ sich sogar mit der aus 12K zusammenfügen! Daß zwei Scherben vom selben Gefäß über 40 Meter weit auseinander lagen, läßt Rückschlüsse darüber zu, wie gründlich die von den Hängen abgehenden Muren den Schutt im Grab durcheinandergewirbelt hatten.
Was für ein Glück, daß Susan Keramik liebt und sich auf diesem Gebiet im Laufe der Jahre zu einer absoluten Spezialistin entwikkelt hat. In fast allen Bereichen von KV 5 haben wir Scherben in großen Mengen gefunden, insgesamt bisher sicher schon mehrere Tonnen. Ein Gefäß kann zwar zerbrochen sein, aber die Scherben verschwinden nicht einfach; daher gehören sie zu den Objekten, die man bei Ausgrabungen am häufigsten findet. Seit dem Beginn unserer Grabungen in KV 5 haben uns die Keramikfunde regelrecht überwältigt.
Im Rahmen der archäologischen Forschung erfordern Scherben mehr Zeit als fast alle anderen Fundobjekte. Stellen Sie sich vor, in einem fremden Land hat eine plötzlich hereinbrechende Überschwemmung einen Porzellanladen zerstört und eine Million Scherben unter Schlamm und Geröll begraben. Und nun sollen Sie das Chaos sichten und jede einzelne Scherbe mit einem Etikett verse

hen – auch wenn sie noch so klein ist. Dann sollen Sie alle Stük-
ke, die zueinander passen, zusammenkleben und schließlich jedes
Gefäß zeichnen, fotografieren und analysieren. Man erwartet von
Ihnen, daß Sie eine Geschichte der Porzellanherstellung schreiben, in der Sie die Verwendungsmöglichkeiten von Porzellan, den
Porzellanhandel und die Bedeutung von Porzellanmotiven und
-formen darstellen. Die meisten Menschen würden dies keine
Woche lang durchhalten. Susan schon. Jeden Tag macht sie stundenlang nichts anderes. Zuerst untersucht sie jede Scherbe sorgfältig, ob sie bemalt ist, dann wäscht sie sie und läßt sie an der Sonne trocknen. Auf jede Scherbe schreibt sie mit Tusche eine Nummer. »KV 5/2/30« beispielsweise bedeutet, daß die Scherbe aus der
dreißigsten Tüte mit Keramik aus Raum 2 in Grab KV 5 stammt.
Susan macht detaillierte Notizen über die Tonware, aus der die
Scherbe besteht, über die Behandlung ihrer Oberfläche, ihr Dekor,
ihre Gestalt und den Gefäßtyp, von dem sie stammt. Wenn möglich datiert sie die Scherbe und erstellt eine Liste aller Objekte
oder Merkmale, die damit verbunden sind; darüber hinaus werden von jeder Scherbe ein Foto und eine Zeichnung angefertigt.
Das ganze Verfahren, das ein erhebliches Maß an Sorgfalt und Zeit-
aufwand erfordert, ist unerläßlich, wenn wir unser Grab richtig
verstehen wollen.

Das Sortieren und die Analyse der Keramik faszinierten auch
Tausende von Touristen, die jeden Tag am Eingang von KV 5 vor-
beikommen. Manche wollen unbedingt Scherben kaufen. Einige
haben sogar das Seil und die Verbotsschilder, die den Zugang zu
KV 5 verwehren, mißachtet und versucht, Scherben als Souvenirs
mitzunehmen. Mohammed kann sie inzwischen sehr gut daran
hindern. Susan arbeitet in einem Zelt direkt vor dem Eingang des
Grabes, keine 3 Meter von der Straße ins Tal entfernt. Sie steht
also voll im Blickfeld der Touristen, die zum Teil eine halbe Stunde oder länger dastehen, sich angeregt über alles, was sich ihnen
darbietet, unterhalten und zahllose Fotos machen.

Einmal sah eine amerikanische Touristin Susan bei der Arbeit zu,
dann rief sie ihrer Freundin zu: »Schau dir mal den Topfwäscher
an, Ethel. Mein Gott, das ist ja eine Frau! Ich wußte gar nicht, daß

die so was machen dürfen!« Eine andere Touristin, eine Deutsche, deutete auf Susan, als sie gerade zwei Scherben zusammenklebte, und meinte empört: »Wenn Ihre Arbeiter sie nicht zerbrochen hätten, müßten Sie sie jetzt nicht wieder flicken!«

Am letzten Tag der Kampagne zahlten wir mittags unsere Arbeiter aus, verabschiedeten uns von ihnen und fuhren ins Hotel. Die nächsten drei Tage würden unangenehm werden, denn sechs von unseren Arbeitern hatten uns bei sich zu Hause zum Mittagessen beziehungsweise zum Abendessen eingeladen. Nicht, daß wir keine Lust auf ihre Gesellschaft hätten, aber in diesen drei Tagen würden wir täglich zwei Riesenmahlzeiten vorgesetzt bekommen. Susan und ich waren uns darüber im klaren, daß wir anschließend bis Weihnachten strenge Diät halten müßten.

Zuerst gingen wir mit Ahmed und Nubie zu Mohammed zum Abendessen. Irgendwann kamen wir auf die zahlreichen Gräber aus der Spätzeit im nördlichen Teil der thebanischen Nekropole zu sprechen, wo Mohammed wohnt. Mohammed meinte, daß es rein von der Bausubstanz her keine Gefahr darstellen würde, diese Gräber zu betreten, doch jeder, der hinter einer Ente hergehe und anschließend in eines dieser Gräber hineingehe, müsse unweigerlich sterben. Ich lachte, weil ich annahm, daß es sich um einen Witz handele, aber Mohammed meinte es ernst.

»Das ist wahr, Doktor. Ich schwöre es. Jeder weiß das: In diesem Dorf gibt es ganz böse Djinns. Diese Geister verwandeln sich in Enten, und wenn wir hier einer Ente begegnen, wissen wir nie, ob es sich um eine tatsächliche Ente oder einen dieser bösen Geister handelt. Daher sprechen wir immer Gebete, wenn wir eine von ihnen berühren, füttern oder töten. Der Geist versucht immer, von einem menschlichen Körper Besitz zu ergreifen. Wenn Sie einer Ente in ein Grab folgen – und sie wird versuchen, Sie dort hinzuführen –, wird der Geist aus der Ente schlüpfen, durch die Nase oder die Ohren in Ihren Körper eindringen und Gewalt über Sie gewinnen. Dann werden Sie zittern, sich krümmen und schreien. Der Djinn wird dann mit Ihrer Stimme sprechen und furchtbare Dinge sagen – und was für welche! Er wird Sie viele böse

Dinge machen lassen. Und dann wird er Sie töten. Es ist schrecklich!«

»Mohammed hat völlig recht, Doktor«, bestätigte Nubie. »Das habe ich mit eigenen Augen gesehen. Ein Junge aus unserem Dorf lief hier herum und ging in ein Grab. Da flatterte ihm eine Ente ins Gesicht, und der Djinn nahm von seinem Körper Besitz. Als wir ihn am Grabeingang fanden, schrie er und hatte Schaum vor dem Mund; er zitterte am ganzen Leib, und seine Augen waren riesengroß und ganz rot.«

Ahmed rutschte aufgeregt bis zur Kante seines Stuhls vor. »Genau! Ich erinnere mich daran. Wir mußten die Scheicha des Dorfes holen, eine alte, blinde Frau mit großen Zauberkräften. Sie kam und redete mit dem Djinn und rezitierte aus dem Koran. Nach vielen Stunden brachte sie den Djinn dazu, den Körper des Jungen wieder zu verlassen und in die Ente zurückzukehren. Aber es war sehr schwer, weil man den Djinn dazu bringen muß, durch die Füße und nicht durch die Augen, die Nase oder die Ohren zu entweichen, weil er sie dann zerstören wird und der Junge blind oder taub bleibt.«

Was bewegt die Einwohner dieses Dorfes, einer Ente so fürchterliche Kräfte zu verleihen? Diese ganze Unterhaltung erinnerte mich an eine Zeile aus den Pyramidentexten, den ältesten uns überlieferten religiösen Texten der ägyptischen Kultur: »Es gibt keinen Lebenden, der gegen mich Klage erhebt, es gibt keinen Toten, der gegen mich Klage erhebt, es gibt keine Ente, die gegen mich Klage erhebt...«[1]

Am nächsten Tag, einem Dienstag, aßen wir zu Mittag in unserem Hotel. Das Essen kam von Big Ahmed, und zufällig servierte er uns gebratene Ente. Dienstags essen wir oft Ente, weil da in unserem Dorf Markttag ist.

»Wie soll ich wissen, daß diese Ente nicht einer der Djinns ist?« fragte ich.

Big Ahmed dachte einen Moment lang nach. »Es kann die Farbe sein«, erwiderte er dann, »oder die Form des Kopfes. Ich werde fragen. Aber keine Angst. Diese Ente ist tot. Und sie ist sehr lekker.«

Im Frühjahr 1997, als wir in Kairo einige umfangreiche Biblio-
theksrecherchen und Laborstudien abgeschlossen hatten, fuhren
Brendhan Hight, unser Website-Manager, Francis und ich wieder
nach Luxor, um die Arbeit in KV 5 wiederaufzunehmen. Susan
war noch in den USA, sollte aber zwei Wochen später eintreffen.
Bis dahin arbeiteten Brendhan und ich in der Bibliothek des Chicago House, und Francis fotografierte im Ramesseum und im Tempel von Luxor Darstellungen der Söhne von Ramses II. Unser
Konservator Lotfi Khaled sollte am Samstag eintreffen, und an
diesem Tag sollte auch die neue Grabungskampagne in KV 5 beginnen. In den bereits freigelegten Räumen standen noch umfangreiche konservatorische und fotografische Arbeiten an; außerdem
mußte, wie üblich, noch ein ganzer Berg von Tonscherben von der
letzten Kampagne etikettiert werden.

Am ersten Tag begaben wir uns zu Nubies Haus, um die Kisten
mit Papieren, Büchern, Stativen und anderen Geräten abzuholen,
die wir dort gelagert hatten. Nubie Abdel Basset ist der dienstäl-
teste Mitarbeiter unseres Projekts; 1980 arbeitete er als damals
Siebzehnjähriger erstmals für das Theban Mapping Project. David
Goodman hatte schon bald Nubies Fähigkeiten erkannt und brachte ihm elementare Vermessungstechniken bei. Er nahm Nubie sogar
für ein halbes Jahr nach Sacramento mit; er lernte dort Englisch
und vertiefte seine Kenntnisse auf dem Gebiet der Vermessungstechnik. Heute ist Nubie Stellvertretender Vermessungstechniker
des Theban Mapping Project.

Wir saßen in dem unvollendeten Backsteinhaus, das Nubie gerade für seine Familie baut, und tranken mit ihm, seiner Mutter,
Umm Mohammed, seiner schwangeren Frau Zeinab und ihren
drei Kindern – Mohammed, Mona und Hassan – Tee. Noch voller Anspannung erzählten sie uns von dem entsetzlichen Erlebnis,
das Zeinab zwei Nächte zuvor gehabt hatte. Nubie war da noch
nicht wieder aus Gisa zurückgekehrt, wo er bei einem anderen
archäologischen Projekt beschäftigt war. Gegen zwei Uhr morgens
erwachte Zeinab und spürte etwas an ihrem Hals. Irgendein sech-
ster Sinn sagte ihr, sie dürfe sich nicht bewegen. Nach zwei, drei
Minuten schlug sie vorsichtig die Augen auf und erblickte im Mond-

schein eine Kobra, die vielleicht einen Meter lang war und sich langsam über das Bett und ihren Körper wand. Zeinab sagte, ihr Herz habe so laut geklopft, daß sie Angst hatte, die Schlange würde erschrecken. Schließlich glitt das Reptil auf den Boden, unter dem Bettchen des kleinen Hassan hindurch und zur Tür hinaus. Sofort sprang Zeinab aus dem Bett, schnappte sich das Baby, weckte die anderen beiden Kinder und lief zum Haus ihrer Mutter. Zusammen holten sie den Schlangenbeschwörer des Dorfes. Etwa um vier Uhr morgens kehrten sie wieder zu ihrem Haus zurück, und der Schlangenbeschwörer begab sich auf die Suche nach der Kobra. Nach einer halben Stunde fand er sie hinter einigen Kisten in einem Lagerraum. Er packte die Kobra am Schwanz, schlug sie fest gegen den Türpfosten und sah zu, wie ihr Kopf durch den Raum flog. Umm Mohammed und Zeinab wurden immer aufgeregter, als sie die Geschichte erzählten. Als sie fertig waren, schwitzte und zitterte ich auch und teilte ihre Angst. In dieser Nacht durchsuchte ich jede Ritze in meinem Hotelzimmer und schloß alle Fenster, Läden und Fliegengitter, bevor ich mich schlafen legte.

Schlangen sind am Westufer des Nils eigentlich nur in den Zukkerrohrfeldern verbreitet, wo es viele kleine Beutetiere gibt; deshalb werden die Häuser in der Nähe dieser Felder gelegentlich von ihnen heimgesucht. Dennoch kommt es ganz selten vor, daß jemand gebissen wird.

Am Samstagmorgen begann unsere neue Grabungskampagne. In aller Frühe holte ich Ahmed, Nubie und unseren Inspektor ab und fuhr mit ihnen ins Tal der Könige. Es war erst halb sieben, eine halbe Stunde vor Arbeitsbeginn, aber es hatten sich bereits mehrere Dutzend Männer am Eingang von KV 5 versammelt, die sich alle als Grabungsarbeiter verdingen wollten.

Dieses Einstellungsverfahren ist immer eine knifflige Angelegenheit. Bei vielen Grabungskampagnen ist es üblich, daß man einfach dem Vorarbeiter sagt, wie viele Männer gebraucht werden, und ihn dann die Auswahl treffen läßt. Aber ich habe herausgefunden, daß ein Vorarbeiter dem lokalen Brauch entsprechend nur seine eigenen Freunde und Verwandten einstellt und dann von ihrem Lohn zehn bis fünfzehn Prozent als Vermittlungsprovision kassiert. Das kann dem Vorarbeiter einen gewaltigen Profit einbringen, manchmal Hunderte von Ägyptischen Pfund pro Woche; dennoch gilt er in seinem Viertel als Held. Das System heißt *wasta*, was soviel bedeutet wie »Der, von dem du weißt, daß er dich weiterbringt«. Das führt nicht selten zu Problemen, weil eine derartige Vetternwirtschaft für böses Blut sorgen kann. In früheren Jahren wurde ich öfter als unfair abgestempelt; in der ersten Woche blieben wiederholt die Wächter oder verärgerte Arbeiter aus, deren Familienangehörige keinen Job bekommen hatten. Einmal hat sogar jemand unsere elektrische Anlage kurzgeschlossen.

Diesmal, hatte ich mir geschworen, würden wir das anders regeln. Ich hatte unseren Vorarbeiter, unsere beiden Spitzenkräfte der vergangenen Kampagnen, den Chef der Wächter im Tal, unsere Inspektoren und den Mann, der für alle eben erwähnten den Tee kocht (ein besonders einflußreicher Bursche), zusammengerufen und machte ihnen einen Vorschlag. Jeder dürfe drei Männer seiner Wahl mitbringen, die für uns arbeiten würden. Dadurch wäre sichergestellt, daß mehrere Familien ein Stück vom großen Kuchen abbekämen; so könnten auch Dorfbewohner etwas Geld verdienen, die in einiger Entfernung vom Tal der Könige leben und normalerweise keine Chance haben, hier eine Beschäftigung zu finden. Sollte sich einer der Männer als faul oder unfähig erweisen, würde sein »Sponsor« einen Ersatzmann besorgen. Sollte sich aber herausstellen, daß zwei oder mehr Männer eines Sponsors nichts taugten, würde er diese Jobs für den Rest der Kampagne einbüßen.

Natürlich wurde an diesem System herumgemäkelt.

»Ich bin viel älter als Mohammed«, sagte zum Beispiel ein Wächter. »Er sollte zwei Arbeiter und ich acht bringen.«

»Aber der Wächter ist doch schon ein reicher Mann«, erwiderte Mohammed. »Er besitzt zwei Wasserbüffel. Er sollte nur einen Mann bringen. Ich bin sehr arm und sollte zehn bringen.«

Und so ging das eine Stunde lang weiter. Einige Männer schrien herum, spielten sich auf, machten drohende Gebärden; andere flüsterten mir Klatsch über ihre faulen Nachbarn ins Ohr.

Dennoch schafften wir es bis acht Uhr, zwanzig Männer einzustellen, die ein angenehmes und – hoffentlich – hart arbeitendes Team bilden würden. Und schon neckten sie sich gutmütig, wessen Arbeiter wohl den besten Job verrichten und welche wegen Faulheit gefeuert würden.

Um die Jahrhundertwende glaubte der berühmte englische Archäologe Flinders Petrie, daß man bei Grabungskampagnen in Ägypten nur Männer im Alter zwischen fünfzehn und zwanzig Jahren beschäftigen sollte. Seiner Auffassung nach würden sie mit fortschreitendem Alter verblöden. Die Guten unter ihnen solle man behandeln »wie alte Diener in einem guten Haushalt«. Gegen letzteres habe ich gewiß nichts einzuwenden, aber gegen Petries Einschätzung der älteren Arbeiter wehre ich mich ganz entschieden. Unsere Arbeiter sind gute und intelligente Leute, und ich habe keine Bedenken, sie auf der Grabung arbeiten zu lassen und ihnen in Einzelfällen auch unser Leben anzuvertrauen.

Alle diese Männer wollen unbedingt arbeiten. Einige müssen für den Lebensunterhalt ihrer Familie Geld verdienen, andere wollen ein bestimmtes Ziel erreichen. Sadat beispielsweise – der nicht mit dem ermordeten ehemaligen ägyptischen Staatspräsidenten verwandt ist – ist um die fünfundzwanzig; er ist kräftig, intelligent und möchte sich einen Teil der Summe von mehreren tausend Ägyptischen Pfund verdienen, die er zum Heiraten braucht. Mohammed Ahmed ist zwanzig Jahre alt, und sein Vater ist vor kurzem gestorben; er muß nun seine Mutter und seine vier jüngeren Schwestern ernähren. Yasser ist dreißig, und seine Frau erwartet das dritte Kind. »Drei reichen«, beeilt er sich zu versichern, »es wird keine mehr geben.« Der einundzwanzigjährige Hosni braucht Geld, um die Hotelfachschule in Luxor zu besuchen. Ramadan ist mit seinen achtundzwanzig Jahren ein fleißiger Arbeiter und war schon früher bei uns. Nun will er sich von dem verdienten Geld die fünfzigtausend Lehmziegel kaufen, die er zum Bau eines Hauses für seine Familie benötigt. Der zwanzigjährige Hussein ist ein sehr angenehmer und fröhlicher Fußballfan; er träumt von einem eigenen Fernsehapparat, damit er sich die Spiele der beiden beliebtesten Fußballteams, National und Zamalek, anschauen kann. »Ich will National gewinnen sehen!« fügt er grinsend hinzu. Heutzutage beschäftigen wir ganz andere Arbeiter als früher. Vor zwanzig Jahren holten die Archäologen ihre Arbeiter üblicherweise aus dem Dorf Quft, etwa 15 Kilometer nördlich von Luxor. Diese Quftis waren Nachkommen der Arbeiter, die Flinders Petrie vor fast einem Jahrhundert ausgebildet hatte und die gemeinhin als die besten Arbeiter weit und breit galten. Leider haben ihre Fähigkeiten nicht mit dem rasanten Fortschritt im Bereich der Grabungstechnik Schritt gehalten. Die meisten Ägyptologen nehmen von einer weiteren Beschäftigung der Quftis Abstand, und die meisten von ihnen arbeiten inzwischen in anderen Bereichen. Mittlerweile heuern die Ägyptologen überwiegend die Bewohner der Dörfer in der Nähe des Grabungsortes an und bilden die Arbeiter lieber selbst aus.

Auch das Bildungsniveau der Männer hat sich verändert. Noch vor fünfzehn Jahren waren fast alle Analphabeten gewesen; heute hingegen können von den zwanzig Männern nur sechs nicht lesen und schreiben. Sie zeigen auch ein echtes Interesse für unsere Arbeit, für die historische Bedeutung von Ramses II.; sie sprechen miteinander über den Stellenwert der gefundenen Objekte und machen Vorschläge zur besseren Organisation der Arbeit. Mehrere von ihnen haben sich sogar erkundigt, ob es Bücher über das alte Ägypten in arabischer Sprache gebe, und dieses Interesse fördere ich nur zu gern.

Es gibt das eingefahrene Klischee des faulen Oberägypters; ich erlebe unsere Leute als fleißig, intelligent und freundlich. Oberägypten – das Niltal zwischen Assiut und Assuan – ist im Verhältnis zu Unterägypten bettelarm. Es hat praktisch keine Industrie; die Landwirtschaft ist im Grunde der einzige Wirtschaftsfaktor. Oberägypten hat die höchste Analphabetenquote des Landes (etwa 78% der Bevölkerung) und wird seit Jahren völlig vernachlässigt. Die Regierung fördert ausschließlich die Provinzen im Norden; alle wirtschaftlich relevanten Projekte sind dort angesiedelt, und entsprechend ist dort auch die Ausbildung weitaus besser. Wann immer in einer Fernsehkomödie ein Trottel auftritt, ist es natürlich ein Sa'idi – ein Oberägypter. Über Sa'idis kursieren jede Menge Witze: Woran erkennt man am Flughafen das Gepäck eines Sa'idi? Es ist der Sack mit der Aufschrift »Portland Cement«. Armut, Analphabetentum und wirtschaftliches Elend sind hier in der Tat Realität, aber Sa'idis als dumm oder flegelhaft abzustempeln ist einfach falsch. Unsere Arbeiter sind, wie gesagt, liebenswerte, geistig rege Leute, und es macht Freude, mit ihnen zu arbeiten.

Um acht Uhr also waren alle Männer glücklich und zufrieden und wollten unbedingt mit der Arbeit beginnen. Wir hatten sehr viele abgewiesen, die auf einen Job gehofft hatten, aber wir hatten uns ihre Namen notiert und ihnen versprochen, daß sie die ersten auf der Liste wären, falls wir unsere Belegschaft vergrößerten. Keiner der Männer hatte sich nach der Höhe des Lohns erkundigt. Sie hatten zwar eine vage Vorstellung, aber das spielte keine Rolle. Wichtig war nur, daß man Arbeit bekommen hatte. Diese Menschen brauchen weiß Gott dringend jedes Pfund. Jobs sind in dieser Gegend kaum zu kriegen, und eine Durchschnittsfamilie verdient im Monat weniger als hundertfünfzig Mark. In Relation dazu muß man sehen, daß ein Kilo Fleisch etwa zwanzig Mark kostet, ein Esel etwa achtzig und ein Wasserbüffel über tausend Mark; um heiraten zu können, muß der Mann etwa sechs- bis achttausend Mark zusammengespart haben. Die wenigen Jobs, die es gibt, meist als Landarbeiter, bringen etwa eine Mark achtzig pro Tag ein. Wir zahlen pro Tag acht Mark – ein vergleichsweise anständiger Lohn. Wie schon in den vergangenen Jahren werden Ahmed und ich auch in diesem Jahr von Dorfbewohnern ständig angefleht, ihnen oder einem ihrer Verwandten einen Job zu geben, irgendeinen Job, und sei es auch nur für kurze Zeit.

Zu Beginn dieser Kampagne konzentrierten wir uns auf die Halle mit den sechzehn Pfeilern. Wir wollten herausfinden, warum KV 5 einen so ungewöhnlichen Grundriß hat, daher mußten wir uns unbedingt durch den Eingang der Halle entlang der Westwand nach Norden und nach Süden vorarbeiten. Die Halle war offenbar das Zentrum dieses rätselhaften Komplexes, und daher müßte uns ihre

Dekoration eigentlich entscheidende Hinweise bieten können. Zunächst legten wir einen ein Meter breiten Abschnitt entlang der Westwand bis zum Bodenniveau frei, wobei wir, wie man uns dringend geraten hatte, alle Pfeiler der Halle umgingen. Wir hofften, Aufschlüsse über den Boden der Halle zu bekommen. Wir wollten auch versuchen, die Reliefs in den Gängen 12 und 20 zu datieren, und wir wollten uns mit den nachträglich erweiterten Durchgängen befassen, die wir ganz vorne beim Eingang sowie zwischen den Räumen 1 und 2, den Räumen 2 und 3, den Räumen 3 und 7, den Räumen 3 und 12 und noch weiteren Räumen entdeckt hatten. Hier konnten wir vielleicht wesentliche neue Erkenntnisse über die architektonische Entwicklung von KV 5 gewinnen.

Santa Fe International hatte großzügigerweise für unser Projekt einen Wohnwagen bereitgestellt; er traf an diesem ersten Tag unserer neuen Kampagne aus Kairo ein und wurde gleich neben dem Eingang zu KV 5 aufgestellt. Der knapp 7 Meter lange Wohnwagen würde uns die Arbeit und das Leben während dieser Kampagne zweifellos ganz erheblich erleichtern. Er war mit einer unauffälligen Wüstenfarbe lackiert und mit einem Stromaggregat, einem Fotolabor, einem Computerarbeitsplatz, einem Zeichentisch und Regalen ausgestattet. Wir mußten nun nicht mehr draußen an einem Tisch arbeiten und in der glühendheißen Sonne die Fliegen vertreiben – bedrängt von Tausenden fotografierender Touristen, die uns in einem Dutzend Sprachen mit Fragen löcherten: »Was Interessantes gefunden?« – »Was machen Sie da?« – »Macht Ihnen diese Arbeit Spaß?« – »Verkaufen Sie Mineralwasser in Flaschen?« Es war schon eine ungeheure Erleichterung, den Touristenmassen zu entkommen; wir waren allerdings noch keine Viertelstunde in den Wohnwagen eingezogen, da klopften die Touristenführer schon an die Tür, um sich zu beschweren. Einer erklärte uns, daß unsere Arbeit eine wichtige Touristenattraktion geworden sei, und wenn wir seinen Kunden die Chance für ein Foto nähmen, würde er bestimmt weniger Trinkgeld bekommen. Wir boten ihm an, eine kleine Tafel mit einem Grundriß des Grabes und Fotos von Fundstücken und von Wandreliefs aufzustellen. Damit war er anscheinend zufrieden.

234

Unser neues Feldbüro sollte uns offenbar Glück bringen. Gerade war es erst eingetroffen, da fanden wir auch schon drei Fragmente von einem Kanopenkrug, auf denen wir den Namen des neunten Sohns von Ramses II., Sethi, entdeckten. Die Fragmente lagen im Durchgang zwischen den Räumen 2 und 3 inmitten von größeren Teilen von Mumienbinden, von Bruckstücken hölzerner Statuen und mehreren Fayencelöckchen von Perücken. Wir fanden dort auch große Mengen Keramik. Susan würde mindestens zehn Tage benötigen, um den ohnehin schon großen Bestand an Scherben zu sichten.

Wir fanden auch zahlreiche Tierknochen. Wir hatten den Paläontologen Elwyn Simons von der Duke University, der sich in El Faiyûm aufhielt, gebeten, diese Funde zu analysieren, und er traf einige Wochen später bei uns ein. Nach ihm untersuchte auch meine Kollegin Dr. Salima Ikram die Kochen. Wir haben in KV 5 zahllose Knochen unterschiedlicher Tiere gefunden, und wir hoffen nun, daß sie uns Auskunft über den Verwendundungszweck einiger Räume geben können. Die Verteilung der Knochenfunde ist hochinteressant: In den Räumen 1, 2 und 3 fanden wir Menschenknochen, in den Räumen 4, 7 und 12 Kuhknochen, in Raum 13 Hyänen- und Schakalknochen und in der Halle mit den sechzehn Pfeilern zusätzlich Schweineknochen. Ein Teil dieses Materials war natürlich hereingespült worden, aber großenteils hat es wohl zu den Grabbeigaben gehört. Die in Raum 8 gefundenen Kuhknochen beispielsweise sind ganz sicher antiken Opfergaben zuzuordnen, da sie die für rituelle Schlachtopfer typischen Säge- und Beilspuren aufweisen. Der Schakal hingegen könnte ins Grab gekrochen und dort verendet sein. Seine Knochen sind zwar durch die in das Grab geströmten Schuttmassen überall verteilt worden, aber aufgrund unserer Funde können wir fast das gesamte Skelett wieder zusammensetzen.

Am Vortag trafen David Wallace und sein Team von der BBC ein, um die Dreharbeiten für den Dokumentarfilm über KV 5 fortzuführen. David brachte auch einen Vertreter von ABC/Kane Productions in Washington sowie einen Standfotografen von ABC mit.

Als ihr Bus am Eingang zum Tal auftauchte, brach sofort das übliche Chaos aus. Die Filmarbeiten würden diesmal zwar nicht lange dauern – nur fünf Tage –, aber David wies mich bereits darauf hin, daß sie jeden Tag von sieben Uhr morgens bis fünf Uhr nachmittags drehen würden und daß ich mich jederzeit auf Abruf bereithalten müßte. Im Laufe des Vormittags gesellte sich noch Hugh Downs von ABC News hinzu, der die amerikanische Fassung der Sendung moderieren sollte. Er war sehr angenehm und beeindruckte mit seinen wirklich frappierend weitreichenden Kenntnissen der Geschichte des alten Ägypten. Wir drehten eine Reihe von Sequenzen auf dem Hang oberhalb von KV 5, und als Hugh auf den Gipfel kletterte, pustete und schnaufte er weniger als einige aus Davids Team, die zumeist über zwanzig Jahre jünger waren.

Als wir endlich wieder ungestört weiterarbeiten konnten, benötigten wir mehrere Wochen, um den Schutt entlang der Westwand der Halle mit den sechzehn Pfeilern zu entfernen. Susan war ganz aufgeregt, als an den Wänden links und rechts des Mitteleingangs sehr große, spiegelbildliche Szenen zum Vorschein kamen. In Lebensgröße und in sitzender Position sind dort jeweils vier Söhne von Ramses II. abgebildet; vor ihnen steht ein Priester in einem Pantherfell. Zwei Gesichter dieser Söhne sind gut erhalten und wunderschön herausgearbeitet. Auch die restliche Wand muß einst sehr schön dekoriert gewesen sein, bevor die wiederholt hereinbrechenden Schlammfluten ihr Vernichtungswerk betrieben. Susan benötigte viele Tage, um die schwachen Linien nachzuzeichnen – die spärlichen Reste einer grandios bemalten Wand.
Während Susan mit der Rekonstruktion dieser Wand beschäftigt war, legte ich einen Teil von Raum 2 frei, den wir seit über einem Jahr nicht mehr beachtet hatten. Im nördlichen Drittel dieses Raumes waren nämlich vor vielen Jahren zwei riesige Gesteinsbrocken aus der Decke herausgebrochen, die nun ganz oben auf den Schuttmassen lagen. Sie auseinanderzubrechen und zu beseitigen hätte zwar Schwerstarbeit bedeutet, wir mußten uns aber dieser Mühe unterziehen, wenn wir mit der Ausgrabung fortfahren wollten. Die Bilder und Texte an den übrigen Wänden von Raum 2

waren so interessant, daß wir uns auch die Nordwand anschauen wollten. Zuerst fotografierte Francis die hohen Schwemmsandschichten, die das nördliche Drittel der Kammer füllten. Bis zum Ende der Woche zerschlugen dann die Männer die großen Gesteinsbrocken in handliche Stücke und schleppten sie hinaus. Dabei schob sich Ahmed in den engen Raum zwischen der Decke und den Steinblöcken und bearbeitete sie mit Hammer und Meißel. Dann ließ er die Brocken auf die Schultern von Mohammed, Said oder Mansour gleiten, die sie hinausschleppten. Einige Stücke wogen fast zwei Zentner. Die Arbeit war gefährlich und nervenaufreibend – nicht so sehr weil die Männer in ernsthafter Gefahr waren, sondern weil ein herabstürzender Steinbrocken die Dekoration an den Wänden erheblich beschädigen konnte.

Sobald die Gesteinsbrocken draußen waren, konnten wir das nördliche Drittel der Kammer freilegen. Wir wollten herausfinden, ob noch weitere Söhne von Ramses II. auf den hinter dem Schutt verborgenen dekorierten Wänden erwähnt waren. Diese Arbeit war zeitaufwendiger, als wir gedacht hatten, da Dutzende von bemalten Putzresten durch die Schlammfluten von den Wänden gelöst worden waren und nun in einem sehr bröckeligen Zustand im Schutt lagen. Zum Glück konnten wir diese Fragmente retten, zusammensetzen und auf dem Papier einen erheblichen Teil der einst so leuchtend bunt bemalten Reliefs rekonstruieren. In einer Szene führt Ramses II. seine Söhne vor verschiedene Götter, in einer anderen steht er vor einem Tisch mit Opfergaben und einem großen Kanopenkasten.

Am Sonntag begannen wir schließlich mit der Freilegung des Bodens. Der Schutt war durchsetzt mit Fundstücken, und den ganzen Vormittag über stieg Ahmed immer wieder strahlend aus dem Grab, um Susan mit Inschriften versehene Fragmente von Kanopenkrügen, Bruchstücke von Alabasteruschebtis, Amuletten, Holzsärgen, Perlen und auch von mumifizierten menschlichen Überresten zu übergeben. Nebenbei fanden wir auch körbeweise Scherben. Es war insgesamt eine ganz erkleckliche Ausbeute, und wir waren alle damit beschäftigt, dieses unglaublich wertvolle Material zu säubern, zu zeichnen, zu fotografieren und zu katalogisieren.

Als sich der Arbeitstag dem Ende zuneigte und Ahmed, Mohammed und ich mit der Kelle weiteren Schutt vom Boden entfernten, bemerkten wir eine Art Riß im Fels. Als wir jedoch noch mehr Schwemmsand entfernten, stellten wir fest, daß es sich um eine gemeißelte Kante handelte.

»Sieht so aus, als wäre da ein Schacht, Ahmed«, meinte ich, »oder zumindest eine rechteckige Vertiefung.«

»Vielleicht ist es eine Treppe, die zu irgendeiner tieferen Ebene führt«, überlegte er laut.

»Vielleicht wird es Statuen darin geben«, sagte Mohammed. »Oder einen Schatz!«

Uns blieb an dem Tag keine Zeit mehr, dies gleich zu untersuchen, aber am folgenden Morgen setzten wir die Arbeit dort fort. Nachdem wir noch etwa eine Stunde gegraben hatten, stellte sich heraus, daß die Bruchkanten ein großes, etwa 80 Zentimeter breites Rechteck bildeten, dessen Rand horizontal verlief und sich über 4 Meter erstreckte, also über die gesamte Länge einer Kammer. Ursprünglich war die Vertiefung von mehreren großen, flachen Kalksteinplatten bedeckt gewesen – eine befand sich am Westende noch an ihrem ursprünglichen Ort. Wir hatten uns zwar erst etwa 20 Zentimeter unter das Bodenniveau von Raum 2 vorgearbeitet, doch wir waren hier offenbar auf einen Schacht gestoßen. Ich hatte keine Ahnung, wie tief er war oder wofür er benutzt worden sein könnte.

Auf jeden Fall schien es sich um eine ganz aufregende Sache zu handeln. Die Arbeiter stöhnten denn auch, als ich erklärte, wir müßten abwarten, bevor wir den Schacht weiter freilegen könnten. Zunächst einmal mußten wir uns mit der Dekoration an der dahinter liegenden Wand befassen, denn wenn wir beim Entfernen des Schutts, der einen Teil des Putzes an der Wand hielt, nicht aufpaßten, könnte die ganze Dekoration zerstört werden. Ich wies den enttäuschten Ahmed an, die Arbeit einzustellen, bis unser Konservator in zwei Wochen aus Rom kam.

Seufzend begaben sich die Männer in Gang 12, die steil abfallende Passage, die wir an der Vorderseite der Pfeilerhalle entdeckt hatten. Im vergangenen November hatten wir bereits etwa 20 Meter geräumt und dabei die Durchgänge zu zwölf Seitenkammern freigelegt. Am Samstag begannen wir dort wieder zu graben und arbeiteten uns mit Spitzhacken durch den betonharten Schutt, der die Passage vom Boden bis zur Decke füllte. Wir kamen nur langsam voran – jeden Tag etwa 50 Zentimeter –, und angesichts der Höhe und Breite des Ganges hieß das, daß wir jeden Tag etwa 6 Kubikmeter Abraum bewegten. Dennoch war das ganz respektabel, wenn man bedenkt, daß das Material in kleinen Körben von einer Korbbrigade hinausbefördert werden mußte, die vom Grabungsort bis zur Abraumhalde fast 100 Meter weit reichte.

Nach zwei Arbeitsstunden waren wir erst 20 Zentimeter vorangekommen. Oberhalb der Schuttmassen gab es eine Lücke, die höchstens 15 Zentimeter breit und 7 Zentimeter hoch war. Als wir hindurchschauten, erblickten wir etwas, was wie ein Durchgang aussah, der sich etwa 2 Meter vor uns befand. Nachdem wir weitere sechs Stunden gegraben hatten, schauten wir nochmals durch die Öffnung. Nun konnten wir erkennen, daß der Durchgang in eine Halle führte.

Mohammed und die anderen Arbeiter entschuldigten sich dafür, daß sie so enttäuscht gewesen waren, als wir die Arbeit bei dem Schacht eingestellt hatten. »Das ist viel, viel besser, Doktor«, sagte Mohammed mit derart breitem Grinsen, daß seine vom Tee gebräunten Zähne zu sehen waren. »Ich werde heute nacht davon träumen.«

Früh am nächsten Morgen unterhielten sich die Arbeiter aufgeregt über diesen neuen Durchgang und den dahinter befindlichen Raum. Wir gruben uns durch den Schutt, und gegen neun Uhr hatten wir einen Tunnel geschaufelt, der gerade so breit angelegt war, daß der dünne Ahmed hindurchkriechen konnte. Ich bat ihn allerdings, bis zur Frühstückspause zu warten, damit der von den Arbeitern aufgewirbelte Staub sich legen konnte.

Saleh, ein anderer Arbeiter, lag währenddessen draußen im Zelt; er hatte arge Schmerzen. Vor mehreren Jahren war ihm bei der Armee ein großes Geräteteil aufs Knie gefallen, und seitdem hatte er häufig schwere Schmerzanfälle, die sich nach einigen Operationen im Militärkrankenhaus in Assiut sogar noch verschlimmert hatten. Ich fuhr ihn in die örtliche Klinik, aber die Ärzte waren alles andere als hilfsbereit, und so gingen wir nach zwanzig Minuten wieder. Ich kaufte ein Medikament in der Apotheke, brachte ihn nach Hause und sagte ihm, er solle sich ein paar Tage lang ausruhen. Ich würde später unseren Arzt vorbeischicken, der sich um ihn kümmern würde.

Das letzte Mal war ich in dieser Klinik vor etwa einem Jahr gewesen. Als ich eines Morgens zum Büro des Inspektors fuhr, sah ich neben der Straße zum Tal der Könige zwei dänische Studenten in einer Blutlache liegen. Ihr Motorrad war auf einem vom Sand zugewehten Stück Asphalt ins Schleudern geraten, und sie waren kopfüber in eine Geröllhalde geflogen. Das Mädchen blutete stark aus einer Kopfwunde. Der junge Mann hatte einen übel aufgeschürften Arm und war in Tränen aufgelöst. Er kniete neben seiner Freundin und rief schluchzend: »Es ist meine Schuld, es tut mir so leid, ich liebe dich.« Ich fuhr die beiden zur Klinik, brachte sie in die Ambulanz und fand dort nur ein einzelnes, von Fliegen bedecktes Bett ohne Laken vor, ein Waschbecken ohne Wasser, einen leeren Kühlschrank und einen Arzt, der eine Zigarette im Mundwinkel hatte und sich so benahm, als habe er noch nie Blut gesehen, und offenbar auch keine Lust verspürte, dies jetzt nachzuholen. Das also war die »neue« Klinik; sie war erst vor ein paar Jahren erbaut worden und noch immer die nächstgelegene medizinische Versorgungsstelle für etwa zwanzigtausend Menschen am Westufer. Ich half den beiden Studenten wieder ins Auto und fuhr mit ihnen über den Fluß nach Luxor, wo es ein mit einfachsten Versorgungseinrichtungen ausgestattetes Krankenhaus gibt, in dem sich die Ärzte allerdings um ihre Patienten kümmern. In Kairo gibt es einige der besten Internisten, Chirurgen und Dentisten der Welt. Was für eine Schande, daß die Menschen in Oberägypten wieder einmal zu kurz kommen.

Erst um zehn Uhr kehrte ich wieder in das Tal der Könige zurück. Die Frühstückspause hatte schon eine halbe Stunde zuvor geendet, und Ahmed wollte nun unbedingt in die neuentdeckten Räume kriechen. Wir schnappten uns Schutzhelme und begaben uns ins Grab.

Zwischen den Schuttmassen und der Decke gab es kaum Bewegungsspielraum, doch Ahmed rutschte einfach hindurch, wobei er alle paar Meter innehielt, um sich zu orientieren und umzusehen. Ich hingegen hatte große Mühe, mich fortzubewegen. Doch schließlich war auch ich soweit vorgedrungen, um feststellen zu können, daß der Raum wirklich groß war. Auf seiner Nordsüdmittelachse sah ich in gleichem Abstand zueinander drei Pfeiler. Der ganze Raum war wohl etwa 5 Meter breit und über 10 Meter lang. Was uns allerdings in größte Erregung versetzte, waren zwei Durchgänge in der Südwand. Ahmed kroch hinüber zu einem von ihnen und schaute durch die schmale Lücke zwischen der Schuttschicht und der Decke.

»Dieser Durchgang führt in eine weiteren Passage, Doktor«, rief er. »Ich kann es nicht genau sagen, aber ich glaube, sie ist sehr lang, und in den Wänden sind viele Durchgänge.«

Noch eine Passage wie die Gänge 7, 10 und 11? Falls diese Gänge architektonisch so angelegt sein sollten wie die anderen im Grab, dann haben sie wahrscheinlich jeweils etwa zwölf Seitenkammern, und das würde bedeuten, daß es in KV 5 insgesamt nicht 97, sondern über 124 Räume gibt. Und falls Gang 20, der Parallelgang zu Gang 12, spiegelbildlich angelegt sein sollte – was aufgrund seiner Lage wahrscheinlich der Fall ist –, dann besitzt KV 5 mindestens 150 Räume!

Ahmed und ich begaben uns wieder nach draußen, um Susan diese Neuigkeit zu berichten. Lächelnd erwiderte sie: »Wir werden wohl kaum so lange leben, um all das auszugraben«, und dann wandte sie sich wieder ihren Scherben zu. Susan ist eben die Realistin in unserer Familie.

Im Laufe der nächsten Wochen entfernten wir den äußerst harten Schutt in dieser neuentdeckten Passage, die direkt in die Mitte des Tals führt, in die Richtung des Grabes von Tutanchamun. Die Arbeit ging nur langsam voran, und bevor wir im März Schluß machten, waren wir erst etwa 3 Meter in diesem Gang vorangekommen und hatten dabei die Durchgänge zu vier Seitenkammern freigelegt.

Am letzten Tag dieser Kampagne fand der erst achtzehn Jahre alte Mustafa, der das erste Mal bei uns arbeitete, ein Fragment eines großen Uschebti, das mit kursiven Hieroglyphen bemalt war. Es trug die Kartusche des Pharaos Sethnacht, des Begründers der 20. Dynastie, und lag etwa 2 Meter tief im Gang mitten in den Schuttmassen. Sethnachts Grab, KV 14, befindet sich ganz am Ende des Tals, so daß die Statuette gegen Ende des Neuen Reiches oder später mit den Schlammassen in KV 5 hineingespült worden sein muß. Es muß sich um eine ziemlich große Mure gehandelt haben, daß sie ein schweres Alabasterfragment so weit ins Grab hineinbefördern konnte. Mustafa war völlig aus dem Häuschen und wollte gar nicht mehr aufhören, seinen abgebrühteren Arbeitskollegen zu erzählen, daß diese Entdeckung allein seiner Aufmerksamkeit zu verdanken sei.

Für Aufregung sorgten in dieser Woche auch der Vollmond sowie eine partielle Mondfinsternis und der spektakuläre Anblick des Kometen Hale-Bopp, der direkt über der Qurn und dem Tal der Könige vorbeizog. Er sah phantastisch aus, und Ahmed interpretierte ihn als gutes Zeichen für unsere Ausgrabungen in KV 5. Vor 4200 Jahren war dieser Komet zuletzt auf der Erde zu sehen gewesen, zu einer Zeit, als Pepi I. – ein Pharao der 6. Dynastie – Ägypten beherrschte. Pepi I. wurde in einer Pyramide bei Saqqara bestattet, und in der Grabkammer findet sich ein Text, der auf einen Kometen Bezug nimmt; höchstwahrscheinlich handelt es sich hierbei um den ersten überlieferten Hinweis auf Hale-Bopp: »Ich sehe, was die nhh-Sterne tun, denn so schön ist ihre Gestalt; es ist gut für mich mit ihnen, und es ist gut für sie. Ich bin ein nhh-Stern, der Begleiter eines nhh-Stern, ich werde ein nhh-Stern, und ich werde niemals leiden.«[2]
Virginia Lee Davis, eine ehemalige Kommilitonin an der Yale University, hat als erste bemerkt, daß das Wort »nhh-Stern« im hieroglyphischen Originaltext aus der Zeichnung eines Sterns und der Hieroglyphe für langes Haar zusammengesetzt ist – eine wunderschöne Möglichkeit, glaubt sie, einen Stern mit einem feinen Schweif, also einen Kometen, darzustellen. (Das Wort »Komet«

geht ja auf das griechische Wort für Haar, Mähne zurück, und das bestätigt nur Virginias Idee.)

Als unser Konservator Lotfi Khaled im Herbst 1997 aus Rom zurückkehrte, bat ich ihn, sofort die erforderlichen Maßnahmen zu ergreifen, um die Nordwand von Raum 2 – der Wand über dem Schacht – zu stabilisieren. Das war eine heikle Arbeit. Auf dem Wandputz waren Spuren des Namens des in der Grube bestatteten Menschen zu erkennen; der Putz hing jedoch nur noch ganz lose am Gestein und konnte bei jedem kräftigen Luftzug abfallen. Lotfi drückte ihn vorsichtig an die Wand und spritzte Kunstharz hinein, damit er hielt. Einige Tage später gab er uns das Startzeichen – nun konnten wir den Schutt aus dem Schacht entfernen. Sofort stießen wir auf Objekte. In der Mitte des Schachts, 30 Zentimeter unter dem Boden, legten wir ein großes Stück verbranntes Holz frei, an dem Fetzen von Mumienbinden hingen. Das war mit hoher Wahrscheinlichkeit ein Teil eines Sarges, denn daneben lag ein winziges Partikel Blattgold, das vielleicht zur Vergoldung des Sargdeckels gehörte.

Außerdem fanden wir zwei mit Inschriften versehene Fragmente eines Kanopenkruges aus Alabaster; sie trugen den Namen Meri-Atum, des sechzehnten Sohns von Ramses II. Eigentlich sind auf diesen Fragmenten nur zwei Schilfblatthieroglyphen – die zusammen den ägyptischen Buchstaben »i« bilden – erhalten, aber [Mer]i[Atum] ist der einzige Ramses-Sohn, dessen Name den Buchstaben »i« an dieser Stelle enthält. In die Bruchstücke sind auch mehrere Titel von Meri-Atum eingraviert. Die Fragmente des Kanopenkruges stellen den bislang klarsten Beweis dar, daß auch Meri-Atum in KV 5 begraben war, aber es waren nicht die ersten Hinweise, die wir gefunden hatten.

1902 entdeckte Howard Carter am Eingang zum Tal der Könige, offenbar ganz in der Nähe von KV 5, im Schutt ein Ostrakon aus der 19. Dynastie. Dieses Ostrakon wurde zuerst von Elizabeth Thomas publiziert; für sie war es gewissermaßen »eine Seeräuberkarte von einem vergrabenen Goldschatz, voller Hinweise, die wir nicht deuten können«. Wir kennen zwar nicht die Bedeutung des antiken Textes, aber der Schreiber wollte wohl die Standorte mehrerer Gräber im Tal genau beschreiben:

»Von tr(t)it bis zum General
30 Ellen; (und bis zu) dem Grab des Größten der Schauenden Meriatum
25 Ellen. Von tr(t)it (und? bis zu?)
dem Grab der Öle zu meinem Größten der Schauenden 40 Ellen.
Stromabwärts (nach Norden) auf dem nördlichen Weg, wo das alte Grab ist
30 Ellen bis zum General.«

Und auf der anderen Seite des Ostrakons steht:

»[Vom?] Grab der Isisnofret zum
[Grab von] meinem Größten der Schauenden Meriatum,
200 Ellen.
Vom (?) Ende der Wasser des Himmels
zum Grab der Isisnofret
445 Ellen.«[3]

Die Interpretation des Textes ist schwierig. Elizabeth Thomas und in neuerer Zeit der Ägyptologe Nicholas Reeves halten verschiedene Auslegungen bereit. Zum einen glauben sie, daß der Titel »General« ein Hinweis auf Ramses II. ist. Falls dies richtig ist – und ich halte es für wahrscheinlich –, dann stand der *tr(t)it* (der ägyptische Name für den Weidenbaum) 30 Ellen (15,7 Meter) vom Grab Ramses' II. entfernt. Ferner heißt es, der *tr(t)it* habe 25 Ellen (13,1 Meter) vom Grab des Meri-Atum – das heißt vom Eingang zu KV 5 – entfernt gestanden.

Die zwei Anspielungen auf Isisnofret in diesem Text sind ebenfalls bedeutsam, denn wenn mit Isisnofret eine der Hauptgemahlinen von Ramses II. gemeint ist und nicht zum Beispiel die Frau von Ramses' Sohn und Nachfolger Merenptah, dann liefern sie einen wichtigen Hinweis auf den Standort ihres Grabes. Dieses Grab ist

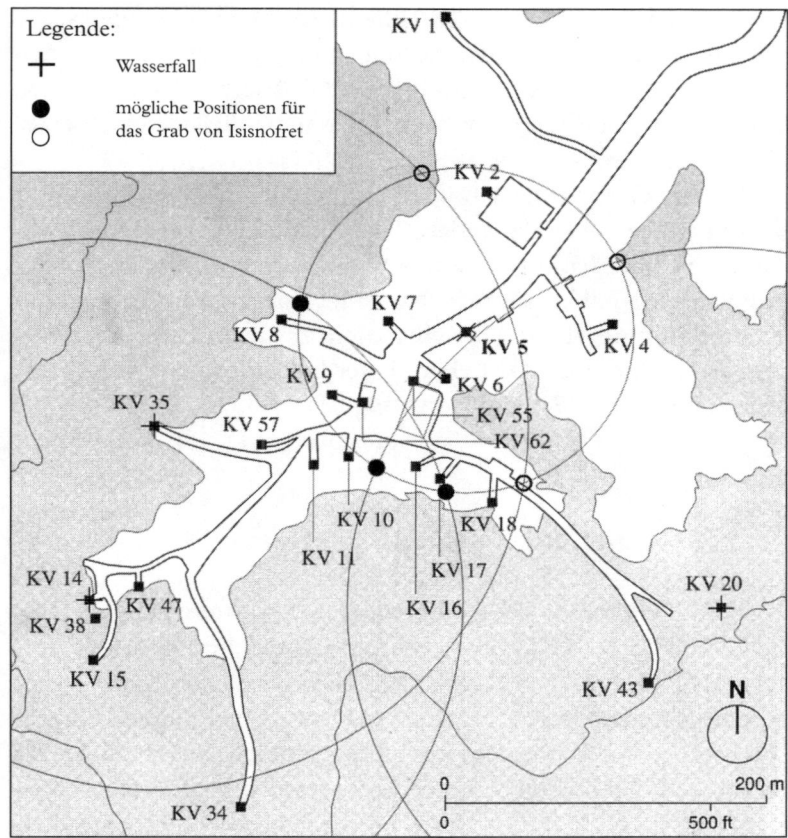

Legende:

+ Wasserfall

● mögliche Positionen für
○ das Grab von Isisnofret

KV 1
KV 2
KV 7
KV 8
KV 5
KV 4
KV 9
KV 6
KV 35
KV 57
KV 55
KV 62
KV 10
KV 18
KV 11
KV 14
KV 17
KV 47
KV 20
KV 38
KV 16
KV 15
KV 43
KV 34

N

| 0 | | 200 m |
| 0 | | 500 ft |

Diese Grafik zeigt, wo sich das bislang unentdeckte Grab von Isisnofret befinden könnte; die in der Nähe von KV 8 und KV 10 eingezeichneten Positionen könnten am ehesten zutreffen.

nie gefunden worden, aber das Ostrakon deutet an, daß es sich im Tal befand – 200 Ellen (104,6 Meter) von KV 5 und 445 Ellen (232,8 Meter) vom »Wasser des Himmels« entfernt. Diese Formulierung bezieht sich auf jene Teile der das Tal umgebenden Felswände, über die sich bei schweren Sturzregen die Wasserfluten ergießen. Wenn wir ermitteln könnten, welcher Teil der Felswand das »Wasser des Himmels« ist, dann dürfte es nicht allzu schwer sein, in etwa die fragliche Stelle zu bestimmen. Ich bat unseren

245

Architekten Walton Chan, mit Hilfe dieser Daten eine Planskizze des Tals zu zeichnen, auf der die Stellen verzeichnet sind, an denen irgendwann einmal ein Ägyptologe nach Isisnofrets Grab forschen könnte. Die schwarzen Punkte markieren die Stellen, an denen es sich am ehesten befindet.

Isisnofrets Grab zu finden wäre eine wichtige Entdeckung. Wir wissen einiges über die andere Hauptgemahlin von Ramses II., Nefertari, aber Isisnofret ist uns bislang noch weitgehend unbekannt. Beide haben sie offenbar entscheidende Positionen am Königshof innegehabt. Hier eine kurze Zusammenfassung unserer Kenntnisse über das Leben dieser beiden Frauen, von denen vier Söhne in KV 5 begraben wurden.

Isisnofret

Isisnofret war die zweite Hauptgemahlin von Ramses II. Vermutlich heiratete der Pharao sie etwa um die gleiche Zeit wie Nefertari. Als Nefertari ein Vierteljahrhundert später starb, hat Isisnofret anscheinend deren Stellung bei Hofe eingenommen. Sie war die Mutter von mindestens zwei Hauptsöhnen des Pharaos. Das ist alles, was wir über diese Frau wissen. Manche Ägyptologen meinen, zwischen ihr und Nefertari habe eine gewisse Feindschaft geherrscht, aber das scheint mir doch eher auf phantasievollen Interpretationen vager und schlecht erhaltener Texte zu basieren. Allerdings waren die Machtbefugnisse von Isisnofret und Nefertari sowie die Aufgabenbereiche ihrer Söhne möglicherweise geographisch aufgeteilt. Nefertari wird stets nur in Inschriften aus Oberägypten erwähnt, während Isisnofrets Name in überlieferten Texten aus Unterägypten in Erscheinung tritt. Könnten diese beiden Frauen also unterschiedliche Einflußsphären gehabt haben – Nefertari im Süden, Isisnofret im Norden des Landes? Und oblagen jeder Königin bestimmte königliche und religiöse Hauptpflichten lediglich in einem Teil des Landes? Nun, wie auch immer ihre Rollen verteilt waren – beide brachten Söhne zur Welt, die in zentrale Positionen in der ägyptischen Gesellschaft aufstiegen. Dies läßt mit Sicherheit darauf schließen, daß Isisnofret am Königshof eine genauso wichtige Rolle spielte wie Nefertari.

Nefertari

Nefertari ist die bekannteste Frau von Ramses II., ja, sie ist wohl eine der berühmtesten Frauen in der Geschichte des alten Ägypten. Ihr herrlich dekoriertes und erstaunlich gut erhaltenes Grab befindet sich im Tal der Königinnen; es trägt die Bezeichnung QV 66.

Das Tal der Königinnen, das in der Antike »Der Ort der Schönheit« genannt wurde, erhielt seinen modernen Namen im frühen 19. Jahrhundert von Jean-François Champollion. Das Tal liegt unmittelbar südlich des antiken Arbeiterdorfes Deir el-Medineh und etwa 2 Kilometer südlich des Tals der Könige. Der Name »Tal der Königinnen« ist im Grunde genommen eine Übertreibung, denn nur einige wenige der in diesem Tal angelegten achtzig Gräber gehören Frauen von Königen – die anderen waren für verschiedene Königskinder bestimmt. Alle Gräber in diesem Tal wurden während des Neuen Reiches angelegt. In nur zwanzig Gräbern ist die Wanddekoration erhalten, und nur wenige Gräber haben mehr als nur eine einzige Kammer. Nefertaris Grab stellt insofern eine herausragende Ausnahme dar.

QV 66 wurde 1904 vom Kurator des Ägyptischen Museums in Turin, Ernesto Schiaparelli, entdeckt – nur einige Monate nachdem er seine Arbeit im Tal der Königinnen aufgenommen hatte. Es ist das spektakulärste der dreizehn Gräber, die er in seiner siebzehnjährigen Ausgrabungstätigkeit dort entdeckte. Jeder Tourist wollte dieses wundervoll dekorierte Grab mit seinen leuchtenden Farben unbedingt sehen. Auf Drängen der Regierung und der Reiseveranstalter beschleunigte Schiaparelli die Ausgrabung, und nach knapp einem Jahr wurde QV 66 1905 für Besucher geöffnet. Leider war das Grab schon damals in einem bedenklichen Zustand.

Es gab zwei sehr ernste Probleme. Zum einen setzt sich der Berghang, in dem das Grab angelegt worden war, aus qualitativ sehr schlechtem Kalkstein zusammen; die Handwerker konnten daher beim Bau des Grabes nicht die feinen, glatten Wandflächen herstellen, die für Wandmalereien erforderlich sind. Statt dessen waren sie gezwungen, die grob behauenen, zuweilen bröckeligen Wände mit dicken Putzschichten abzudecken, die sie dann mit einem massiven Tüncheüberzug versahen. Darauf malten sie dann die Szenen und Texte. Zum anderen war das Grab aufgrund seiner Lage bei schweren Wolkenbrüchen von Sturzbächen bedroht. Die Wassermassen füllten Nefertaris Grab zwar nie mit Schutt, wie das in den Gräbern im Tal der Könige der Fall war, doch das Wasser sickerte durch das rissige und geborstene Felsgestein; es bildeten sich Pfützen auf dem Boden, und die Feuchtigkeit griff die Wanddekorationen an. Das Wasser und die hohe Luftfeuchtigkeit sorgten dafür, daß Salze, die sich auf natürliche Weise in Kalkstein bilden, an die Oberfläche des Gesteins traten, auskristallisierten und dabei die dicke Putzschicht von der Wand drückten und ablösten – mitsamt den herrlichen Malereien.

Bereits im Jahr 1904 sah Schiaparelli, daß viele Teile des Grabes schwer beschädigt waren. Als es dann für Touristen geöffnet wurde, verschlechterte sich sein Zustand noch mehr. 1905 waren bereits zwanzig Prozent der Dekoration verschwunden. 1934 war die Zerstörung so weit fortgeschritten, daß die Regierung endlich, wenn auch viel zu spät, das Grab für die Öffentlichkeit schloß. Leider hielt das seinen Verfall nicht auf.

Erst 1986 wurde ein Konzept zum Schutz von Nefertaris Grab entwickelt. Es wurde der Ägyptischen Altertümerverwaltung vom Getty Conservation Institute vorgelegt; vorgesehen war ein Joint Venture, um die qualifiziertesten Konservatoren hinzuziehen und die dekorierten Wände des Grabes fixieren zu können. Es gehörte schon Mut dazu, ein derartiges Projekt vorzuschlagen: Die erforderlichen Techniken waren äußerst heikel, einige sogar noch nicht hinreichend erprobt; wenn irgend etwas schiefging, würden die Mitarbeiter der Altertümerverwaltung und des Getty Conservation Institute sich nicht nur den Zorn der staatlichen Behörden, sondern der ganzen Welt zuziehen. Unter der Leitung der italienischen Konservatoren Paolo und Laura Mora untersuchte ein Team von etwa zwanzig Konservatoren und Fotografen, das von mehreren Dutzend Beratern unterstützt wurde, ein ganzes Jahr lang das Grab. Es wurde bis ins kleinste Detail fotografiert, die Putzschicht und die Farben wurden analysiert, und man bemühte sich, das Spektrum der sich verändernden klimatischen Verhältnisse zu ermitteln. Im darauffolgenden Jahr verstärkten und stabilisierten die Konservatoren die bemalte Schicht mit Spezialharzen und Acryl, und sie reinigten die Malereien.

Es war eine pingelige, äußerst anstrengende Arbeit. Lotfi Khaled war einer der Konservatoren beim Nefertari-Projekt; er meinte, noch nie habe ihn etwas so unruhig gemacht, aber zugleich auch mit solcher Zufriedenheit erfüllt. Bei jedem Pinselstrich, bei jeder Berührung mit einem Wattetupfer hätte ein weiterer Abschnitt des fragilen Wandputzes abfallen können; es bestand aber zugleich auch die Hoffnung, daß die wundervolle Dekoration für die Zukunft erhalten werden könnte. Das Projekt benötigte bis zu seinem Abschluß sechs Jahre, und es war überaus erfolgreich. Der Verfall der dekorierten Wände wurde in manchen Bereichen des Grabes aufgehalten und in anderen entschieden verlangsamt. Außerdem wurden Temperatur- und Luftfeuchtigkeitsregler im Grab installiert.

Das Getty Conservation Institute betonte jedoch, daß Nefertaris Grab nur in diesem Zustand erhalten werden könne, wenn es weiterhin für Touristen geschlossen bliebe. Gegen die Empfehlungen vieler Konservatoren beschloß jedoch die Altertümerverwaltung 1995, Nefertaris Grab wieder zu öffnen. Allerdings war man bereit, die Zahl der Besucher zu begrenzen: Es durften sich nicht mehr als zehn Personen gleichzeitig im Grab aufhalten; keine Gruppe sollte länger als eine Viertelstunde darin verweilen, und täglich sollten maximal hundertfünfzig Besucher zugelassen werden. Der Eintrittspreis betrug hundert Ägyptische Pfund (etwa fünfzig Mark), das entsprach dem zehnfachen Preis der normalen Tickets für das Tal der Königinnen. Gleichwohl war die Nachfrage nach Tickets von Anfang an unglaublich groß. Das Gesetz von Angebot und

Nachfrage funktionierte: Die Tickets waren knapp, und daher waren die Touristen ganz versessen darauf, das Grab zu besichtigen. Touristen und Reiseführer standen schon morgens um halb sechs Uhr am Ticketschalter Schlange, mit der Entschlossenheit von Teenagern, die ein großes Rockkonzert erleben wollen. Anfangs mußte die Polizei Ausschreitungen unter den Ticketkäufern unterbinden; Rangeleien zwischen Reiseveranstaltern und dem Kartenverkäufer waren an der Tagesordnung. 1995, kurz nach der Wiedereröffnung des Grabes, sah sich die Polizei genötigt, zweimal in die Luft zu schießen, um die ungebärdigen Massen wieder zu beruhigen.

Wegen dieser chaotischen Zustände sprechen sich einige Leute in der Altertümerverwaltung inzwischen dafür aus, Nefertaris Grab für alle zu öffnen, ohne jede Begrenzung der Besucherzahlen. »Wir begrenzen ja auch nicht die Zahl der Leute, die Tutanchamuns Grab besuchen«, erklärte mir ein Inspektor. »Warum sollten wir darum auch hier nicht Tausende reinlassen und viel Geld einnehmen?« Ich hoffe, daß es nicht dazu kommen wird, denn wenn Touristen Nefertaris Grab tagtäglich in unbegrenzter Zahl besuchen, werden sich die düsteren Prophezeiungen des Getty Conservation Institute mit Sicherheit bewahrheiten, und dieses Meisterwerk der ägyptischen Kunst wird dem unwiderruflichen Verfall preisgegeben sein. Das Getty Conservation Institute stellt hierzu fest: »Messungen zeigen, daß ein einzelner Mensch pro Stunde zwischen einer halben und zwei Tassen Wasser sowie Kohlendioxid ausatmet und ausschwitzt. Jeden Tag gelangen also [aufgrund der derzeit geltenden Vorschriften zur Begrenzung der Besucherzahlen] zwischen fünf und zwanzig Liter Wasser in das Grab. Diese Feuchtigkeit will gebunden sein. Was nicht von der Kleidung der Leute absorbiert oder vom Entlüftungssystem abgesaugt wird, wird von den dekorierten Wänden im Grab aufgenommen.«

Aber das ist noch nicht alles: Die Feuchtigkeit fördert die Vermehrung der Bakterien. Die Touristen stellen auch eine physische Gefahr für die Wände dar, indem sie sie unbeabsichtigt berühren oder streifen und Staub ins Grab tragen. Auch die künstliche Beleuchtung kann sich auf die alten Farben negativ auswirken.

Eine Alternative zur Öffnung des Grabes könnte die Errichtung einer Nachbildung in Originalgröße sein. Bei anderen gefährdeten archäologischen Stätten, etwa bei den Steinzeithöhlen im französischen Lascaux, hatte man sich für diese Lösung entschieden, und sie wird derzeit von einem Schweizer Team untersucht.

Nefertaris Grab ist das größte und hinsichtlich der Dekoration auch das schönste Grab im Tal der Königinnen; sein Grundriß ist allerdings ziemlich stereotyp. Zwei Treppen und eine dazwischen liegende Opferhalle führen direkt in die Grabkammer. Diese Kammer ist typisch für das Neue Reich: Zwei Pfeilerreihen teilen sie in drei Abschnitte, und der Boden im mittleren Abschnitt ist abgetieft. Drei kleine Seitenräume dienen als Opferkammern. Alle Räume sind mit Szenen in leuchtenden Farben ausgemalt, wobei die Themen weitgehend dem standardisierten Bildprogramm entsprechen. Gleichwohl zählen sie zu den schönsten Wandmalereien in ganz Ägypten. Sie zeigen Nefertari mit Osiris, mit Hathor und Nephthys sowie mit Isis. Am Grabeingang stehen ihre Namen und Titel: »Fürstin, groß an Gunst, Herrin der Beliebtheit, der Herzensfreude und der Liebe, Herrin von Ober- und Unterägypten, Osiris; Große königliche Gemahlin, Herrin der Beiden Länder, Nefertari, geliebt von Mut, gerechtfertigt vor Osiris«.

Darüber hinaus wissen wir kaum etwas über Nefertari. Ja, wir wissen überhaupt wenig über die Königinnen im alten Ägypten. Der Brauch wollte es, daß biographische Details über Frauen von Königen praktisch nicht aufgezeichnet wurden. Jahrelang haben die Ägyptologen vermutet, daß Nefertari einer thebanischen Adelsfamilie entstammte. Einer von Nefertaris Namen war Meri-en-Mut (Geliebt von Mut), eine Anspielung auf die Göttin Mut, die als Gemahlin von Amun zur thebanischen Göttertriade zählt. Dies läßt auf eine Verbindung zu Theben schließen, doch wir haben keine stichhaltigen Beweise für diese Vermutung.

Wir wissen auch nicht, wann Nefertari und Ramses II. geheiratet haben. Wahrscheinlich war sie eine der ersten Frauen, die er im Alter von fünfzehn Jahren geheiratet hat, und es wird angenommen, daß sie im vierundzwanzigsten Jahr der Herrschaft ihres Mannes starb, als beide über vierzig Jahre alt waren. Die meisten Ägyptologen sind sich indes einig, daß ihr hoher Status als Haupt-

gemahlin des Königs und ihre große Machtbefugnis am Königshof zusammen mit ihrer offenkundigen Schönheit, ihrem Charme
und ihrer Intelligenz Nefertari in der 19. Dynastie einen Ruf ein-
trugen, den nur wenige Ägypterinnen je genossen. Wie die Königinnen Teje und Ahmes-Nefertari vor ihr wurde sie schon zu Lebzeiten vergöttlicht. Im Tempel von Luxor findet sich ein Text, in
dem sie folgendermaßen beschrieben wird:

> »Die Fürstin, groß an Gunst, Herrin der Beliebtheit,
> die an Liebe Süße ...
> Reich an Liebe, die das Diadem trägt, Sängerin, mit
> schönem Gesicht, schön mit der hohen Federkrone,
> Große des Harims von Horus, dem Herrn des
> Palastes; man ist erfreut über (alles) was aus ihrem
> Mund kommt; alles was sie sagt, wird für sie getan:
> alles Gute ist für ihr Herz ... man lebt durch das
> Hören ihrer Stimme ...« [4]

Wir wissen nicht, wie Nefertari wirklich aussah. Ihre Mumie wurde nicht gefunden, und die ägyptische Kunst interessierte sich nicht
für das fotografisch getreue Porträt. Als ihr Grab ausdekoriert wurde, bemühte man sich jedoch zu zeigen, daß sie eine besonders
schöne Frau war. Als Hautfarbe wurde beispielsweise nicht das
übliche Hellgelb gewählt, das in fast allen anderen ägyptischen
Wandmalereien so typisch für Frauen ist, sondern Rosa, und auf
ihre Wangen ist viel Rouge aufgetragen. Wie die sie beschreiben-
den Texte heben auch die Darstellungen in QV 66 Nefertari von
anderen Frauen ab und stellen sie eindeutig über sie.
Nefertari wird in KV 5 zwar nicht dargestellt, doch es ist möglich,
daß die Dekoration in diesem Grab von den gleichen Künstlern
stammt wie die im Grab von Nefertari und im Grab von Ramses II. (KV 7). Dafür sprechen mehrere stilistische Übereinstim-
mungen. Allerdings entstanden die ersten Räume von KV 5 lange bevor Ramses II. und Nefertari über Ägypten herrschten – vielleicht sogar schon ein Jahrhundert früher.

12

KV 5 vor und während der
Herrschaft von Ramses II.

Schon zu Beginn unserer Grabungsarbeiten in KV 5, während wir noch die Räume 1 und 2 freilegten und ihre Stratigraphie untersuchten, rekonstruierten wir die Geschichte des Grabes im Laufe der drei Jahrtausende, die der Herrschaft von Ramses II. folgten. Ich habe diese Geschichte bereits im sechsten Kapitel in groben Zügen dargestellt und erläutert, daß wir diese Zeitspanne in Phase 3 (nach der Herrschaft von Ramses II. beginnend) bis Phase 7 (die jüngste Vergangenheit) gegliedert haben. Aber was geschah vor Phase 3? Wie verlief die Geschichte von KV 5 vom Baubeginn bis zu dem Zeitpunkt, als die letzten Söhne von Ramses II. dort begraben worden waren und das Grab versiegelt wurde? Ich bin mir sicher, daß wir im Laufe unserer Arbeit ein klareres Bild gewinnen werden, aber wir haben bislang schon viele Indizien gesammelt und untersucht, die es uns gestatten, einen groben Rahmen der Geschichte von KV 5 während des ersten Jahrhunderts seines Bestehens zu skizzieren.

Einige dieser Indizien waren zunächst verwirrend. Wir wußten ja, daß KV 5 aus der Zeit der Herrschaft von Ramses II. stammt, weil wir seine Kartusche an mehreren Wänden im Grab entdeckt hatten. Doch gewisse Merkmale von KV 5 – seine Lage, sein Grundriß und seine Größe – entsprachen einfach nicht den typischen Merkmalen von Gräbern aus der 19. Dynastie. Im weiteren Verlauf der Grabung wiesen diese Merkmale in ihrer Verteilung auf einmal ein gewisses Muster auf. Und wir fragten uns, ob der Bau von KV 5 wirklich unter Ramses II. begonnen wurde. Je weiter wir das Grab erforschten, desto mehr setzte sich die Überzeugung durch, daß dies nicht der Fall war.

Noch kann ich meine These nicht beweisen, aber wahrscheinlich gab es eine Periode in der Geschichte von KV 5, die der Herrschaft von Ramses II. vorausging. Unter Ramses II. war KV 5 die Grabstätte einiger seiner Söhne; diese Zeit nennen wir Phase 2. Die ihr vorausgehende Periode wollen wir Phase 1 nennen.

Diese Phase ist die am spärlichsten belegte Zeit in der langen Geschichte von KV 5. Noch gibt es dafür keine sicheren archäologischen oder epigraphischen Beweise, aber wenn man die Architektur des Grabes genau untersucht, liegt die Vermutung nahe, daß ein Teil von KV 5 ursprünglich fünfzig oder hundert Jahre vor der Thronbesteigung von Ramses II. angelegt und dann von ihm zu Beginn seiner Herrschaft usurpiert wurde. Darauf lassen meines Erachtens folgende Details schließen: die Lage von KV 5 im Tal der Könige, der Grundriß des Eingangs und der ersten beiden Räume und die Abmessungen der Türdurchgänge.

Die Lage des Grabes ist vielleicht der am wenigsten stichhaltige Faktor, aber sie ist nicht unwichtig. KV 5 liegt in einem kleinen, rechteckigen Areal des Tals der Könige, das etwa 150 Meter lang und 20 Meter breit ist. Hier befinden sich auch drei Gräber aus der späten 18. Dynastie: Am Südende liegt das Grab von Tutanchamun (KV 62), am Nordende das Grab von Juja und Tuja (KV 46), und neben dem Grab von Tutanchamun befindet sich KV 55, ein Grab aus der Amarnazeit, dessen Besitzer nicht bekannt ist. KV 5 liegt im Zentrum dieses Bereichs. Bereits Elizabeth Thomas ist die gemeinsame geographische Lage von KV 5, 46, 55 und 62 aufgefallen. Sie meinte, daß es aufgrund der Umstände und der Lage durchaus möglich sei, KV 5 dem Ende der 18. Dynastie ebenso wie der Regierungszeit von Ramses II. zuzuordnen.

Gräber aus der 19. Dynastie – zum Beispiel das von Sethos I. oder von Ramses II. – bestehen im Grunde aus einer Reihe langer, schmaler Korridore, die zu einer Grabkammer führen. Diese Gräber erinnern an lange Röhren; insofern ist es nicht verwunderlich, daß griechische Reisende in der Antike sie »Syringen«, Panflöten, nannten. Die einzigen Abweichungen von diesen syrinxartigen Grundrissen sind der Knick im Grundriß des Grabes von Ramses II. (der auf den Grundriß des Grabes von Amenophis III. zurückgeht) und die Verlagerung der Hauptachse im Grab von Sethos I.

Aber KV 5 hat keinen syrinxartigen Grundriß; im Gegenteil, es

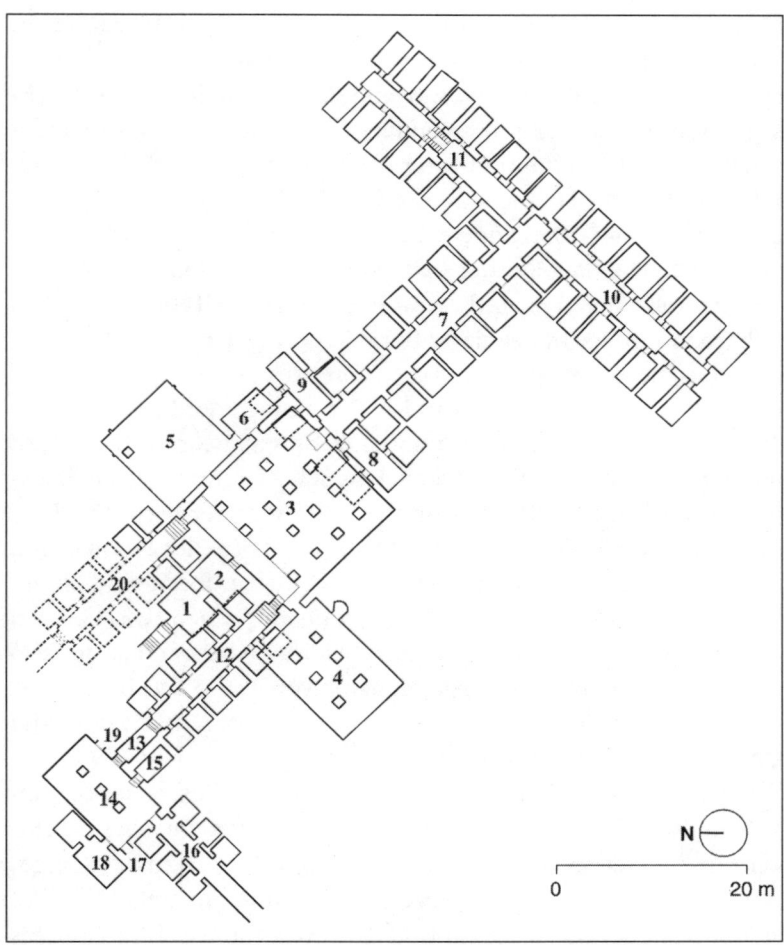

Grundriß von KV 5 (Stand: April 1998): Die Ziffern entsprechen den im Text ver-
wendeten Bezeichnungen der Räume.

verzweigt sich von der zentralen Pfeilerhalle aus in alle Richtungen.
Keines der uns bekannten Gräber in Theben – weder im Tal der
Könige noch im Tal der Königinnen oder in der Beamtennekropo-
le – läßt sich mit dieser Anlage vergleichen. Auch in keiner anderen Nekropole in Ägypten, ob in Gisa, in Saqqara oder in Amarna, wurde ein vergleichbares Grab gefunden. Doch obwohl nun der

Grundriß von KV 5 einzigartig ist, weist dieses Grab allerdings ein Element auf, das gemäß Elizabeth Thomas typisch für Gräber der späten 18. Dynastie ist: Sein Eingang führt direkt in einen rechteckigen Raum und nicht in einen langen Korridor. Dieses Element weisen auch die in unmittelbarer Nachbarschaft von KV 5 gelegenen Gräber von Tutanchamun (KV 62), Juja und Tuja (KV 46) und KV 55 sowie drei andere Gräber auf (KV 12, 27 und 28), die vermutlich ebenfalls aus der späten 18. Dynastie stammen. Zudem wurden die Eingänge zu diesen Gräbern tief im Talboden unmittelbar am Fuß leicht geneigter Berghänge angelegt.

Am ehesten weisen aber wohl die Maße des Grabeingangs darauf hin, daß die ersten Räume von KV 5 bereits in der Spätphase der 18. Dynastie angelegt worden sind. Die Eingangstore von Gräbern aus der 18. Dynastie sind nie breiter als 200 Zentimeter, bei Königsgräbern sind sie im Durchschnitt 150 Zentimeter breit. Die Eingänge von Gräbern aus der 19. Dynastie im Tal der Könige sind nie schmäler als 200 Zentimeter, bei Königsgräbern sind sie im Durchschnitt 211 Zentimeter breit. Der Unterschied zwischen den Eingängen von Gräbern aus diesen beiden Dynastien beträgt also einen halben Meter. Das Eingangstor von KV 5 hat heute eine Breite von 110 Zentimeter; damit rangiert es am unteren Ende der für die 18. Dynastie typischen Maße.

Wenn man diese Elemente – die Lage des Grabes, seine Gestaltung und die Breite des Eingangs – in Betracht zieht, sind sie einzeln betrachtet vielleicht nicht überzeugend, aber zusammengenommen schon. Ein Teil von KV 5 war also ursprünglich in der späten 18. Dynastie angelegt und dann von Ramses II. dreißig bis hundert Jahre später usurpiert worden.

Wie mag das ursprüngliche Grab aus der 18. Dynastie ausgesehen haben? Vielleicht bestand es nur aus den Räumen 1 und 2, einschließlich des Schachts in Raum 2, in dem der ursprüngliche Grabbesitzer bestattet worden war. Vielleicht umfaßte das Grab auch noch einen Teil der Halle (Raum 3). Da KV 5 im Tal der Könige liegt, war es höchstwahrscheinlich für einen Pharao oder ein Mitglied der Königsfamilie angelegt worden.

Auch in anderer Hinsicht gibt es eine Beziehung von KV 5 zur späten 18. Dynastie. Entscheidend ist hierbei wohl, daß Ramses II. sich wiederholt die politischen und religiösen Anschauungen von Amenophis III. zu eigen gemacht und auf dieser Grundlage sowohl das Königtum als auch die staatliche Verwaltung einem Wandel unterzogen hatte. Die Bedeutung von KV 5 läßt sich am besten vor dem Hintergrund erläutern, daß Ramses II. sich in bewußter Anlehnung an dieses Vorbild bereits zu Lebzeiten zum Gott erheben ließ. Um zu verstehen, wie und warum Ramses II. dies tat und welche Folgen es für seine vielen Söhne hatte, müssen wir KV 5 verlassen und uns an den Rand des kultivierbaren Landes südlich vom Ramesseum begeben – zum Totentempel von Amenophis III.

Noch bevor das Fruchtland am Westufer des Nils in die Wüste übergeht, erheben sich jenseits der dichten Zuckerrohrfelder die majestätischen Kolosse von Memnon. Sie sind gewissermaßen die Wächter der thebanischen Nekropole und hinterlassen als erste Monumente, die man am Westufer erblickt, einen tiefen Eindruck. Diese monolithischen Kolosse aus extrem hartem Quarzit, die Amenophis III., einen der herausragenden Könige der 18. Dynastie, auf seinem Thron sitzend darstellen, zählen zu den größten Statuen, die der Mensch je geschaffen hat; sie sind über 18 Meter hoch und wiegen über siebenhundert Tonnen.
Ursprünglich flankierten die beiden Kolosse den zentralen Durchgang des ersten Pylons vor dem gewaltigen Totentempel von Amenophis III. Dieser Tempel war großenteils aus Lehmziegeln erbaut und wurde – wie die umliegenden Felder – jeden Sommer, wenn der Nil über seine Ufer trat, überschwemmt. Dies stand durchaus im Einklang mit den Plänen der Architekten; gewisse Bereiche von ägyptischen Tempeln stellten Orte dar, die mit der Urschöpfung in Verbindung gebracht wurden. Die Säulenhalle des Tempels beispielsweise (die sogenannte Hypostylenhalle), ein Säulenwald mit Lotus- und Papyruskapitellen, repräsentiert das urzeitliche Sumpfland. In einigen Tempeln sollte die Hypostylenhalle tatsächlich jeden Sommer, wenn der Nil anstieg, überschwemmt werden. Als der Tempel von Amenophis III. jedoch am Ende des Neuen Rei-

ches aufgegeben wurde, weichten die Wände im alljährlichen Hochwasser auf, und das Gebäude verfiel.

Heute ist der Tempel verschwunden, mit Ausnahme der Kolosse, einer großen Stele, die einst im hinteren Bereich des Bauwerks stand, sowie einiger Fundamentblöcke und Fragmente von Statuen von Amenophis III. Auch eine merkwürdig aussehende Sphinx mit dem Körper eines Löwen und dem Schwanz eines Krokodils ist noch erhalten. Dort, wo sich einst die Hypostylenhalle erhob, stehen nun mehrere imposante Akazienbäume, unter denen Ziegen weiden. Vor kurzem hat ein Brand im Unterholz, der von einem Taxifahrer ausgelöst wurde, als er einen Zigarettenstummel aus dem Wagenfenster schnippte, einige tiefe Risse in den Statuen hinterlassen, und die Gegend sieht nun noch trostloser aus als früher.

Die Kolosse sind wirklich respekteinflößend; daß hier einst ein Tempel gestanden hat, wissen allerdings fast nur noch die Archäologen. Nur wenigen Touristen ist bewußt, daß diese imposanten Statuen ursprünglich zum größten Totentempel gehörten, der in Theben jemals errichtet wurde. Amenophis III. beschrieb diese spektakuläre Anlage aus Säulen, Pylonen und Mauern mit offenkundigem Stolz in einem Text, der in eine ihrer Stelen eingeritzt war:

»Er machte (ihn) als sein Denkmal für seinen Vater
Amun, den Herrn der Throne der beiden Länder.
Das, was für ihn gemacht wurde, ist ein herrlicher
Tempel auf der Westseite von Theben, eine Festung für
immer und ewig, aus feinem weißem Sandstein ganz
mit Gold verkleidet, sein Fußboden kultisch rein aus
Silber hergestellt, alle seine Tore sind aus Elektrum,
er ist weit und groß gemacht, und ausgestattet für die
Ewigkeit ...
Sein Arbeitshaus war voller Diener und Dienerinnen
von den Kindern der Fürsten aller Fremdländer aus
der Beute Seiner Majestät...«[1]

Zweifellos war Ramses II. ein Jahrhundert später von den Memnonskolossen tief beeindruckt. Die Statuen dienten ihm als Vor-

bild, als er einige 100 Meter weiter nördlich seinen eigenen Totentempel, das Ramesseum, errichten ließ. Er gab den Auftrag, dort
nach dem Vorbild der Kolosse eine noch größere Statue von sich
aufzustellen. Amenophis III. hatte seine Kolosse »Neb-Ma'at-Re
[Amenophis III.] ist der Herrscher der Herrscher« genannt, und
Ramses II. verwendete für seine Statue den gleichen Zusatz (zusammen mit der Variante »Re der Herrscher«).

Diese riesigen Statuen, meint Professor Lanny Bell von der University of Chicago, sollten die Menschen in religiöser und nicht in
politischer Hinsicht beeindrucken. Seiner Ansicht nach stellen die
Statuen vergöttlichte Könige und nicht etwa nichtmenschliche Gottheiten dar, so daß ihre Funktion darin besteht, dem Betrachter den
Eindruck zu vermitteln, daß durch die Einheit von König und Gott
eine Art »Supergottheit« auf Erden erschaffen worden ist.

Noch vor zehn Jahren starrten die Kolosse gen Osten über Tausende von Quadratmetern grüner Felder hinweg, der aufgehenden Sonne entgegen. Heute blicken sie auf einen asphaltierten Parkplatz voller Omnibusse, eine fahrbare Toilette, einen Laden mit
nachgemachten Papyri und in die Objektive Tausender Touristen-
kameras. Eine dichtbefahrene Straße führt keine 10 Meter an ihnen
vorbei, und gleich auf der anderen Seite befindet sich ein Hotel
für Rucksacktouristen, das seit dem Tod des Besitzers vor mehreren Jahren wegen anhaltender Erbauseinandersetzungen geschlossen ist. Zahlreiche Straßenhändler bieten Tontöpfe, nachgemachte Skarabäen, Mineralwasser in Flaschen und Postkarten an.

Im späten 18. oder frühen 19. Jahrhundert gaben britische The-
ben-Reisende den beiden Kolossen die Spitznamen »Shammy« und
»Tammy«. Ich habe mich oft gefragt, wie sie wohl auf diese seltsa-
men Namen gekommen sind. Seit über einem Jahrhundert tun die
Ägyptologen diese Bezeichnungen als unsinnig ab, weil es ihrer
Meinung nach für sie keine erkennbare altägyptische, arabische
oder europäische Quelle gibt. Kürzlich ist mir jedoch eine mögliche Etymologie eingefallen. Stellen Sie sich einen europäischen
Reisenden vor, der im frühen 19. Jahrhundert Theben besucht. Er
versteht praktisch kein Arabisch. Da steht er nun vor den Kolossen und erkundigt sich bei einem Einheimischen nach der Bedeu-

tung der Statuen. Er deutet auf den linken Koloß und fragt: »Wer ist das?« Dann weist er auf den rechten Koloß. »Und wer ist das?« Der Einheimische versteht zwar die Frage nicht, erwidert aber hilfsbereit: *Di il shemal. Da, il jamin.«* (»Das ist der linke, dies ist der rechte«). Für das ungeübte Ohr des Reisenden hörte sich *shemal* wie »Shammy« an, *jamin* wurde in der Erinnerung zu »Tammy« verballhornt, und beide Wörter wurden für die Namen der Statuen gehalten. Das ist durchaus möglich, denn Touristen verhören sich oft bei arabischen Wörtern.

Die Bezeichnung »Memnonskolosse« ist freilich kaum angemessener. Im Jahre 27 v. Chr. fügte ein starkes Erdbeben in Theben dem nördlichen der beiden Kolosse schwere Schäden zu. Sein oberer Teil brach ab, und jeden Morgen, wenn die Lufttemperatur stieg und die Feuchtigkeit abnahm, konnte man hören, wie von der Statue kurz nach Sonnenaufgang ein merkwürdiges Singen ausging. Griechische Reisende, die in der Antike hierherkamen, glaubten, die Statue würde den mythischen Helden Memnon darstellen, den Sohn von Eos, der Göttin der Morgenröte. Der Sage nach war Memnon von Achill in der Schlacht um Troja getötet worden. Den von den thebanischen Kolossen erzeugten Ton faßte man nun als Memnons Klageruf auf, mit dem er seine Mutter am Morgen begrüßte. Seine Mutter, so dachten die Reisenden, sei davon so bewegt gewesen, daß sie jeden Tag in Tränen ausgebrochen sei, und diese Tränen seien als Tau auf die Felder von Theben gefallen. Hunderte griechischer Reisender kamen nach Theben, um die Kolosse zu hören, und die Basen beider Statuen sind mit zahllosen Graffiti bedeckt, in denen sie die Reinheit dieses Klangs rühmen. 199 n. Chr. allerdings wurde der obere Teil der Statue auf Geheiß von Septimius Severus renoviert. Er glaubte, mit dieser längst überfälligen Rekonstruktion ein gutes Werk zu tun. Doch als der Koloß geflickt war, war Memnons Klage nie wieder zu vernehmen.

Amenophis III. herrschte achtunddreißig Jahre lang über Ägypten. Er war erst acht Jahre alt, als er 1390 v. Chr. gekrönt wurde. In seinen ersten Regierungsjahren wurde die eigentliche Macht

wahrscheinlich von seiner Mutter Mutemwia und höheren Hofbeamten ausgeübt. Der junge Amenophis wurde von Lehrern am
Hof unterrichtet. Nach seiner späteren Karriere zu urteilen, war
er zweifellos ein frühreifer und gelehriger Schüler: Seine Herrschaftszeit gilt unter Ägyptologen als eine der glorreichsten Epo-
chen der ägyptischen Geschichte.

Dieser Ruhm basierte gerade nicht auf militärischen Erfolgen: Als
Amenophis den Thron bestieg, war Ägypten bereits ein mächti-
ges Reich; es war eine Zeit, in der sich keine Kriegssituation ergab.
Amenophis III. machte sich in hohem Maß um die Kunst verdient. Unter seiner Herrschaft entwickelten sich komplexe Glaubensvorstellungen über die Beziehung von Gott und Pharao. Viele dieser Glaubensvorstellungen hatten unbeabsichtigte Folgen und
brachten Teile der ägyptischen Gesellschaft in mehrfacher Hinsicht fast an den Rand der Katastrophe. Erst Ramses II. versuchte siebzig Jahre später, die Dinge wieder zurechtzurücken.

Während seiner Herrschaft erklärte Amenophis III., er wolle Denkmäler errichten, »wie es sie seit der Urzeit der beiden Länder nicht
gegeben hat«. Dafür bekam er den Spitznamen *menui* – »der
Denkmalmann«. Er ließ mehrere Tempel in Nubien erbauen, die
zweifellos die Macht des ägyptischen Königs demonstrieren sollten, die aber auch eine explizite religiöse Funktion hatten: In diesen Tempeln sieht man Szenen mit dem vergöttlichten König und
Bilder von seinen Sedfesten. Es handelt sich um Szenen, die Ramses II. später in seinen Tempeln in modizierter Form aufgreifen
sollte. In Soleb ließ Amenophis III. einen Tempel erbauen, in dem
er sich selbst anbetet, in dem also der König sich selbst als Gott
verehrt. Etwa 15 Kilometer weiter im Norden, in Sedeinga, errichtete er einen kleineren Tempel, der seiner Frau, Königin Teje, als
Göttin Hathor geweiht war. Ein anderer Tempel in Soleb war Amun-
Re von Karnak und dem Pharao als Gott geweiht. Amun-Re wurde mit dem Sonnenauge, der Pharao mit dem Mondauge gleich-
gesetzt, den beiden Augen des Horus. In Sedeinga wurde die Königin als Erscheinungsform des Auges von Re oder als Hathor verehrt. Eine ähnliche Rolle hatten Ramses II. und seine Frau Nefertari
in den Tempeln von Abu Simbel.

Amenophis III. führte eine Tradition fort, die unter einigen Pharaonen des Alten Reichs gepflegt wurde, dann aber bis zur 18. Dynastie weitgehend in Vergessenheit geraten war: Er besetzte wichtige Regierungsämter mit Familienangehörigen. Jede seiner Töchter hatte mehrere Titel, und anscheinend wurden nicht nur seine Kinder von Königin Teje, sondern auch die von anderen Hauptgemahlinnen auf diese Weise ausgezeichnet. »Familienbande beherrschten die nationale politische Szene«, wie es der französische Ägyptologe Nicolas Grimal formuliert hat. Unter der Herrschaft von Ramses II. nahm der königliche Nachwuchs sogar noch eine herausragendere Stellung ein.

Eines der ehrgeizigsten Projekte von Amenophis III. war die Ausschachtung eines großen Beckens in der Nähe von Theben, das über 2,5 Quadratkilometer groß war. Heute trägt es den Namen Birket Habu (»Der See von Habu«) in Anlehnung an das nahe gelegene Medinet Habu, wo sich der Totentempel von Ramses III. befindet. Birket Habu liegt etwa 2 Kilometer südlich der Kolosse von Memnon und unmittelbar östlich des großen Palastes von Amenophis III.

Die bei Napoleons Ägyptenexpedition mitreisenden Gelehrten bezeichneten Birket Habu als Stadion für Pferderennen – als »Hippodrom« –, in dem auch Soldaten exerziert hätten. Mehrere frühe Besucher nannten es einen »Vergnügungssee« für Königin Teje. Andere sahen darin einen Hafen, in dem Ladungen ausländischer Handelsgüter und Tributleistungen in Empfang genommen worden seien. In neuerer Zeit hat der britische Ägyptologe Barry Kemp die These aufgestellt, Birket Habu und Malqata, der benachbarte Königspalast, seien eigens für das erste Sedfest von Amenophis III. in seinem dreißigsten Regierungsjahr errichtet worden.

Das Sedfest war eine wichtige religiöse Etappe in der Herrschaft eines Königs. Es stand in enger Beziehung mit Osiris, Horus und Seth und insbesondere mit dem Sonnengott Re. Aus uns unbekannten Gründen hatte es nach dem Alten Reich an Bedeutung verloren und spielte erst unter Amenophis III. wieder eine wichtige Rolle. Während seiner Regierungszeit wurden viele Zeremonien des Sedfestes vom Land aufs Wasser verlegt, vielleicht um damit die Fahrt der Sonne in ihrer Barke zu imitieren. Wenn der Pharao diese Fahrt symbolisch nachvollzog, triumphierte er über den Tod, genauso wie die Sonne, wenn sie jeden Abend unterging, durch die finstere Unterwelt reiste und morgens dann wiedergeboren wurde.

Kemp glaubt, daß Malqata und Birket Habu nach dem ersten Sedfest verlassen wurden. Einige Jahre später ist ihm zufolge das Becken dann vergrößert und für ein zweites Fest im vieranddreißigsten Regierungsjahr von Amenophis III. fertiggestellt worden. Der Palast wurde im Zuge dieser Baumaßnahme völlig zerstört und in einiger Entfernung neu errichtet.

Die Vergrößerung von Birket Habu und der Wiederaufbau von Malqata waren Projekte von gigantischen Ausmaßen, die nahelegen, wie wichtig das Sedfest für die Ägypter war. Birket Habu liegt etwa 2,5 Kilometer westlich vom heutigen Flußbett des Nils entfernt und ist 2,4 × 1 Kilometer groß. Kemp und der Ägyptologe David O'Connor haben die nahe gelegenen Aushubhalden sorgfältig untersucht und errechnet, daß der See ursprünglich eine Tiefe von etwa 6 Metern gehabt haben muß. Das ergibt eine Gesamtmenge von 14,4 Millionen Kubikmeter Schutt – 360 Millionen Körbe voll –, der ausgehoben, weggeschafft und in einer Entfernung von etwa einem Kilometer vom Ort abgeladen werden mußte. Wenn wir einmal annehmen, daß fünftausend Mann an diesem Projekt arbeiteten und jeder zehn Stunden am Tag alle fünf Minuten einen Korb voll Schutt weiterbeförderte – eine wohl weit übertriebene Zahl –, dann hätten sie über zwei Jahre lang kontinuierlich arbeiten müssen, um Birket Habu anzulegen. Das sind die größten Erdarbeiten, die wir aus dem alten Ägypten kennen. Noch beachtlicher ist der Umstand, daß ein zweiter, gleich großer »Birket« am Ostufer, gegenüber von Birket Habu und südlich des Tempels von Luxor ausgehoben wurde. Auch er wurde für das zweite Sedfest vergrößert.

Heute ist Birket Habu mit Nilschlamm aufgefüllt, der einen intensiven landwirtschaftlichen Anbau ermöglicht. Zuckerrohr-, Weizen-, Hirse- und Gemüsefelder bestimmen das Landschaftsbild.

Der Boden hier ist sehr fruchtbar, gut bewässert, und die Felder sind sattgrün. Der einstige Hafen ist jedoch noch immer gut zu erkennen, besonders aus der Luft oder von einem Aussichtspunkt auf den Bergen 2 Kilometer weiter nördlich. Er ist von riesigen Hügeln aus schokoladenbraunem Schlamm umgeben, die in der Antike um den Hafen herum aufgehäuft wurden. Diese Hügel waren für die Landwirtschaft stets zu hoch und zu steil; vor Jahrhunderten schon wurden dort Dörfer errichtet, aus denen auch mehrere unserer Arbeiter stammen.

Malqata, der Palast von Amenophis III., lag am Westufer von Birket Habu, jenseits des Fruchtlandes auf einer weiten, flachen Sandebene, die sich etwa 4 Kilometer nach Westen bis zu der zerklüfteten Bergkette erstreckt. Auf einer Fläche von über 320 000 Quadratmetern standen hier in der Antike zahlreiche großartige Bauwerke. Barry Kemp zufolge glich der Grundriß von Malqata dem eines ägyptischen Tempels; hierin sollte die sich immer stärker durchsetzende Glaubensvorstellung widerspiegeln, daß Amenophis III. König und Gott in einem war, daß sich die Trennungslinie zwischen irdischer und göttlicher Herrschaft verwischt hatte. Heute gleicht Malqata einer Mondlandschaft. Hier haben Antiquitätenräuber jahrhundertelang gegraben und nach Keramik, Papyri, Statuetten und Amuletten gesucht. Sicher sind sie oft reich belohnt geworden; das arabische Wort »Malqata« bedeutet wörtlich »Der Ort, an dem Dinge aufgelesen werden können«. Das durchwühlte Erdreich ist noch immer von bemalten Scherben übersät; nach starkem Wind tauchen immer wieder Fayenceperlen auf, und stark verwitterte Relikte von Lehmziegelwänden ziehen sich wie gepunktete Linien über die Ebene.

Über die politischen Aktivitäten von Amenophis III. nach dem elften Jahr seiner Herrschaft wissen wir so gut wie nichts. Wir können zwar die Relikte von Malqata und Inschriften in den Tempeln und in den Gräbern von Höflingen analysieren; aber wir gewinnen hierbei keine wesentlichen historischen Fakten. Das ist besonders enttäuschend, weil ich glaube, daß Kenntnisse über die zehn letzten Lebensjahre von Amenophis III. - über die Jahre seiner Herrschaft als lebender Gott – unser Verständnis für die Entwicklung von Ramses II. und seiner Kinder entscheidend vertiefen könnten.

Während des Alten Reiches waren Sedfeste anscheinend größere und überaus wichtige Ereignisse. Während des Mittleren Reiches hatten sie demgegenüber ihre Bedeutung weitgehend eingebüßt. Unter Amenophis III. hingegen wurde darauf Wert gelegt, die Zeremonie möglichst in der ursprünglichen Form abzuhalten. Aus einer Inschrift im Grab von Cheruef geht hervor, daß Forschungen angestellt wurden, um das Sedfest in seiner reinsten Form durchführen zu können: »Es war Seine Majestät, die das tat, den alten Schriften folgend, denn Generationen der Menschen hatten seit der Zeit der Vorfahren kein Sedfest gefeiert...«[2]

Das Fest fand in Malqata statt, und zum Gedenken an das Ereignis wurde der Palast »Das Haus des Jubels« genannt. Alle drei Sedfeste des Amenophis III. wurden hier gefeiert – im dreißigsten, vierunddreißigsten und siebenunddreißigsten Jahr seiner Herrschaft, und jedes dauerte zwei Monate. Der gesamte Hof – die Königin, die königliche Familie, Beamte, Priester, ausländische Botschafter – nahm daran teil, und zu den Festivitäten gehörten Trinkgelage mit Tänzen, Gesängen und Geschenken.

Amenophis III. entfaltete in ganz Ägypten und Nubien eine rege Bautätigkeit. Allerdings kann keines der anderen von ihm in Auftrag gegebenen Bauwerke es an Bedeutung mit dem Tempel von Luxor, am Ostufer des Nils, aufnehmen. Dieser Tempel ist nicht nur ein architektonisch beeindruckendes Monument, sondern er spiegelt auch einen grundlegend neuen Stellenwert des Pharaos wider, eine neue Definition seiner Beziehung zu den Göttern. »Seit dem Neuen Reich war der Tempel von Luxor anscheinend das mythologische und theologische Machtzentrum des herrschenden Monarchen«, hat ein Ägyptologe treffend formuliert. Der Tempel von Luxor ist aber auch deshalb von herausragender Bedeutung, weil er sich prägend auf die Herrschaft von Ramses II. auswirken sollte; dieser maß ihm einen derart herausragenden Stellenwert bei, daß er für seinen weiteren Ausbau eine erhebliche Menge Zeit und Kapital aufwandte.

Der Tempel von Luxor

Der Tempel von Luxor vermag wohl jeden Menschen, der ihn besichtigt, in seinen Bann ziehen. Auch im 19. Jahrhundert, als weite Bereiche des Tempels noch tief unter Bergen von Schutt und Sand begraben waren und Fellachen auf seinen Mauern Taubenschläge und Lehmziegelhäuser errichtet hatten, schwärmten europäische Reisende in romantischen Tönen von ihm. Als er 1881 endlich freigelegt war, galt er sogleich als »das schönste erhaltene Bauwerk aus der 18. Dynastie«. Besonders eindrucksvoll muß er in der Antike gewesen sein. Mit unverhohlenem Stolz beschreibt Amenophis III. diesen Tempel: Er sei erbaut »... aus feinem weißen Sandstein, breit angelegt und groß gemacht, um seine Schönheit zu übertreffen. Seine Wände sind aus Elektrum, seine Böden aus Silber, alle seine Tore sind an ihren Schwellen bearbeitet, seine Pylonen reichen bis zum Himmel und seine Flaggenmasten zu den Sternen.«[3]
Der Tempel von Luxor ist zweifellos ein wunderschönes Bauwerk, aber seine heutige Umgebung vermag einem kaum ein derartiges Lob zu entlocken. Er ist unmittelbar im Stadtzentrum neben der lärmenden und verkehrsreichen Uferstraße gelegen. Die belanglose Fassade des im Stil der fünfziger Jahre erbauten New Winter Palace Hotel erhebt sich gerade 100 Meter weiter im Süden, dazwischen hat sich ein tristes Einkaufszentrum aus Beton breitgemacht. Nördlich des Tempels befinden sich die Polizeiwache von Luxor, umgeben von einem Gewirr undichter Kanalisationsrohre, und das Brooke Hospital for Animals, eine Tierklinik. Im Osten erstreckt sich das Labyrinth der Häuser und Touristenbasare. Die Zentrale der Nationaldemokratischen Partei von Präsident Hosni Mubarak, eine Jahrhundertwende-Villa, die leichte Schlagseite und üble Risse aufweist, wurde seinerzeit auf einem Teil des Tempelareals errichtet.
Tausende von Touristen pilgern jeden Morgen durch den Tempel; ich empfehle Besuchern jedoch immer, damit bis nach Sonnenuntergang zu warten. Dann ist er weniger bevölkert, das nahe Häusermeer ist im Dunkel versunken, und dank der gut plazierten Scheinwerfer präsentiert sich der Tempelbezirk annähernd so, wie

die Reisenden ihn Anfang dieses Jahrhunderts gesehen haben werden – überall erblickt man Szenen mit Königen und Göttern, Tänzern, Musikern und Akrobaten, Priestern und Höflingen, Dienern und Sklaven, die bis in alle Ewigkeit durch die Hallen und Kolonnaden des Tempels wandeln.

Als Ramses II. diesen Tempel vergrößern und Statuen seines »göttlichen Ich« vor dem gewaltigen Eingangspylon aufstellen ließ, rühmte er sich, er habe dies erst getan, nachdem er historische Aufzeichnungen, vielleicht aus der Regierungszeit von Amenophis III., zu Rate gezogen hatte, um in der Gewißheit zu handeln, daß sein Werk den Göttern genehm sei. In einer Inschrift am Pylon heißt es: »Darauf suchte Seine Majestät (Ramses II.) (in) den Archiven und rollte die Schriften im Lebenshaus aus. Er kannte (somit) die Geheimnisse des Himmels und alle Geheimnisse der Erde. Er fand heraus, daß Theben, das Auge des Re, ein Urhügel ist, der sich am Anfang (?) erhob, seit dieses Land existiert hatte und Amun-Re König [war] – er erleuchtete den Himmel und erhellte den Umkreis (der Sonne), als er sich nach einem Platz umsah, auf dem er die Strahlen seines Auges niederlassen konnte.«[4]

Der frühere Leiter des Chicago House, Professor Lanny Bell, hat die Inschriften im Tempel von Luxor untersucht und schlüssig dargelegt, daß der Tempel dem göttlichen ägyptischen Herrscher oder, genauer gesagt, dem Kult des königlichen Ka geweiht war. Der königliche Ka war das Element im Wesen eines Königs, das ihn mit den Göttern und seinen königlichen Ahnen verband. Der Ka wurde als Zwilling des Königs in den Bildern zusammen mit ihm dargestellt, als Beweis dafür, daß der König die Macht hatte, göttlich zu werden. Aber gemäß Bell wurde der Pharao tatsächlich erst dann göttlich, wenn er mit dem königlichen Ka verschmolz, wenn die menschliche Gestalt von diesem unsterblichen Element übernommen wurde. Dies geschah, wenn die Krönungszeremonie ihren Höhepunkt erreichte – und diese Zeremonie fand im Tempel von Luxor statt.

Eineinhalb Jahrhunderte nach der Krönung von Amenophis III. ließ Ramses II. gigantische Statuen seines Ka vor dem ersten Pylon des Tempels errichten. Dort erklärte er sich in Gegenwart seiner Familie, der Priester, der Beamten und des Gottes Amun zum lebenden Gott. Seit der Herrschaft von Amenophis III. galt diese Zeremonie als wesentlicher Schritt bei der Übernahme des Thrones; sie legitimierte die Göttlichkeit der Herrschaft. Wie sich dies während der Herrschaft von Amenophis III. abspielte, ist von Ray Johnson, dem gegenwärtigen Leiter des Chicago House, ausführlich dargestellt worden; er beschäftigt sich seit zwanzig Jahren mit der Herrschaft von Amenophis III.

Johnson zufolge lassen sich die Darstellungen von Amenophis III. in vier Phasen einteilen, die jeweils etwa ein Jahrzehnt der Herrschaft des Pharaos umspannen. In jeder dieser Phasen wird seine Gestalt auf subtile Weise verändert. Die erste Phase läßt kaum stilistische Unterschiede zur Darstellung des Königs Thutmosis IV., seines Vorgängers, erkennen. In der zweiten Phase hingegen wird der Pharao bewußt als kräftiger junger Mann dargestellt – schön, muskulös, wohlproportioniert: das körperliche Idealbild eines ägyptischen Pharaos.

In der dritten Phase verändern sich dann die Züge von Amenophis III. Er ist nicht mehr so schön und jugendlich wie zuvor, sondern er wird reifer, hat ein Doppelkinn und große, durchbohrte Ohrläppchen; sein Auge ist gemalt und nicht im Relief wiedergegeben.

Beispiele aus der vierten Phase kann man in der langen, 20 Meter hohen Kolonade des Tempels von Luxor sehen, die in den Sonnenhof führt. Zwei Reihen aus je sieben Säulen mit Papyruskapitellen flankieren den Prozessionsweg; diese Kolonade durchschritten der König und sein Hofstaat beim Sedfest im dreißigsten Jahr seiner Herrschaft. Hier ist der König »narrenhaft gekleidet«. Die Darstellungen betonen erneut eine gewisse Jugendlichkeit, doch diesmal ist sie erzwungen, gekünstelt und schwerfällig. Es sind keine realistischen Wiedergaben, sondern stilisierte Karikaturen der Jugend. So ist im Verhältnis zum Gesicht das Auge viel zu groß ausgefallen; der Körper des Königs ist kürzer und gedrungener, als es den normalen Proportionen entspräche; er ist leicht vornübergebeugt, statt aufrecht dazustehen, und ein Bauch wölbt

270

sich über seinen weiten Gürtel. Diese Darstellungen sind kurz nach dem ersten Sedfest von Amenophis entstanden und sollen zeigen, daß der Pharao eine Verwandlung durchgemacht hat. Sie zeigen, daß der »Wiederverjüngungsprozeß des Sedfestes« erfolgreich war. Amenophis III. ist natürlich nicht, wie diese Reliefs es vorgeben, in einen gesunden, jungen Mann zurückverwandelt worden. Ja, mehrere Indizien sprechen dafür, daß sich der Pharao in seinem dreißigsten Regierungsjahr in schlechter gesundheitlicher Verfassung befand. Zeitgenössische Malereien und Reliefs zeigen ihn als einen ziemlich übergewichtigen Mann. Die Mumie, die einige Ägyptologen für seinen Leichnam halten, läßt auf schwere Zahnabszesse schließen. Sein Gesundheitszustand war so kritisch, daß er siebenhundert Statuen der Sachmet, einer Göttin der Krankheit und des Heilens, in seinem Totentempel aufstellen ließ.

Der Stilwandel bei Amenophis III. verweist auf ein grundlegend neues Verständnis des göttlichen Status eines ägyptischen Pharaos. In den Darstellungen aus der vierten Phase trägt Amenophis III. zwei oder drei Reihen großer Goldperlen um den Hals. Diese Perlen bilden ein sogenanntes *schebiu*-Halsband. Vor der Herrschaft von Amenophis III. wurde nur der verstorbene Pharao, der im Tod mit dem Sonnengott Re vereint ist, mit diesem Halsband dargestellt. Ray Johnson erklärt die Bedeutung dieses Stilwandels folgendermaßen:

> »Die Darstellung des lebenden Amenophis III. mit einem *schebiu*-Halsband, das im allgemeinen mit dem verwandelten, aber verstorbenen König assoziiert wird, weist darauf hin, daß diese Verwandlung wundersamerweise bereits vor dem Tod stattgefunden hat. In den letzten acht Jahren seiner Herrschaft wird Amenophis in zeitloser, jugendlicher Gestalt wiedergegeben, mehr als Kultbild denn als wirklicher Mensch. Wenn man die Veränderungen in der Darstellung des Königs richtig deutet, verkünden sie eigentlich seine Vergöttlichung, das lebende Abbild des Sonnengottes auf Erden ...«[5]

Dieses *schebiu*-Halsband trägt auch die Osiris-Statue am Ende von Gang 7 in KV 5. Bei einer Besichtigung von KV 5 erklärte mir Johnson, daß diese Statue insofern nicht als eine Darstellung des Osiris aufgefaßt werden könnte, sondern als eine Darstellung des vergöttlichten, lebenden Ramses II. *als* Osiris.

Dies bedeutet, daß Amenophis III. und Ramses II. nicht ihren Tod abwarteten, um den Status eines Gottes zu erlangen. Beide wurden zu Lebzeiten zum Gott erhoben. Betsy Bryan, meine Kollegin an der Johns Hopkins University, folgert daraus:

> »Somit stellt sich heraus, daß die von Amenophis in
> Auftrag gegebenen Bauwerke vom Delta bis zum
> Sudan gegen Ende seiner Regentschaft seine Absicht
> zum Ausdruck bringen, die Hauptkulte Ägyptens dem
> Sonnenkult unterzuordnen und sich selbst mit den
> schöpfenden Aspekten des Sonnengottes zu
> identifizieren, das heißt, die Erde als Sonne zu
> umkreisen, als schöpferische Sonnenscheibe der
> Erde Fruchtbarkeit zu bringen und als das Auge des
> Re die Ordnung des Universums aufrechtzuerhalten ...
> Damit kam die ägyptische Religion der Theologie des
> Echnaton von dem einzigen Gott Re-Harachte in der
> Sonnenscheibe (Aton) nahe.«[6]

Amenophis III. hatte sich also bereits zu Lebzeiten zum Gott erhoben – ja, er scheint von der Vorstellung seiner Göttlichkeit geradezu besessen gewesen zu sein. Nach dem dreißigsten Jahr seiner Herrschaft widmeten sich die Priester und Hofbeamten überwiegend der Festigung dieser Vorstellung.

In der gesamten Geschichte Ägyptens waren die Pharaonen stets als göttlich angesehen worden. Der König war das göttliche »sie« ebenso wie das sterbliche »wir« – er starb wie wir Sterblichen, wurde dann aber wiedergeboren, wie es Göttern vorbehalten war. Einer der ältesten Titel des Königs, *nisu-biti*, zuweilen als »König von Ober- und Unterägypten« übersetzt, bezeichnet wahrscheinlich eher diese Dualität, die beiden Körper des Königs: *nisu,* den unsterb-

Am Westufer des Nils erstreckt sich die thebanische Nekropole auf einer Fläche von etwa zehn Quadratkilometern.

Meine Frau Susan und ich zeigen dem Fernsehreporter Hugh Downs (rechts) vor dem Eingang von KV 5 einige unserer Funde.

Einer der Heißluftballons des Theban Mapping Project schwebt zum Fotografieren über dem Totentempel der Hatschepsut in Deir el-Bahari.

Der Vermesser des Theban Mapping Project, David Goodman, setzt Meßpunkte auf einem der thebanischen Hügel.

Bruce Ludwig, der maßgebliche Sponsor des Theban Mapping Project, im Eingang von KV 5 – zwei Tage nach dessen Wiederentdeckung 1989.

Selbst die kleinsten Fragmente von Fundobjekten und organischen Überresten liefern Hinweise auf die Bedeutung der zahlreichen Räume des Grabes.

*Die Arbeiter in der Pfeiler-
halle bei der Freilegung des
Durchgangs zu Gang 7,
einem langen Korridor mit
zahlreichen Seitenkam-
mern.*

*Blick in Gang 7, der sich
an die große Pfeilerhalle
anschließt und zur Statue
des Osiris führt. In diesem
Bereich entdeckten wir
über sechzig weitere
Räume.*

*Hier vermesse ich mit
Nubie Abdel Basset die
Seitengänge im hinteren
Bereich von KV 5.*

Links: *Die halbplastische Statue des Osiris, des Herrschers der Unterwelt, am Ende von Gang 7. Die aus dem anstehenden Fels gearbeitete Statue ist etwa 1,60 Meter groß.*

Unten: *Nahaufnahme des oberen Teils der Statue. Das Schebiu-Halsband weist darauf hin, daß es sich hier um den vergöttlichten Ramses II. handelt – Ramses II. als Osiris.*

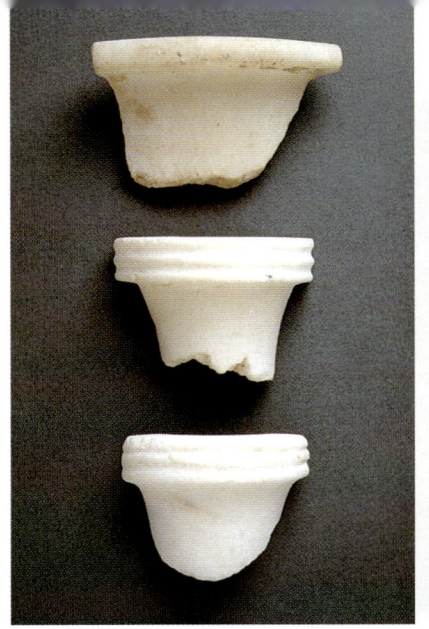

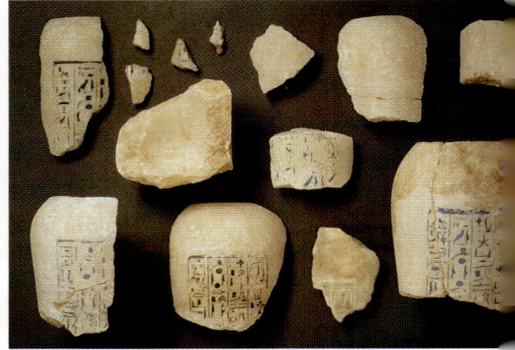

Kleinfunde aus KV 5:

Oben links: *Randstücke von Alabastergefäßen und Knauffragmente von dem Geschirr eines Streitwagens.*

Oben rechts: *Ein Ostrakon aus der 19. Dynastie, auf dem in hieratischer Schrift der Empfang einer Lieferung von Öllampen quittiert ist.*

Mitte links: *Alabaster-Uschebtis, die für den Verstorbenen im Totenreich Dienste verrichten.*

Mitte rechts: *Auf diesen Alabaster-Fragmenten von Kanopenkrügen sind die Namen und Titel von Söhnen Ramses' II. verzeichnet; diese Gefäße dienten zur Aufbewahrung der Eingeweide der Verstorbenen.*

Unten: *Das Fragment eines Kanopenkruges von Amun-her-chepeschef.*

Die von Susan Weeks rekonstruierte Südwand von Raum 2. Hier führt Ramses II. einen seiner verstorbenen Söhne vor die Götter; rechts die Göttin Hathor, die als Kuh auf einer Barke dargestellt ist.

Susan bei der Bearbeitung der Kleinfunde.

Der unter der Straße verlaufende Gang 12 führt von der Halle mit den sechzehn Pfeilern in einen noch nicht ausgegrabenen Bereich von KV 5, in dem sich mindestens zwei Dutzend weitere Räume befinden.

Dieses Skelett eines erwachsenen Mannes haben wir in einem Schacht in Raum 2 entdeckt; es handelt sich möglicherweise um die sterblichen Überreste eines der Söhne von Ramses II.

lichen, göttlichen König, und *biti*, den individuellen, sterblichen Pharao. Eine der Hauptpflichten des Pharaos betonte diese Doppelnatur: Er sollte alljährlich Zeremonien abhalten, die das Weiterbestehen der Menschheit gewährleisteten, und diese Zeremonien sollten auch die Verjüngung der Götter garantieren.

Das erste Sedfest von Amenophis III. im dreißigsten Jahr seiner Herrschaft markiert einen Wandel im Verständnis der sterblichen und göttlichen Doppelnatur des Pharaos. Doch es war keineswegs eine neue Vorstellung, die sich nun etablierte; vielmehr glaubten die Priester des Neuen Reiches an den im Alten Reich herrschenden Kult anzuknüpfen.

Seine erste Blüte erlebte der Sonnenkult in Ägypten in der 5. Dynastie; zentrale Kultstätte war das etwa 25 Kilometer nördlich von Memphis gelegene Heliopolis. Diese Stadt wurde von den Ägyptern Iunu genannt, in der Bibel hieß sie On. Im Alten Reich kam Heliopolis die gleiche Bedeutung zu wie Memphis. Dem Sonnengott Re-Harachte und dem Schöpfergott Atum wurde dort ein Tempel errichtet; im Mittleren Reich und dann nochmals – dank des Wiederauflebens des Sonnenkults – im Neuen Reich wurde er erweitert.

Im Verlauf des Sedfestes wurde Amenophis III. auf ewig mit Atum und Re-Harachte vereint. Dies, glaubt Ray Johnson, sei der ursprüngliche, auf das Alte Reich zurückgehende Anlaß des Sedfestes gewesen: »der rituelle Tod des Königs und seine Vereinigung mit der Sonne nach dreißigjähriger Herrschaft«. Amenophis III. nahm diese alte Vorstellung wieder auf, als er sich mit der Sonnengottheit vereinte. Wenn ein Pharao starb, ging er nach ägyptischem Glauben in jeden Gott über und konnte in vielen Formen verehrt werden. Amenophis III. aber entschied sich für eine Gottheit, die über allen anderen steht – für den Sonnengott Re-Harachte. Die Epitheta, die er sich zulegte, verdeutlichen dies: »Re-Harachte, der aus dem Achet [der Zone zwischen dem Horizont und der Unterwelt] tätig wird, in seiner Eigenschaft als das Sonnenlicht, das in der Sonnenscheibe (Aton) ist«, ebenso wie Atum, der oft mit den Sonnengottheiten zu Atum-Re oder Atum-Re-Harachte vereint wird.

273

Der Tempel von Luxor weist in seinem Grundriß deutliche Unterschiede zu früheren Tempeln des Neuen Reiches auf. Dies zeigt sich insbesondere in der baulichen Konzeption der Höfe, in die Sonnenlicht ungehindert hineinfallen konnte. Sie sind als unverkennbarer Hinweis auf die erneute Bedeutung des Sonnenkults anzusehen. Ja, dieser Tempel wurde nicht zuletzt deshalb erbaut, um zu demonstrieren, daß Amenophis III. tatsächlich der Sonnengott war. Auch die anderen von Amenophis III. in Auftrag gegebenen Tempel wurden gemäß diesem Prinzip erbaut.

Unter Amenophis III. wurde die Vorstellung, daß es ebenso viele Gottheiten wie Kräfte in der Natur gebe, von der Anschauung abgelöst, daß ein Gott alle übrigen überrage, ein Gott des Lichtes, dessen Symbol die Sonnenscheibe ist. In seinem dreißigsten Regierungsjahr wurde Amenophis III. mit dieser Gottheit vereint: Er war Aton Tjehen, der »Leuchtende Aton«, die Sonnenscheibe des Re, »der einzige Gott, es gibt keinen anderen außer ihm«.

Allerdings erwies sich die Einführung dieses Aton-Glaubens von Anfang an als problematisch. Wenn Amenophis III. nunmehr der lebende Aton war – die lebende Erscheinungsform des Re-Harachte –, wie konnte er dann auch die Rolle des lebenden Pharaos ausfüllen? Vermutlich mußte eine andere Person die vielen weltlichen Pflichten des Pharaos übernehmen – die Schlichtung bei gerichtlichen Auseinandersetzungen, die Wahrnehmung der auswärtigen Beziehungen sowie die Aufsicht über die Wirtschaft, die Landwirtschaft und die Wasserwirtschaft Ägyptens. Vielleicht konnten einige dieser Angelegenheiten unbesorgt irgendwelchen Hofbeamten anvertraut werden. Andere hingegen mußten von einem Menschen mit den magisch-religiösen Beziehungen geregelt werden, die nur ein Pharao besaß. Da Amenophis III. sich wegen seiner neuen göttlichen Pflichten hauptsächlich in Malqata aufhielt, mußten seine weltlichen Pflichten von seinem Sohn, Amenophis IV., übernommen werden.

Die Herrschaft des Echnaton

Amenophis IV. dürfte wohl einer der meistbesprochenen Könige der ägyptischen Geschichte sein. Man hat ihn sehr unterschiedlich beurteilt – als religiöses Genie, aber auch als geistig zerrütteten, körperlich entstellten Eiferer. Sigmund Freud hat eine Studie über ihn verfaßt, Philip Glass hat eine Oper komponiert, Mika Waltari einen Roman geschrieben, und Darryl F. Zanuck hat über ihn einen Film gedreht. Es gibt Tausende von Artikeln über ihn, höchst gelehrte Arbeiten, aber auch absolut lächerliche Machwerke. Daß es so viele widersprüchliche Vorstellungen von Amenophis IV. gibt, liegt nicht zuletzt daran, daß wir uns bei der Untersuchung seiner Herrschaftszeit kaum auf verläßliche Quellen stützen können – und wo die Fakten fehlen, lassen viele Autoren ihrer Phantasie freien Lauf.

Bis vor kurzem hat sich an dem von der traditionellen Ägyptologie entworfenen Bild von Amenophis IV. und seiner Herrschaft kaum etwas geändert. Sie läßt sich folgendermaßen zusammenfassen:

Aufgewachsen am ägyptischen Königshof in Theben, führt der junge Amenophis IV. ein träges Wohlleben, bis er nach dem Tod seines Vaters zum Pharao gekrönt wird. Der körperlich verunstaltete junge Pharao heiratet eine schöne Frau, Nofretete, die er innig liebt. Aus dieser Ehe gehen fünf Töchter hervor. In der Frühzeit seiner Herrschaft hat Amenophis IV. eine tiefe Abneigung gegenüber den Priestern der traditionellen ägyptischen Götter entwickelt, insbesondere gegenüber der Priesterschaft von Amun, weil er sie für eine politische und wirtschaftliche Gefahr hält. Je länger der junge Pharao darüber nachdenkt, desto stärker wird sein Mißtrauen gegenüber religiösen Autoritäten. In seinem sechsten Regierungsjahr ordnet er schließlich eine Umsiedlung des Hofes an; mitsamt seiner Familie läßt er sich in einem kargen Wüstenstrich am Ostufer des Nils 300 Kilometer nördlich von Theben nieder. Amenophis IV. hat sich eine neue Religion erträumt, die von der Existenz nur eines einzigen Gottes ausgeht, der Sonnenscheibe (Aton). Fortan residiert er in Amarna, das er Achetaton, »Der Horizont des Aton«, nennt; er gibt auch seinen Namen auf und nennt sich Echnaton, »Der dem Aton nützlich ist«. Sofort läßt er alle Tempel in Ägypten schließen und dekretiert, daß kein anderer Gott als Aton angebetet wird. Er bleibt bis zu seinem Tod in Achetaton, überlebt Nofretete und hat in späteren Jahren anscheinend ein Verhältnis mit Semenchkare, einem jungen Mann unbekannter Herkunft, mit dem er einmal in leidenschaftlicher Umarmung dargestellt wird. Nach Echnatons Tod wird Semenchkare Pharao. Er herrscht nur zwei Jahre lang und wird von dem kleinen Sohn (oder Bruder oder Neffen) von Echnaton, Tutanchaton, abgelöst. Tutanchaton, der bei seiner Thronbesteigung noch ein Kind ist und unter der Führung eines Beamten namens Eje regiert, ändert seinen Namen in Tutanchamun, verfügt in einem Edikt die Wiedereröffnung der traditionellen ägyptischen Tempel, stellt die Priesterschaften wieder her und verurteilt die Religion Echnatons als Ketzerei. Sofort werden Heerscharen durchs Land geschickt, die jeden Beleg für Echnatons Herrschaft vernichten sollen. Seine Tempel werden geschleift, und sein Name wird in späteren Königslisten nicht erwähnt. Er wird zum Verbrecher erklärt, und jene, die auf seine Existenz verweisen, werden geächtet.

Vor kurzem haben mehrere Ägyptologen, insbesondere Ray Johnson, ein überzeugenderes Lebensbild von Amenophis IV. skizziert, das ich noch ein wenig ausschmücken möchte.

Wir wissen nichts über Amenophis IV., bis er im achtundzwanzigsten Regierungsjahr seines Vaters, also zwei Jahre vor dessen erstem Sedfest, zum Mitregenten ernannt wurde. Eigentlich wissen wir nicht einmal das mit Sicherheit, aber Ray Johnson hat einen zwingenden Beweis dafür vorgebracht.

Im Mittleren Reich, sechs Jahrhunderte vor der Herrschaft von Amenophis III., waren alle Pharaonen ab Amenemhet I. darauf bedacht, daß ihr legitimer Erbe und nicht eine andere Person Thronfolger wurde. Um dies zu gewährleisten, berief ein Pharao schon zu Lebzeiten seinen rechtmäßigen Erben, im Regelfall seinen ältesten Sohn, zum Mitregenten. Wenn der Pharao starb, hatte sein Sohn bereits den Thron inne und erschwerte damit jeden Versuch einer Palastrevolution.

Mich überzeugt Ray Johnsons Argument für eine Koregentschaft von Amenophis III. und seinem Sohn Amenophis IV. In diesem Fall allerdings war die Mitregentschaft nicht in dem Wunsch begründet, die Thronfolge auf friedliche Weise zu regeln, sondern sie beruhte vielmehr auf Amenophis' III. Vorstellung der Beziehung zwischen König und Göttern. Während eines Großteils seiner Herrschaft befaßte sich Amenophis III. intensiv mit der Sonnentheologie der Priester von Heliopolis, insbesondere mit zwei ihrer Hauptgottheiten, Atum und Re. Atum ist ein Schöpfergott, der entweder durch Masturbation oder durch Aushusten Schu, den Gott der Luft und Träger des Himmels, sowie Tefnut, Schus Schwester und Gemahlin, erschaffen hat. Auf dieses Paar gehen alle anderen Götter und Göttinnen im ägyptischen Pantheon zurück. Als Amenophis III. bei seinem ersten Sedfest vergöttlicht wurde, da wurde er dieser lebende Schöpfergott in seinen Erscheinungsformen als Atum-Re-Harachte. Der Pharao ist zum »lebenden Abbild« des Gottes – im Grunde genommen aller Götter – geworden, und das *schebiu*-Halsband, das er fortan trug, verweist auf diesen göttlichen Status.

Mindestens zwei Jahre vor dem Sedfest hatte Amenophis III. bereits seine Vergöttlichung geplant. In ganz Ägypten und Nubien ließ er seine Tempel umbauen; dem Vorbild in Luxor entsprechend wurde in ihnen nun ein großer Sonnenhof angelegt. In mehreren Sonnenhöfen – so auch in seinem thebanischen Totentempel – finden wir Szenen vom bevorstehenden Sedfest. Auch die Entscheidung des Königs, im achtundzwanzigsten Jahr seiner Herrschaft seinen Sohn zum Mitregenten zu ernennen, war vermutlich Bestandteil der Pläne für seine Vergöttlichung.

Zur selben Zeit als Amenophis III. sich in übertriebener, zeitloser Jugendlichkeit darstellen ließ, wandelte sich auch das Erscheinungsbild von Amenophis IV. In einem dem Gott Re-Harachte geweihten Tempel in Karnak, den Amenophis IV. kurz nach seiner Ernennung zum Mitregenten, jedoch vor dem ersten Sedfest seines Vaters erbauen ließ, tritt er mit den Zügen seines Vaters in Erscheinung: mit dem großen, mandelförmigen Auge, dem Doppelkinn, dem dicken Hals und der geraden Nase. Nach dem dreißigsten Regierungsjahr von Amenophis III. nehmen die Darstellungen von Amenophis IV. einen anderen Stil an. Einige haben ihn als eher naturalistisch bezeichnet, andere als eine übertriebene, ja groteske Parodie der menschlichen Gestalt. Die Ägyptologen sprechen vom »Amarnastil«, und er ist das auffälligste Charakteristikum der Herrschaft von Amenophis IV.

Im Amarnastil werden Amenophis IV. und Nofretete mit einer derart verwirrenden Mischung weiblicher und männlicher Attribute dargestellt, daß sie zuweilen kaum auseinanderzuhalten sind. Beide haben weibliche Hüften und Brüste, lange, dünne Arme und Beine und einen vorstehenden Bauch. Beide haben ein schmales, fast ausgemergeltes Gesicht mit einem langen Kinn, eingefallenen Wangen, wulstigen Lippen, großen, schmalen Augen und großen, durchbohrten Ohrläppchen. Beide wirken wie Hermaphroditen. Diese Attribute hat man als »naturalistisch« bezeichnet, obwohl sie alles andere als das sind. Sie symbolisieren vielmehr Fruchtbarkeit. Wie auch immer man den Amarnastil bezeichnet – eine seiner Funktionen bestand offenbar darin, Pharao und Mitregent in stilistischer Hinsicht voneinander zu unterscheiden: Amenophis III. war nun der idealisierte, lebende Sonnengott, Amenophis IV. der sterbliche Pharao.

Während der ersten Phase seiner Mitregentschaft lebte Amenophis IV. in Malqata mit seinen Eltern und seiner Frau Nofretete, und hier bekundete er bereits eine »Vorliebe« für Atum-Re-Harachte. Doch der lebende Atum-Re-Harachte war kein anderer als sein Vater Amenophis III. Somit betete Amenophis IV. eigentlich seinen göttlichen Vater an. Ein zeitgenössischer Text bezeichnet Echnaton als »der Sohn ..., der aus Aton (der Sonnenscheibe) hervorging, der nützlich ist für den einen, der für ihn nützlich ist ...« Als Amenophis III. sich zum lebenden Atum-Re-Harachte erhob, wurde sein Sohn Amenophis IV. der Nachkomme dieses Gottes, Schu, und Nofretete, seine Frau, wurde Schus Schwester/Gemahlin Tefnut.

In dieser Zeit setzte Amenophis IV. seine Bautätigkeit in Karnak fort, aber nicht für Amun, sondern für die »neuen« Sonnengötter. Außer einem Tempel für Re-Harachte ließ er auch unmittelbar öst-

278

lich des Amun-Tempels in Karnak einen riesigen Tempel für Aton errichten, der 30 000 Quadratmeter umfassen sollte. Diese Tempel unterschieden sich in ihrem Grundriß erheblich von anderen Tempeln des Neuen Reichs. Die früheren Tempelbauten wurden entlang einer einzigen Achse errichtet; beide Tempelteile waren zu dieser nahezu spiegelsymmetrisch angeordnet. Der Boden stieg entlang der Hauptachse allmählich an, während sich die Decke senkte. Die Räume wurden kleiner und dunkler. Wenn man das Heiligtum erreichte, in dem die Statue des Gottes aufbewahrt wurde, stand man in einer kleinen, absolut finsteren Kammer. Natürlich war eine derartige Finsternis für den Tempel eines Sonnengottes unangemessen, und daher zeichneten sich Echnatons Tempel durch große Räume und Höfe aus, die alle zum Himmel hin offen waren. Ihre weißgetünchten Böden und Wände, die den Wind abhielten, strahlten unbarmherzig im Sonnenschein.

Bei den insgesamt sechs von Amenophis IV. in Auftrag gegebenen Bauwerken in Karnak wurden statt der in ägyptischen Tempeln üblichen riesigen Steinblöcke kleine, leicht handhabbare Kalksteinblöcke verwendet, die wir Ägyptologen *talatat* nennen. Man glaubt, daß der Bau mit diesen kleineren Steinen – ihre Maße betrugen etwa 53 × 23 × 26 Zentimeter – rascher voranschritt. Wenn wir dem obersten Bildhauer von Amenophis IV., einem Mann namens Bak, folgen, ging die Verwendung dieser *talatat* auf einen Vorschlag des Pharao zurück – wie eigentlich alle architektonischen und künstlerischen Neuerungen, die für die Mitregentschaft und die Herrschaft von Amenophis IV. so typisch sind. Sein Tempel in Karnak wurde kurz nach seinem Tod zerstört, und die Steinblöcke wurden in der Folgezeit beim Bau von Pylonen als Füllmate-rial verwendet. Was für eine Ironie des Schicksals, daß durch diese Maßnahme die Szenen und Texte, die seine Nachfolger zu vernichten suchten, vollkommen erhalten geblieben sind. In Karnak sind über 45 000 *talatat* geborgen worden. In den erhaltenen Szenen werden Amenophis IV. und seine Frau betend unter der Sonnenscheibe gezeigt; die auf die beiden königlichen Gestalten gerichteten Sonnenstrahlen enden in kleinen Händen, die das *Anch*-Zeichen, das Symbol des Lebens, halten.

Sicher gehörten viele Elemente der von Amenophis IV. initiierten sogenannten Amarna-Revolution in diesen Tempeln bereits zum Dekorationsprogramm, am Königshof wird es jedoch sicher endlose Diskussionen darüber gegeben haben, welche politischen Schritte der Pharao und sein Mitregent einschlagen mußten, damit das Königtum in seiner neuen Form auch wirklich funktionierte. Ein entscheidendes Ergebnis dieser Erörterungen war die Entscheidung, Theben zu verlassen.

Achetaton

Kurz nach dem vierunddreißigsten Jahr der Herrschaft von Amenophis III., dem sechsten Jahr der Mitregentschaft von Amenophis IV. – und ganz kurz nach der Feier des zweiten Sedfestes –, verließ Amenophis IV. mit seiner Familie und einem Gefolge von Beamten, Architekten, Künstlern und Handwerkern Theben und zog nach Norden, um eine neue Stadt zu gründen. Zugleich änderte er seinen Namen und löste sich damit von Amun. Amenophis, »Amun ist zufrieden«, sollte künftig Echnaton heißen, »Der dem Aton nützlich ist«. Und Echnaton verkündete, der Hof werde an einen Ort verlegt, den der Sonnengott selbst ausgewählt habe. Er wurde Achetaton, »Der Horizont des Aton«, genannt.

Jedesmal, wenn ich Achetaton besichtige, staune ich darüber, an welch schrecklichem Ort die neue Residenz gegründet worden war. Die Anbaufläche an den Ufern des Flusses ist nur einige Meter breit. Jenseits davon befindet sich im Osten nichts als eine unfruchtbare sandbedeckte Ebene, die etwa 3 Kilometer breit und 10 Kilometer lang ist. Sie hat die Form eines Halbmondes und ist von hohen Kalksteinwänden gesäumt, die sich von Norden nach Süden schwingen. Gewöhnlich ist es hier heiß und windstill, und wenn der Wind wirklich einmal weht, dann wirbelt er Staub und Sand über die Landschaft. Die meisten Touristen wollen möglichst schnell der Hitze, den Fliegen und dem erstickenden Staub entfliehen und beschränken sich auf eine Besichtigung der Gräber in den

Felswänden. Während sie, von einem lärmenden Traktor gezogen, auf einem offenen Anhänger erbarmunglos der Sonne ausgesetzt, durcheinandergeschüttelt werden, ahnen sie nicht, daß sie gerade über die antike Stadt Achetaton hinwegfahren.

Achetaton, das heute Tell el-Amarna heißt, ist wirklich kein angenehmer Ort, und wir haben keine eindeutige Erklärung dafür, warum Amenophis IV. sich für ihn entschieden hat. Eine Theorie geht davon aus, daß es in dieser Gegend zuvor keine Tempel gegeben habe – sie konnte daher als rein und makellos gelten. Andere Ägyptologen meinen, man sei von den üppigen Feldern und der bedeutenden mittelägyptischen Stadt Hermopolis auf dem gegenüberliegenden Westufer des Nils angezogen worden.

Die Ägyptologie hat den Begriff »Revolution« zwar geradezu inflationär verwendet, doch er bezeichnet durchaus treffend die von Echnaton und seinem Vater herbeigeführten Neuerungen. Der neue Kult kannte nur die eine Hauptgottheit im Universum, den lebenden Atum-Re-Harachte – den Aton, der sich in Amenophis III. manifestierte. Es gab außerdem nun zwei Königshöfe, und diese beiden Schwesterstädte waren die Zentren der neuen Religion. Die eine Stadt, Malqata in Theben, der »Palast der leuchtenden Sonnenscheibe«, war die Residenz von Amenophis III., dem lebenden Schöpfergott. Die andere, Achetaton, war die Residenz des »schönen Kindes der Sonnenscheibe«; Echnaton hielt hier hof als lebende Manifestation des Gottes Schu, der der Welt Licht und Leben bringt. Malqata und Achetaton ergänzten einander. Achetaton war am Ostufer des Nils gelegen, wo Aton, die Sonnenscheibe, sich jeden Morgen über den Horizont erhebt; Malqata lag am Westufer, wo Atum-Re, die untergehende Sonne, jeden Abend die Reise in die Unterwelt antritt. Malqata wie Amarna waren göttliche Bezirke. Sie waren nicht bloß Herrscherhöfe, sondern zeitlose Orte, von denen aus der Pharao und sein Mitregent, Atum-Re und Schu, die Ordnung des Universums aufrechthielten.

Amenophis III. beging ein drittes Sedfest im siebenunddreißigsten Jahr seiner Herrschaft. Zwei Jahre später starb er. Aus uns unbekannten Gründen wurde er nicht im Tal der Könige selbst, sondern in dem größeren und etwas abgelegeneren Westtal begraben. Sein Grab, das die Bezeichnung WV 22 trägt, war offenkundig von Thutmosis IV. begonnen und aufgegeben worden. In architektonischer Hinsicht ähnelt WV 22 anderen Königsgräbern aus der 18. Dynastie: Über Treppen und Rampen gelangt man in eine kleine Pfeilerhalle; von dort führen weitere Treppen und Rampen im rechten Winkel in eine Halle mit sechs Pfeilern, an die sich die Grabkammer anschließt. Der Boden der Grabkammer befindet sich auf etwas tieferem Niveau. Mehrere Durchgänge führen in die Magazine sowie in zwei etwas größere Räume, wobei der hintere für Königin Teje und der auf der linken Seite gelegene für ihre Tochter Satamun vorgesehen war, Satamun war kurz vor dem Tod von Amenophis' III. zur königlichen Gemahlin ernannt worden. Als einzige Fundstücke aus diesem Grab liegen uns heute Uschebtis, Schmuck, Kanopenkrüge, Teile hölzerner Särge und Kisten, Keramik und ein Paar Papyrussandalen vor. Dieser besondere Grundriß wurden erst wieder unter der Herrschaft von Ramses II. verwendet.

Nach zwölfjähriger Mitregentschaft wurde Echnaton Alleinherrscher über Ägypten. Fast unmittelbar nach der Thronbesteigung verfügte er per Dekret die landesweite Schließung aller Tempel, die Amun und anderen Göttern geweiht waren. Angesichts der bedeutenden Rolle, die Tempel im Wirtschaftsleben Ägyptens spielten, muß ihre Schließung ernsthafte und weitreichende Folgen gehabt haben. Echnaton verbot jeglichen Hinweis auf Amun, und selbst die Pluralbildung des Wortes »Gott« war untersagt.

Kurz nach dem Tod seines Vaters entstanden möglicherweise schon die ersten Reliefs, in denen Echnaton das *schebiu*-Halsband trägt. Allerdings kann es sich bei einer in Amarna entdeckten Darstellung eines Herrschers mit dem *schebiu*-Halsband durchaus auch um Amenophis III. handeln. Falls es jedoch Echnaton ist, dann hatte er sich zum lebenden Sonnengott erhoben, und in diesem Fall hat er vermutlich einen Mitregenten benötigt, der ihm genauso diente, wie er einst seinem Vater gedient hatte. Wir besitzen keinen Hinweis darauf, wer dieser Mitregent gewesen sein könnte, aber ich glaube, daß es seine Frau Nofretete war.

Diese Vermutung läßt sich zwar nicht belegen, doch während der zwölf Jahre von Echnatons Koregentschaft spielte Nofretete auf religiöser wie auf politischer Ebene eine ungewöhnlich prominente Rolle. Sie wurde sogar in Posen dargestellt, die traditionsgemäß dem Pharao vorbehalten sind; sie schwingt beispielsweise eine Keule, sie erschlägt die Feinde Ägyptens oder steht wie ein mächtiger Eroberer da, während zu ihren Füßen (weibliche) Kriegsgefangene knien. Immer wieder steht Nofretete zusammen mit ihrem Gemahl im Mittelpunkt; sie führt religiöse Riten durch, beaufsichtigt das politische Geschehen und sitzt neben Echnaton und ihren Töchtern, während Aton ihnen Licht und Leben spendet. Nach dem zwölften Regierungsjahr gibt es dann, von einigen Szenen im Königsgrab in Amarna abgesehen, keine Hinweise mehr auf Nofretete.

Genau zu diesem Zeitpunkt tritt eine neue Gestalt in Erscheinung: eine männliche Gestalt namens Semenchkare, »Der den Ka des Re trefflich macht«. Wir kennen weder Semenchkares Herkunft noch seine Laufbahn. In einigen Bildern ist er zusammen mit Echnatons ältester Tochter Meritaton dargestellt, aber nichts deutet darauf hin, daß er ihr Mann war. Semenchkare trägt denselben Beinamen wie Nofretete: Nefer-neferu-Aton, »Vollkommen an Vollkommenheit ist Aton« – ein merkwürdiger Beiname für einen Mann. Auf mehreren Reliefs sind Echnaton und Semenchkare in derart leidenschaftlichen Posen dargestellt, daß einige Ägyptologen eine homosexuelle Beziehung zwischen den beiden vermuten.

Es ist auch möglich, daß Nofretete, die ja bereits eine herausragende Rolle am Hof spielte und auch im neuen Kult kundig war, zum Mitregenten ihres Mannes ernannt wurde, als er alleinherrschender Pharao wurde. Vielleicht waren Nofretete und Semenchkare ein und dieselbe Person. Einige Ägyptologen vertreten diese Ansicht. Die Geschlechtsumwandlung der weiblichen Nofretete in den männlichen Semenchkare besagt demnach, daß Nofretete nun nicht mehr als Manifestation der Göttin Tefnut, der Schwester von Schu, in Erscheinung trat, sondern von Echnaton die Manifestation als Schu übernahm, während Echnaton seinen Vater als Atum-Re ersetzte. Und um dieses Bild zu vervollständigen, wurde Echnatons älteste Tochter Meritaton dann vielleicht die neue Tefnut. Amenophis III. wollte die Sonnenkulte des Alten Reichs wiedereinführen. Aber er konnte sie natürlich nicht einfach wiederbeleben, also schuf er eine hybride Mischform, in der sich moderne Überprägungen des alten Kults mit den Notwendigkeiten des gegenwärtigen Lebens vermischten. Wenn das auch alles gewesen wäre, was Echnaton erreichen wollte, dann hätten seine religiösen Vorstellungen auch während der ihm nachfolgenden Dynastien Bestand gehabt. Aber unglücklicherweise trieb es ihn, die Vorstellungen seines Vaters maßlos zu überziehen. Der kanadische Ägyptologe Donald Redford hat Echnaton mit einem fanatischen christlichen Priester verglichen, der Christus, die Dreifaltigkeit und alle Heiligen kurzerhand beiseite schiebt und dekretiert, daß das Kreuz der eine, wahre Gott sei und nicht etwa nur das Symbol der Erlösung. Daher verwundert es auch nicht, daß Echnatons Nachfolger nach seinem Tod im siebzehnten Jahr seiner Herrschaft jede Spur von ihm zu tilgen versuchten, auch wenn der Aton-Kult in einer stark gemilderten Form weiterlebte, bis seine Tempel schließlich von Ramses II. endgültig geschlossen wurden.

Echnaton hatte ein Grab für sich und seine Familie in den Bergen östlich von Achetaton anlegen lassen. Weder sein Leichnam noch die Mumien seiner Angehörigen sind jemals gefunden worden, und die Dekoration des Grabes wurde im Rahmen der Kampagne gegen den Aton-Kult nahezu völlig zerstört. Höchstwahrscheinlich schon vor seiner Übersiedlung von Theben nach Achetaton im sechsten Jahr seiner Herrschaft hatten die Arbeiten an einem Grab für den damaligen Mitregenten in Theben begonnen. Möglicherweise handelt es sich hier um eine Grabstätte im Westtal, obwohl deren Datierung nicht sicher ist – WV 25, eine unvollendete Treppe und ein Gang, die am Ende des Tals in den Hang gehauen wurden. Als weitere mögliche Kandidaten für Echnatons thebanisches Grab nennen manche Ägyptologen die Gräber WV 23, KV 55, KV 57 – und KV 5.

Auch wenn es dafür keine zweifelsfreien Beweise gibt, glauben doch viele Ägyptologen, daß sich auch Ramses II. wie einst Amenophis III. schon in einer frühen Phase seiner Herrschaft zum Gott erhoben hat. Szenen und Texte in Abu Simbel lassen diesen Schluß zu. Dabei stand er vor dem gleichen Problem wie sein Vorgänger: Wie sollte er als Gott weiterhin die Pflichten eines Pharaos wahrnehmen? Wenn sie nicht vom Pharao selbst ausgeübt wurden, wer sollte ihnen dann nachkommen? In beiden Fällen, glaube ich, war es der Sohn des Pharaos, sein legitimer Erbe. Die Pflichten des Pharaos wurden gewissermaßen aufgeteilt – die göttlichen Aufgaben wurden vom vergöttlichten Pharao übernommen, während der mit der Hauptgemahlin gezeugte älteste Sohn die weltlichen Aufgaben übernahm. Diese »Arbeitsteilung« war unter der Herrschaft von Amenophis III. eingeführt worden; sein Sohn Amenophis/Echnaton hatte ihr jedoch eine ganz andere Bedeutung verliehen. Auch Ramses II. versuchte seinem legitimen Erben gewisse Pflichten zu übertragen, und dieser Versuch, glaube ich, erklärt vielleicht die Entstehung von KV 5.

Ramses II. hat viele seiner Kinder überlebt; insofern wurden mehrere seiner Söhne legitime Erben, und sie übernahmen zu dessen Lebzeiten gewisse Funktionen des Königtums von ihrem Vater. In diesem neuen System hatten die Kronprinzen deutlich mehr Kompetenzen als in früheren Zeiten. Faktisch teilten sie sich nun das Königtum mit ihrem Vater. Und wenn diese Söhne vor ihm starben, erhielt jeder von ihnen ein Begräbnis, das alles übertraf, was normalen königlichen Prinzen in der Vergangenheit zuteil geworden war. So wie ihre Funktion zwischen der eines Pharaos und der eines Kronprinzen angesiedelt war, galt dies auch für Form und Funktion ihres Grabes.

Möglicherweise hat Ramses II. jene Söhne, die vor seinem dreißigsten Regierungsjahr starben, in den vorderen Räumen von KV 5 bestatten lassen. Nach seinem Sedfest im dreißigsten Jahr, als seine legitimen Erben aufgrund der Vergöttlichung ihres Vaters neue Aufgaben übernommen hatten, wurden die verstorbenen Söhne in anderen Räumen von KV 5 bestattet, das in Anerkennung ihrer neuen Funktionen am Hof und im religiösen Bereich wesentlich vergrößert worden war. Möglicherweise wurde das Grab mehrmals erweitert, um angesichts der zunehmenden Zahl von Söhnen weitere Bestattungen zu ermöglichen. Jedem Sohn könnte eine Begräbnisstätte zugeteilt worden sein, die aus mehreren Opferkapellen und der eigentlichen Sargkammer bestand. Und tief im Innern des Grabes wacht über die Leichname seiner mittlerweile toten Erben Ramses II. als Osiris.

KV 5 in der Regierungszeit von Ramses II.

Mangels gegenteiliger Beweise gehe ich davon aus, daß KV 5 in Phase 1 (in der späten 18. Dynastie) gar nicht als Grabstätte verwendet wurde; es stand leer. Als Ramses II. sich daher entschloß, KV 5 zu usurpieren, stand ihm ein leeres, vielleicht undekoriertes Grab mit zwei Räumen zur Verfügung. Was dann geschah, scheint in groben Zügen geklärt zu sein.

Als Ramses II. den Auftrag zur Vergrößerung und zum Umbau von KV 5 erteilte, haben die Arbeiter vermutlich zunächst die Räume 1 und 2 dekoriert und dann die Räume 3, 4, 5 und 6, die alle auf der gleichen Ebene im Grab liegen, aus dem Fels gehauen und ebenfalls dekoriert. Aber wann geschah dies? In der Halle mit den sechzehn Pfeilern entdeckten wir an der Decke, ganz nahe bei der Stelle, wo James Burton seinen Namen mit Kerzenruß hinterlassen hatte, ein unvollendetes Graffito, das unser französischer Kollege Yvan Konig liebenswürdigerweise für uns analysiert hat. Dieses in schwarzer Tusche geschriebene Graffito läßt sich eindeutig in die 19. Dynastie datieren; in hieratischer Schrift (der Kursivform der Hieroglyphen) ist dort verzeichnet: »Jahr 19, die Vollendung von...« Das ist alles. Fast mit Sicherheit bezieht sich dieser Text auf das neunzehnte Regierungsjahr von Ramses II. – aber was war da »vollendet« worden? Das Heraushauen dieses Raumes aus dem Fels? Die Dekoration der Wände? Die Ausstattung des Grabes mit der Grabausrüstung? Wir wissen es nicht. (Ich kann übrigens auch noch nicht mit Bestimmtheit sagen, ob dieser

Raum immer schon eine Halle mit sechzehn Pfeilern gewesen ist. Möglicherweise war er zunächst eine schmale, sich an Raum 2 anschließende Kammer oder eine Halle mit nur acht Pfeilern, deren Ausmaße später verdoppelt worden sind.) Zumindest wissen wir, daß die Arbeiter im neunzehnten Regierungsjahr von Ramses II. mit bestimmten Baumaßnahmen in KV 5 beschäftigt waren. Wir können auch anhand der Schreibweise von Ramses' Namen beweisen, daß ein Großteil der Arbeiten im Grab während der ersten beiden Jahrzehnte seiner Herrschaft ausgeführt wurde. Die Kartuschen von Ramses II. kommen in KV 5 mehrfach vor: auf dem Türpfosten des Grabeingangs, auf den Wänden der Räume 1 und 2, am Anfang von Gang 7 und auf der Wand von Gang 13. In allen Fällen steht da »Ra-messes«, *nicht* »Ra-messu«. Ramses II. hatte die Schreibweise seines Namens im zwanzigsten Regierungsjahr geändert, wir wissen allerdings nicht, warum. Da sich aber sein Name in den betreffenden Gängen und Kammern in der älteren Schreibweise findet, wurden sie alle vor dem zwanzigsten Jahr dekoriert. Und natürlich kann auch die Halle mit den sechzehn Pfeilern nicht später entstanden sein als das Graffito aus dem Jahr neunzehn an ihrer Decke. Ebenso könnten die Räume 4, 5 und 6 aus dieser Zeit stammen.

In den ersten beiden Jahrzehnten der Regierungszeit von Ramses II. verrichteten die Arbeiter folgende Tätigkeiten in KV 5: Sie dekorierten die Räume 1 bis 6, sie legten den ersten Teil von Gang 7 an und dekorierten ihn, möglicherweise auch die Räume 8 und 9, zusammen mit den von ihnen abgehenden kleinen Kammern. Sie senkten den Boden der Halle und legten die Gänge 12 und 13 an – vielleicht auch deren Spiegelbilder, die Gänge 20 und 21.

Ich beziehe in diese Arbeitsphase nur den ersten Teil von Gang 7 ein. Die Dekoration der ersten 3 Meter (vom Durchgang zwischen Gang 7 und Raum 3 bis zu den Durchgängen, die in die Seitenkammern 7b und 7o führen) wurde in feinem versenktem Relief direkt auf den Kalksteinwänden ausgeführt. Im weiteren Verlauf dieses Korridors, also ab den Seitenkammern 7b und 7o, wurde die Wand aufgerauht, um einer Putzschicht, die anschließend dekoriert wurde, besseren Halt zu bieten. Dieser Wechsel in der

Technik war keineswegs geologisch begründet: Die Qualität des Gesteins hinter den Durchgängen zu den Seitenkammern 7b und 7o ist genauso gut wie im davor liegenden Bereich; die Künstler hätten die Dekoration ebensogut direkt in das Gestein eingravieren können, wie sie es im vorderen Teil des Korridors getan hatten. Vielleicht wechselten sie die Technik, um die Arbeit zu beschleunigen. Es ist erheblich einfacher, auf Putz zu malen, als in Kalkstein zu gravieren.

Wir wissen zwar nicht genau, wieviel Zeit zwischen der Anlage und Dekoration des vorderen Teils von Gang 7 und seiner Erweiterung

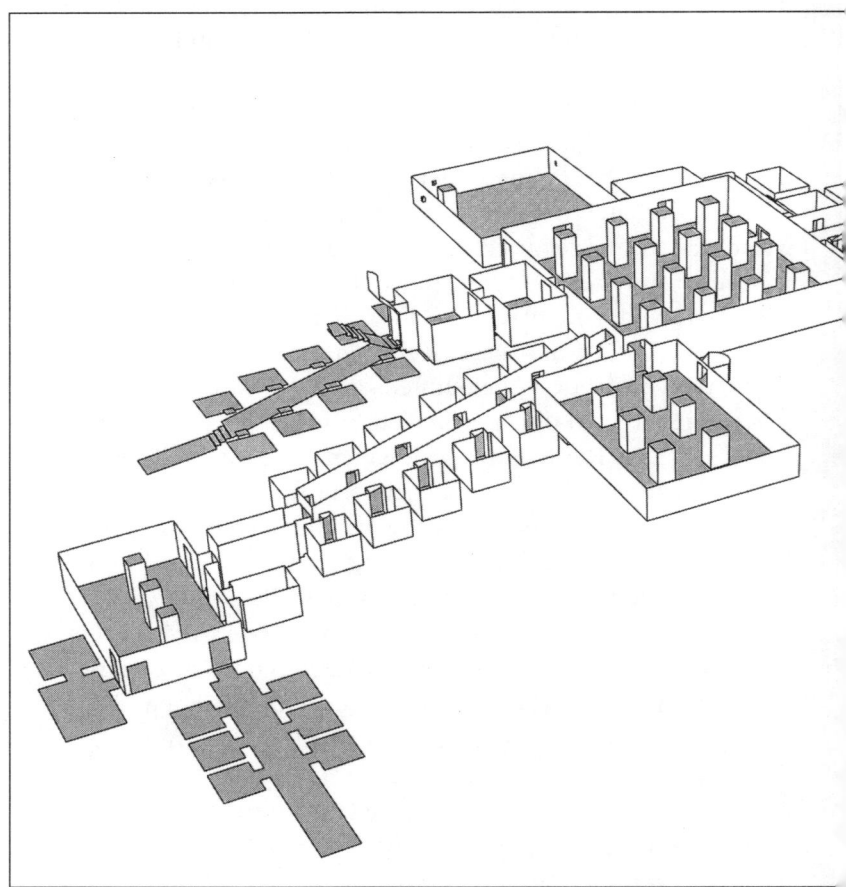

verging, aber es kann durchaus ein Jahrzehnt gewesen sein. In den Kartuschen auf den Wänden von KV 5 ist Ramses' Name in der vor dem zwanzigsten Regierungsjahr üblichen Form verzeichnet. Die Osiris-Statue – genauer gesagt: die göttliche Erscheinungsform von Ramses II. als Osiris – am hinteren Ende von Gang 7 hingegen trägt das *schebiu*-Halsband. Und ich glaube, daß der König dieses Halsband erst nach seiner Vergöttlichung trug, also nach seinem ersten Sedfest im dreißigsten Jahr.

Wir können zwar noch nicht mit Bestimmtheit sagen, ob die Arbeiten im ersten Teil von Gang 7 zur gleichen Zeit wie die Arbeiten

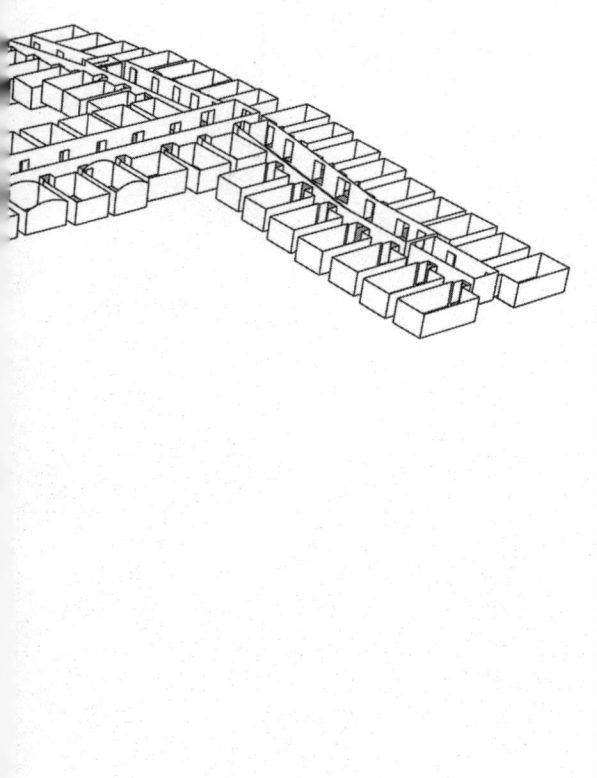

Perspektivische Darstellung von KV 5 (Stand: April 1998). Die zweidimensional dargestellten Korridore und Kammern sind noch nicht vermessen worden.

289

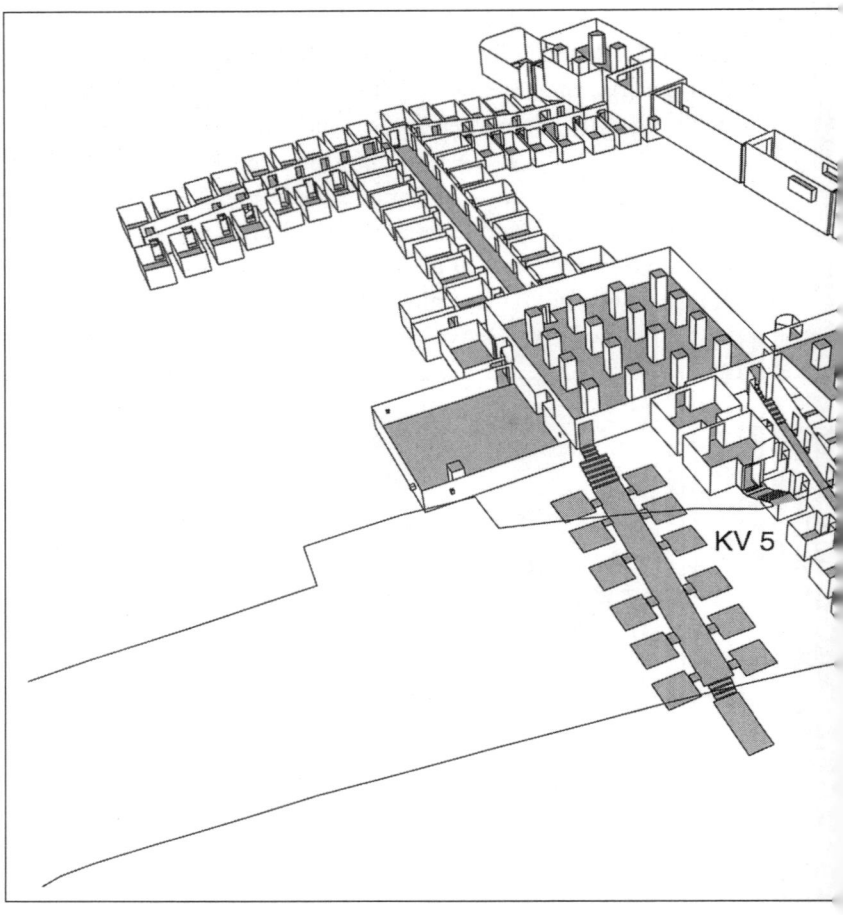

KV 5

in Gang 12 (und Gang 20) ausgeführt wurden, aber ich vermute, daß man mit Gang 7 begonnen hatte. Die Stufen, die von der Pfeilerhalle in Gang 7 führen, wurden in den ursprünglichen Boden der Halle gehauen. Der Durchgang in Gang 12 hingegen war erst angelegt worden, als der Boden an der Vorderseite der Halle mit den sechzehn Pfeilern um fast einen Meter abgesenkt worden war. Die Arbeiten könnten also in dieser Reihenfolge ausgeführt worden sein: Zunächst wurde die Halle mit den sechzehn Pfeilern angelegt, und zwar entweder als Einheit, in zwei Phasen mit jeweils

290

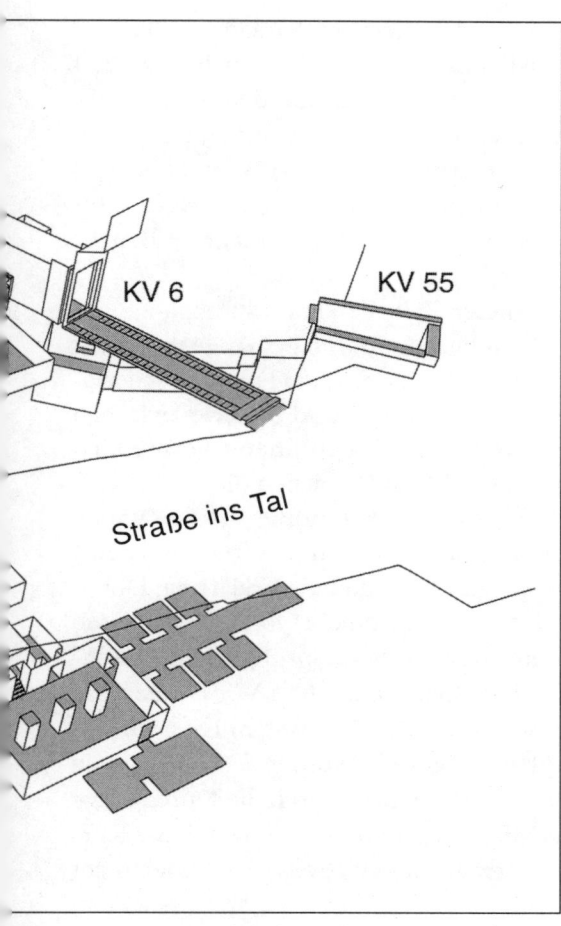

KV 6

KV 55

Straße ins Tal

Diese perspektivische Darstellung veranschaulicht die enge Nachbarschaft von KV 5, KV 6 (Ramses IX.) und KV 55 (einem Grab aus der Amarnazeit).

acht Pfeilern oder in drei Phasen, falls in der 18. Dynastie jenseits von Raum 2 ein kleiner Gang oder eine Nische angelegt worden war. Anschließend wurden die Wände der Pfeilerhalle dekoriert, und schließlich wurde ein etwa 150 Zentimeter breiter Abschnitt des Bodens entlang der Vorderwand der Halle tiefer gelegt. Bei der Absenkung des Bodens entstand unterhalb der Dekoration an der Westwand ein etwa 80 Zentimeter hoher Streifen nackter Wand. Erst nach der Absenkung des Bodens wurden die Durchgänge zu den späteren Gängen 12 und 20 geschaffen. Diese nachträgliche

291

Maßnahme ermöglichte es den Arbeitern, in den Gängen 12 und 20 Seitenkammern unterhalb des Bodenniveaus der Räume 2, 4 und 5 anzulegen. Wären nämlich die Gänge auf dem ursprünglichen Bodenniveau der Pfeilerhalle begonnen worden, hätte man auf die ersten vier Seitenkammern verzichten müssen. Hier wird also offenkundig, daß KV 5 nicht auf der Grundlage eines Bauplans in einem Zug angelegt worden ist; es gab mehrere Bauabschnitte.

Vielleicht wurden auch in dieser Zeit die Hauptdurchgänge des Grabes verbreitert. Diese Durchgänge führen in Gänge und nicht in Seitenkammern. Der Eingang in Raum 1, die Durchgänge zwischen Raum 1 und 2, zwischen Raum 2 und 3 sowie zwischen Raum 3 und 7 wurden jeweils um 15 Zentimeter verbreitert, ungeachtet dessen, daß dabei in diesen Bereichen die bereits vorhandene Wanddekoration zerstört werden mußte. (Diese Wände mußten dann vermutlich verputzt und neu dekoriert werden.) Für diese Maßnahme gibt es eigentlich nur eine Erklärung: Durch die verbreiterten Durchgänge konnte nun ein Objekt in das Grab gebracht werden, das breiter war als die ursprünglichen Durchgänge – und das war am ehesten ein Sarkophag. Wir können das zwar nicht beweisen, aber wenn es sich so verhielt, müssen wir uns fragen, wo dieser Sarkophag aufgestellt worden ist. Ich habe ja bereits dargelegt, daß ein Sarkophag nicht durch die Durchgänge in die Seitenkammern gepaßt hätte; er konnte nur durch die Korridore gezogen werden in Bereiche des Grabes, die wir noch nicht entdeckt haben.

All diese verwirrenden Informationen zeigen nur, welche Rätsel KV 5 aufgibt. Der Bauplan des Grabes wurde im Laufe von mehreren Jahrzehnten verändert, und in keiner Phase entsprach dieses Grab auch nur annähernd dem Grundriß eines Standardgrabes. Das Ganze wird noch verworrener, wenn wir uns fragen, welche Söhne Ramses II. in KV 5 begraben ließ und in welcher Reihenfolge diese Leichname bestattet wurden. An den Wänden der mittlerweile acht freigelegten Räume haben wir über zwei Dutzend Darstellungen von Söhnen gefunden. Allerdings sind die Namen fast ausnahmslos durch Wasser- und Salzschäden vernichtet worden.

Falls KV 5 für alle Hauptsöhne von Ramses II. außer Chaemwese und Merenptah vorgesehen war, können wir davon ausgehen, über vierzig verschiedene Abbildungen von Königssöhnen an den Wänden und vierzig Sargkammern im Grab vorzufinden. Sollten hier weniger Söhne begraben worden sein – vielleicht nur die vier Söhne, deren Namen wir auf Objekten und Wänden entdeckt haben –, müssen wir uns fragen, weshalb gerade sie ausgewählt wurden und was mit den anderen geschah. Unsere vier Söhne haben keine gemeinsame Mutter, ihre Titel sind unterschiedlich, und auch altersmäßig liegen sie weit auseinander. Vielleicht hatten die in KV 5 begrabenen Söhne alle in Theben gelebt, während andere Söhne in Memphis oder Piramesse residierten. Bei diesem rätselhaften Grab scheint alles möglich.

13

Remesseum. 97. Sild.

Die Söhne
des Pharaos

Unsere Kenntnisse über die Söhne von Ramses II. sowie über seine Frauen und Töchter sind zwar dürftig, aber gemessen an den Familien anderer Pharaonen wissen wir doch recht viel. Ramses II. hatte mindestens fünfzig Söhne von seinen Haupt- und Nebenfrauen; diese Liste berücksichtigt jedoch nur Söhne, die das Säuglingsalter überlebten, und läßt uns im unklaren hinsichtlich der Kinder von Nebenfrauen und Konkubinen. Von denen gab es zweifellos eine ganze Menge, doch wir wissen nichts über sie. Die Söhne der Hauptgemahlinnen hießen »leiblicher Sohn des Königs«, das heißt, sie waren mit dem Pharao verwandt und von einer wichtigen Frau geboren; wir kennen ihre Namen aus verschiedenen Tempelinschriften.

Von wenigen Ausnahmen abgesehen, hinterließen die ägyptischen Könige kaum schriftliche Aufzeichnungen über ihre Kinder. Ja, normalerweise erwähnten sie nur den Namen des Thronfolgers, nicht aber diejenigen der übrigen Nachkömmlinge. Das bedeutet nicht, daß die Pharaonen lieblose Väter waren; sondern im religiösen Kontext entsprach es dem Verständnis des Königtums, daß spezifische Angaben über Angehörige der Königsfamilie nicht in Betracht kamen. Zu den wenigen Ausnahmen von dieser Regel gehören Texte aus der 4. Dynastie; Cheops und Chephren hinterließen genügend Details über ihre Söhne, so daß sich ihre Abstammung rekonstruieren läßt.

Unter der Herrschaft von Thutmosis IV. und Amenophis III. wurden erstmals die Kinder von Pharaonen in Inschriften erwähnt. Ramses II. verfaßte sogar eine umfassende (wenn auch nicht vollständige) Liste seiner Hauptsöhne und -töchter. Im Unterschied zu früheren Herrschern ließ Ramses II. zahlreiche Wandbilder mit den Prozessionen von Prinzen und Prinzessinnen in den von ihm in Auftrag gegebenen Tempeln anfertigen. Es gibt mindestens neun derartige Szenen in fünf verschiedenen Tempeln. Drei von diesen Tempeln befinden sich in Nubien, zwei in Theben:

- Abu Simbel: Prozession von acht Söhnen und neun Töchtern
- Tempel von Derr: identisch mit der Abbildung von Abu Simbel
- Tempel von Luxor:
  a) siebzehn Söhne, fünfzehnter Sohn fehlt, Sohn neun und zehn vertauscht
  b) wie a) jedoch fünfzehnter Sohn genannt
  c) fünfundzwanzig Söhne
- Ramesseum:
  a) Prozession von dreiundzwanzig Söhnen
  b) Prozession von elf Söhnen
- Wadi es-Sebua:
  a) dreißig Söhne, acht Töchter
  b) fünfundzwanzig Söhne und mehr als acht Töchter
- Abydos, Tempel von Sethos I.:
  a) neunundzwanzig Söhne, sechzehn Töchter
  b) siebenundzwanzig Söhne, zweiundzwanzig Töchter

Farouk Gomaà, ein an der Universität Tübingen lehrender ägyptischer Ägyptologe, hat diese Listen eingehend untersucht und dabei festgestellt, daß sie alle – außer der Szene a) im Tempel von Luxor – die Namen der Söhne stets in der gleichen Reihenfolge angeben. Gomaà wertet dies als Hinweis auf die Reihenfolge ihrer Geburt. Die unterschiedliche Zahl der Namen hängt davon ab, zu welchem Zeitpunkt die Liste erstellt wurde – Listen aus einer späteren Phase der Herrschaft Ramses' II. führen natürlich mehr Söhne auf. Selten werden in den Listen die Söhne ihrer jeweiligen Mutter zugeordnet; diese Informationen müssen wir anderen Quellen entnehmen.

Die Listen erwähnen die Namen der von den Hauptfrauen des Pharaos geborenen Söhne und Töchter, nicht nur der lebenden, sondern auch derjenigen Kinder, die bei der Herstellung des Reliefs bereits verstorben waren. Gomaà glaubt, daß nur die Kinder von Nefertari und Isisnofret zu den Thronanwärtern zählten, aber die

298

Prozession zeigt auch andere Kinder, zumindest die von einigen anderen Haupt- und Nebenfrauen. »Hätte er [Ramses II.] eines weggelassen«, so Gomaà, »so hätte das doch bedeutet, daß er es verstoßen hätte und es nicht der Gnade der Götter teilhaftig werden lassen wollte.« Und genau darum ging es ja bei den Prozessionsszenen. »Der Zweck dieser Darstellungen an den Tempelwänden war ja nicht, daß Ramses sich der großen Zahl seiner Kinder rühmen wollte, sondern daß er sie alle der Gnade der Götter der betreffenden Heiligtümer anempfehlen wollte. Die Abbildung von Personen an Tempelwänden, die nicht Könige waren, war eine seltene Gunst, die dem Betreffenden ewiges Leben beim Herrn des Tempels sicherte.«[1]

Neben den Prozessionen von Söhnen und Töchtern an den Tempelwänden gibt es auch Listen oder Szenen, die nur zwei oder drei Nachkömmlinge berücksichtigen:

- In Abu Simbel sind die Söhne eins, zwei und drei im Streitwagen dargestellt und folgen ihrem Vater in die Schlacht.
- Die beiden ersten Söhne stehen zwischen den Beinen der beiden Kolosse von Ramses II., die den Tempeleingang von Abu Simbel flankieren.
- Ebenfalls in Abu Simbel sind vier Söhne – die Söhne eins, zwei, fünf und sechs – mit den Töchtern drei, vier und fünf abgebildet.
- In Karnak bringen zwölf Söhne Kriegsgefangene zurück nach Ägypten.
- Im Tempel von Luxor begleiten die Söhne eins bis vier und sieben bis vierzehn Kriegsgefangene.
- Im Ramesseum erklimmen zwei Söhne Sturmleitern; zwei werden gezeigt, wie sie Feinde erschlagen, und vier stehen hinter Schilden.
- Auf einer Kolossalstatue aus Tanis sind die Söhne vier bis acht dargestellt.
- In Beit el-Wali werden mindestens zwei Söhne gezeigt – hier stehen Sohn eins und ein anderer auf je einem Streitwagen.
- Inschriften in Assuan und (vielleicht etwas später zu datieren)

299

in Gebel es-Silsileh, die auf Chaemwese zurückgehen, zeigen Chaemwese und die Söhne zwei und dreizehn sowie die Tochter Bintanat – alles Kinder von Isisnofret.

Wenn wir die verschiedenen Listen tabellarisch erfassen, können wir die Namen der ersten sechzehn Söhne des Pharaos von seinen Hauptfrauen ermitteln. Diejenigen, die wir in KV 5 (an den Wänden oder auf Fundstücken) gefunden haben, sind hier mit einem Sternchen versehen:

* 1. Amun-her-chepeschef (»Amun ist bei seinem starken Arm«) trug bis zur Krönung seines Vaters zum Pharao den Namen Amun-her-wenemef (»Amun ist an seiner rechten Seite«). Er war der Sohn von Nefertari und Kronprinz in den Regierungsjahren eins bis vierzig. Als er starb, war er zwischen vierzig und fünfundfünfzig Jahre alt.

* 2. Ramses, den wir, um Verwechslungen mit seinem Vater zu vermeiden, Ramses junior nennen, war ein Sohn von Isisnofret. Er lebte mindestens bis zum zweiundfünfzigsten Regierungsjahr von Ramses II. und war in den Regierungsjahren vierzig bis zweiundfünfzig Kronprinz.

3. Pa-Re-her-wenemef war ein Sohn von Nefertari; er starb wahrscheinlich vor dem dreißigsten Regierungsjahr.

4. Chaemwese war ein Sohn von Isisnofret; er lebte mindestens bis zum fünfundfünfzigsten Regierungsjahr; er war Kronprinz in den Regierungsjahren zweiundfünfzig bis fünfundfünfzig.

5. Montu-her-chepeschef (im Tempel von Luxor Montu-her-wenemef genannt)

6. Neben-charu

7. Meri-Amun

8. Amun-em-wia war vermutlich derselbe Sohn, der in manchen Listen Seth-em-wia genannt wird.

* 9. Sethi wurde möglicherweise nach einem Vorfahren aus der 18. Dynastie benannt, dem Vater von Ramses I., der am Hof von Amenophis III. und/oder Echnaton lebte und wirkte; dies

läßt sich allerdings nicht nachweisen. Wahrscheinlich starb er vor dem dreißigsten Regierungsjahr seines Vaters.

10. Setep-en-Re
11. Meri-Re I. war ein Sohn von Nefertari; er starb wahrscheinlich im Alter von zwanzig bis dreißig Jahren.
12. Hor-her-wenemef
13. Merenptah war ein Sohn von Isisnofret; er wurde der Nachfolger seines Vaters Ramses II.; er war Kronprinz ab dem fünfundfünfzigsten Regierungsjahr.
14. Amenophis
15. It-Amun
*16. Meri-Atum

Von den fünfzig Söhnen von Ramses II. wissen wir am meisten über seinen vierten Sohn, Chaemwese, und seinen dreizehnten Sohn, Merenptah.

Chaemwese

Chaemwese hatte das Hohepriesteramt des Ptah in Memphis inne und wurde höchstwahrscheinlich in Gisa oder Saqqara begraben. Sein Bruder Merenptah war der Nachfolger seines Vaters und hat ein eigenes Grab im Tal der Könige (KV 8). Chaemwese und Merenptah sind die einzigen Söhne von Ramses II., bei denen wir sicher sind, daß sie nicht in KV 5 bestattet wurden. Gleichwohl kann uns ihr Leben einige Hinweise über das Leben ihrer dort bestatteten Brüder und Halbbrüder geben.

Zeitlebens war Chaemwese dank seines organisatorischen Geschicks, seiner sehr ausgeprägten Affinität zur Religion, seiner Intelligenz und seines gesunden Menschenverstandes einer der angesehensten Menschen im Land. Tausend Jahre nach seinem Tod galt er noch immer als einer der bedeutendsten Gelehrten und Zauberer, den Ägypten je hervorgebracht hatte. Mehrere Geschichten wurden über ihn geschrieben. Aus einer Erzählung in *Die Geschichten von Setne Chaemwese* erfahren wir, wie Chaemwese in den Besitz eines Buches mit Zaubersprüchen des Gottes Thoth zu gelangen suchte; eine andere berichtet, wie er sich einmal in die Unterwelt begab, um aus erster Hand zu erleben, wie die Guten belohnt und die Bösen bestraft werden. Diese Geschichte ist teilweise der im Neuen Testament geschilderten Begegnung zwischen Lazarus und dem reichen Mann (Lukas 16,19–31) sehr ähnlich; daher gehen einige Gelehrte davon aus, daß die biblische Geschichte auf diese Erzählung zurückgeht.

Chaemwese wurde als zweites Kind der zweiten Frau von Ramses II. wahrscheinlich kurz nach ihrer Hochzeit geboren. Vielleicht war damals Sethos I. noch am Leben und Ramses II. noch ein Jüngling. Chaemwese hatte mehrere Titel und Beinamen: »sein geliebter leiblicher Königssohn, göttlicher Same des Ka-nacht [des starken Stiers, gemeint ist Ramses II.], Chaemwese gerechtfertigt«.[2] Als junger Prinz hat Chaemwese mit seinem älteren Halbbruder Amun-her-chepeschef Ramses II. auf einem Feldzug in Nubien begleitet. Eine Darstellung dieses Feldzugs findet sich im Tempel von Beit el-Wali. In einer Szene stehen die beiden Söhne neben den Streitwagenlenkern und folgen ihrem Vater in die Schlacht. In einer anderen Szene nimmt Chaemwese an einem Feldzug in Tunip im westlichen Vorderasien teil.

Im Unterschied zu mehreren Brüdern und Halbbrüdern führt Chaemwese keine militärischen Titel. Er erwarb sich sein beachtliches Ansehen nicht als militärischer Führer; den antiken Texten zufolge verdankte er seinen raschen Aufstieg in der Priesterschaft des Ptah in Memphis seiner außerordentlichen Bildung und Intelligenz. Chaemwese war offenbar jener seltene Typus von Königssohn, der eher wegen seines persönlichen Talents als wegen seines königlichen Geblüts bewundert und geachtet wurde.

In einer Inschrift im Serapeum von Saqqara verkündet Chaemwese, er sei schon in jungen Jahren in die Priesterschaft des Ptah eingetreten und kurz darauf zum »Sem-Priester des Ptah« ernannt worden. Der Titel des Sem-Priesters ist bereits zu Beginn des Alten Reiches belegt, und schon damals verwies er auf eine bedeutende Funktion. Vorzugsweise hatte ein älterer Sohn des Pharaos dieses

Amt inne. Der Sem-Priester spielte eine wichtige Rolle bei königlichen Bestattungsfeierlichkeiten; er war daher eng mit dem Osiris-Kult verbunden. Sem-Priester erkennt man in den Bildern an ihrem Gewand aus Pantherfell.

Chaemweses Einsetzung als Sem-Priester erfolgte anscheinend kurz vor dem sechzehnten Regierungsjahr seines Vaters. Etwa ein Jahrzehnt später, vielleicht im fünfundzwanzigsten Regierungsjahr, als Chaemwese selbst um die fünfundzwanzig war, übernahm er das Hohepriesteramt des Ptah. Über achtundzwanzig Männer trugen in dynastischer Zeit den Titel des Hohepriesters, und alle entstammten bedeutenden ägyptischen Familien: Achtzehn von ihnen waren Söhne eines Hohepriesters des Ptah; zwei waren Söhne von Wesiren und drei Söhne von Pharaonen. Große Bedeutung erlangte dieses Amt erstmals unter der Herrschaft von Amenophis III., der als erster Pharao den Titel seinem Sohn verlieh. Als Ramses II. Chaemwese zum Hohepriester des Ptah ernannte, folgte er dem Beispiel von Amenophis III. Einige Ägyptologen vertreten die Ansicht, daß der Hohepriester des Ptah unter Ramses II. eine herausragende Stellung erlangte, weil er wie Amenophis III. davon ausging, daß eine Stärkung dieser Position die potentiell bedrohliche Macht der Priesterschaft des Amun in Karnak wirkungsvoll in die Schranken weisen würde.

Unter Ramses II. war der Hohepriester des Ptah in seiner Macht mit Sicherheit dem Hohepriester des Amun zumindest gleichgestellt. Als Hohepriester des Ptah war Chaemwese für alle Bildhauer, Goldschmiede und Künstler zuständig, die in königlichem Auftrag arbeiteten. Er beaufsichtigte alle Bauvorhaben des Königs; er war für die Pflege der Kulte verantwortlich, und zwar nicht nur für den des Ptah, sondern auch des Sokar, Osiris, Re, Apis und anderer Gottheiten. Darüber hinaus leitete er die Organisation der Sedfeste des Königs.

Wir wissen, daß Chaemwese den Bau des Ramesseums beaufsichtigte. Er hatte die Bauleitung in der Großen Hypostylenhalle in Karnak inne und überwachte den Tempelbau an mehreren Orten, zum Beispiel in Piramesse. Dies waren alles große Bauvorhaben – nicht nur in technischer Hinsicht, sondern weil jede dieser Anlagen für wichtige Gottheiten an bedeutenden Orten errichtet wurde. Chaemwese überwachte auch die Planung und den Bau des großen Ptah-Tempels in Memphis. Vor diesem Tempel befinden sich zwei Kolossalstatuen von Ramses II.; ihm zur Seite steht, seinem Vater kaum bis zum Knie reichend, Chaemwese. Die Statue ist stark verwittert; dennoch ist es dem Ägyptologen Farouk Gomaà gelungen, eine kurze Inschrift zu entziffern: »Königssohn, Sem-Priester, Diener des Gottes im Tempel des Ramessu-Meri-Imen [Ramses II.] im Tempel des Ptah, Chaemwese«.[3] Auf einem heute im Royal Scottish Museum befindlichen Bruchstück einer Säule aus Memphis heißt er »Großer Leiter der Handwerke, Sem-Priester und Königssohn, Chaemwese«[4].

Der Gott Ptah, dessen Kult Chaemwese vorstand, manifestierte sich den Menschen in Memphis in der Gestalt eines lebenden Stiers, des sogenannten Apis-Stiers, der in einem Heiligtum im Bezirk des Ptah-Tempels lebte. Die Auswahl des Apis-Stiers stellte eine wichtige Aufgabe dar. Nach dem Tod eines Apis-Stiers (die Tiere hatten eine Lebenserwartung von etwa fünfundzwanzig Jahren) suchten Priester im ganzen Land nach einem Stier, der all die spezifischen Merkmale besaß, die der neue Apis-Stier gemäß den Riten haben mußte. Herodot zufolge trug der Stier folgende Zeichen: »Er ist schwarz, hat auf der Stirn ein weißes Viereck, auf dem Rücken das Bild eines Adlers, im Schweif doppelte Haare und unter der Zunge das Bild eines Käfers.«[5] Wenn ein neuer Stier nach Memphis gebracht wurde, um dort zur lebenden Erscheinungsform des Ptah erklärt zu werden, wurde er stets von seiner Mutter begleitet. Man glaubte, daß der Apis-Stier durch einen Strahl vom Himmel von seiner Mutter empfangen wurde, und daher galt sie als eine Erscheinungsform der Göttin Isis.

Als Hohepriester des Ptah spielte Chaemwese eine herausragende Rolle im Rahmen der kultischen Verehrung des Apis-Stiers; er leitete auch das Bestattungsritual nach dessen Tod. Diese Bestattungszeremonien waren deshalb so wichtig, weil sich der Apis im Tod in Osiris verwandelte – ebenso wie der verstorbene Pharao. Der tote Apis wurde Osiris-Apis oder Osorapis genannt – ein

Name, der dem griechischen Gott Serapis so sehr ähnelte, daß beide Götter in der Ptolemäerzeit zu einer Einheit verschmolzen. Osiris war einer der wichtigsten Götter in Ägypten, ein Gott der Vegetation, der Fruchtbarkeit und des Lebens nach dem Tode. Gewöhnlich wird er in Gestalt einer Mumie dargestellt, mit über der Brust gekreuzten Armen; in den Händen hält er Krummstab und Geißel, die Insignien des ägyptischen Königtums. Es ist durchaus möglich, daß Osiris ursprünglich als ein fremder Gott (vielleicht aus Vorderasien) von den Ägyptern übernommen wurde, aber ab der 5. Dynastie gehörte er eindeutig zum ägyptischen Pantheon. Osiris ist ein Enkel des Schu, des Gottes der Luft, und von Tefnut, der Göttin der Feuchtigkeit; er ist der Sohn von Geb, dem Erdgott, und von Nut, der Himmelsgöttin. Von seinen Ahnen hat Osiris den Titel des Königs von Ägypten geerbt, der seinen Untertanen die Grundlagen der Zivilisation vermittelt. Seine Begleiterin ist Isis, die sowohl Gemahlin als auch seine Schwester ist; beide herrschen über Ägypten in einem durch Frieden und Wohlstand gekennzeichneten Zeitalter. Osiris war in Ägypten ein überaus populärer Gott, insbesondere im Neuen Reich, weil er den Menschen ein gerechter Richter war, wenn sie Zutritt in die Unterwelt begehrten. Außerdem versprach er ihnen die Wiederauferstehung und das ewige Leben, sobald sie dort angelangt waren. Zentren des Kults waren Busiris in Unterägypten und Abydos in Oberägypten, wo Osiris (oder zumindest sein Kopf) begraben sein soll. Der Osiris-Kult wirkte prägend auf die Vorstellung der Ägypter vom Königtum. Im Tod wurde ein Pharao mit Osiris vereint, und besonders in der frühramessidischen Zeit ließen die Könige ihm zu Ehren große Monumente in Abydos errichten.

Seth, der Bruder des Osiris, ist in nahezu jeder Hinsicht dessen Widerpart. Er begeht eine Tat, die die Fundamente der göttlichen Existenz erschüttert: Seth beneidet Osiris, seinen Bruder, um seine Macht und ermordet ihn in einem Anfall von Wut. Er zerteilt seinen Leichnam und verstreut seine Glieder über ganz Ägypten. Unmittelbar darauf erklärt er sich zum König von Ägypten.

In tiefer Verzweiflung über den Tod von Osiris sucht Isis in ganz Ägypten nach dem Leichnam ihres Bruders, um ihn zum Leben wiederzuerwecken. Hierbei wird sie von Nephthys, der Frau und Schwester von Seth, unterstützt. Schließlich entdeckt Isis Teile des Leichnams in Abydos und anderen religiösen Zentren und setzt sie wieder zusammen. Es gelingt ihr, Osiris für eine kurze Zeit wiederzubeleben, gerade so lange, daß sie sich geschlechtlich vereinen können. Isis wird schwanger, und neun Monate später gebiert sie in einer Stadt im nordöstlichen Nildelta einen Sohn – Horus, der als Erbe seines Vaters die Regentschaft über Ägypten übernehmen wird. Mittlerweile hat Osiris die Reise in die Unterwelt angetreten; dort regiert er fortan als Herr der Ewigkeit. Indem Isis Osiris reanimiert und dieser die Regentschaft im Totenreich übernimmt, durchläuft er den Zyklus von Leben, Tod und Wiedergeburt – ebenjenen Zyklus von Leben, Tod und Wiedergeburt, den Osiris symbolisch den Menschen gewährt. (Wegen ihrer Rolle in diesem Mythos werden Isis in der ägyptischen Kultur überragende Zauber- und Heilkräfte zuerkannt. Ihr Name bedeutet »Die, die herrschaftliche Macht hat«, und sie wurde im alten Ägypten und später in griechisch-römischer Zeit immer wieder als Schutzhelferin gegen Bisse von Giftschlangen und Skorpionen, gegen gefährliche Tiere und ganz allgemein gegen böse Taten angerufen.)

Horus war aufs engste mit dem Königtum verbunden; der Pharao galt als seine lebende Erscheinung auf Erden. Gemäß der religiösen Vorstellung der alten Ägypter trat der Pharao nach seinem Tod die Fahrt in die Unterwelt an und wurde Osiris. Bei seinem Tod, oder genauer gesagt: bei der Krönung seines Nachfolgers, ging der göttliche Aspekt eines Königs, sein königlicher Ka, auf seinen legitimen Erben über. Der Schweizer Ägyptologe Erik Hornung hat dies folgerndermaßen formuliert: »Osiris wird begraben, aber zugleich übernimmt sein Sohn Horus die Zügel der Weltregierung – er, als Sonnengott Re, ist das ›Morgen‹, Osiris das ›Gestern‹.«[6]

Wenn ein Apis-Stier starb, trauerte ganz Ägypten, und die Priester hielten ein siebzig Tage währendes Mumifizierungsritual ab. Dieses Ritual ist uns in allen wesentlichen Details in einem Papyrus überliefert, der 1821 in Alexandria von einem skrupellosen Antiquitätenhändler gekauft worden war und sich heute im Wiener Kunsthistorischen Museum befindet. Der fast 2 Meter lange

Papyrus ist beidseitig beschrieben – passagenweise in Demotisch und Hieratisch, zwei Spätformen der ägyptischen Sprache; er stammt aus dem 2. Jahrhundert v. Chr. und trägt die Bezeichnung *pVindob. 3873*. Diesem Text zufolge sollten die Priester während der siebzigtägigen Trauer spezielle Gewänder tragen, ihr Haar wachsen lassen und auf ein Bad verzichten. Sie sollten den ganzen Tag klagen, vier Tage lang fasten und an den übrigen sechsundsechzig Tagen auf Fleisch und Milch verzichten.

Der Leichnam des toten Apis wurde aus dem Stall, in dem die Priester ihm sein Leben lang die beste Pflege haben angedeihen lassen, in ein Einbalsamierungshaus überführt. Dieses im Bezirk des Ptah-Tempels gelegene Gebäude wurde vor mehreren Jahren von dem britischen Ägyptologen Michael Jones ausgegraben. Im Innern des kleinen Steinbaus befindet sich ein rechteckiger Raum und in dessen Mitte ein großes Alabasterpodest. Es gleicht einem Bett, dessen Füße wie Löwentatzen gearbeitet sind und an dessen Ecken sich jeweils ein Löwenkopf befindet. Der Apis-Stier wurde auf das Podest gelegt, und man begann mit seiner Einbalsamierung. Ein System von Kanälen und Becken fing die Körperflüssigkeit auf, die beim Waschen und Reinigen abgelassen und mit dem einbalsamierten Stier bestattet wurde.

Der Abschnitt von *pVindob. 3873*, der das Einbalsamieren der Zunge des Apis-Stiers schildert, veranschaulicht das komplexe Ritual:

»Er beginnt das Einbalsamieren seiner Zunge. Sie salben sie mit dem heißen Heilmittel. Er schneidet ein *sit*-Tuch zurecht, das in der Länge 3 Handbreit und in der Breite 6 Fingerbreit mißt. Er umhüllt sie an ihrer Vorderseite mit 3 Umwicklungen, während es [das *sit*-Tuch] in das heiße Medikament getaucht wird. Er zieht seine Zunge hoch. Er legt das *hbs*-Tuch darunter. Er hebt die Enden des *hbs*-Tuchs hoch, bis seine Zunge vor ihm aufragt. Er schlägt das linke über das rechte ..., das rechte über das linke; die [Binde] in der Mitte kommt darüber. Das große *bnt*-Tuch nach oben, das kleine *bnt*-Tuch und das *swt-mtr*-Tuch ... nach oben.«[7]

Für jeden Körperteil des Tieres – Augen, Nase, Ohren, Zähne, Hörner bis hin zum Schwanz – beschreibt der Papyrus Prozeduren, die genau befolgt werden mußten, wenn der Apis-Stier im Jenseits in Osiris verwandelt werden sollte. Dies waren äußerst wichtige Handlungen, in die auch der Pharao einbezogen war.

Eine Inschrift aus Saqqara schildert den Besuch von Ramses II. im Einbalsamierungshaus des Apis-Stiers; er nahm in seinem dreißigsten Regierungsjahr an der Zeremonie teil:

»An diesem Tag begab sich die Majestät des Apis zum Himmel, um zu ruhen in der Balsamierungshalle bei Anubis, der in der Balsamierungsstätte ist. Er balsamierte seinen Leichnam, er entfernte sein Leichensekret, er beseitigte seine Sünden für seine (Wieder-)Geburt auf dem reinen Alabaster des Goldhauses, um die Mundöffnung mit Natron und Weihrauch zu vollziehen ...«[8]

Der mumifizierte Apis-Stier wurde im unterirdischen Serapeum von Saqqara bestattet. Der Apis-Kult ist bereits in der Frühzeit der ägyptischen Geschichte belegt, und zweifellos gab es seit der 1. Dynastie oder sogar schon vorher eine heilige Apis-Nekropole in Saqqara. Der früheste Beleg für die Bestattung eines Apis-Stiers stammt allerdings erst aus der 18. Dynastie. Unter der Herrschaft von Amenophis III. wurden die Apis-Stiere jeweils in unterirdischen Grabkammern bestattet, die sich an einem langen, abfallenden Gang aneinanderreihten. Oberhalb der unterirdischen Anlage wurde über jeder Grabkammer eine kleine Kapelle errichtet. Aus Aufzeichnungen geht hervor, daß in dem Zeitraum von der Herrschaft Amenophis' III. bis zum dreißigsten Regierungsjahr von Ramses II. insgesamt acht Apis-Stiere, also etwa in jedem Jahrzehnt einer, in Einzelgräbern bestattet wurden.

Als aber Ramses II. im dreißigsten Regierungsjahr am Einbalsamierungsritual für den Apis-Stier teilnahm, hatte Chaemwese, der erst ein paar Jahre zuvor zum Hohepriester des Ptah ernannt worden war, eine neue Grabanlage errichten lassen. Die Stiere wurden nun nicht mehr in Einzelgräbern bestattet; es wurde eine große Katakombe gebaut, eine unterirdische Galerie, die aus einem langen Korridor bestand, von dem an beiden Seiten eine Reihe von Kammern abgingen. Der einbalsamierte Apis-Stier wurde in einen großen Steinsarkophag gelegt, der den Gang hinabgezogen und in eine der Kammern gestellt wurde. Dann wurde die Kammer zugemauert. Beim Tod des nächsten Apis-Stiers wurde das Serapeum gegebenenfalls vergrößert.

Zur Zeit des Chaemwese war das Serapeum über 100 Meter lang. In ptolemäischer Zeit bestand der Komplex aus Korridoren von insgesamt über 350 Meter Länge; sie waren jeweils 3 Meter breit und 6 Meter hoch. An beiden Seiten dieser Korridore reihten sich mehrere Dutzend Kammern aneinander, in die die Sarkophage gestellt wurden. Direkt über dem Serapeum wurde ein großer Apis-Tempel errichtet. Der Chaemwese zuzuschreibende Teil des Serapeums aus dem Neuen Reich ist heute nicht zugänglich. Touristen dürfen nur die später entstandenen Korridore besichtigen. Der Grundriß des von Chaemwese erbauten Serapeums weist in mancherlei Hinsicht Ähnlichkeiten mit dem Grundriß von KV 5 auf. Chaemwese war besonders stolz auf den Bau des Serapeums. In einer Widmungsschrift heißt es dort:

»...O (ihr) Sem-Priester und Größten der Leiter des Handwerks, (ihr) Würdenträger des Ptah-Tempels, (ihr) Gottesväter und Priester, (ihr) Tempelvorsteher, Propheten und Vorlesepriester dieses Tempels, alle die ... sind, alle Schreiber, die erkannt sind als Wissende durch den großen Gott, [(ihr) Öffner der Türflügel des] Himmels, die vor dem Gott sind, die eintreten werden in das Gotteshaus, das ich für den lebenden Apis gemacht habe, die erblicken werden dies, was ich gemacht habe, eingeritzt auf die steinerne Wand, als

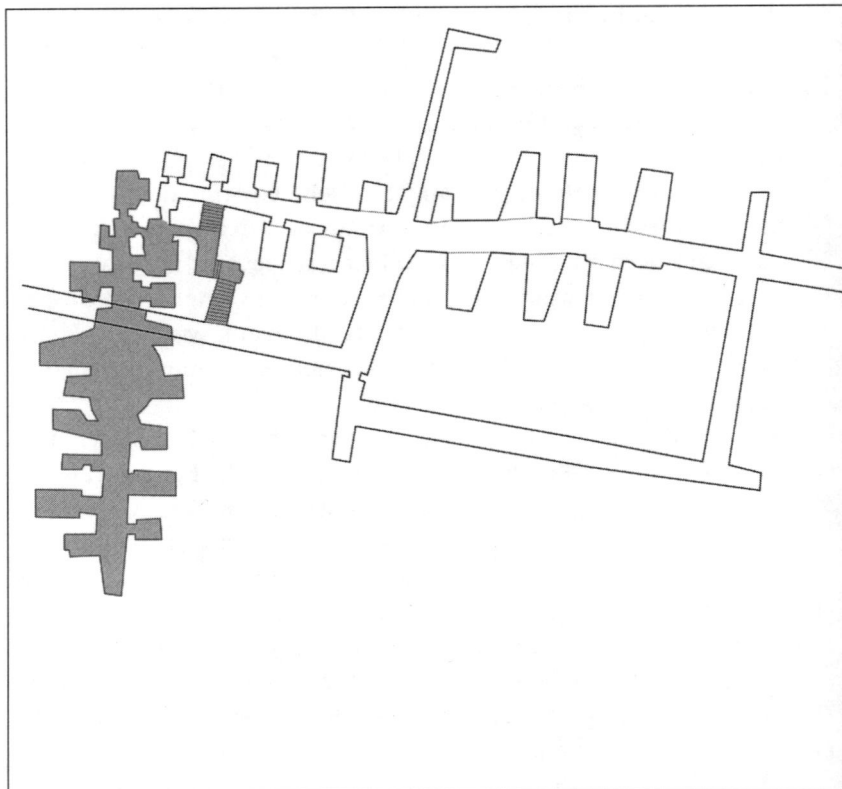

etwas großes, einzigartiges Nützliches – niemals
geschah etwas gleiches – festgesetzt schriftlich
in der großen Halle des Festtempels vor diesem
Tempel ...«[9]

Zu Chaemweses Hauptpflichten gehörte auch die Durchführung
des Sedfestes seines Vaters. Das Sedfest, das zuweilen auch Jubiläum genannt wird, wurde gewöhnlich von einem Pharao erstmals
im dreißigsten Jahr seiner Herrschaft und dann bis zum Ende seines Lebens alle zwei oder drei Jahre gefeiert. Wir wissen nicht,
warum man sich für diese zeitliche Abfolge entschied; das liegt
zum Teil daran, daß nur wenige Pharaonen lange genug herrsch-

310

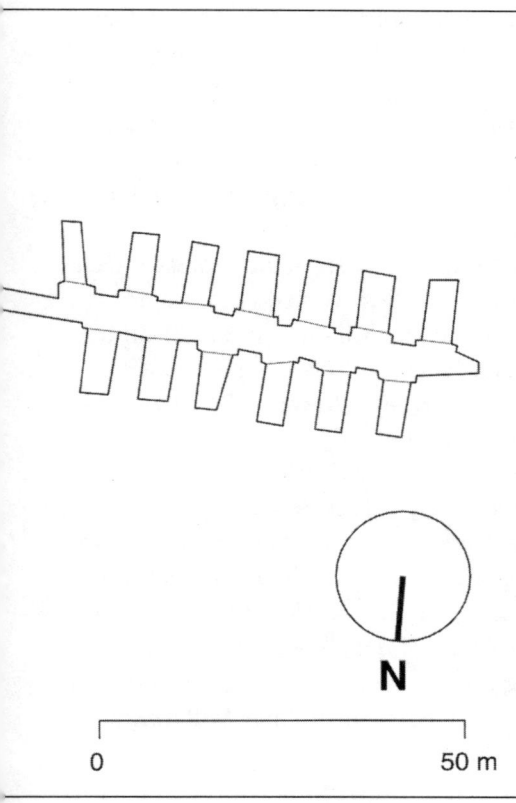

Das Serapeum in Saqqara war der Bestattungsort der Apis-Stiere. Der Bauplan des Serapeums geht auf Chaemwese, den vierten Sohn von Ramses II., zurück. Eine Zeitlang vermuteten wir, er könnte den Bauplan von KV 5 angeregt haben, doch mittlerweile erscheint uns dies eher unwahrscheinlich.

N

0   50 m

ten, um diese Feste feiern zu können. In der 18. Dynastie hielten nur Thutmosis III. und Amenophis III. mehr als ein Sedfest ab. Ramses II. stellte einen Rekord auf. Sein erstes Sedfest fand im dreißigsten Regierungsjahr statt; ihm folgten bis zu seinem Tod noch dreizehn weitere Feste (in den Regierungsjahren 33, 36, 39, 40, 42, 45, 48, 52, 54, 57, 60, 63 und 66). Bei diesen Feiern erneuerte Ägypten seine Treue gegenüber dem Pharao und huldigte dem lebenden König.

Doch das Sedfest war weit mehr als nur ein Jubiläum oder eine Huldigung; es war eine der ältesten Zeremonien im alten Ägypten. Eine besondere Bedeutung hatte das Fest im Alten Reich, und von der 1. Dynastie bis zur späten 18. Dynastie, also rund 1700

Jahre lang, änderte sich nur wenig am zeremoniellen Ablauf. Dann führte jedoch Amenophis III. einige bedeutsame Neuerungen ein. Zu den auffälligsten gehörte die Verlegung der Zeremonie von den Tempeln an Land auf Schiffe auf dem großen See Birket Habu bei Theben. Zur Zeit von Ramses II. wurde das Fest wahrscheinlich in Piramesse gefeiert, während andere große Feiern in Memphis und Theben stattfanden.

Chaemwese führte die ersten neun Sedfeste seines Vaters durch. Bei Gebel es-Silsileh, einem Ort nördlich von Assuan, findet sich an einer Felswand ein Relief mit der folgenden Ankündigung Chaemweses: »[Im] Jahr 30, das erste Sedfest des Herrn der Beiden Länder User-Ma'at-Re, Setep-en-Re (Ramses II.), [beschenkt mit Leben ewiglich. Seine Majestät befahl], daß man das Sedfest im ganzen Lande verkünde durch den Königssohn und Sem-Priester, Chaemwese, gerechtfertigt.«[10] Das Fest als freudiges Ereignis zu bezeichnen ist wohl untertrieben. So heißt es in Chaemweses Text weiter: »Der Vater Amun hat für dich deine Vollkommenheit in seinem Herzen geschaffen; die Herzen jedes Gottes und jeder Göttin sind zufrieden mit deiner Vollkommenheit, sie verbringen den ganzen Tag damit, von deiner Vollkommenheit zu reden, ihre Herzen sind zufrieden mit deiner Vollkommenheit.«[11]

Falls Chaemwese zu Lebzeiten seines Vaters Kronprinz war, kann er dies nur für ganz kurze Zeit gewesen sein. Von einem Rechnungstext über Schiffsladungen aus dem Hafen von Memphis wissen wir, daß einer von Chaemweses älteren Brüdern, Ramses junior, im zweiundfünfzigsten Jahr von Ramses II. immer noch Kronprinz war. Wir sind fast sicher, daß sein jüngerer Bruder Merenptah im fünfundfünfzigsten Jahr Kronprinz war. Chaemwese muß gegen Ende des vierundfünfzigsten oder Anfang des fünfundfünfzigsten Jahres gestorben sein, und das bedeutet, daß er höchstens drei Jahre lang Kronprinz gewesen sein kann und es vielleicht nur ein Jahr lang war.

Bislang haben wir keinen Hinweis auf Chaemwese in KV 5 gefunden, und ich bezweifle, daß wir je einen solchen Hinweis entdekken werden. Man geht davon aus, daß er im Norden Ägyptens bestattet wurde, und früher nahmen viele Wissenschaftler an, seine letzte Ruhestätte sei im Serapeum gewesen. Sie stützten ihre Annahme darauf, daß der französische Archäologe Auguste Mariette, der 1851 das Serapeum entdeckte, in einer der Seitennischen den mumifizierten Leichnam eines Mannes mittleren Alters mit einer Goldmaske gefunden hatte. Am Fundort stieß er auch auf Halsbänder aus Halbedelsteinen und Amulette. Doch Mariette machte diesen Fund erst, nachdem er sich einen Weg durch den Fels über einer der Gruften freigesprengt hatte. Die Mumie und ihre Beigaben können also durch die Druckwelle der Explosion aus einem benachbarten Grab in die Nische verlagert worden sein. Es gab keinen Fund und keinen Text, der den Schluß zuließ, daß es sich hier um Chaemweses Leichnam handelte. Später vermutete Mariette dann Chaemweses Grab eher in Gisa. Einige Ägyptologen behaupten, er sei im Bezirk des Ptah-Tempels in Memphis begraben; andere meinen, er sei zunächst im Norden von Saqqara bestattet und dann sechs Jahrhunderte nach seinem Tod in das Serapeum umgebettet worden.

Zwischen 1991 und 1993 hat eine Expedition japanischer Ägyptologen von der Waseda-Universität bei Ausgrabungen im Norden von Saqqara einen Kilometer nördlich vom Serapeum die Überreste eines Gebäudes aus Kalkstein freigelegt. An der Ostseite des Bauwerks fanden sie einen 6 Meter breiten und 25 Meter langen Portikus, dessen Decke ursprünglich von mindestens zehn Säulen mit Lotuskapitellen getragen wurde. Im Innern stießen die Ausgräber auf mehrere kleine Räume. Im gesamten Gebäude waren Kalksteinblöcke verstreut, in die der Name und die Gestalt von Chaemwese eingraviert waren. Über 2500 Fundstücke wurden hier entdeckt, die alle aus dem Neuen Reich oder aus einer späteren Zeit stammen. Der Stil des Gebäudes verweist demgegenüber auf Vorbilder aus dem Alten Reich. Die Projektleiter Izumi Takamiya und Sakuji Yoshimura glauben, daß dieses Bauwerk von Chaemwese in Auftrag gegeben wurde. Sie vermuten, daß der Grundriß bewußt archaisierend angelegt wurde, daß Chaemwese hier auf einen vermeintlich reineren (weil alten) Stil zurückgegriffen hatte. Es wird angenommen, daß das Bauwerk nach Chaemweses Tod abgerissen, später aber wiederaufgebaut wurde. Heute fragen sich die Ägyptologen, ob dieses sonderbare Gebäude ein Heiligtum war und ob ein Zusammenhang mit der Grabstätte von Chaemwese besteht.

Amun-her-chepeschef

Wir wissen einiges über das Leben von Chaemwese und Merenptah (siehe 9. Kapitel); aus den Prozessionslisten geht jedoch hervor, daß Ramses II. vielleicht noch fünfzig weitere Söhne und mindestens achtunddreißig Töchter hatte. Bevor unser Team 1995 entdeckte, daß in KV 5 die Wände von über hundert Räumen einmal dekoriert gewesen waren, wußten wir kaum etwas über diese Kinder. Nun können wir damit rechnen, eines Tages vielleicht mehr über die Söhne von Ramses II. zu erfahren. Einer der interessantesten und bedeutendsten ist der Erstgeborene, Amun-her-chepeschef.

Seine Biographie könnte eine der faszinierendsten der Geschichte sein – wenn es nur über sein Leben mehr Informationen gäbe. Falls die Bibel recht hat, und eine Reihe von Plagen tatsächlich zu einem Auszug der Juden aus Ägypten führte, und falls dieser Exodus während der Herrschaft von Ramses II. stattfand, dann könnte Amun-her-chepeschef von der zehnten Plage, mit der Gott Ägypten heimsuchte, getötet worden sein. Amun-her-chepeschef wurde in KV 5 bestattet, und eines Tages werden medizinische Untersuchungen vielleicht beweisen, daß eine der Mumien, die wir dort gefunden haben, die seine ist.

Amun-her-chepeschef war ein Sohn von Ramses II. und Nefertari. Während der Mitregentschaft seines Vaters wurde der kleine Prinz Amun-her-wenemef genannt – »Amun ist an seiner rechten Seite«. Bei der Krönung seines Vaters wurde dann sein Name in Amun-her-chepeschef geändert – »Amun ist bei seinem starken Arm«. Auch andere Söhne von Ramses II. bekamen zu verschiedenen Zeiten in ihrem Leben einen neuen Namen; wir kennen allerdings nicht die Gründe für diese Namensänderungen. Vielleicht hat Amun-her-wenemef auch noch andere Namen gehabt. Manche Ägyptologen glauben, daß er mit Seth-her-chepeschef identisch ist, den man früher für einen weiteren Sohn von Ramses II. gehalten hat. Es war nicht ungewöhnlich, daß ein Angehöriger des ägyptischen Königshauses mehrere Namen hatte; je nachdem, in welcher Region des Landes er residierte, wurde der Verweis auf einen Gott im Namen geändert. Wenn sich der junge Mann beispielsweise in Theben aufhielt, dem Zentrum des Amun-Kultes, wurde er Amun-her-chepeschef genannt; wenn er sich nach Piramesse begab, wo Seth als Hauptgott verehrt wurde, kann er durchaus Seth-her-chepeschef geheißen haben.

Amun-her-chepeschef hatte mehrere Titel: »Wedelträger zur Rechten des Königs, Erbe und Kronprinz, Königlicher Schreiber, General, ältester und leiblicher Königssohn, erster Königssohn, Befehlshaber der Truppen, wirklicher Vertrauter, den er liebt«. Falls Amun-her-chepeschef und Seth-her-chepeschef ein und dieselbe Person waren, dann können wir einer Stele, die in Qantir im östlichen Nildelta gefunden wurde, noch weitere Titel entnehmen: »Oberster Hüter der Geheimnisse des Königshauses, Oberhaupt des ganzen Landes, Sem-Priester des guten Gottes, Regent und Richter der beiden Länder, Leiter aller Länder der Ägäis«[12].

Amun-her-chepeschef hat viele Titel mit den drei anderen Söhnen gemeinsam, die in KV 5 bestattet worden sind. Alle werden »Prinzregent« und »Graf« genannt, alle bis auf Sethi auch »Wedelträger zur Rechten des Königs«. Den Titel »Königlicher Schreiber« tragen alle bis auf Meri-Atum und den Titel »Von Ihm geliebt« alle bis auf Ramses junior. Den Titel »Erster Seiner Majestät« trägt nur Meri-Atum. Mehrere Titel wie »Wirklicher Vertrauter« und »Befehlshaber der Truppen« führt jedoch nur Amun-her-chepeschef.

Letzterer ist von besonderem Interesse, da er darauf hinweist, daß Amun-her-chepeschef unter allen Söhnen von Ramses II. eine herausragende militärische Position bekleidete. Mehr noch, die einzigen Hinweise auf Amun-her-chepeschefs Aktivitäten sind Belege für seine Teilnahme an Schlachten in Nubien und in Vorderasien zu Beginn der Herrschaft seines Vaters. Diese Schlachten sind auf Tempelwänden dargestellt. Manche Ägyptologen meinen, der kleine Prinz könne zu der Zeit, als die Schlachten ausgetragen wurden, allenfalls sieben oder acht Jahre alt gewesen sein; diese Szenen seien demzufolge Fiktionen, die Amun-her-chepeschef den Ruf als Beschützer Ägyptens verleihen sollten. Andere Kollegen vermuten, daß Amun-her-chepeschef damals bereits ein Jüngling war, der durchaus eine militärische Rolle gespielt haben könnte.

Mit maßloser Übertreibung ließ sich Ramses II. wegen seiner Feldzüge in Vorderasien rühmen. Mehr als alle anderen Pharaonen ließ er die von ihm in Auftrag gegebenen Tempel mit Schlachtszenen dekorieren. Diese Prahlereien sind merkwürdig: Viele Kriegszüge, auf die er besonders stolz war, waren in taktischer Hinsicht eher ungeschickte, ja verheerende militärische Aktionen. Seine Berichte werden in Fachkreisen überwiegend als vor Eitelkeit strotzende Wichtigtuerei eingestuft. Der verstorbene amerikanische Ägyptologe John A. Wilson bezeichnete die militärischen Szenen in den Tempeln von Ramses II. als reine Propaganda. In seinen Berichten über die Schlacht von Qadesch, meint Wilson, hätte Ramses II. mit seinen Erklärungen denn doch zu sehr übertrieben. Seiner Ansicht nach war Ramses II. in strategischer Hinsicht ein äußerst unfähiger General.

Die Schlacht, die er im fünften Jahr seiner Herrschaft im Norden des heutigen Libanon austrug, war seine bedeutendste Schlacht, und ganz sicher war er auf sie besonders stolz. Amun-her-chepeschef nahm an diesem Kriegszug teil. Die Schlacht von Qadesch gilt heute als eine der berühmtesten militärischen Auseinandersetzungen der Antike; das liegt zum Teil daran, daß sie die erste Schlacht in der Geschichte ist, über die wir detaillierte Aufzeichnungen besitzen. Ramses II. hielt ihren Verlauf in riesigen Szenen fest, die sich über Hunderte von Quadratmetern auf den Wänden im Amun-Tempel von Karnak, im Tempel von Luxor, im Ramesseum, im Tempel von Abydos und in Abu Simbel erstrecken. Die Kontrolle über die Stadt Qadesch war aufgrund ihrer wichtigen Lage von entscheidender Bedeutung, wenn Ägypten Zugang zu den asiatischen Handelsrouten haben und ausländische Heere daran hindern wollte, das eigene Herrschaftsgebiet und die unterworfenen Territorien in Vorderasien anzugreifen.

Schon Sethos I. wollte »das Land von Qadesch und das Land von Amurru« vernichten. Er brachte Qadesch aber nur kurzfristig unter ägyptische Kontrolle (später trat er die Stadt den Hethitern wieder ab), und Ramses II. plante anscheinend seit Beginn seiner Herrschaft ihre Rückeroberung. Der Wunsch nach Vergrößerung des ägyptischen Reiches durch weitere Eroberungen, der in Ramses seit seiner Jugend genährt worden war, sowie die Aussicht auf Beute, Tribut und Gefangene, die sich bei großen Bauvorhaben einsetzen ließen, spornten ihn dazu an, die Auseinandersetzung zu suchen. Im fünften Jahr seiner Herrschaft ließ er sein Heer in Piramesse aufmarschieren. Die Stadt wurde der Sammelplatz für einen Feldzug, mit dem Qadesch zurückerobert und schließlich auch das hethitische Territorium unter Kontrolle gebracht werden sollte.

Das ägyptische Heer bestand aus vier Divisionen, die eine Stärke von jeweils etwa sechstausend Mann hatten und nach einer Hauptgottheit benannt waren. Da gab es die Amun-Division, die vorwiegend in Theben aufgestellt war, die Pa-Re-Division aus Heliopolis, die Seth-Division aus dem östlichen Delta und die Ptah-Division aus Memphis. Jede Division umfaßte eine viertausend Mann starke, in zwanzig Kompanien eingeteilte Infanterie und tausend Streitwagen. Die Streitwagen waren leicht, schnell und äußerst wendig. Jeder war mit einem Wagenlenker und einem Bogenschützen bemannt, der mit seinem Kompositbogen Feinde aus über 100 Metern Entfernung zu töten vermochte. Derartige Bogen hat Howard Carter im Grab von Tutanchamun gefunden, und ihre Reichweite wurde bereits mit Hilfe von Nachbildungen getestet. Die Infanterie war mit Streitäxten, Schwertern und Dolchen bewaffnet.

Man kann sich die Aufregung vorstellen, die in Piramesse herrschte, als die Soldaten exerzierten, der Nachschub organisiert wurde und Taktiken besprochen wurden. Zweifellos hatte Ramses II. bei jeder Planungsphase eine aktive Rolle gespielt. Und dann stand er, begleitet von Amun-her-chepeschef und Chaemwese, im April 1274 v. Chr. in seinem Streitwagen an der Spitze des Heeres und gab den Befehl, gen Osten zu ziehen. Die Logistik verhinderte, daß das gesamte Heer auf einmal aufbrach. Wahrscheinlich zog jede Division getrennt los, vielleicht in Abständen von zwei oder drei Tagen. Der Nachschub wurde auf langsam vorankommenden Ochsenkarren befördert; das Essen und das Futter für die Pferde mußten in den Dörfern, durch die die Divisionen gelangten, requiriert werden.

Da das ägyptische Heer etwa 20 Kilometer am Tag zurücklegte, durchquerte es im Laufe des nächsten Monats die nördliche Ebene der Halbinsel Sinai, Gaza und Kanaan. Ende Mai stand es in der Nähe von Qadesch. Ramses und seine Söhne zogen mit der Amun-Division, die ihr Lager einen Tagesmarsch südlich der Stadt aufschlug. Die anderen Divisionen lagerten weiter südlich, jeweils im Abstand von etwa 10 Kilometern. Im Laufe der nächsten Tage wollten sie vorrücken und sich mit der Amun-Division vereinen, bevor die Schlacht begann.

Aber wo stand der Feind? Das von König Muwatallis geführte Heer der Hethiter marschierte mit Sicherheit nach Qadesch – niemand zweifelte daran, daß die Schlacht dort ausgetragen würde –, aber wann und aus welcher Richtung es dort eintreffen würde, war unklar. Während sich Ramses mit seinen Generälen über die Lage beriet, erspähten ägyptische Wachen zwei Beduinen, die um das Feldlager herumschlichen. Sie wurden ergriffen und vor den Pharao gebracht. Während des Verhörs behaupteten sie, Muwatallis und sein Heer befänden sich noch weit entfernt im Norden und könnten erst in mehreren Tagen in Qadesch eintreffen:

> »Darauf sagte Seine Majestät zu ihnen: ›Wo sind sie – Eure Brüder, [die] Euch kommen [ließen], um diesen Sachverhalt Seiner Majestät mitzuteilen?‹
> Darauf sagten sie zu Seiner Majestät: ›Sie sind dort, wo der elende Fürst von Hatti [Muwatallis] ist. Denn der Feind von Hatti ist in dem Land von Haleb im Norden von Tunip.

318

Er fürchtet sich zu sehr vor Pharao LHG (Leben, Heil
und Gesundheit) als nach
Süden zu kommen, seit er gehört hat, daß Pharao
LHG nach Norden gekommen ist.‹
Diese beiden Schasu sprachen diese Worte, die sie
sagten zu Seiner Majestät in Unwahrheit,
denn es war der Feind von Hatti, der sie kommen
ließ, um zu erkunden, wo Seine Majestät sich
befand ...«[13]

Die beiden Beduinen waren also von den Hethitern ins ägyptische
Lager geschickt worden, um Ramses irrezuführen, und erstaunli-
cherweise schenkten Ramses und seine Offiziere der Geschichte
Glauben. Sie ließen sogar die beiden Beduinen frei, und diese liefen zu Muwatallis zurück und berichteten ihm, wo sich der Pharao befand und wohin er zu ziehen gedachte.
Da Ramses überzeugt war, das hethitische Heer sei noch mehrere Tagesmärsche weit entfernt, ließ er das Amun-Korps weiter nach
Qadesch ziehen. Hier schlugen die Ägypter erneut ihr Lager auf
und stellten einen Schrein für Amun sowie ein großes Zelt mit
einem Thron aus Elektrum für den Pharao in der Mitte auf. Mit
Sicherheit erwartete niemand, daß eine Schlacht unmittelbar bevor-
stand. Aber am nächsten Tag griffen ägyptische Wachen zwei andere Männer auf und brachten sie zum Zelt des Pharao:

»Darauf sagte Seine Majestät zu ihnen: ›Wer seid Ihr?‹
Gesagt wurde von ihnen: ›Wir gehören zum Fürsten
von Hatti. Er ist es, der uns kommen ließ, um zu
erkunden, wo sich Seine Majestät befindet.‹
Darauf sagte Seine Majestät zu ihnen: ›Wo ist er denn,
der Feind von Hatti?
Seht doch – ich vernahm, daß
er sich im Land Haleb nördlich von Tunip befinde.‹
Gesagt wurde von ihnen zu Seiner Majestät:
›Sieh, der elende Fürst von Hatti ist gekommen
mit vielen Fremdländern, die bei ihm sind,

die er mitgebracht hat als Bundesgenossen (...)
Sie sind ausgestattet mit ihrer Infanterie und ihrer
Streitwagentruppe, und sie sind zahlreicher als die
Sandkörner des Ufers. Sieh – sie stehen ausgerüstet
und bereit zum Kampf hinter Qadeš, dem Alten!‹« [14]

Auch unter der Folter gestanden die Männer, daß sich Muwatallis und sein Heer tatsächlich gleich auf der anderen Seite von
Qadesch befanden, also nur ein paar Kilometer entfernt. Ramses
war völlig überrascht. Den Äyptern war klar, daß ihre Position
äußerst gefährlich, ja katastrophal war. Daher wies der König seinen Wesir an, Eilboten zu den Divisionen des Seth, Ptah und Pa-
Re zu schicken und sie augenblicklich vorrücken zu lassen. Die
Pa-Re-Division erschien im Laufe des nächsten Vormittags. Vom
Marsch ermüdet, desorganisiert und über mehrere Kilometer verteilt, geriet sie sofort in eine Schlacht, auf die die Soldaten nicht
vorbereitet waren.

Noch bevor die gesamte ägyptische Infanterie und die Streitwagentruppe eingetroffen waren, brach das Heer der Hethiter aus
den Wäldern um Qadesch hervor. Unter lautem Geschrei und riesige Staubwolken aufwirbelnd, donnerten die großen Streitwagen
und die schweißnassen Pferde über die Ebene direkt in die Pa-Re-
Infanterie hinein. Die Hethiter erschlugen und erstachen die Ägypter mit Lanzen und Schwertern, zermalmten die Gefallenen unter
den Rädern und verwandelten die braune Landschaft in einen blu-
tigen Teppich, der von toten und sterbenden Soldaten übersät
war. Die Hethiter schlugen eine Bresche durch die Pa-Re-Division und setzten ihren tödlichen Vormarsch in Richtung auf das
Feldlager der Amun-Division fort.

Im Lager der Ägypter erfuhr man von der Katastrophe, als ein paar
entkommene Pa-Re-Streitwagen heranrasten, unmittelbar gefolgt
von den Hethitern. Die ägyptischen Soldaten, die auf den Angriff
überhaupt nicht vorbereitet waren, rannten durch das Lager, griffen zu irgendwelchen Waffen, die sie gerade finden konnten, und
wehrten sich verzweifelt gegen den Feind – nahezu blind wegen
der dichten Staubwolken, betäubt von den Schreien der Sterben-

den und dem Donnern der Pferdehufe und Streitwagen. Hofbe-
amte umschwärmten den Pharao und seine Söhne und brachten
sie hastig am anderen Ende des Lagers in Sicherheit. Ramses selbst
gab den Streitwagen den Befehl zum Gegenangriff. Sobald Amun-
her-chepeschef und Chaemwese in Sicherheit waren, bestieg der
Pharao den königlichen Streitwagen und führte seine Bogenschützen in die Schlacht. Die ägyptischen Streitwagen waren leichter
und wendiger als die hethitischen Fahrzeuge; sie schlugen die
Angreifer schließlich in die Flucht.

In einer der Hauptdarstellungen der Schlacht heißt es, Ramses
habe im Alleingang die sichere Niederlage der Ägypter abgewen-
det und einen glorreichen Sieg errungen:

>»Da erschien Seine Majestät auch schon wie [sein]
Vater Month.
Er empfing den Schmuck des Kampfes – und zwar
rüstete er sich mit seinem Panzer.
Er war wie Baal in seiner Stunde.
Das große Gespann unter Seiner Majestät war
>Sieg in Theben‹ aus dem großen Stall
des (Wašmu'ari'a Šatepnari'a) geliebt von Amun
Da preschte Seine Majestät eiligst voran.
Da eilte er auch schon hinein in die Mitte der Schar
der Feinde von Hatti,
wobei er ganz allein war, niemand bei ihm.
Seine Majestät stürmte voran
und zwar, um sich umzublicken.
Er stellte fest, daß ihn 2500 Gespanne
auf seiner äußeren Seite umgaben,
mit allen Läufern der Feinde von Hatti
und den vielen Fremdländern, die bei ihm waren
(...)
während kein Anführer bei ihm war, kein Wagenlenker,
kein Soldat der Infanterie und kein Schildträger.
Meine Infanterie und meine Streitwagentruppe
befand sich auf der Flucht vor ihnen,

ohne daß einer von ihnen standhielt, um mit ihnen zu kämpfen.«[15]

Während er tapfer und auf sich allein gestellt gegen den Feind gekämpft habe – behauptet Ramses! –, habe er gleichzeitig Amun um Beistand angefleht:

»Zu Dir rufe ich doch, mein Vater Amun,
während ich inmitten der Menge bin, die ich nicht kenne.
Alle Fremdländer – sie sind vereint gegen mich,
während ich ganz allein bin und niemand bei mir ist
und mich meine vielköpfige Armee verlassen hat.
Nicht schaute einer aus meiner Streitwagentruppe nach mir,
selbst als ich nach ihnen rief.
Nicht hörte mich einer von ihnen, obwohl ich doch rief.
Ich habe erkannt, daß Amun für mich nützlicher ist
als Millionen von Infanteristen,
als Hunderttausende von Gespannen,
als Zehntausende von Brüdern und Jünglingen,
auch wenn sie einträchtig zusammenstehen.
(...)
Ich stellte fest, daß Amun gekommen war, als ich nach ihm rief.
Er gab mir seine Hand und ich jubelte.
Er rief hinter mir und zwar wie von Angesicht zu Angesicht
›Vorwärts – ich bin bei Dir!
Ich bin Dein Vater – meine Hand ist bei Dir!
Ich bin nützlicher als Hunderttausende von Männern.
Ich bin der Herr des Sieges, der die Tapferkeit liebt.‹« [16]

Das ist sicher maßlos übertrieben. Die meisten Historiker bezweifeln, daß jemals 2500 Streitwagen gegen Ramses angetreten waren.

Bestimmt war er zu keiner Zeit von seinen Soldaten auf dem Schlachtfeld allein gelassen worden, und die Mehrheit seiner Infanterie hatte ihn nicht verlassen, sondern es einfach nicht geschafft, rechtzeitig einzutreffen, um in diese unerwartete Schlacht zu ziehen.

Als Muwatallis' Truppen erneut den Orontes überquerten, war die Schlacht vorbei; die Gegner zogen sich zurück, um die Verletzten zu versorgen und über die Auswirkungen eines Kampfes nachzudenken, dessen siegreiches Ende keiner von beiden für sich reklamieren konnte. Letztlich hatte es Ägypten nicht vermocht, Qadesch zurückzuerobern, und Ramses mußte seine Expansionspläne in Vorderasien überdenken.

Im Laufe des nächsten Jahrzehnts unternahm er dort mehrere weitere Feldzüge. Im achten Regierungsjahr eroberte er Teile von Syrien zurück. Im zehnten Jahr gelang es ihm für kurze Zeit, Qadesch einzunehmen, doch sobald die ägyptischen Truppen wieder abgezogen waren, gewannen die Hethiter fast augenblicklich die Kontrolle über die Stadt zurück. Im einundzwanzigsten Regierungsjahr Ramses' II. unterzeichneten der Pharao und Muwatallis' Nachfolger Hattusilis III. schließlich einen Vertrag, weil diese Feldzüge keine Entscheidung brachten und so kostspielig waren. Abschriften des Dokuments in Keilschrift hat man auf Tontafeln in der Hauptstadt der Hethiter gefunden. Die ägyptische Fassung, die auf einer Silbertafel abgefaßt worden sein soll, ist uns von zwei Stelen bekannt; eine wurde in Karnak aufgestellt, die andere im Ramesseum. Der Vertrag erinnert an die Schlacht von Qadesch und legt die Bedingungen für einen dauerhaften Frieden fest: »Der Große Fürst von Hatti soll niemals gegen das Land Ägypten vorgehen, um ihm irgend etwas wegzunehmen. Und User-Ma'at-Re, Setep-en-Re, der Große Herrscher von Ägypten, soll niemals gegen das Land [Hatti vorgehen, um ihm irgend etwas wegzunehmen].«[17] Zusatzklauseln befaßten sich mit der Auslieferung von Verbrechern und dem Abschluß eines gegenseitigen Verteidigungspakts für den Fall, daß Ägypten oder Hatti von einer dritten Macht angegriffen werden sollten. Der Vertrag wurde sodann beglaubigt von »Tausend männlichen und weiblichen Gottheiten, die dem Land Ägypten angehören«,[18] sowie von hethitischen Gottheiten. Die lange Liste derer, die die Unterzeichnung bestätigten, umfaßt »die männlichen und die weiblichen Götter, die Berge und die Flüsse des Landes Ägypten, der Himmel, die Erde, das große Meer, die Winde und die Wolken«[19].

Der Exodus

Als 1995 die Nachricht Schlagzeilen machte, KV 5 sei möglicherweise die Grabstätte des erstgeborenen Sohnes von Ramses II., befaßten sich die meisten Journalisten sofort mit der Frage, ob Amun-her-chepeschef mit dem erstgeborenen Sohn des in der Bibel erwähnten Pharaos identisch sei. Der fragliche Text steht im 2. Buch Mose (11. Kapitel):

> »Da sprach der Herr zu Mose: Noch eine Plage
> schicke ich dem Pharao und seinem Land. Danach
> wird er euch von hier wegziehen lassen. Und wenn
> er euch endlich ziehen läßt, wird er euch sogar
> fortjagen. Laß unter dem Volk ausrufen, jeder Mann
> und jede Frau soll sich von dem Nachbarn Geräte
> aus Silber und Gold erbitten.
> (...)
> Mose sagte: So spricht Jahwe: Um Mitternacht will
> ich mitten durch Ägypten gehen. Dann wird jeder
> Erstgeborene in Ägypten sterben, vom Erstgeborenen
> des Pharao, der auf dem Thron sitzt, bis zum
> Erstgeborenen der Magd an der Handmühle und
> bis zu den Erstlingen unter dem Vieh. Geschrei wird
> sich in ganz Ägypten erheben, so groß, wie es keines
> je gegeben hat oder geben wird. Doch gegen keinen
> der Israeliten wird auch nur ein Hund die Zähne
> fletschen, weder gegen Mensch noch Vieh; denn
> ihr sollt wissen, daß Jahwe zwischen Ägypten und
> Israel einen Unterschied macht.

(...)
Mose und Aaron vollbrachten alle diese Wunder vor
den Augen des Pharao, aber der Herr verhärtete das
Herz des Pharao, so daß er die Israeliten nicht aus
seinem Land ziehen ließ.«

Gott verschonte also die erstgeborenen Söhne der Israeliten. Der
Pharao gab – wie die Bibel weiter berichtet – nach und gestattete
Moses, die Hebräer aus Ägypten hinauszuführen, in die große
und schreckliche Wildnis des Sinai. Diese Geschichte ist eine der
Grundlagen der jüdischen Tradition geworden. Aber war Ramses II. der hier erwähnte Pharao und folglich Amun-her-chepeschef dessen erstgeborener Sohn? Und hat der Exodus wirklich
stattgefunden?

Falls Amun-her-chepeschef, Amun-her-wenemef und Seth-her-chepeschef tatsächlich ein und dieselbe Person waren, dann ist die
von Farouk Gomaà rekonstruierte Chronologie der Königsfamilie wahrscheinlich korrekt. Gomaà glaubt nämlich, daß Amun-her-chepeschef bis zu seinem Tod im vierzigsten Regierungsjahr der
legitime Erbe seines Vaters war; dann übernahm sein Halbbruder
Ramses junior diese Funktion. Das heißt, Amun-her-chepeschef
ist mindestens fünfzig Jahre alt geworden.

Amun-her-chepeschef wurde wahrscheinlich kurz nach der Hochzeit von Ramses II. und Nefertari geboren. Vermutlich war er tatsächlich der erstgeborene Sohn des Königspaares und nicht bloß
der erste Sohn, der das Säuglingsalter überlebte. Falls vor ihm
bereits ein Sohn zur Welt gekommen war, müßte er extrem früh
gestorben sein, vielleicht unmittelbar bei der Geburt, denn sonst
wäre sein Name in der Prozessionsliste verzeichnet. Dies wäre auch
der Fall, wenn eine der anderen Hauptfrauen von Ramses II. vor
der Geburt von Amun-her-chepeschef einen Sohn zur Welt gebracht
hätte. Amun-her-chepeschef hat also nur einen älteren Bruder
gehabt, wenn Ramses vor seiner Geburt Vater eines Sohnes von
einer Nebenfrau oder einer Konkubine geworden ist. Ein solches
Kind wäre als Thronerbe nicht in Frage gekommen und in keiner
Liste des königlichen Nachwuchses namentlich erwähnt worden;

gerade aus diesem Grund ist es nicht ausgeschlossen, daß es ein solches Kind gegeben hat. Amun-her-chepeschef war der erstgeborene Sohn von Ramses II. und einer Hauptfrau, aber wir können nicht sicher sein, daß er »der erstgeborene Sohn des Pharao« war.

Es läßt sich auch schwer feststellen, ob Ramses II. der Pharao im 2. Buch Mose war oder ob zu jener Zeit ein anderer König regierte. Die Bibel erwähnt keine ägyptischen Herrschernamen, sie beschränkt sich auf die Nennung des Titels »Pharao«. Das Datum des Exodus zu bestimmen ist nahezu unmöglich: Ein Vergleich zwischen zweifelsfrei datierten Ereignissen in Ägypten und historischen Fixpunkten in anderen vorderasiatischen Kulturen ist bekanntermaßen unzuverlässig. Einige Historiker und Theologen haben behauptet, Merenptah, der dreizehnte Sohn und Nachfolger Ramses' II., sei wohl eher der in der Bibel mit dem Exodus in Verbindung gebrachte Pharao gewesen, und vor kurzem haben manche Kollegen die These aufgestellt, es sei vielmehr Königin Hatschepsut gewesen. Sie verlegen nämlich den Zeitpunkt des Exodus um über eineinhalb Jahrhunderte zurück, weil nach ihrer Auffassung der Vulkanausbruch von Thera (die heutige Mittelmeerinsel Santorin) die Teilung des Schilfmeeres (oder des Roten Meeres, wie dieses Meer in einigen Übersetzungen des 2. Buch Mose wohl fälschlicherweise heißt) erklären könnte. Keine dieser Theorien läßt sich jedoch beweisen.

Ein großes Problem besteht darin, daß es in keiner anderen Quelle außer der Bibel und dem Koran einen Hinweis auf den Exodus gibt. Das Fehlen solcher Hinweise in ägyptischen Texten ist verständlich: Warum sollten die Ägypter für die Nachwelt ein so schreckliches und demütigendes Ereignis festhalten? Es wäre doch entschieden besser gewesen, die Geschichte der ägyptischen Plagen und des Exodus aus dem kollektiven Gedächtnis des Landes zu tilgen. In der Altertumsforschung tendiert man heute überwiegend dazu, den Exodus wie die Geschichte von Camelot zu behandeln – als eine Legende, eine mythische Zusammenfassung mehrerer Ereignisse im alten Ägypten. Es gibt gewiß gute Gründe, sich dieser Ansicht anzuschließen. Hier ist zunächst – darauf hat

326

der amerikanische Theologe William Dever bereits aufmerksam gemacht – das Fehlen jedes Hinweises auf den Exodus in ägyptischen Quellen anzuführen:

»Bekanntlich gibt es kein Zeugnis dafür, daß die ›Proto-Israeliten‹ jemals in Ägypten gewesen wären. Der einzige uns vorliegende Text, die berühmte Siegesstele von Merenptah, die um 1207 v. Chr. datiert wird, erwähnt ein Volk ›Israel‹; doch war es nicht in Ägypten, sondern in Kanaan ansässig, und offenkundig vermag der Text sonst nichts über dieses Volk mitzuteilen. Das wäre unverständlich, wenn diese neu angesiedelten ›Israeliten‹ in Kanaan ehemalige hebräische Sklaven gewesen wären, die erst vor kurzem dem Pharao und seinen Soldaten im östlichen Delta entflohen wären.«[20]

Der Historiker James Weinstein von der Cornell University führt dazu aus: »Es gibt keinen archäologischen Beweis für einen Exodus, wie er in der Bibel geschildert wird – zu keiner Zeit während des 2. Jahrtausends v. Chr. Vielleicht waren Semiten im späten 13. oder 12. Jahrhundert v. Chr. aus Ägypten ausgewandert. Wenn es jedoch ein derartigen Ereignis wirklich gegeben hat, dann war die Zahl der daran beteiligten Menschen so klein, daß sich davon wohl keine Spur mehr finden läßt...«[21] Ganz in diesem Sinne geht auch der Wissenschaftler Israel Finkelstein davon aus, daß es im 12. Jahrhundert v. Chr. wohl nur etwa zwanzigtausend Israeliten gegeben hat und sicher nicht einige Millionen, wie es einige Verfechter der biblischen Version des Exodus behaupten.

Etliche Ägyptologen weisen darauf hin, daß die biblische Darstellung des Exodus ein Ägypten beschreibt, das eher der Spätzeit entspricht. Die Geschichte des Auszugs der Kinder Israel sei von den Autoren ohne präzise Kenntnisse im Ägypten des 6. und 7. Jahrhunderts v. Chr. angesiedelt worden, in ein Ägypten, das sie anscheinend nie besucht hatten und dessen geographische Bezeichnungen und kulturelle Besonderheiten sie nur aus zweiter Hand kannten.

Der bedeutende kanadische Ägyptologe Donald Redford erläutert, woher diese Legende stammen könnte: »Der Exodus gehörte zu einer Sammlung von ›Ursprungsgeschichten‹, die die Hebräer bei der Besiedlung des Landes von der zuvor dort herrschenden Kultur, an der sie sich orientierten, übernahmen.«[22] Redford bezieht sich hier auf mehrere ägyptische und vorderasiatische Berichte über den Einfall der Hyksos in Ägypten nach 1640 v. Chr. und die spätere Vertreibung dieses vorderasiatischen Hirtenvolks um 1530 v. Chr. Auf diesem gut belegten historischen Ereignis basiert ihm zufolge die Geschichte des Exodus. Der an der Universität Heidelberg lehrende Ägyptologe Jan Assmann, Autor der herausragenden Werkes *Moses der Ägypter*, schließt sich dieser Auffassung an; ihm zufolge beruht die Geschichte des Exodus auf jüngeren, sowohl in Ägypten als auch in anderen Regionen kursierenden Meinungsäußerungen über die Herrschaft Echnatons und die sogenannte Amarna-Häresie.

»Ägyptens Rolle in der Exodus-Geschichte ist nicht historisch, sondern mythisch: sie gehört bestimmend zum Selbstbild derer, die diese Geschichte erzählen.«[23]

So spannend dies auch sein könnte – die Suche nach Beweisen für den Exodus und dafür, daß er zur Zeit der Herrschaft von Ramses II. stattgefunden hat, und schließlich dafür, daß Amun-her-chepeschef sein erstgeborener Sohn war, der vor diesem Ereignis umkam, endet in einer Sackgasse: Es ist sinnlos, herausfinden zu wollen, ob Amun-her-chepeschef des Pharaos erstgeborener Sohn war, der durch die furchtbare zehnte Plage Gottes getötet wurde, weil keine andere Quelle die biblische Geschichte von den zehn Plagen und dem anschließenden Exodus belegt. Und falls der Exodus tatsächlich stattgefunden haben sollte, gibt es immer noch keinen Beweis dafür, daß Ramses II. zu jener Zeit Pharao war. Und falls Ramses II. tatsächlich jener Pharao war, dann läßt dies nicht den Schluß zu, daß Amun-her-chepeschef sein erstgeborener Sohn war. Und wenn Amun-her-chepeschef wirklich der erstgeborene Sohn des Pharaos war, gibt es bislang noch keinen Beweis dafür, daß sich sein Leichnam unter den Mumien befindet, die in KV 5 im Schacht von Raum 2 gefunden wurden. Und wenn sich schließlich doch herausstellen sollte, daß einer dieser Leichname, die wir gefunden haben, der von Amun-her-chepeschef ist, kann man sich kaum vorstellen, wie sich beweisen ließe, daß sein Tod durch eine ungewöhnliche göttliche Strafaktion verursacht wurde und nicht natürlich eingetreten war.

Die Mumien der Söhne

Im Herbst 1997 und im Frühjahr 1998 legten wir den Schacht in Kammer 2 frei. Diese sehr aufwendige Arbeit zahlte sich bereits Ende der ersten Woche aus, als wir frühmorgens im Schutt Teile des Skeletts eines erwachsenen Mannes in etwa einem Meter Tiefe entdeckten. Wir fanden an den Knochen zwar keine Spuren von mumifiziertem Gewebe, aber die Knochen waren fleckig, und dies ist ein typisches Merkmal mumifizierter Überreste. Zudem befanden sich keine 10 Zentimeter davon entfernt Gewebereste und Partikel von Leinenbinden. Natürlich konnten wir nicht sagen, ob die Knochen die Überreste eines der Söhne von Ramses II. waren, aber unsere Arbeiter unterhielten sich den ganzen Vormittag darüber, wie aufregend es wäre, wenn dies zuträfe. Ich machte sie darauf aufmerksam, daß die Fundsituation im Schacht sehr verworren sei und daß die Knochen insofern auch von einer späteren Bestattung stammen oder sogar durch Muren in den Schacht hineingespült worden sein könnten. Sie ließen sich jedoch in ihrer Begeisterung nicht bremsen.

»Wißt ihr«, sagte ein Arbeiter, »ägyptische Mumien sind doch mit Gold vollgestopft. Selbst wenn wir jetzt nur Knochen finden, wird es auch Gold geben.«

»Ich werde ins Fernsehen kommen. Meine Mutter wird so stolz sein, wenn sie mich im Fernsehen sieht!«

Im weiteren Verlauf der Grabung legten wir das mumifizierte Vorderbein einer jungen Kuh frei, das direkt über weiteren Fragmenten von menschlichen Knochen lag. Rinderschenkel zählten zu den wertvollsten Grabbeigaben, und dieser gehörte sicher zu den Nahrungsopfergaben, die für einen der Söhne von Ramses II. bestimmt waren.

Einige Tage später legten wir am westlichen Ende des Schachts einen Schädel frei, und kurz darauf fanden wir noch einen. Am Ende des Tages gab es ermutigende Hinweise darauf, daß der Schacht auch ein vollständiges menschliches Skelett enthielt. Als wir zu unserem Lastwagen gingen, sprach ich mit Ahmed über unser Vorhaben am folgenden Tag. Die Freilegung der Skelette erforderte besondere Sorgfalt; ich hätte sie lieber Ahmed überlassen, betraute aber Sayed damit, denn Ahmed sollte die Arbeit in Gang 16 überwachen.

Das Freilegen der Skelette war äußerst schwierig: Die Knochen waren weich und zerfielen leicht. Sie waren in eine betonartige Masse aus Kalksteinplättchen und Schutt eingebettet. Wir mußten also äußerst behutsam vorgehen. Erst wurde der Schutt vorsichtig gelockert und dann von den Skeletten vorsichtig entfernt. Einige Knochen waren in einem derart schlechten Zustand, daß wir immer wieder eine dünne Klebstofflösung auftragen mußten, damit sie sich nicht auflösten. Das paßte uns überhaupt nicht ins Konzept, denn diese notwendige Konservierungsmaßnahme machte die Knochen für chemische oder biologische Tests unbrauchbar.

Auch unter den besten Bedingungen ist eine derart gründliche Arbeit mühsam. Aber Sayed und ich kauerten in einem engen, nur 20 Zentimeter breiten Spalt zwischen den Knochen und der Seitenwand des Schachts. Mit einer Hand mußten wir uns an der Wand abstützen, mit der anderen legten wir vorsichtig die Skelette frei. Es war schon schwierig, die Knochen in einer derartigen Haltung nur halbwegs zu reinigen, doch war dies unbedingt erforderlich, bevor sie fotografiert wurden. Jedes Knochenstückchen bereitete uns Probleme, und oft benötigte Sayed fünf bis zehn Minuten, um einen einzigen Quadratzentimeter des Skeletts freizulegen, zu reinigen und zu stabilisieren. Es war eine mühselige und anstrengende Arbeit. Alle fünf Minuten mußten wir eine Pause einlegen und unsere verkrampften Beine strecken; nach jeweils einer halben Stunde half uns einer der anderen Arbeiter aus dem Schacht heraus, damit wir herumhüpfen und unseren Kreislauf wieder in Gang bringen konnten.

Ich wollte die sorgfältig gesäuberten Skelette in situ lassen, damit Francis sie fotografieren konnte, bevor sie herausgeholt wurden und wir uns der nächsten Schicht mit Knochen und Fundobjekten zuwenden konnten. Der Schacht konnte sich als äußerst wichtiger Fundort erweisen; daher bat ich Francis, ein Stativ mit einer Kamera direkt über dem Schacht aufzustellen, so daß er im Laufe unserer Arbeit in regelmäßigen Abständen Fotos mit dem gleichen Bildausschnitt von den immer weiter freigelegten Knochen machen konnte. Auf diese Weise konnten wir die Freilegung des Schachts Schicht für Schicht dokumentieren.

Bevor ich ging, um die Inspektoren der Altertümerverwaltung anzurufen, ermahnte ich die Arbeiter noch einmal, die Knochen keinesfalls mit bloßen Händen zu berühren. Nur Sayed und ich durften uns in der Nähe der Knochen aufhalten, und stets trugen wir dabei Handschuhe und achteten darauf, sie nur mit Kelle und Pinsel zu berühren. Der Fund sollte auf keinen Fall verunreinigt werden. Schon bevor wir den Schacht gefunden hatten, hoffte ich, wir würden in KV 5 menschliches Gewebe finden, das wir DNA-Analysen und anderen Tests unterziehen konnten.

Mit Hilfe von DNA-Tests ließe sich beweisen, daß die vier Leichname Brüder oder Halbbrüder sein könnten. Aber wie zuverlässig sind solche Tests an Mumien? Die meisten Wissenschaftler bezweifeln noch immer, daß sich mit DNA-Tests präzise Ergebnisse erzielen lassen. Wir werden zwar die DNA der vier Schädel in KV 5 testen, aber ich bin mir nicht sicher, ob wir daraus eindeutige Schlußfolgerungen ziehen können.

Wir können allerdings noch einen anderen Test vornehmen. 1972 hatte ich mit James Harris, einem Kieferorthopäden von der University of Michigan, die Königsmumien im Ägyptischen Museum in Kairo einem Röntgentest unterzogen. Wir wollten den Gesundheitszustand der Pharaonen, ihr Sterbealter und physische Gemeinsamkeiten ermitteln. Wir machten Röntgenreihenaufnahmen von ihren Schädeln, zeichneten dann deren Umrisse im Computer nach und legten genau 177 anatomische Punkte fest. Aufgrund vergleichender Messungen zwischen diesen Punkten bei den einzelnen Schädeln konnte Jim Harris beispielsweise zwischen Schädel »A« und Schädel »D« mehr Ähnlichkeiten feststellen als zwischen Schädel »A« und Schädel »C«; auf diese Weise konnte er Ähnlichkeitsgrade innerhalb von bestimmten Mumiengruppen nachweisen. Diese statistischen Vergleiche bewiesen, daß einige der im Museum befindlichen Königsmumien seinerzeit von den Priestern falsch etikettiert worden waren, als sie die Leichname zum Schutz vor Räubern aus den ursprünglichen Gräbern entfernt hatten. So dürfte beispielsweise die als Sethos II. (20. Dynastie) bezeichnete Mumie eher die von Thutmosis II. (18. Dynastie) sein, weil sowohl der Schädel als auch das Gesicht mehr Ähnlichkeiten mit den Thutmosiden aufweist als mit Pharaonen späterer Zeiten. Diese Neuzuschreibung stützt sich auch auf das Alter, das dieser mumifizierte Mann den Erkenntnissen unserer Pathologen zufolge erreicht hatte. Und sein Sterbealter stimmt mit den historischen Daten von Thutmosis II. viel genauer überein als mit denen von Sethos II.

Gesichts- und Schädelvergleiche zwischen den vier Schädeln in KV 5 müßten genetische Gemeinsamkeiten ergeben: Alle vier hatten zwar denselben Vater (Ramses II.), aber antiken Dokumenten zufolge sind zwei Söhne von Nefertari und zwei Söhne von Isisnofret. Wir können ihre vier Schädel auch mit den Schädeln von Sethos I., Ramses II. und Merenptah statistisch vergleichen, also ihrem Großvater, ihrem Vater und ihrem Bruder. Falls sich nach diesen Vergleichen ergibt, daß sie eng miteinander verwandt sind, kann man wirklich davon ausgehen, daß sie vier Söhne von Ramses II. sind.

Die wichtigste Frage lautet natürlich, wie diese Menschenknochen in den Schacht gelangt sind. Ich bezweifle, daß der Leichnam ursprünglich hier bestattet wurde, denn er ist sichtlich an die westliche Seite des Schachts gedrückt. Er liegt auch auf mehreren Kalksteinbrocken, die wahrscheinlich lange nach der Bestattung des letzten Sohnes in das Grab geschwemmt wurden. Auch die drei anderen Schädel müssen von einer anderen Stelle aus hierhergelangt sein. Ich kann mir zwar denken, woher, aber bislang ist das nichts weiter als eine Theorie.

Stellen wir uns folgendes Szenario vor: Bereits in der Antike drangen Grabräuber in KV 5 ein und entfernten die Verschlußblöcke von dem Schacht in Raum 2; sie durchwühlten den Inhalt des Schachts und entwendeten einige der dort befindlichen Gegenstände. Wir haben noch nicht festgestellt, wozu dieser Schacht ursprünglich gedient haben mag, aber eine Szene auf der über dem Eingang gelegenen Wand – jene Wand, die Lotfi Khaled restaurieren mußte, bevor wir mit unseren Ausgrabungen fortfahren konnten – zeigt einen Kasten, der vier Kanopenkrüge enthält. Wahrscheinlich hat dieser Kanopenkasten in dem Schacht gestanden, und vielleicht haben wir während der letzten Kampagne ein Stück davon im Schutt gefunden, der Raum 2 anfüllte.

Höchstwahrscheinlich war hier auch die Mumie eines Menschen begraben gewesen; der Schacht war groß genug dafür, und die bemalten Putzreste an seinen Wänden verweisen auf ein Grabgewölbe. Die Mumie muß in einem Holzsarg gelegen haben, weil der Schacht für einen Steinsarkophag zu schmal ist; außerdem haben wir auf dem Boden des Schachts Holzpartikel entdeckt. Die Grabräuber haben auf der Suche nach Goldschmuck und Amuletten wahrscheinlich in aller Eile den Sarg aufgebrochen und die Binden der Mumie durchtrennt.

Später haben dann andere Grabräuber das ganze Grab durchsucht und alle Schätze mitgenommen, die sie finden konnten. Irgendwo im Grab entdeckten sie noch mindestens drei weitere Mumien. Sie schleppten sie bis in die vorderen beiden Räume, wo sie sich bei besseren Lichtverhältnissen an den Mumien zu schaffen machten. Sie hackten ihnen die Köpfe ab und warfen sie in den Schacht; sie schlugen Löcher in die Brustkörbe und holten die darin befindlichen Amulette heraus. Achtlos ließen sie die Leichenteile auf dem Boden liegen. Im Laufe der nächsten Jahrhunderte wurden sie dann durch die Regenfluten weiter ins Grab hineingeschwemmt und begruben schließlich die in dem Schacht liegenden Schädel unter sich.

Kurz vor Abschluß der Kampagne im Jahr 1997 hatten wir drei Schädel aus dem Schacht in Raum 2 herausgeholt, die mit Katalognummern versehen wurden (in der Reihenfolge von oben nach unten und von Osten nach Westen). Schädel Nr. 1 ist äußerst robust mit groben Muskelansätzen; mit Sicherheit stammt er von einem erwachsenen Mann. Es ist ein ausgeprägt dolicocephaler Schädel, das heißt, er ist im Verhältnis zur Breite sehr lang. Es sind noch mindestens vier Halswirbel mit dem Schädel verbunden. Die Zähne sind groß und nur mäßig abgenutzt. Am Stirnbein befindet sich unmittelbar über dem rechten Auge eine ausgeheilte Narbe. Sie läßt auf eine Wunde schließen, die wohl durch ein Schwert oder eine Axt hervorgerufen wurde – einer Wunde also, wie sie im Verlauf einer Schlacht zugefügt wird. Der Schlag hatte sicher die Haut durchtrennt und eine starke Blutung ausgelöst, aber da die Narbe verheilt ist, kann die Wunde nicht tödlich gewesen sein. Schädel Nr. 2 ist zwar ebenfalls männlich, aber schmaler geformt. Der Kiefer ist klein, und die Muskelansätze lassen auf einen Menschen von leichtem Körperbau schließen, der nicht so muskulös wie Nr. 1 war. Auch hier sind noch zwei oder drei Halswirbel mit dem Schädel verbunden. Die Zähne sind klein und ziemlich stark abgenutzt. Schädel Nr. 3 ähnelt Nr. 2 sehr, ist aber arg zerbrochen und herumgeworfen worden. Seine Zähne sind klein und abgenutzt.

Schädel Nr. 4, der zu dem vollständigen Skelett gehört, das wir dicht am Boden des Schachts gefunden hatten, ähnelt Schädel Nr. 1; zweifellos handelt es sich hier um einen etwa fünfzig Jahre alten Mann. Seine Zähne sind in hervorragendem Zustand; ja, an all den zigtausend ägyptischen Mumien und Skeletten, die ich bisher untersucht habe, waren mir noch nie derart makellose Zähne aufgefallen.

Wir nahmen die drei Schädel aus dem Schacht, ließen aber den vierten mitsamt dem Skelett dort. Irgendwann werden wir es herausholen müssen, um Röntgenaufnahmen von ihm zu machen, aber einstweilen sollten wir »ihn schlafen lassen«, wie Ahmed sich ausdrückte.

14

Donkey sen route to the Valley of the Kings. 1995 S.W.

Technik und
Terrorismus

Im Herbst 1997 nahmen wir unsere Tätigkeit in KV 5 wieder auf. Diesmal wollten wir jedoch nicht mit der Freilegung weiterer Räume fortfahren, sondern mit den umfangreichen technischen Arbeiten in der Halle mit den sechzehn Pfeilern (Raum 3) beginnen, damit wir schließlich auch diesen Raum freilegen können. Ich bin noch immer davon überzeugt, daß wir hier die wichtigsten Erkenntnisse über die Bedeutung und Geschichte von KV 5 gewinnen werden, und darum möchte ich unbedingt die Decke abstützen, die Pfeiler stabilisieren und die dekorierten Wände und den von Fundstücken übersäten Boden freilegen lassen. Diese diversen Arbeitsschritte werden uns viel Zeit und Geld kosten. Wenn es sich nur um ein rein technisches Projekt handeln würde, könnten wir es wahrscheinlich in ein paar Wochen abgeschlossen haben. Aber die Pfeilerhalle muß fachgerecht freigelegt werden, und das wird mehrere Monate beanspruchen. Ich habe die Halle von den Bergbautechnikern von Parsons-Brinckerhoff sowie von einem Team französischer Bauingenieure untersuchen lassen, und John Abel von der Colorado School of Mines hat einen minutiösen Plan entworfen, nach dessen Vorgaben wir die Decke abstützen und die Pfeiler ausbessern werden.

Der Terroranschlag in Deir el-Bahari im November 1997, bei dem achtundfünfzig Ägypter und Touristen umkamen, hat jeden in Luxor schockiert. Wir arbeiteten damals gerade außerhalb von KV 5. Susan sortierte Tonscherben neben dem Grabeingang, Francis machte Fotos auf dem Hügel oberhalb von KV 7, und ich sah vom Hang oberhalb von KV 5 zu, wie unsere Arbeiter natürliche Risse im Fels säuberten und mit Zement füllten. Wie üblich drängten sich Tausende von Touristen im Tal, und wir hörten, wie die Reiseführer ihren jeweiligen Gruppen in einem Dutzend

Sprachen von den Söhnen von Ramses II. erzählten. Gegen 8.45 Uhr vernahmen Ahmed und ich plötzlich Schüsse und Schreie auf der anderen Seite des Berges.

»Was war das denn?« rief ich. Die Schüsse und das Geschrei hielten noch ein paar Augenblicke an und setzten dann nach einer trügerischen Phase der Stille wieder ein.

Mohammed war beunruhigt. »Da schießt jemand.« Er lief den Berg hinunter zum Büro des Inspektors. »Ich werde telefonieren und herausfinden, was da los ist«, rief er mir zu.

Ahmed wies auf den Eingang zum Tal. Zwei unbewaffnete Wächter rannten die Straße entlang. Sie sahen verängstigt aus, und aus ihren Walkie-Talkies konnten wir quäkende, offenbar von Panik erfüllte Stimmen hören.

»Sie töten Touristen! Sie haben einige Arbeiter getötet! O Gott, o Gott!« riefen die Wächter und liefen durch die Scharen von Touristen zum Büro des Inspektors.

»Wir müssen hier vom Hang runter, Doktor!« Ahmed drehte sich um und schrie den Arbeitern zu: »Alle rein ins Grab!«

Als wir uns dem Grab näherten, kam Mohammed aus dem Büro des Inspektors zurück. Er war blaß und schien unter Schock zu stehen. Er stützte sich auf den Tisch mit den Tonscherben und begann zu weinen. »Terroristen bringen Menschen in Deir el-Bahari um. Viele Touristen sollen tot sein, und sie haben auch einige Wächter getötet. Die Terroristen morden weiter, und jemand sagt, daß sie hierherkommen. Bitte, Doktor, schicken Sie alle ins Grab. Gott verfluche diese Mörder!« Immer wieder schlug er sich mit der geballten Faust in die Handfläche, während ihm die Tränen übers Gesicht liefen.

Susan ging ins Grab, und Mohammed lief den Pfad hinauf zu Francis, um ihm beim Tragen seiner Fotoausrüstung zu helfen. Noch immer schlenderten Hunderte von Touristen herum, die keine Ahnung hatten, was da vor sich ging. Nach und nach führten jedoch einige Wächter die Gruppen zum Rasthaus, vermutlich auf irgendeine Anweisung hin. Es brach keine Panik aus, und während einige Reisegruppen das Tal wieder verließen, kamen weitere Gruppen herein.

Unaufgefordert hatten sich unsere acht Arbeiter um den Eingang zu KV 5 und um unseren Arbeitstisch, auf dem die Keramikfragmente lagen, aufgestellt. Ein besonders kräftig gebauter Arbeiter, der bereits viele Bodybuilding-Preise gewonnen hatte, ging vor ihnen auf und ab und forderte alle Touristen, die in unsere Richtung schauten, zum Weitergehen auf. Aufgebracht rief Mohammed: »Bei Gott, ich werde jeden, der uns bedroht, mit bloßen Händen umbringen!« Während die Minuten verrannen, erfuhren wir, daß mehrere Terroristen von Dorfbewohnern verfolgt und zu Tode getrampelt worden seien.

Es waren zwar immer noch Schüsse und Schreie zu hören, aber im Laufe der folgenden Stunde ließen sie nach. Zwanzig reiterlose Esel trabten durchs Tal; sie waren von einer Touristengruppe im Stich gelassen worden, die sich ins Rasthaus geflüchtet hatte.

Francis, Ahmed und ich standen vor dem Grabeingang und lauschten dem Stimmengewirr, das aus dem Walkie-Talkie eines der Wächter drang. Wir vernahmen tränenerstickte Berichte über die Zahl der Toten und erfuhren, daß mehrere als Polizisten verkleidete Terroristen zum Hatschepsut-Tempel in Deir el-Bahari gekommen waren. Es war davon die Rede, daß Menschen nicht nur erschossen, sondern einige auch beinahe enthauptet worden seien. Einigen Opfern sei die Kehle durchschnitten oder der Bauch aufgeschlitzt worden. Diese Geschichten, die sich später als wahr erwiesen, wurden immer abscheulicher und entsetzlicher.

Wir alle standen unter Schock. Es verging über eine Stunde, bis endlich bewaffnete Polizisten im Tal erschienen – zwei junge Rekruten und ein Leutnant, die in einem zerbeulten Pick-up hockten. »Woher sollen wir wissen, daß das wirklich Polizisten und keine Terroristen sind?« rief ich Francis zu.

Wir zogen uns mehrere Schritte zum Grabeingang zurück. Susan befand sich in Raum 4, unserem Lagerraum, und sortierte Tüten mit Keramik. Später erklärte sie mir: »In solchen Zeiten muß ich einfach was tun. Ich kann nicht ängstlich herumstehen. Das bringt doch nichts.«

Nach etwa zwei Stunden hieß es, daß wir das Tal der Könige verlassen könnten. Bis dahin waren mehrere tausend Touristen, die beim Rasthaus herumgestanden hatten, in Busse verladen und zum Fluß zurückgebracht worden, wo sie die Fähren nach Luxor bestiegen. Einem der vielen Gerüchte zufolge sollten zwei oder drei Terroristen noch immer nicht gefaßt worden sein, aber anscheinend hatte sich keiner von ihnen in unsere Richtung geflüchtet.

Wir fuhren mit dem französischen Team hinaus, das im Grab von Ramses II. gearbeitet hatte, denn es gab keine Taxis mehr, und unser Wagen war beim Hotel. Es schien nicht ratsam, zu Fuß über den Berg zu gehen.

Dr. Michael Jesudason befand sich bei uns. Er ist Notarzt und hilft Susan jedes Jahr einen Monat lang beim Archivieren unserer Keramikfunde. Er wollte sich bei der Klinik in Tarif absetzen lassen, um bei der Behandlung der Verletzten zu helfen. Als wir dort ankamen, erfuhren wir jedoch, daß die Opfer des Anschlags bereits ins Krankenhaus von Luxor gebracht worden waren. Vor der Klinik erwischten wir ein Taxi, das uns zum Amun Hotel brachte. Abgesehen von den zahlreichen Dorfbewohnern, die vor der Klinik warteten und wissen wollten, wie es den verletzten Wächtern ging, sahen wir weit und breit keinen Menschen. Nur am Verkehrskontrollpunkt standen etliche Polizisten in kugelsicheren Westen und mit Maschinengewehren; sie schauten in vorbeifahrende Wagen, hielten sie gelegentlich an und forderten die Fahrer auf, sich auszuweisen.

Im Hotel schalteten wir sofort BBC ein und lauschten schweigend den Nachrichtensendungen, in denen von einer zunehmenden Zahl von Toten die Rede war. In den USA war es an der Ostküste erst sechs Uhr morgens, aber ich entschied mich, sofort von Luxor aus unsere Kinder anzurufen, damit sie sich keine Sorgen machten, wenn sie von der Greueltat erfuhren.

Am nächsten Morgen kam unser Arbeiter Nubie vorbei und berichtete, daß sein jüngerer Bruder während des Massakers in Deir el-Bahari gewesen sei. Er habe einen der Terroristen verfolgt, ihn am Gürtel gepackt und festgehalten. Da habe sich der Terrorist umgedreht und ihm in den Unterleib geschossen, doch sein Bruder habe ihn einfach nicht loslassen wollen. Der Terrorist, erzählte Nubie weiter, habe sich schließlich losgerissen und sein Bruder sei schwach und blutend hingefallen. Der Terrorist habe den Berg hinauflaufen wollen, dies sei ihm aber wegen eines verstauchten Knöchels nicht mehr gelungen. Einer von seiner Bande sei dann zurückgelaufen und habe ihm in den Kopf geschossen; offensichtlich ging es darum, niemanden lebend zurückzulassen, den die Polizei vernehmen könnte. Der Terrorist habe sich nicht um seinen Bruder gekümmert, weil er ihn offenbar für tot hielt. Mehrere Einheimische seien hinter seinem Bruder den Berg hinaufgelaufen, fuhr Nubie fort, und vier seien stehengeblieben, hätten ihn vorsichtig aufgehoben und zum Parkplatz getragen, wo sie sich ein Auto geschnappt und ihn zur Klinik gefahren hätten. Andere seien am Berg zurückgeblieben und hätten ihren Zorn abreagiert, indem sie den Leichnam des Terroristen getreten und bespuckt hätten.

Am Nachmittag besuchten Angehörige des ägyptischen Geheimdienstes Nubies Bruder im Krankenhaus; sie schüttelten ihm die Hand, lobten ihn wegen seiner Tapferkeit, gaben ihm fünfhundert ägyptische Pfund und ließen ihn nach Kairo fliegen, damit man ihm die Kugel aus dem Unterleib herausoperierte.

Zwei Tage später zogen etwa zweitausend Einheimische vom Sethos-Tempel nach Deir el-Bahari; in Sprechchören riefen sie fortwährend »Tod den Terroristen« und versuchten den Reportern klarzumachen, daß es eine solche Schreckenstat nie wieder geben werde. Sie hatten auch Spruchbänder dabei: »Terrorist Not Egypt« – »Terroristen nicht Ägypter«, »Egypt Love You« – »Ägypten lieben euch«, »Here You Never Be Stranger« – »Hier ihr nie sein Fremde«, »We Are Very Sorry« – »Es tut uns sehr leid«.

Scharenweise verließen die Touristen Luxor, und die Hotels wurden mit Stornierungen bombardiert. Statt der erhofften besten Touristensaison aller Zeiten – manche Hotels waren bis Neujahr chronisch überbucht – kam es nun zu einem Debakel. Am Wochenende waren die meisten Hotels nur zu 80 Prozent belegt, und einige hatten einfach geschlossen und ihr Personal entlassen. Den Einheimischen, die ihren Lebensunterhalt fast ausschließlich vom Tourismus bestreiten, ging es ziemlich schlecht. Die Presse behauptete, die Terroristen wollten die ägyptische Regierung stürzen, indem sie ein wirtschaftliches Chaos herbeiführten. Die Regierung wird überleben, aber Luxor und seine Bewohner waren vorübergehend von einer wirtschaftlichen Katastrophe betroffen, und die Zukunft sah zu der Zeit düster aus.

Zwei von unseren Arbeitern, Mohammed und Said, waren am Tag des Massakers bei der Klinik ausgestiegen und nach Deir el-Bahari zurückgelaufen; sie stellten sich dort der Polizei freiwillig zur Verfügung, um beim Abtransport der Leichen zu helfen. Mohammed schilderte mir das Blutbad, das er gesehen hatte, und meinte, er sei nur wegen seines Pflichtgefühls dageblieben.

»Das ist mein Land, Doktor, und ich mußte helfen. Die Touristen kamen als unsere Gäste hierher, und wir haben ihnen keine Sicherheit bieten können. Das ist falsch!« Er begann zu weinen. »Ich hoffe, Gott wird alle Terroristen töten!«

Am Tag nach dem »Zwischenfall« (wie man den Terroranschlag heute in Luxor nennt) begab ich mich nach Deir el-Bahari, um einem der Inspektoren eine Nachricht auszuhändigen. Das Gelände vor dem Tempel war bereits gesäubert worden; in den Portikos waren jedoch noch acht Arbeiter von der Altertümerverwaltung damit beschäftigt, Blutflecken von den Wänden zu entfernen. Ein Arbeiter versuchte mit einem Messer Kugeln aus dem bemalten Putz herauszubohren. Die Männer schienen sich in eine Art Trance zu befinden; sie arbeiteten mit merkwürdig zackigen Bewegungen, schlampig und willkürlich. Zu meiner Überraschung befanden sich auch einige Touristen im Tempelbezirk, und ich fragte mich, warum die Altertümerverwaltung Deir el-Bahari nicht zumindest für ein paar Tage geschlossen hatte, damit die Aufräumungsarbeiten ordentlich erledigt werden konnten und die Inspektoren sich nicht der Peinlichkeit aussetzen mußten, bei ihrer Arbeit fotografiert zu werden.

Am Tag nach dem Terroranschlag nahmen wir auch wieder unsere Arbeit in KV 5 auf. Es war wohl am besten, einen gewissen Anschein von Normalität zu wahren. Die Stimmung der Männer war gedrückt; leise unterhielten sie sich darüber, wer von ihren Freunden getötet worden war und wie die Familien damit fertig wurden. Alle waren wütend, weil die Behörden auf einen derartigen Angriff so schlecht vorbereitet gewesen waren. Sie ärgerten sich über die arrogante Haltung der Polizei, die sich als völlig inkompetent erwiesen hatte, über die Feigheit mehrerer Wächter, die die Dorfbewohner im Stich ließen, als diese den Terroristen nachsetzten, über den wirtschaftlichen Ruin, in den der Anschlag Theben stürzen würde, über die Demütigung Ägyptens vor den Augen der Weltöffentlichkeit.

»Die Polizisten haben doch keine Ahnung!« rief ein Arbeiter. »Sie geben nur an, wollen Tee ausgeschenkt bekommen und bestochen werden – und wofür? Sie sind nicht ausgebildet und faul! Das sind doch dumme Menschen! Wir können ohne sie besser auf uns aufpassen. Statt uns zu helfen, machen sie uns nur Schwierigkeiten!« Er spuckte aus.

Wir arbeiteten noch zwei Wochen im Grab, bis wir nach Kairo zurückmußten. Innerhalb von zwei Monaten hatten wir soviel Material angesammelt, daß wir mindestens drei oder vier Monate brauchen würden, um es für eine Publikation zu analysieren und aufzuarbeiten. Zeichnungen von bemalten Putzfragmenten mußten mit der Dekoration in anderen Gräbern verglichen werden, wenn wir die ursprünglichen Wandmalereien rekonstruieren wollten. Wir mußten Fundstücke untersuchen, Keramikfragmente zusammensetzen und datieren; Boden-, Putz-, Farb- und Mineralienproben mußten analysiert werden, ebenso mußten die im Schacht gefundenen Menschen- und Tierknochen identifiziert werden.

Im Januar 1998 kehrten wir wieder ins Tal der Könige zurück. Susan und ich hatten zwischen Weihnachten und Neujahr eine Dampferfahrt nach Abu Simbel gemacht und die Tempel besichtigt, die wir seit den sechziger Jahren nicht mehr gesehen hatten: Beit el-Wali, Amada, Derr, Wadi es-Sebua und Abu Simbel. Sie waren während des Baus des Assuan-Staudamms partiell oder ganz abgetragen und auf einem höher gelegenen Gelände wieder aufgebaut worden, bevor der Nassersee entstand. Wir fotografierten in den Tempeln alle Szenen mit Prozessionen der Söhne und Töchter von Ramses II. und befaßten uns nochmals eingehend mit den Berichten über die Schlacht von Qadesch und Ramses' Feldzüge in Nubien.

Amun-her-chepeschef ist in zahlreichen Szenen dargestellt; er steht in seinem Streitwagen, erklettert eine Sturmleiter oder marschiert an der Spitze einer Prozession von Söhnen, angetan mit einem kunstvoll gefältelten Gewand und mit einem Blumenstrauß in der Hand. Wann immer ich ihn erblickte, mußte ich an die menschlichen Überreste in KV 5 denken. Waren auch die seinen darunter? Hatte er im wirklichen Leben so wie in diesen Szenen dargestellt ausgesehen? Als wir wieder in Kairo waren, setzte ich mich mit mehreren Anthropologen und Gerichtsmedizinern in den USA in Verbindung. Ich erläuterte Susan, daß wir einen Spezialisten mit der Rekonstruktion von Amun-her-chepeschefs Gesicht beauftragen müßten. Derartige Rekonstruktionen werden heutzutage mit dem Computer erstellt. Man erhält zwar Bilder, die eher Steckbrieffotos als realen Porträts ähneln, sich aber durchaus als interessant erweisen könnten.

Im Frühjahr 1998 wurden im Grab überwiegend technische Arbeiten ausgeführt. Gemäß dem von John Abel erarbeiteten Plan ließen wir in den Räumen 1, 2 und 3 von Stahlpfeilern gestützte Doppel-T-Träger einziehen, um die Decke zu stabilisieren. Jeden Morgen stand ich mit Johns schriftlichen Anweisungen in der Hand in einem der Räume und sah zu, wie unsere Arbeiter aus Sicherheitsgründen Blöcke aus der Decke brachen, die teilweise eine halbe Tonne oder mehr wogen. Jedesmal, wenn einer dieser Blöcke auf dem Boden aufschlug, wurde das ganze Grab von infernalischem Lärm erfüllt. Noch heute denke ich an diese nervenaufreibende Arbeit.

Sobald die losen Blöcke beseitigt waren, zogen wir Stützen und Träger ein. Unsere Arbeiter hielten Schraubspindeln in Position, als die Stahlträger eingepaßt und Keile zwischen Träger und Decke getrieben wurden. Dann wurden die Spindeln ausgerichtet und angezogen, und die Arbeiter begaben sich schnell ins Freie, als die Träger und Querverbindungen verschweißt wurden, wobei Funkenschauer auf den Boden prasselten und sich beißender Gestank ausbreitete. Dank dieser Konstruktion ist nun KV 5 das am besten gesicherte Grab im Tal der Könige.

In der Halle hatten wir den Schutt rund um die sechzehn Pfeiler nicht weggeräumt, bis die Decke endgültig abgestützt war. Nun begannen wir mit der Freilegung des ersten Pfeilers hinter dem Durchgang. Etwa 2,5 Meter unter der Decke stieß Ahmed im Schutt auf ein offenbar größeres Fragment aus Alabaster. Er rief mich herbei, und gemeinsam legten wir nach und nach eine gewölbte Oberfläche frei, die wie der Rand eines großen Steinbehälters aussah. Das Fragment war etwa so groß wie ein Fußball, und auf eine Fläche waren zwei männliche Figuren mit blauem Körper und rotem Schurz eingraviert. Diese Figuren, die gewölbte Oberfläche und der mit Gravuren verzierte Rand ließen darauf schließen, daß es sich um ein Fragment eines Sarkophagdeckels handelte. Mein amerikanischer Kollege Edwin Brock, der sich über viele Jahre hinweg mit den Königssarkophagen im Tal der Könige befaßt hatte und gerade in unmittelbarer Nähe eine Grabung leitete, besuchte uns im Laufe des Tages, und ich legte ihm das Fragment vor.

»Das ist ein Stück von einem Sarkophagdeckel«, sagte er, »aber so etwas habe ich noch nie gesehen. Stilistisch ist es bestimmt der 19. Dynastie zuzuordnen.« Er hielt inne und betrachtete die dekorierte Oberfläche. »Die beiden Figuren sind interessant. Sie sind zwar beide gleich groß, aber der Kopf der ersten Figur scheint sich auf einem höheren Niveau zu befinden als der der zweiten. Man könnte annehmen, daß sie Stufen hinabgehen. Nun gibt es ja Figuren von ›Bewohnern der Unterwelt‹, die in manchen Illustrationen des ›Pfortenbuchs‹ Stufen hinabgehen.« Das »Pfortenbuch«, eines der »Unterweltbücher«, schildert die allnächtliche Fahrt der Sonne durch die Unterwelt. Diese Szenen gehören zum Dekorationsprogramm der Königsgräber.

»Besonders eindrucksvoll sind die Darstellungen des ›Pfortenbuchs‹ auf dem Alabastersarkophag von Sethos I. im Soane Museum in London«, fuhr Edwin fort. »Ich hab jedoch noch nie so große Figuren wie diese hier gesehen. Entweder stammen sie von einem sehr großen Sarkophag, oder wir haben es hier nur mit einem Teil des ›Pfortenbuchs‹ zu tun«.

»Könnte es sich um einen Sarkophag für einen der Söhne von Ramses II. handeln?« fragte ich.

»Das ist durchaus möglich.«

Dieses Fragment ist ein weiterer Hinweis darauf, daß KV 5 als Grabstätte der Königssöhne verwendet worden war, und es bestärkte mich in meiner Überzeugung, daß wir irgendwo weiter unten im Grab schließlich auch auf Grabkammern stoßen werden. Sicher sind sie bereits in der Antike ausgeraubt worden, aber die sich immer deutlicher abzeichnende Gewißheit, daß sie existieren, stellt für uns einen Grund mehr dar, mit der Freilegung von KV 5 fortzufahren.

Die Halle mit den sechzehn Pfeilern wurde nun endgültig freigelegt. Während der letztjährigen Kampagne hatten wir ja bereits herausgefunden, daß der Boden im hinteren Teil nachträglich um 70 Zentimeter abgesenkt worden war; nun stellten wir fest, daß er in einer dritten Bauphase wieder auf sein ursprüngliches Niveau angehoben worden war. Tausende von Kalksteinstückchen waren in die Vertiefung gekippt und anschließend mit einer sorgfältig aufgetragenen, dicken und festen Kalkschicht abgedeckt worden. Auf dem Boden lagen Hunderte von Scherben, wobei viele von den kleinsten Stücken in Haufen beieinanderlagen, als ob eine größere Scherbe bereits in der Antike von Besuchern des Grabes zertreten worden wäre. Wir fanden auch kleine Fayencebruchstücke und Fragmente von Kanopenkrügen aus Alabaster sowie bemalte Putzfragmente der nächstgelegenen Pfeiler und Wände. Unter dem Estrich war die Kalksteinfüllung frei von Schmutz und Sand; wir stießen dort auf keinerlei Fundstücke.

Das Wiederanheben des Bodens auf sein ursprüngliches Niveau hatte für die alten Ägypter offenbar eine bestimmte Bedeutung, aber ich kann darin keinen Sinn entdecken. Eine Erklärung dafür – ja, die Erklärung für viele Elemente in KV 5 – werden wir vielleicht in der Mitte der Halle finden. Ich möchte die hier dringend erforderlichen technischen Maßnahmen unbedingt bald abschließen, damit wir den Schutt wegräumen und die komplizierte Geschichte dieses Raumes rekonstruieren können. Mittlerweile wissen wir, daß vierzehn der sechzehn Pfeiler aus dem anstehenden Felsgestein gehauen worden waren, während die beiden mittleren Pfeiler zumindest teilweise aus losen Blöcken zusammengesetzt wurden. Die Hauptachse der ersten Räume von KV 5 war ja

346

in der Halle um etwa 3 Meter nach Norden versetzt worden, bevor sie durch Gang 7 weitergeführt wurde. Wurden diese beiden mittleren Pfeiler später eingebaut, weil sie zunächst ein unüberwindliches Hindernis dargestellt hätten? Vielleicht war ein großes Objekt – ein Sarkophag zum Beispiel – durch die Räume 1 und 2 und den vorderen Teil der Halle transportiert und dann nach Norden verschoben worden, bevor es weiter in Gang 7 oder Raum 5 oder 6 gezogen wurde. Ahmed und ich fragten uns, ob in der Mitte der Halle mit den sechzehn Pfeilern vielleicht ein weiterer Durchgang in tiefer gelegene Bereiche führen könnte.

Noch immer gibt es grundsätzliche Fragen zu diesem Grab, die sich nur beantworten lassen, wenn wir weitergraben und die Daten gründlich analysieren. Welche Bedeutung hatten beispielsweise die vielen Räume, welchen Zweck erfüllten sie? Das können wir nur herausfinden, wenn wir jeden Raum freilegen und die Wanddekoration untersuchen. Neue Erkenntnisse könnten sich vielleicht ergeben, wenn wir versuchen würden, den Weg des hereingeschwemmten Materials zu rekonstruieren. Falls sich feststellen läßt, in welcher Richtung sich die Schlammströme durch die Gänge bewegt hatten, könnten wir vielleicht herausfinden, ob Fundstükke in einen Raum hineingespült oder von den Priestern dort deponiert worden waren. Uns wird ein langes Bibliothekenstudium bevorstehen, um ähnliche Szenen wie die in KV 5 zu entdecken, aber wir werden diese Zeit aufwenden müssen, wenn wir aus den Fragmenten, die wir gefunden haben, die Dekoration rekonstruieren wollen. Susan muß sich natürlich darauf einstellen, daß sie für die Analyse der Keramik und die Zeichnungen noch sehr viel Zeit brauchen wird; Francis wird eine Unmenge von Fotos entwickeln müssen; Walton wird monatelang digitale Karten und Grundrisse von KV 5 erstellen; Brendhan muß all diese neuen Daten in ein benutzerfreundliches Format für unsere Website umsetzen, damit wir sie unseren Kollegen so schnell wie möglich zugänglich machen können. Für uns alle wird diese Zeit anstrengender und hektischer sein als die Monate, die wir jedes Jahr in Theben verbringen.

Natürlich steht uns im Tal der Könige noch ein gehöriges Pensum

Arbeit bevor. Unsere Vermessungsarbeiten sind zwar schon fast abgeschlossen, aber wir werden noch jahrelang in KV 5 zu tun haben, auch wenn wir das Grab nicht vollständig ausgraben wollen. Wenn wir dies wirklich vorhätten, wären wir schlechte Ägyptologen. Jede Forschergeneration stellt auf der Grundlage gewonnener Daten andere Fragen, und Daten sind eine endliche Ressource. Wir werden also einige Bereiche von KV 5 unberührt lassen, damit künftige Ägyptologen mit Hilfe neuer Ausgrabungstechniken neue Antworten auf alte Fragen geben können – ja auch auf Fragen, die wir uns heute nicht einmal vorstellen können. Einstweilen gibt es jedenfalls genug für uns zu tun: Das Grab enthält wahrscheinlich über 150 Räume, und wir haben erst weniger als sieben Prozent davon freigelegt. Die Untersuchung der Fundstücke wird mehrere Jahre dauern, die Analyse der dekorierten Wände noch viel länger. Ich bin jedoch überzeugt davon, daß nach dem Abschluß unserer Arbeit KV 5 das am besten dokumentierte und gesicherte Grab im Tal der Könige sein wird. Wir werden dann entschieden mehr über die Söhne von Ramses II., über die historischen Ereignisse und die Lebensbedingungen in Ägypten zu ihren Lebzeiten wissen als heute. Jeder Tag in Luxor ist für mich mit der aufregendsten und lohnendsten Arbeit erfüllt, die ich mir je vorstellen kann. Und jeden Tag bin ich den Lehrern in meiner Heimatstadt dankbar dafür, daß sie bereit waren, einen achtjährigen Jungen, der von Ägypten schwärmte, zu ermutigen, seine Träume zu verwirklichen.

Epilog

Nach dem Abschluß unserer Frühjahrskampagne 1998 saßen Susan und ich an unserem letzten Abend in Theben auf dem Balkon des Amun Hotels; wir legten Listen von den Vorräten an, die wir bei der nächsten Kampagne brauchen würden, und sahen zu, wie die Sonne hinter Palmenhainen und Zuckerrohrfeldern unterging. Honigsauger schwirrten zwischen den Zweigen einer Tamariske, bevor sie sich für die Nacht darin niederließen. Wir schauten vom Balkon hinunter. Ein kleines, etwa sechs Jahre altes Mädchen ging am Hotel vorbei. Sie trug ein zerlumptes rotes Kleidchen, blaue Plastikschuhe und ein orangefarbenes Band im ungekämmten Haar; mit schrillen Schreien und einem langen Stock trieb sie vier große Kamele den Feldweg entlang zum Haus ihrer Familie. Gewöhnlich stehen diese Kamele den Touristen für einen geführten Ausritt zur Verfügung; sie reiten dann am Westufer des Nils eine Stunde lang durch die Felder und trinken irgendwo in der Wüste eine Tasse süßen Tee. Dieses »Abenteuer« kostet zwanzig Dollar. An diesem Tag waren die Kamele auf einem Feld angepflockt, um zu weiden; die Touristen blieben wieder mal aus. Die Auswirkungen des terroristischen Anschlages in Deir el-Bahari waren zu der Zeit in Luxor noch immer zu spüren, und die Ärmsten sind hiervon immer am ärgsten betroffen.

Wir unterhielten uns darüber, wie sehr sich die Verhältnisse am Westufer verändert haben und was wir tun würden, wenn wir am nächsten Tag nach Kairo zurückkehrten. Ich mußte mir die Ergebnisse von Brendhans und Waltons Arbeit anschauen, Bettelbriefe verschicken, über unsere letzten Forschungsergebnisse nachdenken und mich auf meine Vortragsreise in den USA vorbereiten. Ich hatte Big Ahmed gesagt, daß wir im Juni wieder nach Theben kämen. Im Sommer ist es in Luxor sehr heiß, nachmittags sind es immer deutlich über 40 Grad Celsius; in KV 5 herrschen jedoch

349

das ganze Jahr über nahezu konstante 24 Grad Celsius, und die Arbeit ist relativ angenehm. Allerdings trinkt jeder von uns am Tag fünf bis sechs Liter Wasser.

Gerade als die Sonne unterging, rief Nubie von unten aus dem Hof zu uns herauf: »Doktor! Hallo, Doktor! Darf ich raufkommen, Doktor? Ich muß Ihnen was sagen.«

»Natürlich, Nubie«, rief ich zurück. »Komm rauf und trink Tee mit uns.«

Nubie lief die Treppe zu unserem Balkon herauf und setzte sich zu uns an den Tisch. »Unser Baby ist letzte Nacht zur Welt gekommen! Es ist ein Mädchen!« Er sah Susan an. »Zeinab und ich werden sie Jasmin nennen, aber wenn Sie hier in el-Gezira sind, wird sie immer zu Ihren Ehren ›Susan‹ heißen.«

»Nubie, das ist wunderbar! Vielen Dank!« Susan strahlte und schüttelte Nubies ausgestreckte Hand. »Bitte sag Zeinab, daß ich sie morgen früh, bevor wir fahren, besuchen werde. Wir freuen uns ja so für dich!«

»Vielen Dank, vielen Dank. Ich bin so glücklich. Das ist sehr gut. Vielen Dank.«

Ahmed und die Belegschaft des Hotels hörten unser Lachen und kamen rasch herauf, um Nubie zu gratulieren. Alle gaben einander die Hand und umarmten und küßten sich, tranken Tee und erkundigten sich dann scherzhaft nach dem Baby: Sieht es Zeinab ähnlich (»Glückliches Baby!« riefen sie) oder Nubie (»Armes Ding!«)? Es gab ein großes Hallo, und einer der Männer holte ein Radio, damit wir Musik hören konnten, während wir unseren Tee tranken.

Ahmed wandte sich an mich. »Es ist gut, Doktor. Es gibt immer Schwierigkeiten, aber dann fällt uns ein, daß wir Familie und Freunde haben, und manchmal segnet Gott uns sogar mit Kindern. Und er hat uns mit vielen wunderbaren Dingen in KV 5 gesegnet.« Er hielt inne. »Ich habe nachgedacht, Doktor. Könnten wir mehr Männer einsetzen und bei der nächsten Kampagne in der Halle schneller arbeiten? Ich möchte mir dort in der Mitte den Boden anschauen. Ich bin sicher, daß wir dort etwas sehr Interessantes finden werden. Im Lauf der nächsten Kampagne, *insha'Allah* (so Gott will),

wird Ramses uns erzählen, wo seine Söhne bestattet wurden.« Er
sah mich an und lächelte. »*Al hamdulillah!* (Dank sei Gott!) KV 5
ist sehr aufregend, Doktor. Finden Sie nicht auch?«

Danksagung

An dieser Stelle möchte ich all den Menschen herzlich danken, die mich bei meiner Arbeit und bei der Entstehung dieses Buches unterstützt haben.

In Ägypten haben die Mitarbeiter der Altertümerverwaltung, insbesondere Dr. Abd el-Halim Nur ed-Din, Dr. Gaballah Ali Gaballah und Dr. Zahi Hawass unser Projekt sehr unterstützt. In Luxor haben Dr. Mohammed el-Saghir, Dr. Mohammed Nasr, Dr. Sabri Abdel Aziz, Chefinspektor Ibrahim Soliman und Inspektor Ahmed Ezz diese Arbeit erst möglich gemacht. Unsere einheimischen Arbeiter unter der Leitung von Ahmed Mahmud Hassan und Nubie Abdel Basset sind ganz reizende Menschen, mit denen es sich wunderbar zusammenarbeiten läßt.

Ich möchte auch meinen Kollegen an der American University in Kairo danken: dem Verwaltungsratsvorsitzenden Frank Vandiver, Präsident Donald McDonald, Verwaltungsdirektor Andrew Kerek und der Dekanin der Geisteswissenschaftlichen Fakultät, Cynthia Nelson, sowie den Architekten Marston Morgan und Ashraf Salloum, die mir so viel Zeit für eine ausgedehnte Grabungskampagne und Forschungsarbeit eingeräumt haben und mir bei der Einrichtung unseres Büros in Kairo behilflich waren.

Wie es nicht anders zu erwarten war, haben die Menschen in meinem Büro Talent und Begeisterung bewiesen, hart gearbeitet und sich mit großem Geschick der Zusammenstellung der Fotos und Zeichnungen für dieses Buch und für alle anderen Projekte gewidmet, an denen wir arbeiten. Francis Dzikowski ist der beste Fotograf, mit dem ich je zusammengearbeitet habe, und unser Architekt und Computer-Designer Walton Chan ist, schlicht gesagt, genial. Samar Zaki, Lehrbeauftragte für Architektur, vollbringt wahre Wunder, wenn er kaum entzifferbare Feldnotizen in isometrische Grabzeichnungen umsetzt. Brendhan Hight, Webmaster von

353

www.kv5.com, publiziert unsere Daten in einem attraktiven und sinnvollen Format, das bereits mit zahllosen Preisen ausgezeichnet wurde. Unsere Mitarbeiterinnen Marcie Handler und Melissa Zabecki gehen mit bewundernswerter Gründlichkeit den unklarsten Hinweisen nach und überprüfen alle Fakten für unsere Datenbank, die der Ägyptologe Edwin Brock äußerst kompetent verwaltet.

Im Laufe der Jahre haben zahlreiche Expeditionsmitglieder zum Erfolg unserer Arbeit beigetragen; ihre Namen sind auch in unseren Jahresberichten aufgeführt. Besonders danke ich hier meinen langjährigen ehemaligen Mitarbeitern Frank Ho, Gaston Chan, Bruce Lightbody, Richard Smith, Michael Jesudason, Marjorie Aronow, Barbara Greene und Dr. Salima Ikram.

Dr. Catharine Roehrig und Mr. David Goodman sind dem Theban Mapping Project fast von Anfang an verbunden. Ohne Übertreibung darf ich sagen, daß das Projekt nur dank ihres Weitblicks und Engagements vorangehen konnte.

Das Theban Mapping Project wird von mehreren Stiftungen unterstützt. Ihnen ist an der Erhaltung der ägyptischen Altertümer in besonderem Maße gelegen; dies drückt sich unter anderem in der großzügigen Förderung unserer Arbeit aus – nicht nur in KV 5, sondern generell in Theben und Ägypten. Mein aufrichtiger Dank gilt der Amoco Foundation, der Mobil Foundation, Pfizer Pharmaceutical, der Seaver Foundation, Santa Fe International und ihren Verwaltern. Der National Geographic Society danke ich nicht nur für ihre finanzielle Unterstützung, sondern auch für unermüdlichen Rat und Ermutigung. Besonders möchte ich den Mitarbeitern Bill Allen, John Echave, Andy van Duym, George Stewart und Margaret Sears für ihre Hilfe danken.

Viele Privatpersonen haben Beiträge zum Theban Mapping Project geleistet; sie alle sind unter www.kv5.com aufgeführt und wissen aufgrund meiner regelmäßigen Briefe, daß wir in ihnen treue Anhänger des Projekts sehen. Ohne sie ginge unsere Arbeit einfach nicht weiter. Mein besonderer Dank gilt Michael, Lock, Jerry, Martha und Loulou, deren Bescheidenheit mich an einer ausführlicheren Würdigung hindert.

Bruce Ludwig danke ich herzlich für die unerschütterliche Unterstützung dieses Projekts. Bruce trägt nicht nur zu seiner Finanzierung bei, sondern steht ihm auch großzügig mit Rat und Tat zur Verfügung und hilft dem Theban Mapping Project auch über Durststrecken hinweg. Ohne Bruce gäbe es heute das Theban Mapping Project nicht mehr.

W. Raymond Johnson, John Swanson, Edwin Brock und Jill Kamel haben Teile früherer Manuskriptfassungen gelesen und viele sinnvolle Ratschläge erteilt. Dankbar bin ich auch meinen Lektoren in den verschiedenen Verlagen, die dieses Buch publizieren.

Susan Weeks hat die vielfältigen Rollen der Ehefrau, der Mutter, der Künstlerin, der Inschriftenforscherin, der Keramikspezialistin, Köchin und Camporganisatorin in der langen Geschichte des Theban Mapping Project übernommen und sie alle hervorragend ausgefüllt. Ihre Begabung und ihre Geduld verdienen viel mehr Anerkennung, als diese schlichten Zeilen es auszudrücken vermögen. Ich empfinde großen Respekt für sie – und Liebe.

Anmerkungen

Kapitel 1   Von Everett nach Theben

[1] vgl. Amelia B. Edwards, A Thousand Miles Up the Nile, New York 1888, S. 258
[2] vgl. ebd., S. 269 f.

Kapitel 3   Im Untergrund – die Vermessung der Königsgräber

[1] vgl. Arthur Stanley, Sinai and Palestine in Connection with Their History, New York 1863, S. XXXIX
[2] vgl. J. Èerny, Catalogue des ostraca hiératiques non littéraires de Deir el-Médineh, Documents de Fouilles de l'Institut français du Caire, Bd. VI, Pl. 3, Ostrakon Deir el-Medineh 251
[3] vgl. K.A. Kitchen, Ramesside Inscriptions, Historical and Biographical, III, Oxford 1980, S. 161, Ostrakon Berlin P. 11238

Kapitel 4   Das Theban Mapping Project

[1] vgl. Claude Sicard, Œuvres II, Bibliothèque d' Études 84, Kairo: Institut français d'archéologie orientale, 1982, S. 264
[2] vgl. Richard Pococke, Travels in Upper and Lower Egypt, Bd. II,
Edinburgh 1805, S. 34f.
[3] George Hart, Ägyptische Mythen, Mythen Alter Kulturen, Stuttgart 1996, S. 9
[4] vgl. Elizabeth Thomas, The Royal Necropoleis of Thebes, Princeton (Eigendruck) 1966, S. 75

[5] vgl. ebd.
[6] vgl. Howard Carter, A Tomb Prepared for Queen Hatshepsut, Annales du service des antiquités de l'Égypte 16, 1916, S. 181
[7] vgl. Giovanni Belzoni, Narrative of the Operations and Recent Discoveries..., London 1820, Neuaufl. 1971, S. 230f.
[8] vgl. ebd., S. 231f.
[9] vgl. Ronald Ridley, Champollion in the Tomb of Seti I: An Unpublished Letter, Chronique d' Égypte 66, 1991, S. 23
[10] vgl. ebd., S. 24
[11] vgl. Howard Carter, Report of Work Done in Upper Egypt, Annales du service des antiquités de l'Égypte 6, 1905, S. 112
[12] vgl. Stanley Mayes, The Great Belzoni, London 1959, S. 182
[13] vgl. Giovanni Belzoni, a.a.O., S. 236f.
[14] vgl. Elizabeth Thomas, a.a.O., S. 150
[15] vgl. Giovanni Belzoni, a.a.O., S. 236

Kapitel 5 **Verschollene Gräber**

[1] vgl. Unveröffentlichte Tagebücher von James Burton, British Museum Library
[2] vgl. ebd.
[3] vgl. ebd.
[4] vgl. Elizabeth Thomas, a.a.O., S. 150
[5] vgl. Alan Gardiner, Ramesside Administrative Documents, Oxford 1948, S. 57f.; vgl. auch Kent R. Weeks, The Theban Mapping Project and Work in KV 5, in: Nicholas Reeves, After Tutankhamun, Research and Excavation in the Royal Necropolis of Thebes, London 1992, S. 102

Kapitel 8 **Der Aufstieg von Ramses II.**

[1] James Henry Breasted, Geschichte Ägyptens, übers. Hermann Ranke, S. 329
[2] vgl. William J. Murnane, The Kingship of the Nineteenth

Dynasty, A Study in the Resilience of an Institution, in: David
O'Connor and David Silverman, Hrsg., Ancient Egyptian
Kingship, Leiden 1995, S. 214
[3] vgl. Kenneth A. Kitchen, Ramesside Inscriptions, Historical
and Biographical, II, Oxford 1979, S. 356
[4] vgl. ebd., S. 327, 328
[5] Jürgen von Beckerath, Handbuch der ägyptischen Königsna-
men, Münchner Ägyptologische Studien 20, 1984, S. 236-239

Kapitel 9 Ramses II. und seine Nachfolger

[1] Thomas von der Way, Göttergericht und »Heiliger« Krieg im
Alten Ägypten, Heidelberg 1992, Studien zur Archäologie und
Geschichte Altägyptens, Bd. 4, S. 99

Kapitel 11 Zerbrochene Töpfe und böse Enten

[1] Kurt Sethe, Die altaegyptischen Pyramidentexte, Bd. 1, Leip-
zig 1908, Spruch 270
[2] Kurt Sethe, Die altaegyptischen Pyramidentexte , Bd. 2, Leip-
zig 1910, Spruch 469
[3] vgl. Elizabeth Thomas, Cairo Ostracon J. 72460, in: Studies in
Honor of G. R. Hughes, Studies in Ancient Oriental Civilizati-
ons, 39, Chicago 1976, S. 209ff.
[4] vgl. Kenneth A. Kitchen, a.a.O., S. 849

Kapitel 12 KV 5 vor und während der Herrschaft
von Ramses II.

[1] Wolfgang Helck, Urkunden der 18. Dynastie, Heft 20, Berlin
1957, S. 1648
[2] ebd., Heft 21, S. 1867
[3] ebd., Heft 20, S. 1650f.

[4] vgl. Kenneth A. Kitchen, a.a.O., S. 346

[5] vgl. W. Raymond Johnson, The Dazzling Sun Disk, Iconographic Evidence That Amenhotep III Reigned as the Aten personified, KMT (Summer 1991), S. 22

[6] vgl. Arielle Kozloff, Betsy Bryan, Lawrence Berman und Elizabeth Delange, Egypt's Dazzling Sun, Cleveland 1992, S. 110f.

Kapitel 13 Die Söhne des Pharaos

[1] Farouk Gomaà, Chaemwese, Sohn Ramses' II. und Hoherpriester von Memphis, Ägyptologische Abhandlungen 27, Wiesbaden 1973, S. 9

[2] ebd., S. 26

[3] ebd., S. 84, Nr. 50

[4] ebd., S.82, Nr. 42

[5] Herodot, Historien, Buch III, 28, Hrsg. H. W. Haussig, Stuttgart 1955, S. 194

[6] Erik Hornung, Der Eine und die Vielen, Darmstadt 1971, S. 147

[7] vgl. R.L.Vos, The Apis Embalming Ritual, p Vindob. 3873, Orientalia Lovaniensia Analecta 50, S. 256, Übersetzung S. 60

[8] vgl. Kenneth A. Kitchen, a.a.O., S. 370

[9] Farouk Gomaà, a.a.O., S. 44

[10] ebd., S. 88, Nr.72; vgl. auch Kenneth A. Kitchen, a.a.O., S. 377

[11] vgl. Kenneth A. Kitchen, a.a.O., S. 378

[12] vgl. ebd., S. 915

[13] Thomas von der Way, Die Textüberlieferung Ramses' II. zur Qadeš-Schlacht, Hildesheimer Ägyptologische Beiträge 22, Hildesheim 1984, S. 339, 341

[14] ebd., S. 343

[15] ebd., S. 301, 303

[16] ebd., S. 305, 307

[17] vgl. Kenneth A. Kitchen, a.a.O., S. 227f.

[18] vgl. ebd., S. 229

[19] vgl. ebd., S. 230

[20] vgl. William G. Dever, Is There Any Archaeological Evidence for the Exodus?, in: E.S. Frerichs und L.H. Lesko, Hrsg., Exodus: The Egyptian Evidence, Winona Lake 1997, S. 70

[21] vgl. James Weinstein, Exodus and Archaeological Reality, in: E.S. Frerichs und L.H. Lesko, Hrsg., a.a.O., S. 97

[22] vgl. Donald Redford, Egypt, Canaan and Israel in Ancient Times, Kairo 1992, S. 422

[23] Jan Assmann, Moses der Ägypter, München 1998, S. 247

Appendix

3100 v. Chr.	Neolithische Kulturen		
2700	Frühzeit	1. Dynastie 2. Dynastie	3100–2900 v. Chr. 2900–2700 v. Chr.
2184	Altes Reich	3. Dynastie Djoser, Sechemchet, Huni ... 4. Dynastie Cheops, Chefren, Mykerinos... 5. Dynastie Userkaf, Sahure, Niuserre, Unas ... 6. Dynastie Teti, Pepi I., Pepi II. ...	2700–2610 v. Chr. 2610–2500 v. Chr. 2500–2345 v. Chr. 2345–2184 v. Chr.
2040	1. Zwischenzeit	7.–10. Dynastie	2184–2040 v. Chr.
1782	Mittleres Reich	11. Dynastie Antef I., Mentuhotep I., Mentuhotep II. ... 12. Dynastie Amenemhet I., Sesostris I., Amenemhet II. ...	2040–1991 v. Chr. 1991–1782 v. Chr.
1570	2. Zwischenzeit	13.–17. Dynastie	1782–1570 v. Chr.
1070	Neues Reich	18. Dynastie Thutmosis III., Hatschepsut, Echnaton, Tutanchamun ... 19. Dynastie Sethos I., Ramses II., Merenptah ... 20. Dynastie Ramses III., Ramses IX., Ramses XI. ...	1570–1293 v. Chr. 1293–1185 v. Chr. 1185–1070 v. Chr.
525	3. Zwischenzeit	21.–26. Dynastie	1070–525 v. Chr.
332	Spätzeit	27.–31 Dynastie	525–332 v. Chr.
395 n. Chr.	Griechische und römische Zeit	Makedonen Alexander der Große, Philippos Arrhidaios Ptolemäer Ptolemaios I., Ptolemaios III., Kleopatra VII. ... Römische Kaiser Augustus, Trajan, Septimius Severus ...	332–305 v. Chr. 305–30 v. Chr. 30 v. Chr.– 395 n. Chr.

Zeittafel zur altägyptischen Geschichte

1570 v. Chr.			
	18. Dynastie	Ahmose	1570-1546 v. Chr.
		Amenophis I.	1546-1524 v. Chr.
		Thutmosis I.	1524-1518 v. Chr.
		Thutmosis II.	1518-1504 v. Chr.
		Thutmosis III.	1504-1450 v. Chr.
		Hatschepsut	1498-1483 v. Chr.
		Amenophis II.	1450-1419 v. Chr.
		Thutmosis IV.	1419-1386 v. Chr.
		Amenophis III.	1386-1349 v. Chr.
		Amenophis IV. (Echnaton)	1349-1334 v. Chr.
		Semenchkare	1334 v. Chr.
		Tutanchamun	1334-1325 v. Chr.
		Eje	1325-1321 v. Chr.
		Haremhab	1321-1293 v. Chr.
1293 v. Chr.			
	19. Dynastie	Ramses I.	1293-1291 v. Chr.
		Sethos I.	1291-1278 v. Chr.
		Ramses II.	1278-1212 v. Chr.
		Merenptah	1212-1202 v. Chr.
		Amenmesse	1202-1199 v. Chr.
		Sethos II.	1199-1193 v. Chr.
		Siptah	1193-1187 v. Chr.
		Tausret	1187-1185 v. Chr.
1185 v. Chr.			
	20. Dynastie	Sethnacht	1185-1182 v. Chr.
		Ramses III.	1182-1151 v. Chr.
		Ramses IV.	1151-1145 v. Chr.
		Ramses V.	1145-1141 v. Chr.
		Ramses VI.	1141-1133 v. Chr.
		Ramses VII.	1133-1126 v. Chr.
		Ramses VIII.	1126 v. Chr.
		Ramses IX.	1126-1108 v. Chr.
		Ramses X.	1108-1098 v. Chr.
1070 v. Chr.		Ramses XI.	1098-1070 v. Chr.

Zeittafel zum Neuen Reich

364

Kartenteil

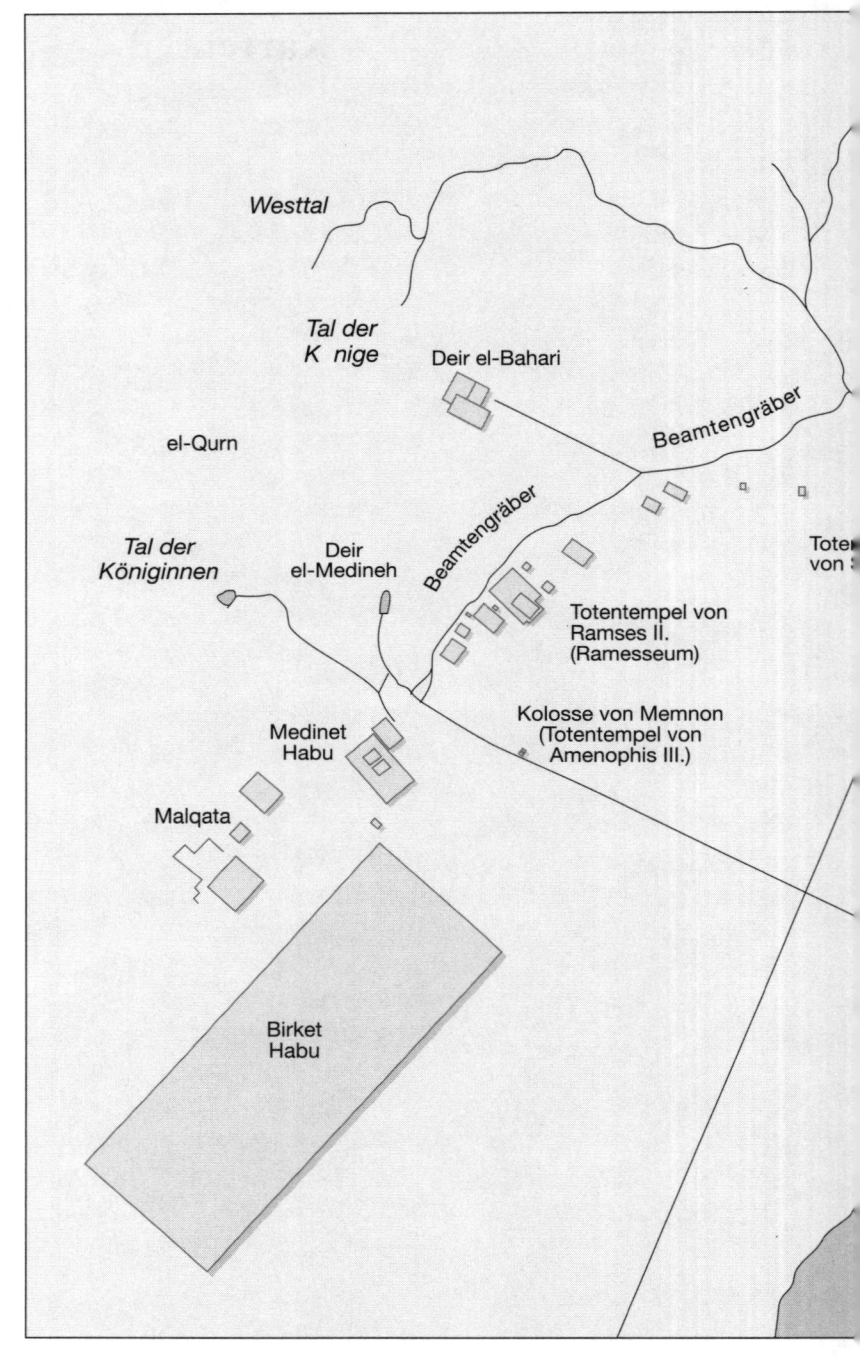

Westtal

Tal der
Könige

Deir el-Bahari

Beamtengräber

el-Qurn

Beamtengräber

Tal der
Königinnen

Deir
el-Medineh

Beamtengräber

Totentempel von
Ramses II.
(Ramesseum)

Tote
von

Medinet
Habu

Kolosse von Memnon
(Totentempel von
Amenophis III.)

Malqata

Birket
Habu

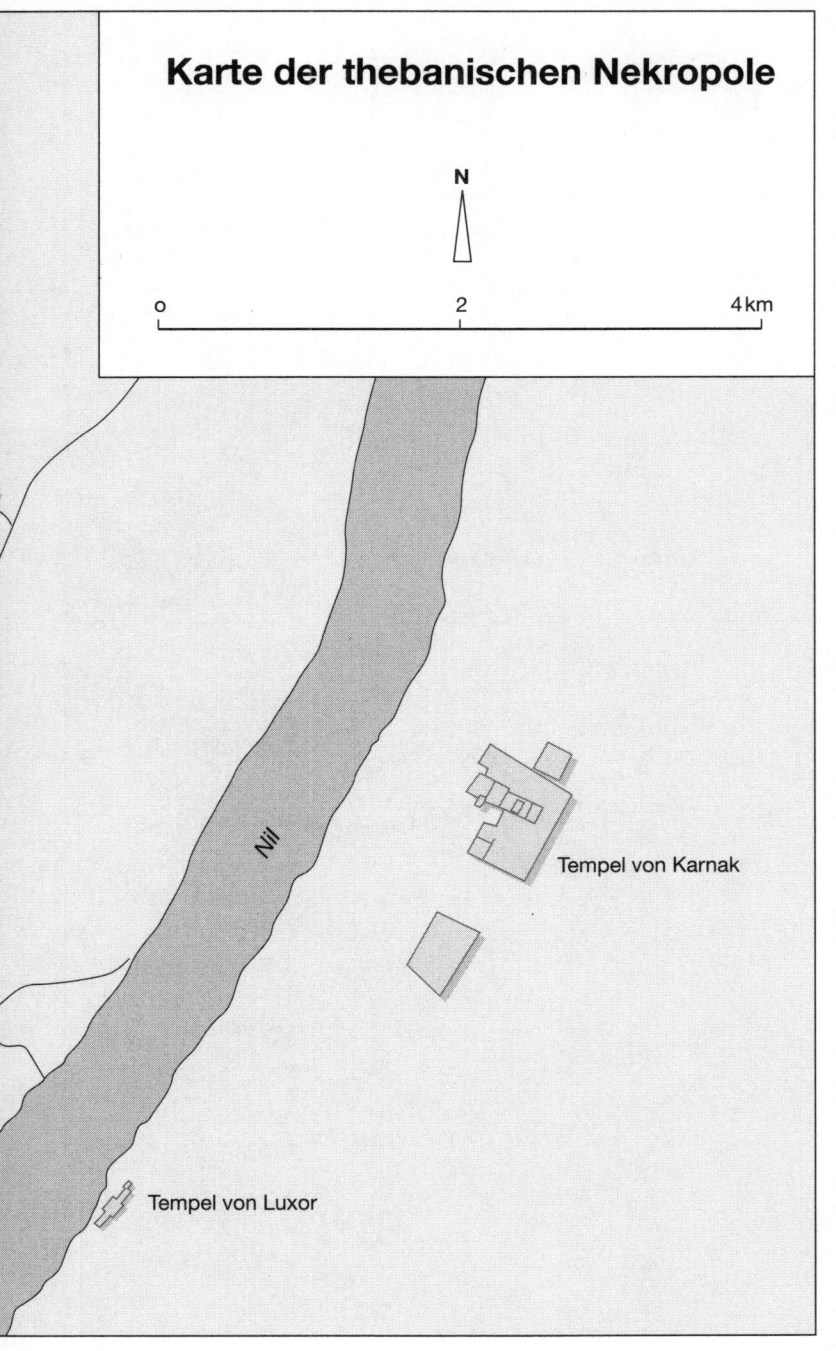

Karte der thebanischen Nekropole

N

0   2   4 km

Nil

Tempel von Karnak

Tempel von Luxor

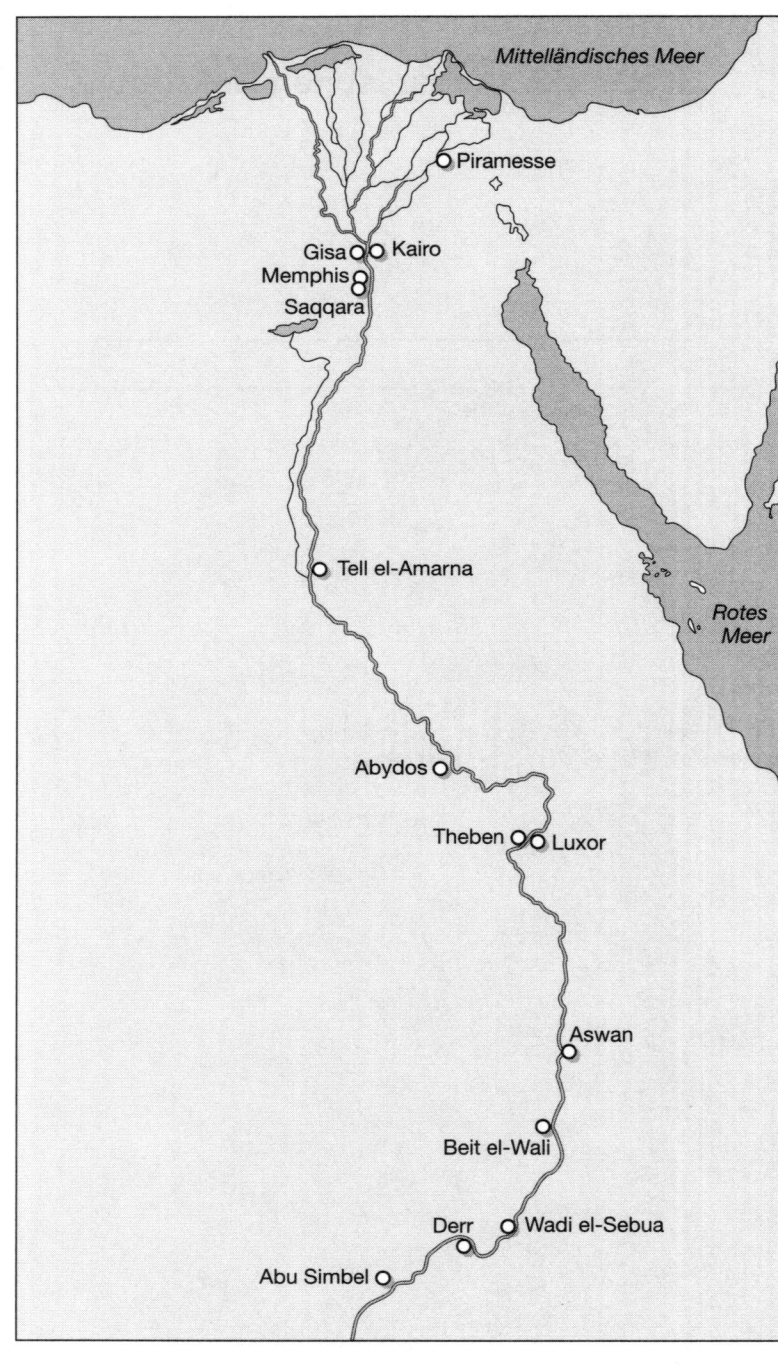